Table des matières

Avant-propos 6

Chapitre 1 : Mon parcours personnel 11

Chapitre 2 : Comment j'ai compris qu'ils existaient ? 121

- MON PARCOURS DE THÉRAPEUTE 121
- LES ENTITÉS NÉGATIVES CONTRÔLANTES 150
- ET PUIS APRÈS 193
- LES IMPLANTS 225
- LE KARMA 235
- LES FANTÔMES 248
- LA CONSCIENCE OU ÂME 255

Chapitre 3 : Les systèmes contrôlants 268

Chapitre 4 : Les stratégies contrôlantes de masse 296

- L'ÉDUCATION 303
- L'INFORMATION 315
- LE FINANCIER 331
- L'ALIMENTATION 341

Chapitre 5 : Comment aborder une séance de soin énergétique. 371

- LA SESSION 371
- LA PARTIE SUBLIMINALE 373
- ACCÈS À MON PROPRE SUBLIMINAL 376
- LA MÉTABOLISATION D'UN TRAVAIL ÉNERGÉTIQUE 381
- EN RÉSUMÉ 395
- CONCLUSION 398

Chapitre 6 : Transcriptions 405

- TRANSCRIPTION DE MON PROPRE SUBLIMINALE 408
- LES PRESTATIONS QUE JE PROPOSE 449
  - En distanciel 449
  - Les stages : 449
  - Séminaire : 1 semaine : 449

AUTRICE FRÉDÉRIQUE LONGÈRE

Je remercie Patrice pour son amour qui m'a guéri de tant de souffrances, juste par sa présence. Il m'a offert un havre de paix intérieur qui m'a permis de devenir la personne que je suis aujourd'hui, par sa patience et son dévouement. Et pourtant ce n'est pas facile de partager ma vie. Car quand on m'aide on tombe sous les attaques de ces entités négatives contrôlantes, qui veulent me voir renoncer. J'aide les gens à reprendre la pleine possession de leur espace énergétique et ésotérique et cela leur déplait au plus haut point.

Merci à lui, c'est l'homme de ma vie, je l'aime tellement et je suis tellement désolée qu'il ait eu tant à subir à cause de ce que je suis. Car quand ils n'ont plus réussi à m'atteindre ils s'en sont pris à lui et c'est un gentil qui ne méritait pas ça.

Il a cru en moi plus qu'en lui, et moi je crois en lui, il a plus de capacités que moi, il est plus fort que moi, mais même de le savoir des fois cela ne suffit pas. Je suis maintenant dans un état d'être bien au-delà des peurs, des rancœurs et de la lutte, j'accueille chaque évènement comme un moment de vie plus ou moins agréable à vivre. Je vis chacun comme un cadeau, car les mauvais comme les bons moments nous nourrissent soit de connaissance, soit d'apprentissage et je n'ai de cesse d'apprendre.

Merci à cet homme merveilleux qui même s'il a perdu pied est et restera quelqu'un de bien car c'est inscrit dans le plus profond de son âme. La vie et ses méandres font que des fois nous nous perdons, mais la tonalité de notre âme est et restera notre phare intérieur même au plus profond de la tempête.

Merci, pour tout ce que tu m'as offert et je ne parle pas du matériel. Je t'aime pour toujours.

Références :

Je sais que les références se mettent normalement à la fin mais, nécessité fait loi.

Photo de couverture : site Pexels Stewart Irvine

Les auteurs que je vous conseille :

Anton Parks : « Les chroniques de Girku ». Et ses autres ouvrages…

Bernard Werber : « Les thanatonautes », « L'empire des anges », « Nous les dieux », « Le souffle des dieux », « Le mystère des dieux » …

Christian Tal Schaller : « Sortir de l'hypnose collective » …

Gabriel Lesquoy : « De la nourriture pranique à la plénitude du vide »

Alice A Bailey : « Les travaux d'Hercule » …

Novak Djokovic : « Service gagnant »

Sébastien Bohler : « Le bug humain »

Dès qu'ils sortiront :

Le livre de Jean-Marc Vergnolle sur la « Méthode JMV® »

Le livre de Calogero Grifasi sur « l'Hypnose régressive ésotérique, méthode Calogero Grifasi »

Certains livres, je ne les ai pas lus jusqu'au bout, j'avoue car je suis une très mauvaise lectrice et que je ne retiens rien de ce que je lis. Mais je sais quand même qu'ils pourraient vous aider sur votre chemin.

À vous de jouer !

Merci à Pascale ma cousine, pour sa réponse à ma question qui a ouvert le champ des possibles.

À Georges, son papa, mon tonton par alliance qui m'a fait découvrir mon magnétisme.

Et Josette, sa maman et ma tatan, pour avoir été aussi folle que moi.

Merci à tous ceux qui m'ont mis des bâtons dans les roues, et à tous ceux qui m'ont permis de résister à tout cela, et surtout à tous ceux qui m'ont transmis leurs connaissances et leurs savoirs tout au long de ces années qui m'ont permis d'avancer dans ma quête acharnée de la vérité.

Encore merci à Patrice, de m'avoir sauvée et supportée dans mes délires obsessionnels de liberté. De m'avoir épaulé le plus longtemps qu'il a pu dans ma quête encore inachevée de mettre en place cette réalité autonome où tout le monde est responsable de ses décisions, actes et créations.

Car pour le moment, en règle générale, à 99,99%, l'humain se comporte en pervers sexuel, nécrophage, zombifié au sucre, à l'alcool, au foot et à la Téléréalité.

Il n'y a moins de 0.01 % de la population mondiale en réelle pleine conscience, et clairvoyante de la réalité qui nous entoure, au-delà de l'hologramme de la matrice.

Avant-propos

Bonjour,

Des fois, j'ai l'impression d'avoir tout raté dans ma vie, que j'ai fait les pires choix, que ma vie n'est qu'une répétition perpétuelle d'échecs et de remous boueux, où j'ai entrainé mes enfants malgré eux.

Et à d'autres moments, je me dis qu'au final, je ne m'en sors pas trop mal, que mes enfants sont de jeunes adultes conscients qui font leurs propres choix, de vrais choix, j'espère. Et que moi, bien que ma situation ne soit pas encore stable, je me trouve stable malgré tout. J'aurais pu sombrer tellement de fois dans les dépendances. J'aurais également pu accepter cette vie médiocre qu'ils m'avaient choisie ou me suicider comme ils me l'ont suggéré si souvent, jusqu'à 5 à 6 fois par jours, tous les jours, pendant près de 5 ans. Sans compter les multiples menaces de mort, sur moi et mes enfants, m'envoyant des multiples scénarios catastrophes d'accidents de voiture, où je devais choisir à chaque fois d'en laisser un mourir sur les trois. J'aurais au final renoncé à mes rêves face à tant d'acharnement, mais non je suis encore là toujours debout et fière de moi et du chemin que j'ai parcouru.

Et même si je ne rentre dans aucune case, de cette société malade, je pense que c'est une bonne chose au final. Car au moins je suis ce que j'ai envie d'être, je fais ce que j'ai envie de faire, même si j'ai encore beaucoup de choses à nettoyer et à réaliser, tout ceci me nourrit d'énergies positives.

Tout d'abord, qui suis-je ?
De mon point de vue actuel, une âme issue de la source, incarnée non volontaire dans un corps de type humain terrestre, de sexe féminin. Sur une parcelle de terre nommée France par ses occupants.

Je subis depuis de nombreuses années, des blocages de toutes sortes, des agressions physiques et énergétiques. Ce matin encore, une agression énergétique d'une intensité folle. Un jeune homme, la trentaine, en dérive totale, avec d'immenses capacités, mais sous emprise de l'alcool et de stupéfiants, qui est du coup totalement sous domination. Qui fait et qui dit tout ce qu'ils veulent, un pantin désarticulé. Il est sous contrôle mental total, plus aucun discernement, plus aucune réaction. Il leur a laissé tout pouvoir sur lui, comme une marionnette. Ce jeune homme, outil de cette agression énergétique m'a dit ensuite « Mais on s'amuse ! ». Pas je m'amuse, « **On** s'amuse », car ce n'est pas lui qui parle mais bien eux à travers lui.

Il est bien là le problème, les personnes pensent que c'est un jeu. On a beau vivre dans un monde complètement illusoire, rien n'est un jeu. En effet, l'équipe en face ne joue pas elle ! Ceux qui s'ingénient à mettre la zizanie sur terre le font dans un but précis. Hé oui, nous avons contre nous sur terre, des êtres qui n'ont rien à voir avec ce que nous croyons. En plus, ils sont invisibles à l'œil humain. Ils se nourrissent depuis la nuit des temps de toute la négativité qu'ils créent. Plus les fréquences sont basses, plus ça les amuse, parce que ça les nourrit bien. Et quand on voit ce qui se passe depuis des décennies, la déchéance programmée d'un capitalisme mourant, ils sont grassement nourris.

À côté de cela, il y a des personnes qui vivent dans le monde des bisounours. Ils croient que l'amour va tous nous sauver. Certes, l'amour est une fréquence élevée que beaucoup d'entités négatives n'aiment pas. Mais si on ne s'en sert pas correctement, excusez-moi l'expression, c'est comme « pisser dans un violon ». L'amour sans action efficace n'est que du miel sur une tartine trouée, en plus le miel est bien mieux sur votre corps que dedans, c'est un cicatrisant extraordinaire alors que le sucre est le plus grand des toxiques alimentaires. Les love-love, je les appelle. Il leur manque plus que les fleurs dans les cheveux. Cela marchera quand le ménage sera fait mais en attendant c'est juste insipide et inefficace.

Il y a aussi les « je m'en fou-tistes », les « zombis décérébrés », « ceux qui nous traitent de fous », aucun jugement dans ces mots que des constats, je ne juge personne, il n'est pas simple d'échapper à la manipulation mentale de masse. Il est compliqué dans ces conditions de faire passer la vérité sur les entités négatives, mais je ne renoncerai jamais à faire connaitre leur existence. Dussé-je passer pour « … », je ne sais même pas pour quoi ils essayeront de me faire passer : « folle », « sorcière », « gourou », « marabout », « dominatrice », « manipulatrice », « croqueuse de diamants » ou « complotiste » c'est le mot à la mode en ce moment. À cette vérité j'y ai sacrifié un mariage et peut être même le deuxième.

La société capitaliste dans laquelle nous vivons, où l'hyper con-sommation (ou sommation d'être con) est un outil pour eux. Mais au-delà de l'aspect financier, il y a derrière cette machinerie infernale quelque chose de bien pire, qui entretient ce système. Et ceux qui bossent pour les entités négatives contrôlantes profitent allègrement des bons côtés de la terre, ludique pas énergétique. La massacrant au passage, sans se douter une seule seconde qu'ils ne sont peut-être pas la farce, (La farce c'est le peuple, les esclaves), mais leurs collaborateurs humains sont les dindons que les entités vont farcir et qui vont passer à la casserole, comme tout le monde. On est tous sous contrat avec des entités négatives contrôlantes et dévorantes, volontaires ou non, cela ne changera rien au final. Car ce n'est pas parce que c'est conscient que c'est plus facile à vivre.

Eh oui ! Que ce soient les esclaves, ou les esclavagistes, tous sont sous emprise plus ou moins volontaire de ce système… je vais vous l'exposer dans ce livre par mon expérience personnelle. Je sais que je prends un très gros risque d'écrire ce livre et d'exposer clairement leur plan et leur fonctionnement, mais il suffit ! Nous sommes déjà allés dans le futur pendant des sessions et nous avons trouvé une planète terre débarrassée d'eux, où tout le monde connaissait leur existence. Et nous tombons régulièrement sur des entités qui volent des informations aux consciences qui ont déjà eu des existences dans notre futur, même si le concept d'espace-temps que nous avons est « erroné », ils cherchent à savoir comment ils ont perdu. Parce qu'ils ont virtuellement déjà perdu. Ils le savent, qu'ils ont déjà perdu, et ils sont prêt à tuer la terre plutôt que d'y renoncer.

Il est temps de mettre à jour le véritable plan de ces êtres vils et sans morale, ni étique. Quels qu'en soient les risques et le prix à payer pour ma personne. Cela fait 5 vies que je suis sous leur faux karma, qu'ils m'imposent d'être seule, isolée, sans aide et sans argent et que les rares personnes qui ont osé me venir en aide jusqu'à maintenant on subit le même châtiment. Donc à part me prendre ma vie en main, que je sais n'être qu'une illusion de la matrice, ils ne peuvent plus rien me prendre. Certes ils peuvent aussi s'en prendre à celle de mes proches, mais ils savent très bien que s'ils le font ma rage de les vaincre n'aura d'égale que celle que j'ai, à ce jour, de révéler leur existence.

Leur acharnement à me faire taire, n'a d'égale que celui qui me motive à révéler leur présence.

Nota bene : si mes proches venaient à lire ce livre, je tiens à les informer que je ne veux rentrer dans aucune polémique, personnelle vis-à-vis du passé ou du présent, ce livre n'est que mon propre point de vue. Je ne doute pas que certains n'auront pas le même, et que les deux ne soient pas cohérents entre eux. Je ne cherche à régler aucun compte, juste à exposer des faits. La vie sur terre est ce qu'elle est, j'ai beaucoup d'amour pour eux, même ceux qui ne me parlent plus. Je n'en veux à personne de tout ce qui m'est arrivé.

Et j'espère sincèrement que toute autre personne qui lira ce livre et les connait, comprendra que je ne demande aucune réparation de quoi que ce soit. Ni que quiconque se positionne en juge et partie pour moi. Ce qui a été fait, a été fait. Maintenant tout ceci fait partie d'un passé que je n'ai nulle intention de réveiller. Il est bien où il est, qu'il y reste. Je suis dans le « Ici et maintenant », dans l'amour inconditionnel, aucune polémique que des faits relatés tels que moi je les ai vécus.

S'il venait à mes oreilles que mes proches soient embêtés par rapport à mes écrits, je tiens à les informer que je n'en veux à personne et que tout jugement ne serait que l'extrapolation des personnes faisant référence à tout évènement dans ce livre contre eux.

J'ai pardonné à tous, y compris à moi-m'aime ce que j'ai vécu. Par contre pour certains avec qui je n'ai aucune filiation, ni plus aucun lien affectif, je me réserve le droit de ne plus les fréquenter. Toutefois, toute personne exprimant le désir de refaire apparition dans ma vie sera accueillie avec politesse et déférence comme tout le monde. Toutes les personnes qui n'ont pas su voir que les limites, que je leur posais, n'étaient pas spécialement contre elles mais bien pour me préserver, dans ma santé physique et mentale.

Nous avons tous nos propres neurasthénies à travailler et ce n'est pas parce qu'on est thérapeute qu'on a obligatoirement une vie parfaite. Bien au contraire, quand on fait le bien, le bon, le vrai, on est une cible. Toute personne ayant quitté ma vie en claquant la porte avait ces propres raisons, moi également d'avoir posé des limites.

La vie décrite dans ce livre est derrière moi et elle y restera définitivement.
Aucune vendetta, aucun désir de vengeance ou de rédemption, juste des faits, mis bout à bout pour éveiller les consciences.

Félicité à tous.

Chapitre 1 : Mon parcours personnel

Préambule

Bonjour,

Dans ce chapitre vous allez rentrer dans ma vie privée voir même intime, dans ce que j'ai vécu de pire dans ma vie et je vais à certains moments rentrer dans les détails. Non pas par voyeurisme mais bien dans un seul et unique but, que vous compreniez que ce n'est pas parce qu'on a un fort potentiel qu'on est hors d'atteinte. Si je vous avais simplement dit que ma vie était compliquée et que j'avais vécu des agressions, des blocages financiers, des blocages administratifs, vous auriez dit : « oh oui comme tout le monde. » Je ne veux pas dire que ce que j'ai vécu est pire mais simplement que vous compreniez le cumul, la répétition, le côté insistant de ces blocages, et surtout le fait que cela ne me laissait jamais aucun répit.

Je sais que beaucoup de monde vis cela, et je ne suis ni pire ni meilleurs qu'une autre, j'ai juste fait face. J'aurais pu renoncer et me laisser sombrer tellement de fois, mais je savais que cela ne résoudrait rien, et cette volonté de vivre dans mon quotidien la quiétude que je ressentais possible en moi, c'est ce qui m'a donné la force de chercher et de trouver une sortie et surtout la volonté de trouver ceux qui créaient cela.

Nous sommes à 100% responsable de tout ce qui nous arrive, car nous avons en nous cette résilience et cette capacité de passer par-dessus tout cela. Je ne suis pas meilleure qu'une autre, j'ai eu accès à mes capacités extra sensorielles depuis mon enfance, mais cela ne fait pas tout, à un moment il faut décider de les écouter et de faire ce qu'il faut pour s'en sortir. Donner le meilleurs de soit c'est bien mais cela ne fait pas tout, il faut sortir de sa zone de confort. Je sais que ce n'est pas facile, je sais que vous avez déjà essayé, je sais que vous avez comme moi à certains moments manqués de volonté. Mais je sais aussi pourquoi j'ai écrit ce livre, je l'ai écrit pour vous dire que malgré tout cela au jour d'aujourd'hui je choisis ce que je vis. Certes tout n'est pas encore parfait, et rien ne le sera peut-être jamais, sur cette terre, mais au moins je vis quelque chose qui est au plus près de moi et non issus de la volonté de la masse, ni de ceux qui veulent nous maintenir dans l'ignorance.

Je ne suis pas non plus une écrivaine, mais je suis autrice de ma vie, et par l'expérience et les compétences de ce que j'ai appris et compris et mis en application. Je vous propose de vous accompagner, en vous partageant mon savoir, vers vous-même. Nous sommes tous unique et indispensable à ce processus, nous sommes tous ici dans ce but, même si certains l'on oublié, être libre de nos choix de vie.

Certains renoncent car c'est trop dur, il ne faut pas les juger et leur envoyer tout l'amour que nous pouvons, pour les aider à reprendre pied. Car même le pire des bourreaux est aussi une victime de la matrice terrestre. Et si l'on veut que tout cela change il est indispensable de rayonner tout l'amour que nous avons trouvé en nous, afin que les autres aussi trouve le chemin de leur reconstruction intérieure.

Certains jours je me dis que c'est peut-être trop, et on me l'a dit, mais quand je mets cette information en balance dans ma réflexion, j'entends toujours la même chose de la part de ma voix intérieure : "non il faut tout garder, car tout est important." et si, à cause de cela, je ne trouve pas d'éditeur qui soit ok pour travailler avec moi, j'éditerais mon livre sur une plateforme. Même si je sais que c'est la solution la moins adaptée, c'est une solution tout de même. Je n'ai pas perdu tout ce que j'ai perdu dans ma vie pour que ce livre existe pour ne pas l'éditer. Le destin de l'humanité à toujours été plus important pour moi que ma seule personne et tous les liens affectifs que cela comporte. Cela fait 20 ans que je tente d'écrire un livre pour expliquer aux gens qu'on vit quelque chose de complètement biaisé, donc ce n'est pas maintenant que j'ai trouvé, que je vais renoncer. J'ai toujours été hors norme, donc qu'on me le dise encore maintenant normal !

Depuis que je l'ai posé chez des éditeurs, je subis encore plus de freins extérieurs car ils n'ont plus accès à moi directement, freins que je gère, je suis obligée régulièrement d'interdire, d'interdire. Une façon de tenir à distance ces entités négatives contrôlantes, et qu'ils ne prennent pas le dessus et détournent toute personne susceptible de me soutenir, de moi et de mon livre comme ils ont pu le faire à de nombreuses reprises dans ma vie. Je subis actuellement une pression financière énorme, et ce que j'ai capté de leurs intentions, c'est de me ruiner et de me faire tout perdre, me mettre à nouveau sdf, et m'empêcher de pouvoir exercer à mon compte avant que mon livre ne sorte. Je suis sur le fils du rasoir depuis des mois, mais je tiens. Et je sais même que j'ai reçu des menaces pour après son édition, que certaines personnes sont susceptibles de s'attaquer à moi, pour quoi faire je n'ai plus rien. Le message est plus important que moi ou leurs menaces.

Ils essaient encore malgré tout depuis l'extérieur de me bloquer, les gens ne trouvent plus mon magasin, car ils l'occultent énergétiquement me coupant ainsi de ma seule source financière. Mes amis me tournent le dos, ma famille aussi. Mais je suis encore plus déterminée que jamais à ce que ce livre voit le jour. Ce que j'ai fait dès que j'ai estimé qu'il était fini, pour qu'il existe dans la matière, je l'ai imprimé de façon artisanale, avec mon imprimante, j'ai fait l'acquisition d'une relieuse et j'en ai toujours un exemplaire avec moi, toujours. Je le nourrit énergétiquement pour le faire exister, je le soutien, il est une partie de moi que je vous offre pour aller à la découverte de vous.

Et si moi j'y suis arrivée, je suis certaine que vous aussi. Ce livre n'est pas de la grande littérature, mais je ne cherche pas à obtenir le prix Goncourt, je ne veux pas rentrer à l'académie française, je ne veux pas alimenter le système contrôlant, je veux m'adresser à la masse oppressée. Un peu comme Josiane Balasko dans « des mains en or », la seule chose qui m'a dérangé dans ce film, c'est qu'ils la font passer pour une illettrée, quelqu'un de mal instruite. Mais elle vit et elle considère que la vie est plus importante que les mots, c'est ça que j'ai entendu. Ce film m'a fait tellement pleurer, et je suis allée m'asseoir sur le sable en sortant du cinéma, je n'ai pas attendu que la marrée monte car je ne désir pas en finir avec la vie. Mais il m'a parlé au plus profond de moi, je vis les choses de l'intérieure, les peines, les joies, les trahisons, mais j'aime foncièrement la vie et je lui donnerais toujours la priorité.

J'ai fait relire mon livre à plusieurs personnes, et certaines ont voulu corriger aussi la construction grammaticale, mais cela ne ressemblait plus à mon histoire, trop guindé. Une autre personne m'a dit, oui j'ai vu tout cela, mais je n'ai corrigé que l'orthographe car il y a ta personnalité dans ton livre, ton franc parlé et ton énergie, et j'ai trouvé que c'était important de la respecter, car c'est toi ce livre et donc il ne faut pas effacer cela.

Il y a une question que je pose de temps en temps aux gens : « alors en pleine forme ou en plein conscience », et si la forme vous gêne c'est que vous n'êtes peut-être pas encore prêt pour l'information qui est dans ce livre. Le fond est plus important que la forme et c'est primordial de le comprendre.

Tous ceux qui décident pour nous ont fait de grandes études, ils ont été dans de grandes écoles prestigieuses, et pourtant ils manquent totalement d'humanité. Personnellement je préfère largement les fautes d'horographes, aux fautes d'humanité. Et combien de soi-disant grands auteurs ont des nègres qui écrivent à leur place ?

Voilà j'espère que cela ne vous empêchera pas de me lire jusqu'au bout. Dans ce livre j'explique ce qui m'est arrivé à mi-chemin entre l'humain moldu et la prise de conscience. Depuis j'ai trouvé des clés supplémentaires, et j'ai ajouté une corde à mon arc et j'ai fait le choix de m'extraire encore plus de la norme pour me sauver la vie, car j'étais en train de mourir intérieurement à force de ne pas exprimer pleinement cette personnalité extra-tout. J'ai vécu un grand vide depuis que j'ai fini d'écrire le livre, une perte complète de repères, car j'ai tout lâché, les principes, les croyances limitantes transparentes et j'ai mis à jour beaucoup de fichiers erronés, pour enfin exister en tant que moi. Et ce que les autres en pensent, je m'en fous tant que j'y retrouve la bonne santé. Et c'est ce qui est en train de se passer. J'ai même décidé après des mois de lutte pour sauver le magasin de le fermer. De n'être plus que thérapeute et autrice.

Que les gens me juge peut important tant que moi je m'aime et que je vais mieux. Je m'accepte également comme n'étant pas Proust ou Balzac, à la fois je n'ai jamais pu lire ces auteurs tellement cela m'arrachait les yeux et le cœur, tellement cela m'emmenait loin de moi. Prenons Léonard de Vinci, qui a été mis de côté parce que battard, il n'a pas eu accès à l'école, et pourtant il avait tellement de choses à offrir. Ce non formatage lui a permis d'exprimer ce qu'il était vraiment et bien soyons tous des léonard de Vinci. Toutes ces inventions n'ont pas été des réussites, mais franchement quand on voit comment il a fait avancer le monde qui s'en soucie maintenant au final, personne. Et l'homme de Vitruve, le véhicule en parfait état de fonctionnement, prompte à recevoir l'énergie, la lumière et l'information de la conscience, nous l'avons tous et nous n'en faisons rien. Moi j'en ai fait quelque chose, dont je suis fière et je le partage en toute humilité avec vous. Car je ne prêtant à aucune gloire, ni aucuns lauriers de tout cela, je suis juste fière de moi et du chemin que j'ai parcouru malgré toute l'insistance qu'ils ont eue à m'y faire renoncer et surtout à me faire taire. Et si je dois servir d'exemple à ce qu'il ne faut pas faire grammaticalement parlant soit, faites-vous plaisir. Mes câlins n'en seront pas moins meilleurs, ils seront ce que je suis car je les fait toujours en pleine conscience et en pleine présence.

Je suis avant tout thérapeute de l'être, pas professeur de lettre.

Mon parcours personnel

J'ai, du plus loin que je m'en souvienne, des capacités extra-sensorielles, je suis capable de voir et d'entendre des choses que les autres ne peuvent pas toujours percevoir. Je me sers maintenant de mes capacités, pour aider les personnes à comprendre ce qui les bloque. Car nous subissons au quotidien des blocages et des agressions énergétiques, dont nous n'avons même pas conscience. Ces blocages peuvent être d'ordre physique, émotionnel, mental, amoureux, financier, administratif... vous savez ces blocages qui vous font dire qu'il y a autre chose, que ce n'est pas possible que ça foire comme ça systématiquement. Que vous avez la scoumoune, le mauvais œil, la poisse ou encore vous qualifiez cela de fatalité. Ou on vous a marabouté.

J'ai vécu cela depuis mon enfance et comme j'ai une mémoire d'éléphant, je me rappelle de beaucoup de choses. J'ai cherché à comprendre ce que c'est toute ma vie. Je vais donc vous relater mon chemin pour en arriver jusqu'aux entités négatives contrôlantes, j'aurais pu vous dire du « bas astral », mais aussi qu'elles sont de la 1D, 2D et 3D (Première dimension, Deuxième dimension, Troisième dimension) pour les sbires qui sont dans la matière et des fois plus pour les chefs. Ces entités négatives contrôlantes, même si beaucoup les entendent sous forme de pensées, vous ne savez pas encore faire la différence entre vos propres pensées et celles de ces êtres mal intentionnés. Et si vous savez le faire, vous ne savez peut-être pas encore d'où ça vient et comme moi je l'ai fait, vous cherchez.

J'arrive, bien heureusement à faire la différence entre leurs suggestions malfaisantes et mes propres pensées depuis de nombreuses années. Je ne me serais jamais auto suggérée de me suicider aussi intensément. Bien avant que je sache qui ils sont. J'avais déjà fait la différence entre mes pensées et les pensées parasites, à savoir qu'il y a aussi les pensées collectives de la masse et le striatum qui interviennent dans ce processus. Mais pour en revenir aux entités négatives contrôlantes, je ne vois pas pourquoi je m'insulterais, ou pourquoi je me parlerais mal, ou pourquoi je tenterais en permanence de m'auto décourager. Et surtout pourquoi je m'auto suggérerais de me suicider. Je n'ai pas du tout envie de mourir. Je vais vous expliquer ce qui m'a amené à faire la différence et comment je m'en suis débarrassée. Car il est bien là le but, se débarrasser d'eux.

*****

Tout d'abord j'ai été une fillette hypersensible, avec des impressions bizarres dès ma plus tendre enfance (dès la primaire, 5-6 ans). L'impression, permanente, qu'il y a un truc qui cloche. Que les règles du jeu sont juste inacceptables. Née dans un milieu modeste, j'ai grandi dans un petit village de 1000 habitants, au bord du Rhône dans l'Ain. Mes premiers souvenirs remontent à ma petite enfance. Je me rappelle de mon arrière-grand-père me tendant les bras dans l'embrasure de la porte de la cuisine chez ma grand-mère. Il est mort je n'avais pas 2 ans ! Après je me demande aussi, si je n'ai pas continué à le voir après sa mort, car je me vois courir vers lui mais jamais dans ses bras. Et comme à cet âge on voit les fantômes.

De nombreux souvenirs de maternelle et énormément en primaire. Je me demandais en permanence mais qu'est-ce que c'est que ce truc, ce n'est pas comme ça que ça devrait marcher. Ils font quoi les autres ? Ce n'est pas normal ! Je ne comprends pas les règles de ces jeux bêtes et méchants. Et on était début des années 70, l'époque du peace and love. Donc imaginez mon ressenti actuellement.

Et du coup j'étais « la nunuche de service » car je n'arrivais pas à m'adapter à leurs jeux débiles, mais surtout méchants. J'étais alors vraiment naïve, je le suis peut-être encore maintenant, cela venait de mon innocence et de mon hyper sensibilité. Contrairement à ce qu'on pourrait penser l'hypersensibilité n'est pas un handicap mais une qualité, qu'il faut réguler quand elle est trop forte. Les personnes trop empathiques sont submergées par les émotions des autres, ce qui s'explique énergétiquement et physiologiquement. Elles ont généralement une intolérance à la vitamine B et un chakra du cœur mal calibré beaucoup trop dans le rose et pas assez dans le vert ou du plexus solaire trop ouvert. Maintenant je sais écouter, lire les autres sans que cela rentre de trop à l'intérieur, tout du moins sur un soin classique, ou pour conseiller une pierre. Je regardais donc ce monde avec tellement d'incompréhension, dès la maternelle, je développais déjà des sentiments profonds vis-à-vis du sexe opposé au point d'en avoir une conversation avec la maitresse en maternelle, à la récréation. L'empathie sauvera le monde. Les gens qui n'ont aucune empathie, n'ont aucune aliénation à l'autre. Mais est-ce pour autant plus juste ?

Le seul défaut de ce point de vue hyper-empathique, c'est qu'on met très longtemps à comprendre que certains sont juste bêtes et méchants. Notre empathie nous empêche de voir que leur côté négatif est beaucoup plus important que leurs quelques médiocres qualités. Et qu'au final les personnes préfèrent être méchantes que gentilles, ça rapporte plus. Le véhicule humain est également calibré sur un mode compétition incessant, par le striatum, qui nous oblige à une performance permanente, pour le plus grand nombre. J'ai pour habitude de dire « Nous n'avons pas de défauts mais que des qualités mal exprimées », et certains les expriment vraiment très, très mal. Il m'a fallu plus de 30 ans avant de comprendre que 10 % de qualités ne suffisaient pas à faire des personnes quelqu'un de bien, même si beaucoup s'en arrogent le titre.

*****

En 1974, à mes 6 ans, je commence le judo. Ce qui parait être une lubie d'enfant s'avèrera, en fait, être ma 1ère grande intuition. J'ai insisté, pour en faire, au point d'avoir obligé ma grande sœur à venir avec moi au dojo. On ne pouvait alors en faire qu'à partir de 7 ans, soit un an plus tard pour moi, vu que je suis de septembre, ce qui me paraissait une éternité à attendre, je voulais en faire tout de suite. J'ai pratiqué ce sport jusqu'à l'âge de 21 ans. Et au final cela m'a sauvé la vie à maintes reprises de savoir me défendre et ce n'est pas une métaphore.
Et le nombre de fois où j'ai dû, pour obtenir un minimum de respect, dire que je suis ceinture noire et juste exorbitant et anormal. Les hommes m'ont souvent prise de haut et estimé qu'une « faible femme » ne peut pas faire ce qu'elle veut

faire. Ma ceinture noire a été mon sésame. Et accessoirement, j'ai également échappé à 3 tentatives de viol.

À l'école, je m'ennuyais en permanence. Ce n'est pas que j'étais mauvaise, je ne comprenais pas bien où ils voulaient en venir. En plus je ne retenais pas ce que je lisais. Des fois, les récréations étaient plus intéressantes que les cours, je pouvais me dépenser physiquement et là j'avais une capacité supérieure à la moyenne. Contrairement aux autres filles, j'ai toujours adoré le sport. Je n'étais exemptée de cours de sport que quand j'avais un lourd traumatisme nécessitant le port d'un plâtre.

La primaire c'était vraiment le grand n'importe quoi. Des instituteurs se tapaient dessus à la récréation, pour des questions d'adultère. L'une des deux ayant couché avec le mari de l'autre. Une autre très colérique, nous hurlait dessus en permanence. Un jour à bout de nerf, elle a pris une enfant par les cheveux et lui a fait traverser la classe, de long en large, avec son bureau. Après cela cet enfant a fait pipi sur un cartable pour se venger et, je vous le donne en mille, c'était sur le mien !

Une autre des institutrices a failli mettre le feu à l'école en posant la caisse en plastique avec nos œufs de pâques sur le chauffage. Je me disais : « Ce sont ces personnes-là qu'il faut écouter, pour nous imposer ce qu'on doit apprendre et comment on doit le faire et surtout comment on doit être ! ». Un seul me paraissait correct et il est parti l'année ou j'aurais dû être dans sa classe. Ce fut pour moi une grande déception. J'ai eu la furie une année de plus. Depuis mes yeux d'enfant, c'était tellement irréaliste et pas du tout crédible.

Je sais maintenant que je suis dyslexique, dysorthographique et astigmate et j'ai donc eu beaucoup de mal à apprendre à lire et je suis très mauvaise en orthographe, en lecture et l'apprentissage a été un calvaire. Le nombre de personnes qui me proposent de corriger mes textes sur mon blog, ne se rendent même pas compte à quel point tout cela me fait de la peine. Car ils ne voient que la forme et n'ont rien à dire sur le fond, mais ce n'est pas de leur gout, juste à cause des fautes. J'ai que très peu de mémoire de lecture, par contre je suis très visuelle : image et auditive. Ce qui est rigolo, par contre c'est que je peux lire, très facilement et sans y réfléchir, un texte dont les lettres des mots sont dans le désordre ou remplacé par des chiffres ou même écris à l'envers et inversés. Mais à l'école ça ne sert strictement à rien. Il faut rentrer dans le moule, je crois que je n'y suis jamais rentrée au final, pas assez tarte. Mon disque dure refusait le formatage. Au final quel bonheur.

Je ne suis donc pas une très bonne élève. Il me revient en tête le poème de Jacques Prévert : « Le cancre ». J'aime cela, l'audace de cet enfant que je n'oserais être que bien des années plus tard et je passerais ma scolarité à choisir une place en cours qui me permette de voir dehors, les arbres et les oiseaux. Histoire que le temps passe plus vite.

Certains enfants me persécutent à l'école primaire et en dehors, on ne parle pas encore de harcèlement à cette époque, mais je suis souvent mise à part, moquée, chassée des jeux et des groupes. Quand je trouvais des petits sous dans la rue, les autres enfants m'obligeaient à les jeter à l'égout, comme si j'étais une voleuse, si je les gardais. Le pire fut l'anniversaire où personne n'est venu. Cet évènement m'a tellement peiné que je n'ai jamais fait les anniversaires de mes enfants avec leurs copains. Les 3 tombent pendant les vacances, j'ai voulu leur éviter cette humiliation, et ils m'en ont bien évidemment voulu.

Et c'est également pendant cette période de primaire, à mes 9 ans, que ma petite sœur est née, détournant toute l'attention des adultes, ce qui me créa un très beau syndrome d'abandon. J'étais, depuis 9 ans, la petite dernière de 5 cousins, cousines, du côté de ma maman. J'ai eu l'impression de disparaitre aux yeux de mes parents et mes grands-parents, le bébé détournant leur regard et toute leur attention. Je ne m'entendais pas avec ma grande sœur, nous en sommes venues aux mains plusieurs fois par la suite. Mais je me rappelle que c'est à cet âge aussi, que je lui ai fait face pour la première fois, pour lui signifier qu'elle n'avait plus le droit de me brimer comme elle le faisait, que ce n'est pas parce qu'elle était la plus grande, qu'elle avait une quelconque autorité sur moi. Je me sentais de plus en plus seule. Et c'est à 10 ans aussi que ma maman m'a dit que j'étais trop grande pour le câlin du soir avant d'aller me coucher. C'était le seul contact affectif que j'avais encore avec mes parents et il disparaissait, à 10 ans c'est dur. Que de liens brisés en peu de temps. Tout le reste de mon enfance et de mon adolescence ne fut fait que des contacts autoritaires.

J'ai mis longtemps à réussir à refaire des câlins, ce non contact physique affectif était devenu une très grande source de frustration pendant des années. J'appris en cours d'ostéopathie bien des années plus tard qu'un enfant non touché se demandera systématiquement s'il est aimé de ses parents, mais que les enfants battus ne se demandaient pas si leurs parents les aimaient, car même mal touchés, ils étaient touchés. Et même si l'éducation reçue était sévère, je ne faisais pas partie de cette seconde catégorie, et je me suis demandée pendant très longtemps si j'étais aimée et même si j'avais été désirée.

C'est pourquoi maintenant je fais des câlins dès que je peux que ce soit à mes proches ou à des inconnus et certaines personnes en pleurent dans mes bras tellement le contact humain leur manque. Surtout pendant la période de pandémie (covid 19), où tout a été fait pour couper physiquement les personnes les unes des autres. Personnellement, depuis que j'ai recommencé à en faire, je n'ai jamais cessé d'en faire, pandémie ou pas et je n'ai pas été malade. Quand les choses sont faites avec le cœur on ne peut rien attraper que de l'amour. Le thymus, la glande hormonale du système immunitaire est gérée par le chakra du cœur, sans compter la sérotonine, l'endorphine, la dopamine et l'ocytocine que cela génère, les hormones du bonheur.

En manque de sérotonine, on se tourne vers les glucides pour compenser la frustration, je vous en reparlerai plus loin. Je sais maintenant que mes parents m'aiment à leur façon, mais il m'a fallu longtemps, très longtemps pour l'assimiler et le comprendre. Mais surtout ils étaient les parents parfaits pour mon vrai faux karma.

Mais c'est aussi à cet âge que je fais une drôle d'expérience, je me coupe toute seule du jambon sec sur l'os qui était dans la cuisine, avec un couteau très bien affûté, de 40 cm. Je fais très attention, je coupe très délicatement la tranche et au moment où je décide de stopper de couper alors que j'arrête de pousser le couteau vers la gauche pour le retirer en le tirant à droite, un mouvement inverse se produit très vif faisant céder la découpe et le couteau vient se planter dans mon index de ma main gauche à 45° au niveau de la première phalange, main qui tenait le jambon pour avoir un point d'appuis le couteau rentre d'un bon centimètre. Je reste pétrifiée car j'avais moi instiguée un mouvement dans l'autre sens, je ne comprenais pas ce que je voyais.

Direction le médecin en urgence. Il me soigne, tire un petit bout de chair qui dépasse et me fait une belle poupée. Au moment du paiement, je me sens partir, je tombe dans les pommes. Et je fais ce que je qualifiais alors de rêve, 2 en fait. Deux scènes très claires, que je vois de mes propres yeux comme si j'y étais. Elles durent quelques secondes chacune, le changement entre la 1ère et la 2ème scène a été très vif me surprenant. Quand je reviens à moi. J'ai le visage du médecin, très émacié au-dessus de moi qui me fait peur, et je regarde autour et je vois ma maman qui est là à coté cela me rassure. Je me relève et je regarde ma maman et je lui dis : « J'ai fait 2 rêves pendant que j'étais dans les pommes… ». Et là le médecin qui dit : « N'importe quoi ! Tu es restée que quelques secondes évanouies ce n'est pas possible ! ». Et devant son ton tellement affirmatif, je suis restée quoique, à 10 ans on ne remet pas en question ce que dit le médecin, mais je savais moi que j'avais fait 2 rêves. Je ne peux plus dire ce que j'ai vu, mais c'était des scènes très claires, j'y étais et je sais maintenant que j'ai fait ce jour-là ma 1ère sortie de corps et visite consciente de 2 autres espaces temps, deux autres lignes temporelles ou j'étais plus grande que mes 10 ans d'alors.

*****

En 1981, j'ai 13 ans, le collège. On nous apprend l'histoire, l'horreur totale, je ne comprends pas qu'on nous oblige à apprendre tous ces trucs immondes : ces guerres, ces conflits, ces batailles, ces dieux égyptiens, grecques, tous plus cruels les uns que les autres ; le moyen âge les cerfs, les nobles, les taxes, la gabelle, tous ces systèmes injustes de dominations des riches sur les faibles. La misère, la faim, la mort, des millions voire des milliards de morts au cumul, tout cela me dérange. Je n'arrive pas à retenir toutes ces abominations, ces guerres, ces croisées, ces conquêtes de nouveaux mondes, l'annihilation des peuples autochtones considérés comme des sauvages. Pourquoi on nous oblige à retenir tout ça ?

Pour moi les dirigeants, les riches sont les méchants, je suis du côté des indiens pas des cowboys. Je comprends par cela, que c'est le plus fort, oups, le plus riche qui gagne, mais pas le juste. C'est celui qui a le plus d'argent qui a le pouvoir, jamais le pauvre. Le pauvre ne fait que subir, l'état et l'église, les rois de droit divin et les foudres des dieux. Que le pouvoir appartient aux riches et aux représentants de Dieu, que le peuple, « les gueux » n'ont aucun droit et en meurent. Les guerres sont, en majorité, faites au nom de dieu et c'est le peuple qui y meurt, pas ceux qui ont décidé de la faire.

Alors qu'au catéchisme depuis des années, on m'explique que Dieu est amour, tolérance, compassion, que les pêcheurs seront punis, qu'ils sont mortels. Pourtant tous les bourreaux de l'histoire ne meurent pas foudroyés par ces dieux, soi-disant compatissant avec notre souffrance.

Hé, oh, y a que moi qui voit que ça ne match pas là ou quoi ? J'avais 13 ans ! Cela me turlupine tellement que j'en parle avec ma cousine, Pascale, qui elle avait alors 17 ans. Les adultes m'obligeant à ingurgiter tout cela, et à avoir de bonnes notes pour le régurgiter correctement, je n'ose pas leur en parler. Toujours cette nécessité de performance qui passe au-dessus de la réflexion, avoir de bonnes notes quel que soit le sujet, bien apprendre et répéter les atrocités à la virgule près.

Pascale me dira, ce jour-là, le truc qui va changer toute ma vision des choses, quand je lui exprime ma réflexion et mes interrogations par rapport à tout cela :
« Tu es sûre qu'il existe ? » (Sous-entendu « dieu »).

Waouh, le scoop, dieu n'existerait peut-être pas ! Et est-ce valable pour tous les dieux ? Cela m'ouvrait un champ des possibles extraordinaire. Chez moi, dans ma tête, une résonnance, cette information était « **logique »,** plausible, ce qui au final expliquerait tout. Ce mot « logique » cette résonnance qui vibrait avec « vérité » me poursuivra toute ma vie. Comme si cela résonnait avec quelque chose au fond de moi qui me disait : « Oui, c'est ça ! ».

Depuis, quand on me parle de quelque chose, quelle qu'elle soit, si je n'ai pas cette vibration à l'intérieur qui valide l'information, je la refuse. Qui que ce soit en face de moi, qui me la donne. Et même si, persisteront encore pendant des années les pensées négatives, dans ma tête essayant de me prouver le contraire ou me détourner de cette information. Cette 1ère impression primera sur tout le reste. Je ne sais pas encore d'où vient cette sensation intérieure, cet effet de logique, synonyme de vérité, mais cela devient alors mon fil d'ariane pour sortir du labyrinthe de la matrice.

Du coup, du haut de mes 13 ans, je pars en quête de cette vibration de vérité. J'écoute, j'observe, je passe tout à ce filtre de ce ressenti que je viens de découvrir, logique ou pas ! Car bien que ce fût une information totalement farfelue, c'était la première fois réellement que quelque chose me paraissait vrai, dans tout ce que l'on me disait. Ce qui justifiait et expliquait tellement de choses au final. Maintenant il me fallait trouver d'où vient toute cette énergie négative et pourquoi les personnes se battent pour une idée qui au départ parait somme toute positive, mais qui au final n'est que dualité et mort.

Je voyais bien que, pour certains, cela leur faisait du bien de croire, d'avoir la foi, mais que pour d'autres ce n'était qu'une excuse pour justifier les pires actes. Et si dieu n'existe pas, est ce que satan existe ? Est-ce que le fameux paradis qu'on nous vend pour nous imposer tant de misère existe. Et l'enfer ? Si dieu n'existe pas, l'enfer non plus ? Les méchants ne paient jamais, ni ici, ni ailleurs, donc plus d'épée de Damoclès au-dessus de leur tête, ni de la mienne d'ailleurs. Cela veut dire que je peux être moins parfaite, que je ne serai pas puni par dieu, juste par mon père. Oh la la, tellement de questions m'assaillent !

En plus du judo, je fais également du basket. Bof. Des filles, qui faisaient 1m30 les bras levés, m'y pourrissaient la vie, alors que moi je faisais déjà plus d'1m60, lol avec du recul, ridicule. Mais bon à cet âge-là on a que très peu de recul. Face au nombre, je me trouvais encore seule. Et dès que je rentrais sur le terrain, quel que soit le score on se mettait à perdre, systématiquement sans exception. Cela me culpabilisait énormément et justifiait à mes yeux par la même leur attitude de harcèlement. J'en ai fait 4 ans, pendant la période collège.

Et du coup, c'est aussi à 13 ans, que le professeur de basket pédophile m'a agressée. Me plaquant dans un coin du gymnase, m'embrassant et me touchant des parties de mon corps que personne d'autre que moi ne devait toucher à cet âge et encore que pour me laver. Je reste tout d'abord pétrifiée, incrédule. Mais grâce à une force intérieure qui se déclencha en automatique, force acquise au judo (que je pratique maintenant depuis 7 ans), j'arrive néanmoins à me défaire de son étreinte malsaine, en le repoussant et m'enfuyant à toutes jambes. Bien que déjà grande pour mon âge, il faisait presque 2 mètres et je le trouvais extrêmement moche et sale sur lui et je n'avais encore embrassé aucun garçon, beurk. Mon 1er baiser, le mythe du prince charmant en prend un coup. Même un carpeau visqueux aurait été plus agréable à regarder.

Donc je remets en question la principale croyance imposée par la matrice « dieu » et je me fais agresser au même âge ! Coïncidence ou pas ? Je sais maintenant que non, bien évidemment.

Suite à cette agression je n'ai rien dit à mes parents. Je savais du haut de mes 13 ans, que si mon père apprenait cela, il irait tuer ce mec (c'était sa façon de me dire qu'il m'aime). Et malgré le traumatisme et le fait que j'ai dû pendant encore quelque temps continuer à aller au basket, je ne voulais pas perdre mon père. La vision était claire, il allait finir en prison. Donc j'ai fait avec, j'ai pris sur moi et puis voilà. Un stage basquet de 3 jours, était déjà programmé, j'avais tellement fait suer mes parents pour y participer, qu'ils ne comprirent pas pourquoi, je ne voulais plus y aller. Ils m'y obligèrent.

Mon agresseur était le seul adulte sur place avec nous, un groupe de jeunes filles adolescentes, sous la seule responsabilité d'un pédophile et pas de possibilité de rentrer seule chez moi, c'était à 20 kilomètres de la maison, juste un cauchemar. Je me suis fait 3 entorses en 3 jours à la cheville droite. Il m'a fallu plus de 30 ans pour gérer et évacuer la peur de cette agression physique à des fins sexuelles. Et je garde une fragilité à ma cheville droite quarante ans après.

Il y eu aussi, quelques jours plus tard, un goûter sous forme de « boum », avec le club de basket au foyer des jeunes. Les adultes étaient là, ouf. Je n'avais jamais le droit d'aller en boum, je me faisais une joie d'y aller, avant tout cela. Là, mon agresseur était sur place et l'entorse m'empêcherait de danser. Youpi, la seule boum à laquelle je n'ai jamais eu le droit d'aller fut une torture morale et physique au final.

Les lumières éteintes, il est venu s'assoir à côté de moi, pour me demander de n'en parler à personne (donc il sait que ce qu'il fait n'est pas bien, mais il le fait quand même !? Vu qu'il vient me demander de me taire. Dégoutant !). Il était collé à moi pour me parler, son odeur me donnait envie de vomir. J'avais envie de hurler. Mes parents étaient juste à côté, je savais qu'il ne me toucherait pas ici. J'avais, tellement, envie de me lever et de partir en courant, mais pour aller où. J'avais trop mal à mon pied à cause des entorses, impossible de rentrer chez moi, l'horreur. Et si j'avais une réaction trop vive, il aurait fallu me justifier. Je savais que me taire l'arrangeait mais j'avais toujours au-dessus de moi le spectre de la prison pour mon père. Cette agression ne fut que la 1ère d'une liste de 6. Dernièrement j'ai fait un travail énergétique et en fait j'en ai vécu bien plus, que je prenais juste pour des relations bizarres, mais qui, du coup, m'ont aussi fortement altéré énergétiquement.

30 ans plus tard, ma mère m'a demandé pourquoi je n'avais rien dit, à 13 ans. Elle n'est pas non plus au courant de toutes les autres, certaines mais pas toutes. Je lui ai répondu ce que je viens de vous expliquer plus avant. Mon père passant dans le couloir, m'a juste entendu dire « Papa l'aurait tué » s'étonnant de cette phrase, il m'a dit « Qui ? », j'ai répondu « Le grand F.., si tu avais su ce qu'il m'avait fait ». Et là sans une seconde d'hésitation, il a dit « C'est clair ! », ne laissant aucun doute et validant ce que je savais déjà.

Je peux donc dire qu'à 13 ans j'ai eu ma 2ème grande intuition. J'ai protégé mon père mais aussi mon avenir et celui de mes sœurs et de ma mère. Car la totalité de l'information était : sans père, pas de ressources, une descente aux enfers pour toute la famille et une catastrophe totale pour maman, mes 2 sœurs et moi.

*****

Combien de filles et de garçons se sont fait agresser physiquement par leur entraineur, des parents, des religieux, des pervers et il y a des choses bien pires que cela qui se passent dans notre monde, faites aux enfants. Certains s'en arracheraient les yeux et les oreilles ou vomiraient leurs tripes, s'ils voyaient ou entendaient tout cela. Les histoires, les plus banales sortent petit à petit... Mais tous les niveaux, toutes les classes sociales, riches ou pauvres, nantis ou esclaves, le sport n'est qu'un des innombrables secteurs touchés.

Même dans l'intimité des couples il y a des agressions sexuelles à chaque seconde. Cela a une explication énergétique, que je connais maintenant. Le chakra sacré ou 2ème chakra, ou 2ème dimension, qui régit les énergies sexuelles, a besoin d'être harmonieux. Lors d'un rapport sexuel fait en pleine conscience, et en équilibre homme femme, Yin-yang, l'on peut avoir une montée de Kundalini : un embrasement énergétique des chakras qui provoque un éveil spirituel. D'où l'insistance des entités négatives contrôlantes à altérer ce chakra, car eux c'est le contraire qu'ils veulent. Quand on a été agressés sexuellement, on se ferme énergétiquement et il faut de longues années de thérapie pour se rouvrir à l'autre.

Le 2ème chakra a un transfert énergétique direct avec le chakra de la gorge. L'un étant dédié à la créativité physique pour la perpétuation de la race, le chakra sacré et, l'autre à la créativité personnelle pour la réalisation des intuitions dans la matière, le chakra de la gorge. Si nos énergies du 2ème chakra sont altérées dans la matière par des abus sexuels pas de montée de Kundalini. En plus, les énergies des émotions négatives vécues viennent saturer le plexus solaire situé entre les deux, créant une seconde barrière. Ce qui va, également, saturer en jaune le 3ème œil. J'explique, le fonctionnement du 3ème œil dans le chapitre : « les systèmes contrôlants. » Et donc impossible de capter notre intuition et de la mettre en application avec le chakra de la gorge. Car le 3ème œil va stimuler le cerveau gauche, le mental au détriment de l'intuition, de la créativité et de l'imagination qui sont eux captés par le cerveau droit.

Et au niveau du chakra coronal, le jaune est lié au mysticisme et à l'engagement sacerdotal, donc quand il est submergé par les émotions négatives du chakra du plexus solaire, il nous pousse à nous tourner vers un sauveur extérieur. Nous dévouant à lui corps et âme, afin d'obtenir réparation. Nous éloignant ainsi de notre connexion à notre conscience infinie qui elle est dans le violet et le blanc du chakra coronal. Tout à une explication énergétique, rien n'est laissé au hasard.

*****

Malgré tout, en 1983, enfin une bonne chose. J'ai 15 ans, je découvre mon magnétisme, grâce à un tonton par alliance, le papa de Pascale. Enfin un truc bien à moi et à part. Je comprends que j'ai quelque chose de pas commun à l'époque. Enfin un début d'explication sur mes ressentis, mes informations, pas encore complètement conscientisé, mais un bien être. Je découvre alors comment barrer le feu. J'enlève également les douleurs avec mes mains… enfin un moyen d'aider les autres, ceux qui comme moi sont victimes de ce système.

Cette capacité, en commun avec mon père qui ne le développera jamais, s'est avéré être le but, la raison d'être, au bout de mon fils d'ariane. Cela m'a amené à développer d'autres capacités, que l'on qualifie encore de paranormales à notre époque, 2023, mais qui seront un jour tout simplement normales et développées par tous. Je me plais à croire qu'un jour les paranormaux seront ceux qui n'auront pas de capacités, 'les moldus'.

*****

Mais comme 80% de ce que l'on m'apprend à l'école ne passe pas le filtre de la logique, j'ai donc un parcours scolaire, comment dire… laborieux. Et avec mes dys- ça n'arrange rien du tout. J'ai aussi de plus en plus de ressentis par rapport aux personnes, cela s'affine. Car grâce à l'agression de mon professeur de basket, j'avais également compris une autre sensation que j'avais, à chaque fois que je devais monter dans sa voiture, lors des co-voiturages les jours de match. Sa voiture était sale, certes physiquement les vitres étaient graisseuses et les couvertures sur le siège arrière me répugnaient, bien avant tout cela. Lui, je le trouvais moche, voire répugnant aussi comme les couvertures de sa voiture. Quelque chose me rebutait chez lui. Je compris, après l'agression, ce qu'il faisait dans sa voiture et cette impression de dégout, m'est devenue logique aussi, écœurant. Saleté physique et énergétique que j'avais capté à chaque fois que j'avais dû monter dans sa voiture.

*****

Le collège fut encore pire qu'en primaire, j'ai eu du mal à m'intégrer dans le petit jeu du : « Certains ont la cote, et d'autres pas ». Car avec ce nouveau filtre, je ne vois plus les personnes comme tout le monde. Je me retrouve donc de nouveau à part, le perpétuel club des personnes qui ne s'intègrent pas. Mais surtout l'exploitation des faibles par rapport aux dominants me fait horreur. C'est une répétition sans fin des cours d'histoire. Jusque dans la cour du collège, cela ne s'arrête donc jamais. Élèves ou adultes, personne n'y échappe. Certains professeurs me donnaient la migraine, dès que je rentrais dans leur classe. J'ai donc commencé à comprendre que ma 1ère impression vis-à-vis des personnes me donnait leur degré de gentillesse ou de méchanceté, comme vous voulez.

Mais mon éducation et ma position d'élève ne me donnait aucun droit de remettre quoi que ce soit en question par rapport à ce critère. Je ne pouvais que subir la condescendance des professeurs et des adultes. Leur critère de valeur étant complètement surfait pour moi, je commençais à me dire que, de toute façon, ils ne seraient jamais contents. Donc à quoi bon. Même si je donnais le meilleur de moi-même, je m'en prenais une pareille que quand je me lugeais donc autant faire le minimum syndical, l'effort ne paie pas. À la sortie il n'y a que punition et engueulade. Le pire c'est que j'ai été incapable de ne pas faire pareil avec mes enfants.

*****

En 1984, à 16 ans, je rentre au lycée par la petite porte en BEP comptabilité. Je ne choisis pas ma filière, on me met là où une place se libère 3 jours avant la rentrée, car avec tout cela je me trouve en échec scolaire. Redoublement de la 3ème complètement inutile et improductif. Mais ma vie va changer quand même.

Cela vient de ce que m'a dit mon grand-père paternel. Il est décédé au mois d'août 84. Il m'a dit cette chose qui allait changer ma vie, peu de temps avant de mourir. Alors que je me plaignais auprès de lui de mon père, son fils, qui n'était jamais satisfait de mes résultats scolaires, même si je faisais des efforts pour les améliorer. Il me dit ce jour-là : **« Ne fais pas les choses pour plaire aux autres, fais-les pour toi »**.

Ma scolarité s'améliora, déjà parce que beaucoup de cours inutiles pour la comptabilité n'étaient plus enseignés dans cette filière, youpi. Ce qui ne me laissait que des cours utiles et concrets comme 1 + 1 = 2, ça m'allait. Même si je remettrai aussi cela en cause plus tard, cela me suffisait pour le moment et m'a rendu le lycée plus supportable. En cours d'anglais nous apprenions des chansons d'AC-DC. Et la professeure de comptabilité une merveille, très organisée et méthodique. Je comprends tout et tout se range dans l'ordre dans mon cerveau dysc-loqué. Je passe de 3 en mathématiques avec un professeur qui faisait les cours sur les corrections des interrogations, à 12 de moyenne dès le trimestre suivant, juste en changeant de méthode d'enseignement. Je n'étais donc pas si nulle, c'est le professeur qui l'était au final. J'ai eu 20/20 à mon examen du CAP en mathématiques. Du coup je commence à prendre confiance et à m'affirmer de plus en plus, suite au conseil de mon grand-père et à l'amélioration de mes résultats. Et comme de toute façon les adultes ne sont de toute façon jamais contents, autant que je fasse ce qui me plait au final. Bon tout ce que je faisais n'était pas des plus judicieux (commencer à fumer), mais au moins je subissais de moins en moins les choix des autres.

Quelques temps plus tard, je trouve également le courage d'ouvrir pour la 1ère fois ma bouche fasse à un adulte qui me maltraite physiquement et moralement depuis des années, mon professeur de judo. Il nous frappait avec un manche à balais, dès qu'on osait remettre en cause son autorité et sa vérité personnelle. Il mettait le bâton, à 50 cm au-dessus de notre tête et le lâchait sur notre crâne. Il nous parlait mal. Il a fait cela pendant près de 10 ans. Il s'en prenait verbalement et physiquement plus aux filles qu'aux garçons, soit qu'il était misogyne ou par simple lâcheté ? Ou tout simplement les deux.

Quelques temps avant il m'avait blessé à l'entrainement, en me luxant le bras sur Tomoe-Nage, prise très rarement pratiquée à l'entrainement ou en compétition, mais plutôt utilisée en démonstration dans le Nage-no-kata. Ce jour-là, Il avait même interdit à mon père de m'approcher sur le tatami, disant que je faisais la comédie. Mon avant-bras étant resté fixe, ma main posée au sol, mon corps avait fait une telle rotation au-dessus que mon humérus était sorti de son articulation au niveau du coude, avant de s'y remboiter, seul instantanément dès que ma main quitta le sol. Vous voyez les gymnastes qui font une belle chandelle, mains au sol le corps bien droit au-dessus d'eux. J'ai fait cela sur un bras, en rotation sur l'articulation de mon coude et avec élan.

Après le cours, me plaignant très fortement de la douleur, mon père m'a emmenée à l'hôpital aux urgences, le diagnostic : luxation, plâtre. Et sur le retour, mon père est passé chez le professeur, afin de l'informer que je me trouvais dans le plâtre à cause de lui et que c'était inadmissible, que ce n'était pas une pleurnicherie de gamine comme il l'avait prétendu au moment de l'accident et que son attitude était inadmissible. Ceci est malgré tout, resté sans suite.

Mais l'attitude néfaste de ce professeur était bien plus perverse que cela. J'ai dû, pendant une compétition interclub, parlementer seule contre les adultes pour réintégrer le tableau féminin. Même face à moi et constatant que j'étais une fille, les organisateurs voulaient que je combatte contre des garçons. Ce que j'appris plus tard c'est que ce soi-disant professeur avait volontairement fait en sorte de me faire mettre dans les pools garçons, avec la complicité du professeur du gros club, Mr Poubelle, (c'était son surnom, une déformation de son propre nom tellement il était désagréable). Ils s'étaient servis pour cela de mon prénom androgyne.

Tout cela pour que la maitresse de Mr Poubelle puisse repartir avec la coupe qu'elle s'était choisie. J'étais alors ceinture verte et j'ai fini 1ère devant les ceintures marrons, dont bien entendu la maitresse de Mr Poubelle, comme ils le craignaient tous. Ils me savaient plus forte et au lieu de me valoriser, ils me rabaissaient. Cette coupe, je l'ai encore, non pas parce que j'étais la plus forte ce jour-là, mais parce qu'elle représente ma 1ère victoire sur le système. La première fois que j'obtenais justice par moi-même, d'avoir gagné m'a redonné foi en ma quête de vérité et de justice. Yep !

Du coup cela n'a fait que me confirmer que dès que les gens ont un minimum de pouvoir, ils s'arrogent des passe-droits. Les adultes perdaient, à nouveau, toute crédibilité à mes yeux. Les instituteurs en primaire, mon professeur de basket, plus le professeur de judo, toutes ces personnes adultes sensées donner l'exemple et nous enseigner, qui faisaient n'importe quoi, abusant de leur position « autoritaire » pour te rabaisser, t'humilier et t'agresser physiquement. La sensation que quelque chose ne tourne pas rond ne fait donc qu'amplifier depuis mon enfance.

C'est pour cela que je ne respecte plus les prérogatives d'âge, de position sociale et hiérarchique, je respecte uniquement la cohérence du comportement vis-à-vis de cette soi-disant position. Quel que soit leur statut social, leur âge ou quoi que ce soit d'autre, pour moi, les personnes doivent être cohérentes entre ce qu'elles disent être et ce qu'elles font. Ça complique un peu les choses quelques fois, mais ce critère est inaliénable à mes yeux.

Et comme mon prof de judo avait perdu toute crédibilité à mes yeux, j'ai à 16 ans, pris la parole pendant un entrainement, pour relever un problème. Il s'en est, alors pris à moi ouvertement devant tout le monde, « Ah c'est bon mademoiselle Longère, vous n'allez pas commencer à la ramener ! ». Cela faisait 15 min que nous étions en randori (au judo : exercice libre orienté vers l'attaque) avec la même personne au lieu de 5 min, lui s'éclatait avec son partenaire et donc nous il s'en foutait royal. Je me suis rebiffée, il a insisté : « Oui bin et alors, ce n'est pas à vous de décider ici, c'est moi qui décide », il avait en fait délégué de regarder l'heure à la pendule à un myope, qui n'arrivait pas à voir l'heure. Et là mon père qui était présent avec moi sur le tatami, a pris ma défense et a cloué le bec au professeur, ne lui autorisant pas à me parler de la sorte. Et le professeur a fini par nous dire : « Si vous n'êtes pas contents de comment cela se passe ici, vous pouvez partir ». Et nous avons quitté définitivement et sans délai le club. Ils ont perdu 4 inscriptions le même jour. 10 ans que mes parents qui étaient très actifs en bénévolat au niveau des différentes activités nous concernant s'investissaient dans la vie du club. Cet homme que nous surnommions Mr Carascouette, était hautain, imbu de sa personne, n'acceptait pas que l'on puisse être ou devenir meilleur que lui. Plusieurs élèves atteignant un niveau tout à fait honorable qui leur aurait permis de pouvoir atteindre comme moi le niveau du championnat de France et voir plus ont arrêté à cause de lui. Car il ne supportait pas que ces élèvent devienne meilleurs que lui ne le serait jamais et il les maltraitait et les rabaissait. Et il a continué à graviter dans le monde du sport pendant plusieurs années encore. Tellement de gens ont cherché à me rabaisser et à me faire taire, tout au long de ma vie que c'est devenu le meilleur moyen de savoir ce que je pense.

Heureusement pour moi comme j'avais un fort potentiel en judo, mon père a cherché un autre club, où là j'ai pu être soutenue et aidée par des personnes beaucoup plus professionnelles et compétentes, Michel et Claude. Cela m'a permis de progresser dans cet art martial avec une vraie philosophie de respect et de soutien. Un petit club, aussi sous la tutelle d'un plus gros, mais dans le respect ce qui augmenta encore mon niveau. Avec le professeur du gros club, Noël D., nous nous faisions de supers combats à l'entrainement dans un respect total. Un vrai professeur, qui acceptait de perdre, même s'il était ceinture noire 4ème dan. Nous étions plusieurs à avoir un bon potentiel dans ce gros club et nous étions tous valorisés sans discrimination, ni privilèges exclusifs, un réel soutien d'équipe.
Esprit d'équipe que je perdit en changeant t de club quelques années plus tard.

*****

C'est ce cumul d'évènements négatifs, le fait que je sois enfin reconnue par mon père, en plus du conseil de mon grand-père, qui m'ont permis de sortir de ma coquille à tout jamais dans cette vie. D'avoir été soutenue par mon père, face à cet homme qui me maltraitait depuis des années, me galvanisa. Cela ne réparait pas tout, mais me permit de reprendre encore un peu plus confiance en moi. Et que mon grand-père ne me donna pas tort comme tous les autres adultes était la 1ère étape et qu'au final mes résultats scolaires et sportifs s'améliorent, contribuèrent chacun à leur manière pendant ces 4 années de lycée à prendre de l'assurance. Et je ne baisserai plus jamais l'échine devant les petits chefaillons, toute autorité émanant d'une personne imbue de son pouvoir et de son autorité sera dorénavant négligeable à mes yeux.

*****

Pendant toute la période lycée, je continue aussi à faire du magnétisme, couper le feu et je commence à exprimer ce que je fais. Vers 17 ans, ma grand-tante me dit, que si je coupe le feu, je peux aussi couper l'eczéma. Je fais donc sur elle. Et je me rends compte aussi, que je peux attraper ce que j'enlève aux personnes. Après avoir traité son eczéma aux creux des coudes, je me retrouve le lendemain avec la même chose sur moi au même endroit. Oups c'est quoi ce truc. Pas d'accord !

En dehors de cela, papa regarde beaucoup l'émission « Mystères » avec Jacques Pradel, qui explique du point de vue de l'époque tout un tas de phénomènes paranormaux. J'apprendrais plus tard qu'en fait mon père cherchait à comprendre des trucs qui lui arrivaient depuis l'enfance. Perso cela me plaisait beaucoup même si c'était un peu flippant. Du coup, quand, au fils du temps, mes capacités se sont réveillées, je n'ai jamais eu peur. Je l'avais vu à la télévision. Il y avait encore des trucs utiles à cette époque. La télévision ne servait pas encore complètement à nous lobotomiser. Et point très important, ces informations, vues dans cette émission « Mystères », passaient le filtre de la logique. Les deux mondes coexistants dans ma réalité, pourtant encore incompatibles pour moi l'un avec l'autre à cette époque-là.

A 18 ans, 1986, il fallait à tout prit passer le BAC. Mais les filles à l'époque n'avaient pas encore vraiment le choix de leur carrière professionnelle, me voilà donc promue administrative. Cela n'augurait pour moi aucune perspective de carrière réjouissante. Je choisis l'internat pour m'éloigner du système autoritaire extrêmement limitant de mes parents. Bien que, c'était pour nous protéger, c'était trop. Mon père ayant grandi dans la rue, non pas qu'il soit à la rue, il passait son temps en dehors de la maison et donc il en connaissait les dangers. C'était un grand angoissé soucieux de notre sécurité, ce qu'il m'a transmis d'ailleurs.

Donc je me retrouvais à Annecy en internat, avec vue sur le lac. Le seul point positif de cette scolarité en dehors du sport, est qu'en 1ère et terminale à savoir entre 18 et 20 ans, je fais connaissance avec le tirage de cartes divinatoires ainsi qu'avec le spirit, grâce à Dédée. Découvertes des plus intéressantes. Je continuais à couper le feu, ainsi que quelques douleurs, par contre je ne travaillais plus sur l'eczéma.

En spirit, on faisait des séances de Ouija à l'internat. Très rigolo, enfin pas toujours, j'en parle en toute innocence à mes parents, je me fais engueuler et interdire d'en faire. Je continue malgré tout. Lors des séances, je me suis rendu compte de la manipulation et du mensonge de certains esprits, toujours grâce à mon filtre de logique et à la perspicacité que je développais au fils du temps et de mes expériences négatives. Résultat je me suis faite virée des séances par les esprits. Ils jetaient le verre sur moi ou s'arrêtaient de répondre en ma présence. En effet, je relevais les incohérences et je détectais facilement les usurpations d'identité.

Nous discutions de temps à autres avec Daniel Balavoine, qui restait très discret et peu loquace ; par contre quand nous avions à faire à celui qui se faisait passer pour lui, Hibo, je le repérais rapidement. Il était plus exubérant, plus volubile et surtout menteur, donc ça ne lui plaisait pas que je le reconnaisse. Le verre était également plus rapide avec lui, il jouait le kékos de base alors que Daniel pas du tout. C'est comme cela que je différencie les vrais jumeaux, par leur caractère. Hibo était en fait une entité négative qui s'amusait à nous induire en erreur.

Sur le spirit, mes parents avaient à la fois tort et raison, mais on ne peut m'interdire quelque chose si l'on ne me donne pas une raison valable de ne pas le faire, j'ai fini par comprendre pourquoi bien des années plus tard. Je suis au final exclue des séances spirit par les esprits, dont un qui se fit passer pour mon grand-père maternel. Le seul problème, c'est que les séances se passaient dans ma chambre, les autres ayant peur qu'un poltergeist reste en dehors des séances, et je devais donc attendre ailleurs dans une autre chambre sur le lit de quelqu'un d'autre.

À la même époque, lors d'un tirage de carte à mon père, les trois 1ères cartes :
Le roi de trèfle (mon père)
Le valet de carreau (le porteur de message, ou facteur)
La reine de trèfle (ma mère)
Hypothèse : un courrier important pour les 2 ? Ou un adultère, oups. En plus en pleine réunion de famille (noël) avec les 3 frères de mon père, qui à eux 4, n'en loupaient pas une pour dire des conneries. Ils chahutent alors mon père.

Du coup, je tire les cartes à ma mère car cette info suggérée par mes oncles lui avait moyennement plu, vu que nous avions une factrice…
Les trois 1ères cartes :
La reine de trèfle (ma mère)
Le valet de carreau (le porteur de message, ou facteur)
Le roi de trèfle (mon père)

Gros froid, là l'hypothèse de mes oncles était encore plus forte. Hop, hop, hop, je passe à autre chose un peu stressée tout de même, n'arrivant pas à interpréter sur le coup cette information. La supposition de mes oncles me paraissant probable mais irréaliste, car je savais que mon père ne pouvait pas tromper ma mère. Mais il y avait tout de même quelque chose qui résonnait juste, aïe. N'oublions pas que mon père a des capacités, donc mes oncles aussi. Ma grand-mère paternelle, leur maman en avait également.

En fait ma mère est devenue factrice 3 mois plus tard et oui en quelque sorte on peut dire que mon père a couché avec la factrice, lol, sa femme. On avait à la fois raison et tort. J'apprenais qu'une information pouvait être sujette à interprétation, qu'il fallait juste trouver sur quel plan elle s'avérait juste. Mon père allait bien finir par coucher avec la factrice mais sans tromper sa femme. Le problème de l'interprétation, c'est ça qui met le bordel en fait. Les personnes vont interpréter, extrapoler les choses de leur propre point de vue. Ils sont incapables de se mettre à la place de l'autre. La neutralité n'existe pas, nous sommes tous imbriqués dans notre propre neurasthénie et nous analysons les choses d'un point de vue non objectif. Pour mes enfants, je suis la méchante de l'histoire, alors que nous sommes tous les 4 des victimes du système contrôlant qui a voulu ma peau. Certes j'ai reproduit à mon insu (de mon plein gré, n'ayant pas pu les remettre en question assez tôt) les schémas familiaux que j'avais moi-même rejetés, mais je n'avais pas les outils nécessaires à ce moment-là pour faire autrement. Savoir et arriver à mettre en application ce savoir c'est le plus gros challenge de notre existence.

*****

Ensuite, j'ai découvert que je pouvais faire du spirit toute seule, donc rien n'était vraiment fini. Je continue à couper le feu, je tire les cartes…. Je bidouille et je fais mes armes en la matière, avec les amis un peu comme un passe-temps amusant. Je me suis éclatée ! à faire cela. J'avais alors beaucoup plus d'intérêt pour ces choses que pour mes études au final.

C'est également au lycée que j'ai fait mon podium au France en judo. Je performais et cela me satisfaisait, j'avais également des bons résultats en dessin. Le cours était le jeudi matin à 9h, je l'attendais avec impatience toutes les semaines. C'est à cette époque également que je me suis mise à écrire, je commençais par écrire des poèmes, cela me sauvait de la monotonie d'une vie que je subissais de toute part.

La vie à la maison était juste un enfer. Ma petite sœur n'acceptant pas que je rentre le week-end, avec 9 ans de moins que moi elle se comportait comme une enfant unique, (notre grande sœur étant également en internat depuis ces 13 ans) elle m'exhortait régulièrement les week-ends de partir, disant que ce n'était pas chez moi, et que c'était son papa et sa maman, pas les miens.

Pendant cette période de lycée, mon 1er amour, (qui est sorti au final avec ma meilleure amie de ma période enfance) a eu un très grave accident de moto. Nous avions fait du judo ensemble. Son papa était mon professeur de sport adoré au collège et sa maman m'appréciait beaucoup contrairement à tous mes futurs beaux-parents, elle avait toujours un mot gentil et un sourire de joie quand elle me croisait. Je pense souvent à elle espérant qu'elle aille bien, ainsi que son mari. Il y a des personnes comme cela, on les aime pour le positif qu'ils ont amené, et ce couple a été pour moi une joie, des petits moments partagés, dans tout ce marasme. J'avais le béguin pour leur fils depuis que je l'avais croisé dans la cour du collège à 11 ans (moi en 6ème, lui en 4ème ou 3ème), j'allais au gymnase, il était assis avec ses potes à l'entrée d'un préfa. Quand je l'ai vu mon sang n'a fait qu'un tour.

Mais bien des années plus tard, ne voulant pas que notre relation devienne sérieuse, il a justifié notre rupture disant qu'il avait peur de mon père. Ça n'a malheureusement pas été le seul. Quelques années après cela, il a failli perdre ses jambes, dans cet accident de moto. Dès que j'ai pu avoir l'autorisation d'aller le voir à l'hôpital, j'y ai passé tous mes mercredis après-midi. Bien que notre relation n'ait pas abouti, je n'avais aucune rancœur contre lui et je l'appréciais toujours autant. Je me souciais de sa santé, j'avais entendu tellement de rumeurs sur son état, dans le village, le disant cul de jatte, j'étais tellement en peine pour lui, car grand sportif, avant d'avoir de vraies nouvelles. Quand je pus aller le voir, ce fut un tel bonheur de le savoir entier, que je me privais sans aucun regret des sorties en ville avec les copines, pour lui donner de mon temps. Je passais tous les mercredis après-midi pendant son hospitalisation, à son chevet. Une jambe cassée et l'autre broyée dans l'accident, il y a passé beaucoup de temps, et donc moi aussi. Je restais à côté de lui. Il dormait la plupart du temps. Je lisais les nombreuses BD que les personnes lui offraient et je repartais uniquement parce que c'était l'heure de la cantine du soir. Des fois surtout les 1ers temps, il ne s'était même pas réveillé de l'après-midi. Nous parlions très peu au début, car il était très fatigué, émergeant quelques minutes, me disant juste bonjour ou esquissant un sourire et resombrant ensuite.

Il portait des orthofix elisarophe autour du tibias créant une tension pour maintenir la jambe droite mais aussi pour obliger la jambe brouillée à retrouver la bonne longueur par rapport à l'autre. J'ai vu ces radios du jour de l'accident et il me montrait régulièrement la progression de son calvaire. C'était d'un visuel choquant la première fois, mais pourtant je me suis rendue compte que cela ne me rebutait pas. Que j'acceptais facilement ce visuel, sans avoir de réaction de dégout. Ce qui, je pense, l'aidait à m'en parler, j'étais même curieuse de ce qui se passait, mais pas une curiosité malsaine, toujours dans mon envie de comprendre les choses. Il m'a raconté dans les moindres détails son accident, sa colère. Il a glissé sur une plaque d'huile de vidange dans un virage, négligence d'une personne entretenant mal son véhicule, le projetant contre la voiture en face qui l'a ensuite projeté contre une maison.

Et nous avions cette légèreté dans nos conversations, aucun catastrophisme, un optimisme commun qu'il allait s'en sortir. Parlant aussi de choses et d'autres sans importance comme le font les amis à cet âge. Suite à cet accident il a changé de métier. Alors guide de haute montagne, il est devenu kiné. J'ai su bien des années plus tard par sa maman que j'étais la seule personne qu'il ne chassait pas de sa chambre. J'ai été contente de savoir que ma seule présence lui faisait du bien, si cela avait suffi, tant mieux. S'il m'avait rejeté, je l'aurais aussi accepté, son bon rétablissement était, avant tout, mon objectif. Je l'ai ensuite perdu de vu. Recroisé aux hasards de la vie, comme ses parents, des petits moments de plaisirs et d'échange fugaces. La dernière fois que je l'ai croisé, c'était en présence de Patrice, je me suis retrouvée, par le plus grand des hasards, à lui acheter une vitrine sur le bon coin. Quand je l'ai vu à côté de Patrice, j'ai beaucoup souri, les deux même physiquement et sur bien d'autres points. C'était finalement mon type d'homme. Sauf pour les beaux-parents, dommage…

J'ai aimé prendre ce temps à ces côtés, l'écoute le partage, je me sentais à ma place dans ce rôle. Sans le savoir les prémisses de mon côté thérapeute.

*****

À 20 ans après l'obtention de mon BAC, je me retrouve obligée de chercher du travail, mes parents me refusent de faire des études supérieures, pas assez d'argent. Par contre mes deux sœurs qui ont fait BAC+2 et +4, pour elles il y avait de l'argent, j'ai subi cela comme une très grande injustice. À cette époque j'aurais voulu aller dans le graphisme, malgré une bourse et une possibilité d'intégrer des stages en entreprise dans le graphisme publicitaire grâce à un judoka du club d'Aix les bains , Mr Gervais. Mon père, lui, voulait m'obliger à poursuivre en Fac de droit. Il m'a dit : « Ce sera FAC de droit ou FAC de rien ! ». Pour faire expert-comptable ! Après 4 ans de comptabilité j'avais eu largement le loisir de me rendre compte que je n'aimais pas cela et que je ne voulais pas devenir experte dans ce domaine. Mes sœurs avaient, elles même, choisi leurs études sans que mon père n'y voie rien à redire, parce qu'il aimait les domaines qu'elles pratiquaient, l'horticulture et le sport. Moi, par contre, montrant des aptitudes au dessin artistique, cela n'avait aucune valeur à ses yeux. Il voulait me voir poursuivre une filière que je n'avais pas choisi. Et maintenant que je savais mieux ce qui me plaisait, il m'imposait de continuer dans quelque chose que je n'aimais pas. Je suis une créative, pas une gratte papier. C'est pour cela que j'ai tout fait pour que mes enfants puissent choisir leurs études et leur métier, car je n'avais pas pu le faire moi-même. Allant habiter en ville après mon divorce, alors que je me sentais mieux à la campagne, afin de réduire les frais, je savais que seule je ne pourrais jamais financer leurs études. Je ne savais que trop ce que c'était, au final de subir le choix des autres.

Je pars donc dans la vie professionnelle dans un métier qui ne me plait pas. Contrainte à abandonner la possibilité d'aller plus loin malgré une bourse d'étude. Même si j'ai fait ce choix, de ne pas continuer, il m'a été imposé par un choix inacceptable de faire du droit plutôt que du graphisme. Je me retrouve petite main au service des accidents du travail à la sécurité sociale centrale de Lyon. Deux ans de petits contrats (une semaine, 15 jours, 1 mois), je m'y ennuie. De l'administratif à la chaine... Pas mieux à mes yeux que le travail à la chaine en usine (job d'été). Les collègues tous aussi neurasthéniques et en perpétuel chamaillerie. L'été avant mon bac j'avais travaillé en usine, où mon père

travaillait en tant que technicien méthode, dessinateur industriel et chef d'atelier. Il inventait des pièces, puis la machine pour les fabriquer et ensuite il suivait le process de fabrication. Il s'est fait « voler » tous ses brevets par son patron, et pourtant certaines pièces ont servi à la construction du TGV. J'avais donc travaillé là-bas, pendant les vacances de mon père.
Je me suis fait des relations. Nous mangions ensemble le midi. Au retour des vacances de mon père, je l'invitais à venir me rejoindre à table. Les personnes autour de moi ont fait une drôle de tête, genre, elle ne va pas bien et lui a, de toute façon, refusé. J'ai quitté le groupe et je l'ai donc rejoint à sa table où il était tout seul, lui demandant pourquoi il avait refusé. Il m'a expliqué que les chefs ne mangeaient pas avec les ouvriers. Ha bon pourquoi ? Hein pourquoi ? C'était exactement pour la même raison que les personnes étaient gentilles avec moi en fait, la hiérarchie. J'étais la fille du chef, donc il faut bien se faire voir. Pétard de société malade. J'étais encore naïve, mais cette information me choqua. Mon père est pour moi quelqu'un de bien et cette foutu hiérarchie le pousse à manger seul chaque jour, quelle misère.

*****

Je travaillais donc à la chaine administrative pour mon 1er job. Trois groupes, se répartissant les 12 mois de l'année, j'étais la petite main d'une des 3 groupes. J'aurais pu rester à la « sécurité » sociale, mais au bout de 2 ans, je préférais néanmoins quitter ce travail avant de dépérir mentalement. Avoir passé mon bac pour finir par mettre des petites croix dans des petites cases pendant toute une vie, était une perspective insupportable pour moi. Hé oui, ils exigeaient le BAC pour faire ça. Malgré la stabilité de l'emploi à vie (fonctionnaire) j'ai préféré dire non et je suis partie. Et le pire je crois ce n'était pas le job c'était l'ambiance, 36 gonzesses pour un mec. Elles se mettaient en rivalité juste par appartenance au groupe alors qu'elles faisaient le même job, qu'elles cochaient les mêmes petites cases, dans 3 grand open space différents mon bureau se trouvait au milieu de deux de ces groupes et franchement il y avait de bonnes personnes dans chaque groupe, et une dominante par groupe qui menait sa petite troupe comme une amazone, pitoyable. J'ai dit à tout le monde qu'ils n'embauchaient pas ou plus à cette époque, mais ce n'était pas vrai. J'ai dû taire ce fait car je savais que ma famille considérerait cela comme une hérésie. Refuser un job à vie, contre rien du tout. Mais pour moi, cela allait me rendre neurasthénique, je le savais, mais je ne pouvais pas leur expliquer ça, ils ne comprendraient pas. Je savais la carotte pourrie, une prison dorée dont je ne pourrais plus m'échapper avant la retraite, une mort anticipée et à 20 ans j'en avait déjà conscience. Et franchement j'en avait également marre des railleries des autres non fonctionnaires qui critiquaient sans cesse et nous traitait de fainéant, j'y avait droit à chaque regroupement familial.

J'ai été obligée de faire des choix dans ma vie que certains qualifieraient de catastrophiques. Mais parfois les seules options qu'on a, sont les mauvaises. Il faut quand même faire un choix. Ce jour-là j'ai fait le choix le moins pire pour ma santé mentale.

Ma cheffe de service m'a dit le jour de mon pot de départ :
« Vous n'êtes pas faites pour recevoir des ordres, Frédérique, vous êtes faite pour être votre propre patronne ! » elle a planté, en moi, ce jour-là une idée juste, qui a motivé tout le reste de ma vie professionnelle. Fallait-il encore trouver dans quoi j'allais me mettre à mon compte. À ce moment-là, je n'en avais aucune idée et il me fallut encore plus de 10 ans pour le savoir et 20 pour y arriver. Thérapeute.

Avant d'y arriver, j'ai fait de la téléprospection, j'ai été secrétaire, agent de recouvrement service contentieux, agent de saisie informatique, petite main, ouvrière, livreuse, tarologue, magnétiseuse, cuisinière, animatrice commerciale, charcutière, fromagère, poissonnière, monitrice auto-école, maman, et commerçante à mon compte. J'ai été thérapeute dès le début des années 2000 en fil rouge à côté de tout cela. L'important ce n'est pas ce qu'on fait, c'est pourquoi on le fait et pour quelle raison. Mais surtout les faire en pleine conscience ici et maintenant et que ce soit un choix personnel. J'ai beaucoup changé car à chaque fois je me retrouvais face aux incohérences du système et au bout de 2 à 3 ans je n'arrivais plus à supporter les injustices sociales et les brimades des chefaillons.

Pendant ces 2 ans passées, à la sécu, je continuais à faire des tirages de cartes, à mes collègues.

*****

Je subis dans ce même temps 4 agressions sur Lyon.

La 1ère agression :
Je me fais taper dessus par une fille et sa sœur dans le foyer de jeunes travailleuses, tenu par des bonnes sœurs, où j'habitais, le premier week-end, où je décide de ne pas rentrer chez mes parents. Une fille, on va dire Radija, qui n'avait pas apprécié que je prenne la défense de la standardiste, Nanou, m'a tapé dessus. Ah oui l'injustice, l'autre light motive de mon existence. Radija a été virée suite à mon agression et voulait que je le sois aussi. La victime virée, pardon il n'y a pas incohérence là ? Je suis passée en commission devant la directrice et j'ai dû me défendre pour ne pas être expulsée du foyer, cette demande émanait des amies de Radija. Hé oh, je suis la victime de l'agression !

Le jour de l'agression, Radija avait appelé sa sœur et son beau-frère en renfort pour venir s'en prendre à moi, à plusieurs, trois contre une. Car je ne m'étais pas laissée impressionner quand elle était venue s'en prendre à moi directement et seule une heure plus tôt. Les deux frangines m'avaient tapé dessus pendant plus de 10 min, à coup de pieds dans le ventre et à coup de poings dans l'épaule avant que quelqu'un n'intervienne pour les arrêter. Elles faisaient du full contact, toutes les deux.

J'ai appris ce jour-là que tu peux subir la vindicte et que l'on s'en prenne à toi juste par ce que tu prends la défense de quelqu'un d'autre. Les méchants n'en sont pas à ça près. Je suis toujours atterrée que les méchants, n'acceptant pas l'échec, cherchent à se venger coûte que coûte des personnes qui leur mettent les points sur les i. Dans la vie de tous les jours c'est devenu infernal. Les personnes se conduisent mal et si tu leur demandes d'arrêter, c'est toi le problème, pas eux. Il y a quelques temps une personne faisait pisser son chien contre le mur de l'immeuble au coin du cabinet, je lui demande de ne pas laisser son chien pisser contre ma devanture. Elle ne me répond pas que c'est son plein droit, qu'il y a des cantonniers pour nettoyer et comme elle paie des impôts, elle estime avoir le droit de laisser pisser son chien contre ma devanture. A part que les cantonniers ne font pas le ménage de la façade, c'est moi qui le fais. Et je gage que le cantonnier préfère planter des jolies fleurs que de ramasser les déjections de son chien. Pour en avoir discuté avec eux, ils sont tout bonnement dégoutés du comportement incivique de plus en plus prononcer des gens.

*****

Revenons à Radija. Le but des entités, ce jour-là, était de profiter de mon instabilité émotionnelle par mon 1er week-end loin de ma famille, pour me faire péter un plomb et me faire virer du foyer. Il faut dire que pendant longtemps, j'ai toujours détesté être seule, c'était ma hantise.

Cela fait des années que je travaille dessus, ça commence à aller mieux. En l'occurrence, pas facile de prendre son envol quand on attend encore l'approbation et la reconnaissance de ses proches. Mon père avait choisi cet endroit, pour moi, pensant me mettre en sécurité. Un foyer de jeunes travailleuses tenu par des bonnes sœurs, c'était pour moi un lieu où j'étais sensée être en sécurité, pour lui, dans la grande ville (Lyon). Pour quelqu'un qui était irréligieux c'était un comble non ? Et il ne pourrait, de toute façon, pas me protéger face aux diverses agressions que les entités contrôlantes me programmaient encore.

Elles m'ont donc tapé dessus à deux, l'une donc me mettant des coups de pieds dans le ventre, l'autre me donnant des coups de poing dans l'épaule. Le beau-frère de Radija faisait une tête de plus que moi, mince, était en face de moi dans un couloir qui devait faire 1m20 de large, donc a porté de coup aussi, avec sa petite fille à côté de lui (elle devait avoir entre 18 mois et 2 ans). Pendant ce temps je me concentrais sur ma cigarette.

Quand j'ai eu fini ma cigarette, la rage est montée en moi. 10 min à résister de leur en coller une, à me dire ce n'est pas bien de taper sur la maman de cette petite fille devant elle. Et le mari il va me tomber dessus aussi ? J'avais élaboré le scénario dans ma tête, il fallait que je me débarrasse rapidement des deux furies, très rapidement, ne leur laissant pas le temps de réagir, et j'aurais les mains libres pour lui, sans les avoir sur mon dos. Une contre trois, j'étais perdante si je ne m'y prenais pas bien. J'étais dos au mur, physiquement et stratégiquement.

Mon scénario était le suivant, comme Rober Downey Junior dans « Sherlock Holmes », j'ai kiffé cette scène.
En un, je mets un bon coup de poing dans le visage de la grande sœur et maman, KO technique.

En deux, j'attrape le pied de Radija, je lui fauche l'autre, elle s'éclate la tête sur le radiateur en fonte derrière elle, KO technique, voir bien assommée, crane fendu en tout cas.
En trois le mec, qui n'avait pas l'air de savoir se battre, mais bon je n'en savais rien… et la petite fille c'est elle qui m'a retenue aussi longtemps de faire ça.

Mais… après avoir écrasé ma clope, au bout d'une minute ou deux, j'ai eu un blanc, quand je suis revenue à moi, quand le serveur du self m'est venu en aide, et m'a touché pour s'interposer entre nous, en disant mon prénom : « Frédérique ! non ! » je suis revenue à moi, l'ai regardé hébétée. Il avait l'air en soucis pour moi, pourquoi ? Puis je me suis regardée. J'avais attrapé fermement le vêtement à l'épaule de la frangine, de la main droite et j'avais armé mon poing gauche, le coup allait partir. Je fus moi-même horrifiée de ce qui se passait, ou de ce qui allait se passer. J'avais perdu temporairement toute lucidité, je ne m'étais pas vu faire ces gestes. Un blanc, comment cela se fait-il que je ne me suis pas vue faire. Une telle puissance était mise dans mon poing et je confirme si elle s'était pris ça en pleine figure, KO nez pété. Il y avait toute ma rage dedans. J'avais commencé à mettre en marche mon scénario ! Damnède.

Après avoir repris conscience, j'ai tout lâché, j'ai ouvert mes points libérant l'action, une seconde de plus et s'aurait été trop tard. Je suis partie dans le couloir, en bousculant tout le monde, une foule de résidentes s'était agglutinée pour profiter du spectacle. Ce jeune homme avec qui j'aimais bien discuter au self, c'est pour cela qu'il connaissait mon prénom, venait de leur sauver la mise. Je suis donc partie dans le couloir, zappant dans ma furie la 1ère porte battante, que les spectatrices inertes de notre altercation, tenaient ouverte. Et quand j'arrivais à la 2ème porte pour moi c'était la battante, mais non c'était la porte fixe ! J'ai traversé du plat de la main une vitre de 30 par 40cm, très épaisse, 5mm, avec des petits losanges de 2cm en sur épaisseur, des vitres d'origines du bâtiment, un ancien couvant. Je l'ai traversée comme une feuille de papier.

Mes amies ont accouru vers moi, pour m'aider à me calmer. J'étais plus horrifiée par mon geste que par l'agression elle-même. Je sentais quelque chose de chaud couler le long de ma main droite. Je demandais à quelqu'un de regarder ce que c'était, incapable de le faire moi-même, j'étais en état de choc. Une des résidentes auprès de moi, poussa un petit cri quand elle souleva ma main et vit que c'était du sang. Je mis ma main en l'air. (J'avais mon brevet de secouriste), je lui dis de prendre un mouchoir et de comprimer la plaie. Suffisamment lucide pour savoir quoi faire, mais incapable de le faire moi-même. Comme si c'était la main de quelqu'un d'autre, j'étais en dissociation. J'avais eu à traiter, quelques mois plus tôt, sur les 7èmes jeux de l'UNSS, une plaie sur le dessus de la main d'un jeune homme. Je savais donc quoi faire.

Elle hésita. Je lui dis de ne pas s'en faire que je ne sentais strictement rien. J'étais dans un état second et hors douleur. Notre corps est capable de fabriquer de la morphine et des endorphines, en post choc, pour inhiber la douleur et nous mettre en état d'euphorie. Je fus emmenée aux urgences, par la sous-directrice, toujours en état second. Prise en charge immédiatement, je fus emmenée en salle de soin, allongée sur le brancard. Et quand l'infirmière utilisa l'eau oxygénée, que je savais devoir utiliser pour enlever les petits bouts de verre éventuellement restés dans la plaie, là j'ai de nouveau eu une sensation dans ma main, et j'ai hurlé, non pas de douleur, c'était frais, pas du tout douloureux, mais j'ai lâché la rage, et je suis devenue très agitée. Ils m'ont filé un Tranxène 10mg et demi. La sous directrice m'a dit m'avoir entendu hurler alors que j'avais franchi 3 portes, entre la salle d'attente et la salle de soin.

L'infirmière ne connaissant pas les circonstances de la blessure, m'a regardé comme une folle.

Toute la pression, la rage, le stress était sorti en un cri, « Hulk ». Le Tranxène ½ a mis 2h à me mettre KO. Mais après on a dû m'aider à monter les escaliers pour aller me coucher. HS, plus de jambes, plus rien, vidée. Imaginez si elle avait pris toute cette puissance dans la tête.

*****

Quelques jours plus tard, j'étais à la salle tv, une résidente m'adresse la parole, une que je ne connais pas. Elle me demande si je connais la fille qui a pété la vitre. La fameuse porte fixe était celle de la salle tv. Je lui réponds que « oui ».

Elle : « Elle est comment ? »,

Moi : « Super sympa », je rigolais beaucoup intérieurement de cette conversation, et je voulais savoir où elle voulait en venir. J'avais retrouvé tout mon calme et ma lucidité.

Elle : « Non mais physiquement, elle est comment ? Tu la connais ? Parce que moi du coup j'aimerais savoir qui elle est, parce que j'ai un peu peur d'elle moi maintenant », (peur de moi ? mais je suis la victime, pourquoi peur de moi ?)

Moi : « Non, sûr, tu peux être tranquille, si tu ne la fais pas chier, elle est super cool comme nana »,

Elle : « Non mais, tu la connais vraiment, c'est qui, t'es sûre de toi, parce que je veux vraiment être sure »,

Moi : « Ah oui j'en suis sure, vu que c'est moi cette fille ! » et je lui montre mon bandage à la main. Elle a blêmi et est partie de la salle tv en courant. J'en rigole encore.

J'ai, tout de même, rasé les murs, en ville, pendant des semaines suite aux menaces de mort que j'ai reçues de la part de Radija. La standardiste avait, elle, eu une protection policière, suite à l'agression verbale qu'elle avait subie, mais pas moi. Alors que j'avais subi en plus de l'agression verbale une agression physique. J'aurais dû porter plainte mais personne ne me l'a dit.

J'ai mis plusieurs semaines avant de ne plus regarder si l'on ne me suivait pas dans la rue en me retournant. J'ai renforcé mon écoute des énergies des autres, en mode radar des personnes s'approchant de moi et du coup à réussir à détecter si quelqu'un approchait même par derrière. Très difficile de me surprendre du coup j'avais une détection fiable à 100% entre 2 à 3 mètres autour de moi, j'ai lâché ce radar, il y a peu, soit 30 ans plus tard. Ce qui m'a également permis de détecter des présences subtiles, non incarnées ou sur d'autres plans. Car je sentais une présence et il n'y avait rien de physique sur mon plan. Comme quand j'étais enfant et que je descendais à la cave, chercher un bocal de fruit pour le dessert. Je sentais déjà ces présences qui me suivaient, j'emmenais toujours le chien avec moi, car toute seule leur présence qui allait jusqu'à me toucher et me faire des bruits aux oreilles comme Mathieu Kassovitz dans la chenille des Carpates aux oreilles de audrey Tautou dans Amélie Poulain : « bhouuuuuu », ça me glaçait le sang, je vous rappelle que je voyais des morlocks sous ma fenêtre de chambre. Quand je prenais le chien avec moi ils se tenaient à une distance raisonnable. Ce qui ne m'empêchait pas de remonter les escaliers en courant à chaque fois. Je retrouvais donc cette sensation désagréable et ces présences invisibles. Qui ne m'avaient jamais vraiment quittées car je n'aimais toujours pas me promener seule la nuit à cause de ça. Et si vous me mettez dans une forêt, je tourne branque en un quart de seconde. Ça va beaucoup mieux maintenant que je sais qui ils sont mais pétard ils m'ont fait subie des années de tortures. Quand je faisais de la moto la nuit pareille, comme s'ils étaient 3 sur le porte bagage et tout autour de moi comme les motos indiennes avec des planches en travers et du monde de partout. Sur un trajet entre Annecy et Seyssel, à 2h du mat, j'en ai compté jusqu'à 15, le stress total.

*****

La 2ème agression :

Encore à l'époque du foyer de bonne sœur, un mec a cru qu'on le draguait parce qu'on rigolait avec ma pote dans le métro. Certes je lui avais prêté mon feu pour qu'il brûle son shit, mais on faisait notre vie avec ma pote.

Comme il a cru qu'on lui faisait du gringue, il a commencé à vouloir me toucher, principalement les parties intimes, c'est moi qui étais la plus proche de lui, il n'y avait aucune ambigüité dans ses intentions. Suite à notre refus il a lourdement insisté pendant tout le temps qu'on a attendu sur le quai quand le métro est arrivé et qu'on lui a dit plus fermement d'arrêter de nous chercher, qu'on n'en avait rien à faire de lui, cela l'a énervé et a fini par s'en prendre à nous physiquement et violemment. Passant des caresses aux coups, croches pieds et autres pour nous battre afin de quand même obtenir ce qu'il voulait au départ.

Quand il a vu que j'avais la capacité de me défendre, il s'en est pris principalement à ma pote qui, elle, ne connaissait aucune technique de défense. Nous n'étions pas seules dans le métro mais personne n'a levé le petit doigt pour nous aider. Pourtant il y avait au moins une douzaine de personnes dans notre rame. Et ma pote avait déjà chutée à cause de lui. C'est comme cela que j'ai appris que les humains sont lâches, qu'ils sont capables de laisser 2 jeunes filles de 20 ans se faire agresser sous leurs yeux sans bouger.

Pendant la course poursuite dans les couloirs du métro pour échapper à notre agresseur, nous avions dû partir dans la mauvaise direction en prenant le 1er métro disponible. Le conducteur du métro avait fait en sorte que l'on puisse monter dedans mais pas lui. Je sais qu'il nous a attendu car j'ai souvent essayé de courir pour l'attraper et je ne l'ai jamais eu. Il a déclenché la fermeture des portes nous laissant juste le temps de monter dedans, laissant notre agresseur sur le quai. Nous n'étions par contre pas parties dans le bon sens. Nous sommes sorties à la station suivante, des amis habitant pas loin. Malheureusement ils étaient de sortie. Nous sommes donc retournées au métro, près de 10 minutes s'étant écoulées, même s'il avait pris la rame suivante, il devait être loin maintenant. Nous descendions les marches tranquillement, sans plus nous soucier de lui, quand j'ai entendu une voix dans ma tête, une nouvelle intuition ?! J'ai entendu : *« STOP, il est là !»*. Je me suis arrêtée sur le palier intermédiaire, j'ai stoppé mon amie en lui mettant la main droite sur le thorax et j'ai fait chute de l'autre main. Je me suis accroupie pour vérifier l'info. Et, effectivement, il était là ! Nous avons fait demi-tour et sommes rentrées à pied. 30 min de marche, au lieu de 7 min en métro mais hors de question d'y remettre les pieds ce jour-là. Il avait effectivement pris le métro suivant et était sorti comme nous à la station suivante et attendait sur la ligne du retour. Soit qu'il avait compris qu'on n'était pas parti dans la bonne direction, soit qu'il errait comme un zombi. La totalité de l'intuition alors était qu'il attendait qu'on repasse par-là, qu'il avait compris qu'on n'était pas partie dans la bonne direction, bien décidé de nous rechopper au retour.

Cette voix qui me parle depuis mes plus jeunes années, quand elle est forte comme cela, je l'écoute sans rechigner. Par contre, elle est très souvent négative aussi, cela me gêne de plus en plus. Mais bon, elle me sauve la vie, donc on s'en occupera plus tard.

*****

La 3ème agression :
J'ai quitté le foyer. J'ai mon appartement dans le 3ème arrondissement. Enfin libre d'aller où je veux, quand je veux et avec qui je veux, je peux inviter des personnes chez moi. Je n'ai plus les bonnes sœurs aux trousses. Je rentre de la piscine, cheveux mouillés, habillée en jogging gris détendu, mode sac à patate. Certes j'avais 20 ans, 1m72 pour 75kg, sportive, mais vraiment en mode pas glamour ce jour-là. Avec mon mode radar développé quelques temps plus tôt à cause de Radija, je sens qu'on me suit. 10 min à pied entre la piscine avenue de Garibaldi et chez moi à côté de la bourse du travail, plein de petites rues. Je tourne à chaque intersection en mode Pac-Man, pour vérifier qu'il me suit bien. Hé oui ! Il me suit bien. Je continue à marcher normalement sans précipitation, de toute façon je suis nulle en course à pied. Je veux garder mes capacités physiques pour un éventuel corps à corps. J'ai déjà fourni beaucoup d'effort à la piscine. Je ne veux pas me cramer en courant. Il garde ses distances tout le long du trajet. J'arrive à mon immeuble, ouf. Je rentre dans le hall, je me sens un peu plus en sécurité. Raté ! Il me suit dans l'immeuble, aïe !?! J'attends l'ascenseur, il

se pose et attend à côté de moi. Je fais le choix de quand même prendre l'ascenseur. Des étages super hauts, vieux bâtiment toujours même problème, je veux garder le peu d'énergie qu'il me reste. Je monte dans l'ascenseur… il y monte aussi avec moi ! Je suis consternée, un peu pétrifiée, mais il fait quoi ? Stupeur totale ! Je fixe devant moi, il fait une tête de plus que moi, je fais 1m72, maigre, moche. L'ascenseur ne peut contenir que 2 personnes, donc on se touche presque. L'horreur totale ! Je sors de l'ascenseur, pas lui. Il bloque la porte avec le pied. Tous mes sens sont en éveil pour observer son manège sans le regarder. Le stress monte. Je vais à ma porte, je mets les clés dans ma serrure et là j'entends à nouveau la petite voix : *« N'OUVRE PAS LA PORTE ! Il va te pousser à l'intérieur et tu ne pourras plus rien faire ».* Je bloque.

En même temps, Je vois la scène : petit couloir, porte s'ouvrant vers l'intérieur, il rentre derrière moi avant que je n'aie le temps de refermer. Il me pousse violemment contre le placard en face de la porte, me frappe violemment, me viole, des images très violentes, pleines de sang. Je ne suis pas sûre d'être encore vivante quand il repart. Je suis en tout cas défigurée, en sang allongée part terre dans le couloir. Le scénario catastrophe se déroula en 1 seconde sous mes yeux comme un film déjà tourné.

Forte de cette vision et de ne pas être seule dans l'immeuble et consciente d'avoir plus de chances de m'en tirer dans le couloir qui est presque plus grand que mon appartement, je prends mon courage à 2 mains. J'enlève les clés de la porte sans l'ouvrir, je me retourne face à l'ascenseur et donc face à lui. Car il venait d'en sortir, pour me suivre chez moi, comme dans ma vision. Et je me suis mise à hurler : « Dégage d'ici, je sais que tu n'habites pas ici. Je connais tous mes voisins. On travaille tous au même endroit et si je continue à hurler comme ça, ils vont appeler les flics. » j'ai une voix très puissante, je vous rappelle qu'à l'hôpital 3 portes n'avaient pas suffi à cacher mon cri, et l'immeuble était très mal insonorisé.

Gros coup de bluff. En fait je connaissais que 2 personnes sur une quinzaine d'appartements et à l'étage du dessous. Par contre c'était un immeuble de la sécurité sociale, donc c'était vrai qu'on travaillait tous au même endroit. Il y avait 4 étages à mon immeuble et 11 étages au travail, donc on ne se connaissait pas du tout en fait. Mais finalement ça a fait son effet, il est parti en courant, descendant les escaliers 4 à 4.

D'où vient ce que je vois et ce que j'entends ? Un esprit ? En spirit on lisait, là j'entends, je vois ! Le stress de la situation emmêle un peut tout. Contente d'avoir encore échappé à un viol de toute évidence, voir pire, peut-être même un meurtre. Tout ce que je me rappelle de lui c'est qu'il ressemblait au méchant qui tue Patrick Swayze dans « Ghost », une vraie gueule de méchant qui n'augure rien de bon. Cette voix m'a encore sauvé la vie, même si elle me pourrit de plus en plus la vie le reste du temps. Est-ce la même ou pas ?

*****

La 4ème agression :
Toujours le même appartement, en couple avec mon futur 1er mari. Je vais en bus chez mon oncle à Vernaison (69), en dessous de Feyzin, au sud de Lyon, j'habite dans le 3ème arrondissement. Quand je me rends compte au retour que je me suis trompée d'une heure dans les horaires de bus, je préfère faire du stop que de retourner passer une heure de plus chez ma tante. Je suis en jupe tailleur, talons, enfin bon bien habillée, pour que ma tante me lâche la grappe. Pas vraiment efficace au final, elle m'a quand même pris la tête. Je n'aime pas faire du stop, habillée en fille, vu l'historique personnel et les risques encourus. Je prends la décision d'en faire quand même.

Comme d'habitude, je mets mon filtre sale gueule en marche et quand la tête du gars ne me plait pas, je donne une destination pourrie où je sais qu'ils n'iront pas ! Je décline une ou deux propositions. Et voilà qu'arrive un jeune homme en Golf. Ok, je valide, je dis que je vais à Lyon. Il me répond ne pas pouvoir m'emmener plus loin que jusqu'à Pierre-Bénite. Vu que j'avais là-bas des bus plus réguliers, c'était la limite des bus TCL, je monte. Au bout de quelques minutes, il me demande si je ne sens pas quelque chose. Bof non, naïve je réponds que c'est peut-être Feyzin. Ça ne sent pas bon à cause des raffineries de pétrole. Mais je détecte un mouvement suspect dans mon champ de vision. Ce jeune homme était en train de se branler en conduisant. Il avait sorti tout le bazar, et se caressait.

Non mais je rêve ! Vu qu'il n'avait pas la possibilité de me sauter dessus, je garde mon calme. Il me propose de le toucher. Je décline l'invitation : « Non merci, j'ai ce qu'il faut à la maison », lui : « Moi aussi ça n'empêche pas ! » et il rajoute « Si tu la touches, je te ramène jusqu'à Lyon ». J'insiste « Non merci, c'est bon je vais avoir des bus à Pierre Bénite ». Lui : « Tu ne trouves pas qu'elle est belle ? ». Moi : « Bin si on touchait tout ce qui est beau on serait toujours en train de tout toucher ! Non merci. »

La même sensation qu'à 16 ans m'envahi, quand mon copain de 24 ans m'obligeait à lui faire des fellations, vu que je ne voulais pas coucher avec lui, en me dominant et m'appuyant sur la tête m'empêchant de me reculer. Il m'avait fait croire qu'il me respectait, et qu'il comprenait qu'à mon âge je ne couche pas, mais que lui a son âge il avait des besoins et que si je voulais continuer à sortir avec lui, fallait aussi qu'il y trouve son compte. Qu'il n'y avait pas de mal à ce qu'on faisait, sauf que je subissais plus qu'autre chose.

Mais là j'étais moins naïve et j'avais la possibilité de dire non, et beaucoup plus d'assurance qu'à 16 ans pour le faire. Mais toujours le même chantage, si tu veux que je sois gentil avec toi, tu dois me faire un truc en retour. Il n'a pas pour autant arrêté de se masturber.

On finit par arriver à Pierre Bénite. Il me laisse avant la voie rapide, du mauvais côté d'un immense rond-point. La nuit était tombée entre temps, pas d'éclairage public. Cet immense rond-point à traverser pour rejoindre l'arrêt de bus le plus proche (pas terrible, mais j'avais qu'une envie sortir de cette voiture). Je descends. Il me demande : « Ça va, tu n'as pas peur que je te laisse là ? ». Heu comment dire mon gars que je suis plutôt pressée de sortir de ta caisse et de ne pas continuer cette conversation de pervers. Et très calmement je lui dis : « Non, c'est bon, vous savez je suis ceinture noire de judo, je ne crains pas grand monde. » d'un ton très posé. Il a redémarré sans demander son reste, d'un coup. Il n'avait plus trop envie que je lui fasse quoi que ce soit. Ce que ne savait pas ce jeune homme, c'est que j'avais, dans mon sac, un bol de soupe bouillante, tout juste sortie de la cocote minute de ma tante et qu'en discutant, je mettais mise en position pour la lui jeter sur popol, si la situation avait vraiment dégénéré. Et que j'étais donc dans un état tout à fait serein.

Ce qui n'était plus le cas 5 min après. Je devais traverser cet immense rond-point, dans le noir, qui devait faire au moins 100 voire 150 m, 4 voies, entrée sortie d'autoroute et voie rapide, habillée et chaussée comme je l'étais, je ne marchais pas bien vite. De l'autre côté du rond-point, une station-service relais routier, parking blindé. Le stress montait à chaque pas. J'étais prête, à tout moment, à laisser les talons sur le trottoir pour me mettre à courir pieds nus, et pourtant je n'aime toujours pas courir. Je suis arrivée à l'arrêt en même temps que le bus. En montant dedans, j'ai regardé les personnes, déjà présentes, comme s'ils étaient tous des tueurs et violeurs en série potentiels. Conclusion : ne plus jamais s'habiller comme ça pour faire du stop ; Sur-conclusion, ne plus jamais faire de stop de ma vie. M'acheter une voiture dès que possible.

Je suis toujours restée estomaquée du calme qui m'a habitée tout le temps qu'a duré ce trajet. Pas de stress, des réponses fluides et posées, pas de peur. Un sang-froid que je ne me connaissais pas. C'est après que tout est sorti. Par contre je ne vous dis pas ce qu'a pris mon futur mari en rentrant. J'ai défoulé tout mon stress et ma peur sur lui.

*****

J'ai fini par me dire que, là, ce n'était plus des coïncidences, que j'avais sur moi une énergie qui attirait ce genre de personnages. Car même dans mes relations de couple, j'étais souvent tombée sur des hommes qui avaient des comportements pervers, à sexualité agressive, comme celui m'obligeant à lui faire des fellations, m'empêchant de me reculer en m'agrippant fortement les cheveux. Je regrette de pas l'avoir mordu celui-là, j'étais trop jeune. Ou alors à avoir des rapports pas très simples souvent en mode soumission, limite agression. Cela suffisait.

Bien heureusement, j'ai pu me défendre de chacune des agressions. Ils n'ont jamais pu ni me violer, ni me battre physiquement. Même si la fellation forcée comme elle a été pratiquée peut tout au final être considéré comme. Grâce au judo j'avais acquis une force intérieure et une technique de défense qui m'ont toutefois évité bien pire. Je garderai pourtant des traces au niveau émotionnel de tout cela pendant plusieurs décennies. Ce qui n'est pas simple à gérer non plus. Bienheureusement aujourd'hui avec la « Méthode JMV® » j'ai pu me débarrasser en partie de tout cela. Même si c'est une affaire réglée maintenant ça m'a tout de même fait perdre beaucoup de temps. À chaque fois que ma vie s'améliorait, revenaient ces agressions, ces difficultés au travail, des problèmes mécaniques à la voiture, me volant le peu d'économies que j'arrivais à faire. Ma 1ère voiture, n'a marché que six mois, alors que j'avais un prêt de 5 ans, (celle que j'avais acheté pour ne plus avoir à faire de stop) et pas les moyens de faire la réparation. Et je ne suis pas non plus une grande adepte des transports en commun. D'une parce que les toucheurs y sont nombreux et j'ai fait cette expérience désagréable dans mon enfance avec un pervers dans mon village. Qui venait également faire nos poubelles pour récupérer les serviettes hygiéniques usagées. Et d'autre part avec mon allergie aux parfums c'est juste l'enfer pour moi.

Du coup en 1992, je me marie le jour de mes 24 ans à un homme homosexuel refoulé (je le savais, je ne le juge pas, c'était mon choix, c'était pour être sûre de ne pas être agressée sexuellement dans mon couple.) Maman d'un enfant, puis 2, puis 3. Un mari présent physiquement, tout du moins jusqu'au divorce, mais absent de toute éducation et prise de responsabilité. Avec toutes ces agressions cela était primordial pour moi de maitriser mon histoire de bout en bout. Je compris bien plus tard que le but caché de toutes ces agressions était que je passe beaucoup plus de temps à me réparer et à me reconstruire plutôt qu'à créer. Et comme je m'en sortais à chaque fois avec moins de séquelles que prévu initialement par les entités, ils renouvelaient les attaques, sans jamais toutefois pouvoir atteindre leur but, me faire violer.

Donc mariée, je me pensais plus tranquille, au final peut être un peu trop tranquille. Mais ça c'est une autre histoire. En couple avec lui je me sentais déjà plus en sécurité, c'était à ce moment là l'essentiel. Échapper à ce cycle d'agressions physiques, dont la majorité étaient à des fins sexuelles. Mais bien que n'ayant jamais été violée, au final, je ne restais pas indemne de stress post traumatique et de peurs résiduelles. Et toujours en garde d'une éventuelle autre agression.

*****

Je tombais alors avec mon mari dans les emmerdes financières. Je faisais, depuis que j'avais quitté la sécu, des jobs aléatoires. Ne supportant pas le manque de respect et l'injustice. Heureusement qu'à Lyon, il y avait beaucoup de boites d'intérim, j'en changeais presque à chaque fois. Je ne regrettais pour autant pas ma décision de ne pas être restée à la sécu. M'empêcher d'accéder à une vie sereine financièrement faisait aussi partie de leur scénario : « pauvre et sans aide ». Je tombais quasi systématiquement sur des patrons glauques, des conditions de travail louches, ou irrespectueuses du code du travail, ne payant pas au smic. Quand ce n'était pas des locaux dysfonctionnels, des documents perdus dans un déménagement de l'entreprise avant mon arrivée, ne me permettant pas de faire mon travail correctement. Des collègues abominables qui m'accusaient, et me mettaient sur le dos toutes leurs merdes. Bref, impossible de trouver un job pérenne, ce qui nous précarisait dans notre vie de tous les jours avec mon mari. Une voiture à payer qui ne roulait plus, pendant des années nous avons fini les voitures de nos parents respectifs, jusqu'à la fin du control technique, quand ils s'en rachetaient une. La vie se faisant sans excès, avec tout un tas de petites galères insignifiantes, mais qui nous laissaient systématiquement sans le sou. Et des difficultés à payer le loyer et les charges. Quand mon mari finit par perdre son job, on avait alors 2 enfants, on a quitté Lyon qui n'était que stress, pour retourner à la campagne. Il y avait moins d'habitant dans notre village que dans l'immeuble où on habitait à Lyon.

J'avais, entre temps, changé de métier, car je cherchais toujours à devenir mon propre patron et j'étais devenue monitrice auto-école. Avec comme objectif perpétuel qui me poussait et me motivait depuis de nombreuses années, d'habiter à Annecy avec une maison, les pieds dans le lac. Je sais maintenant que je ne l'aurai jamais. Mais cela m'a permis d'avancer.

J'avais toujours des ressentis, qui s'avéraient être des prémonitions, j'habitais dans l'Ain, je franchissais plusieurs fois par semaine des passages à niveau, pour aller en haute Savoie. Deux principalement, à chaque fois que j'arrivais au passage à niveau, que le feu clignote ou non, je m'arrêtais, je regardais et je traversais après. J'ai fait cela pendant plusieurs semaines, jusqu'au jour où au passage à niveau entre les deux autre, que je passais le plus souvent, la barrière ne s'est pas fermée et un TGV a touché le coin avant droit d'un bus transportant une troupe folklorique. Aucun blessé, mais les marches du car ont été arrachées, beaucoup de peur.

J'avais également beaucoup d'angoisses en traversant un village juste avant Annecy, jusqu'à ce qu'un enfant de 2 ans ½ se fasse faucher mortellement sur un passage piéton.

Je captais la charge émotionnelle du futur accident.

Plus, beaucoup de rêves prémonitoires sur mes futurs jobs. Deux ans avant de faire un stage sur Lyon en terminale, alors que j'étais au lycée en BEP, j'ai fait un rêve avec une de mes amies qui prenait le train tous les jours avec moi, Corinne. J'étais assise à un bureau en face d'elle et nous avions devant nous beaucoup de papier, j'étais en comptabilité normal. Mais Corinne est moi n'étions pas dans le même cursus. Je me suis demandée ce qu'elle faisait là ? Et donc deux ans plus tard, à mon stage sur Lyon, je me retrouve devant les mêmes papiers devant moi, je bloque, je regarde ma collègue en face de moi, ce n'est pas la fameuse Corinne, mais ma collègue s'appelle, Corinne… oups, c'est quoi ce truc ? et dans mon rêve il y avait une feuille sont je me rappelais l'aspect aussi collée sur la vitre à droite, je tourne la tête lentement comme si j'étais en train de vivre un truc louche. Et là pouf la feuille est bien là la même que dans mon rêve, scotchée à la vitre. Ce qui m'a fait le plus flippé c'est que c'est moi qui l'avais scotchée là la veille. Pétard, je m'étais très bien rappelée de se rêve à cause ou grâce à la présence de ma pote dedans, et me voilà en train de le vivre.

Avant de faire des animations commerciales en super marché, je passais deux ans de mes nuits entière dans les dit supers marchés. Avant de devenir monitrice auto-école, décision qui fut prise en 8 jours pour m'inscrire a la formation, je passais deux ans à essayer de maitrise l'allure d'une voiture en marche avant, mais aussi le plus flippant en marche arrière depuis la place avant droite. Mes rêves étaient très prolixes, j'avais un livre que j'ai perdu depuis très pertinent sur leur interprétation. Et je vous passe les milliers de déjà vu que je vois en permanence.

J'ai même vécu en « rêve » une scène du film Avatar 2, de l'intérieur du personnage, en plongée et quand il discute avec la baleine en septembre 2022 alors que le film est sorti en décembre suivant. Je suis restée bouche bée quand j'ai compris. Le rêve avait été tellement beau que j'ai saoulé mes amis avec pendant plusieurs jours, j'ai dessiné les 3 rochés à un ami tellement le paysage était magnifique et j'ai même dit vouloir me réincarner en baleine dans une autre vie suite à ce rêve.

*****

Début 1996, j'ai 27 ans, un choc terrible.
La vie était déjà compliquée, car après notre départ de Lyon en 95, bien qu'ayant raté mon diplôme de monitrice auto-école, j'avais trouvé du travail de secrétaire dans une auto-école dans l'Ain, près de mon village d'origine. Mais j'y subissais un harcèlement moral quotidien. Le patron me harcelait au téléphone pour que je fasse rentrer l'argent pour payer l'URSSAF, alors que lui tapait dans la caisse pour aller jouer au PMU, et faisait passer les frais d'assurance de son 4x4 et de sa Porsche sur le compte de l'auto-école. Il choisissait ses secrétaires à son gout, espérant se les sauter, je n'ai jamais cédé à ces avances, donc il m'a prise en grippe. Il ne m'a jamais fait d'avances explicites, mais je gardais mes distances quand il venait à mon agence. Physiquement il me dégoutait et énergétiquement encore plus. Genre le mec, j'ai tout fait, j'ai tout vu, un vrai bolos.

L'affaire a fini aux prud'hommes, après un an de contrat. Il me fallut 4 ans pour obtenir gain de cause. Il avait fini par tenter de me licencier pour fautes, avec une lettre de 7 pages et 14 motifs de licenciement, dont trafic de timbres fiscaux, vol du paillasson, racisme envers les élèves. J'ai gagné. Mais que de souffrances morales.

Nous habitions alors la maison de mon oncle, le papa de Pascale, Georges qui venait souvent nous voir, le rebouteux. Il était d'ailleurs divorcé de la sœur de maman depuis quelques années. Il était en couple avec une femme charmante. Je lui tire les cartes et là je ne vois pas que mon oncle et ma tante vont se rapprocher, ce qui va mettre à mal cette nouvelle relation. Oups, ça la fout mal… comment expliquer cela. En plus je ne comprends pas, vu le contexte actuel, ce qui pourrait rapprocher mon oncle et ma tante, info totalement improbable. En plus la raison n'apparaissait pas dans le tirage.

Quelques mois après, ma cousine Pascale, leur fille, décède à 31 ans, en donnant naissance à son 1er enfant. La colère totale, pourquoi je ne l'ai pas vu, pourquoi, pourquoi, pourquoi ? J'aurais peut-être pu lui sauver la vie si je l'avais vu dans les cartes. J'en avais déjà vu des décès, pourquoi on m'a caché celui-là ? De colère, j'ai décidé de me fermer à mes capacités, pendant 4 ans.

*****

Malgré tout en février 1996 : lors de son enterrement, j'ai vécu des trucs impressionnants. Notre grand-mère était alors atteinte de la maladie l'Alzheimer. Pour soulager ma mère et ma tante pendant la cérémonie, je me proposais de m'occuper de mémé. Ce qui m'empêcha de prime abord de rentrer dans la cérémonie. À un moment, ma petite sœur me voyant un peu à bout, me proposa de prendre le relais, ma grand-mère voulait se barrer en permanence ne comprenant pas ce qu'on faisait là, avec Alzheimer elle n'avait aucunement conscience que c'était l'enterrement de sa petite fille. Une fois le relais passé à ma petite sœur, l'émotion me submergea, je fis un panoramique de la cathédrale pour essayer de me distraire, même si je n'aime pas les églises, ça peut m'occuper l'esprit. De droite à gauche. Et en plein milieu, un vide, un espace sans peine, presque même de la joie. Oups, c'est quoi ça ?

Je reviens dessus et là, je vois Pascale ma cousine décédée dont c'était l'enterrement, assise à côté du prêtre en négatif. Ses cheveux noirs qui brillent de lumière blanche. Souriante, pleine d'amour et de vie. Moment très agréable mais aussi très perturbant. C'est la toute première fois que je vois un décédé, un esprit ou fantôme aussi clairement depuis bien longtemps. J'en verrais plein d'autres plus tard, 4 ans plus tard. Ensuite pendant la cérémonie, le prêtre nous demande de prier pour elle. Je ferme les yeux mais je ne prie pas, je vous rappelle que je suis irréligieuse depuis ma discussion avec elle à mes 13 ans (j'ai alors 27 ans). Je pense à elle et espère son repos dans l'au-delà. Et là, je vois des faisceaux de lumière dorée d'à peu près 5 cm de diamètre, partir des chakras coronaux de toutes les personnes présentes dans la cathédrale, se rejoindre au centre de la nef, dans un faisceau de presque un mètre de diamètre et monter jusqu'à traverser le toit de la cathédrale en haut de la nef. Sérieux il utilise quoi comme encens le prêtre ? J'en reste baba.

J'en parle malgré tout à ma mère, une fois rentrée à la maison.
Elle me dit : « Tu devrais en parler avec ta sœur ».
Moi « Hein quoi Nath !» ma grande sœur, celle avec qui je n'ai quasiment aucun échange,
Ma mère « Non, Audrey ! » ma petite sœur !
Moi « Audrey ? Mais elle n'a que 17 ans, pourquoi tu veux que je parle de ça avec elle ? »,
Ma mère « Parce qu'elle a vu la même chose que toi ! ».

Po, po, po, délire total ! Je n'étais pas la seule à avoir vue ma cousine pendant la cérémonie. Cela n'empêche pas la colère et l'incompréhension et le rejet total de mes capacités. Ma petite sœur avait des capacités aussi comme moi, mais l'information passa, ce jour-là, à la trappe à cause du chagrin et du rejet de mes propres capacités. Les choses en reste là…

*****

Début 97, après avoir quitté la maison de mon oncle, nous passons quelques mois à Bourg en Bresse. Harcèlement de l'institutrice de maternelle sur mon plus grand qui a 5 ans et qui fait de l'asthme depuis qui nous sommes là. Bébé il avait déjà fait des convulsions quand j'étais enceinte de sa sœur. Et là j'attendais le 3ème.

En fin d'année, j'ai failli mourir d'une asphyxie au monoxyde de carbonne moins d'un mois après la naissance de ma petite dernière. J'étais complètement avachie sur le canapée, à moitié somnolente, avec un fort mal de tête quand mon mari est rentré du travail. J'avais tellement mal à la tête quand il m'a sorti de ma somnolence en arrivant, que je suis allée sur le balcon pour me rafraichir et là le mal de tête est parti instantanément. J'ai tout de suite compris ce qui se passait, j'ai ouvert en grand le balcon. Et j'ai été voir mon bébé qui était loin de la chaudière au fond de l'appartement dans sa chambre, porte close. Et mes deux plus grands étaient à l'étage, dans leur chambre en train de jouer. Tout le monde allait bien. J'aérais quand même tout l'appartement. C'est moi qui étais la plus près de la chaudière à gaz qui était dans la cuisine, seul le séjour était en saturation de monoxyde au moment où mon mari est rentré du travail. Il se serait alors retrouvé seul avec 3 enfants, dont un bébé d'un mois. J'ai échappé tant de fois à la mort dans cette vie…

*****

Printemps 98, j'ai 29 ans, 2 ans après le décès de Pascale, une amie me dit : « Avec tout ce que tu fais » (elle ne savait pas que j'avais tout arrêté) « Tu ne pourrais pas essayer de contacter le frère décédé de mon chéri, il est en grande souffrance. Cela lui ferait du bien de savoir comment il est de l'autre côté ». Je lui dis pourquoi pas. On installe les lettres, on prend un verre et c'est parti. « Toc, toc, il y a quelqu'un ? … » le verre va vers le « Oui ». Qui est là ? : « Pascale » et juste après le mot « bébé ». J'ai lâché le verre je n'étais pas prête à lui parler. J'étais encore trop triste de son décès et surtout encore trop en colère. L'expérience s'arrête là, ce jour-là.

*****

Courant 98, après plusieurs périodes de chômage mon 1er mari avait retrouvé du travail. Nous habitons enfin à Annecy, en appartement, du mal à payer les factures. Ma petite dernière souffre de très grosses allergies lui provoquant des plaques d'eczéma sur tout le corps. L'appartement est très chaud. Ce qui n'arrange rien. Et nous avons une pizzeria livraison à domicile en bas de chez nous qui fait un raffut d'enfer jusqu' à 2 h du matin tous les soirs.

Fin 99, Juste avant de mettre fin à mon congé parental de notre 3ème enfant, un an avant qu'il se finisse officiellement, pour des raisons financières, je passe chez ma mère. Sa sœur Josette était là. La maman de Pascale. Elle avait un livre avec elle « Long totem » où il y avait des messages de ma cousine Pascale dedans. Elle nous parle de ce livre, de son auteur qu'elle a rencontré sur un salon du livre, Jean Pernin.

Dans son livre, des messages de son fils suicidé (mais il explique à son père qu'il ne s'est pas suicidé, je sais maintenant que c'est de la manipulation mentale) et de ma cousine. J'écoute attentivement. Ma tante passe pour la bizarre de la famille. Mais pas si bizarre que ça au final, même très intéressante. Un suicide qui n'en est pas un, des messages de l'au-delà. Je ne dis rien, je ne peux pas parler et poser les questions que j'ai à poser devant ma mère.

Par contre je tremblais de la tête aux pieds. Comme des frissons mais sans avoir froid. Je comprendrais plus tard que c'était mes fréquences qui changeaient et me provoquaient cela. Quand elle part, je la rejoins dans la cour et je lui demande comment il fait pour recevoir tous ces messages. Car au final je suis quelque peu frustrée que ma cousine ait dû passer par un inconnu pour ses messages, alors que j'aurais pu les recevoir moi. Il fait avec un pendule et une planche avec l'alphabet. On en revient au ouija, avec un pendule au lieu du verre et il écrit ce qu'on lui montre comme lettre, ok il ne m'en fallait pas plus.

Comme j'avais encore un peu de temps grâce au congé parental, mon couple n'était pas au top mais on se maintenait cahincaha. J'étais devenue hystérique, hyper colérique de voir tant de choses injustes, de subir autant de blocage, de ne rien arriver à réaliser de positif. Je vous rappelle que mon 1er job en auto-école avait été une catastrophe. Quand nous étions arrivés sur Annecy, bien entendu pas dans une maison avec les pieds dans l'eau, mais un appartement au-dessus d'une pizzéria, odeurs et bruits de mobylettes en prime jusqu'à 2h du matin tous les soirs. Rien n'allait plus.

La mairie avait voulu mettre mes enfants dans 2 écoles différentes. Il aurait fallu que je sois à la même heure à 20 min d'écart, sans voiture. Peut-être me poussaient ils à développer des capacités de téléportation ou un don d'ubiquité. Lol ! Après plusieurs tentatives infructueuses auprès de la mairie, il m'a fallu faire intervenir la cousine de mon mari qui travaillait à l'académie ou quelque chose comme ça, en Haute Savoie mais pour d'autres secteurs que la maternelle, mais qui sut qui contacter pour leur faire admettre que je ne pouvais pas avoir mes enfants dans 2 maternelles différentes à 20 min l'une de l'autre, avec en plus un bébé de 5 mois. Tout n'était dans ma vie à cette époque que blocages et acharnement. Mon fils avait déjà subi un harcèlement de la part de sa maitresse en maternelle dans l'école précédente, parce qu'il était gaucher. Avant cela dans l'école précédente, une des enseignantes avait agressé une autre dans sa classe avec prise en otage des enfants et menace d'assassinat et de suicide, pour des histoires de coucheries... Nous n'en n'étions pas à nos premiers états de fait aberrants. Cette fois-ci, mon fils avait à faire à une institutrice de CP qui laissait les enfants se faire pipi dessus, plutôt que de les laisser aller aux toilettes pendant la classe et qui ne supportait aucun écart d'attention. Je me prenais des réflexions tous les jours. Votre fils si... votre fils ça... j'en avais la hantise d'aller le chercher.

Mon couple était tendu. Tout allait de mal en pis. Donc rouvrir la porte d'un autre monde, d'une autre réalité, me paraissait une bonne idée. Ça ou autre chose, il fallait que je me change les idées. J'avais compris depuis peu que j'étais en perpétuelle colère. En faisant une syncope, en m'énervant, j'avais oublié de respirer.

Ce jour-là mon corps physique est tombé mais pas mon corps énergétique. Je me suis vue, par terre et je me rappellerais toujours, ce que j'ai pensé : « C'est qui cette folle !? ». C'était malheureusement moi, et j'ai compris pendant ces quelques secondes de séparation, qu'il y avait une forte dichotomie entre ce que je pensais et ce que je donnais à voir aux autres. Ça a duré moins de 15 secondes et mon corps énergétique est retourné dans mon corps physique, par terre bien sûr. Et là j'ai ressenti toute la lourdeur de celui-ci, dû à l'étourdissement de la syncope.

Mais surtout l'ampleur de cette dichotomie, j'étais à mille lieux de donner à voir ce que je pensais être. Il me fallait donc trouver une porte de sortie à cette vie de colère et de frustration.

Il y a souvent un décalage de quelques mois voire de quelques années entre le moment où l'on comprend quelque chose et le moment où l'on arrive à s'en sortir. Mais quand, malgré tous nos efforts pour arriver à régler les problèmes, les entités qui se nourrissent de cette colère eux jettent de l'huile sur le feu en permanence, c'est quasi impossible, à moins de les faire déménager de notre espace énergétique définitivement. Mon rêve de venir habiter à Annecy virait au cauchemar. En me mettant sans cesse des bâtons dans les roues pour déclencher cette colère, multipliant les attaques, jusqu'à 4 voire 5 problèmes en même temps. Je n'en pouvais plus.

*****

Je rentrais donc chez moi, après mon entrevue avec ma tante Josette, déterminée à trouver dans l'expression de mes capacités une éventuelle porte de sortie à tout ce marasme. Je cherchais mon pendule au piquet depuis 4 ans, un calepin, j'écris les lettres en arc de cercle et nous voilà repartis pour un tour. Au bout de 10 min, ça m'a saoulé, la patience n'était alors pas la plus développée de mes qualités. Le pendule main droite, je suis droitière écrire les lettres une par une, poser le pendule toutes les 3 lettres pour ne pas oublier ce qu'on me met, haaaaaaaa ! Je pose donc le pendule. Je tourne la page, je pose ma main munie du stylo en haut de la page et je dis : « Bon alors maintenant si vous voulez communiquer avec moi c'est comme ça qu'on va faire, go ! ». Dans l'émission « Mystères » j'avais vu des personnes faisant de l'écriture spontanée, donc allons-y.

Pas plus de 10 secondes se sont passées avant que ma main bouge toute seule, comme pour le verre en spirit. Que je fasse des traits, sur toute la largeur de la feuille. Je ramenais le stylo à gauche et ça m'a fait tout une page comme ça. Ensuite le mot VEUVE. Mes 2 grand-mères étant veuves, rien ne m'étonna. C'était en lettre d'imprimerie, d'une hauteur de 5 cm au moins. Des dizaines de fois. Puis d'autres mots plus petits plus fluides, des phrases. Cela m'a pris plusieurs jours, plusieurs tentatives pour arriver à calibrer l'écriture. Que j'ai fini par appeler des conversations, car j'échangeais avec des esprits, des personnes décédées, et pour moi c'était une conversation. Esprits ou fantômes, c'est pareil, que je connaissais ou non, je n'appelais personne en particulier. Venait qui voulait, tant que je restais consciente, que je ne partais pas en transe. Pour moi il était hors de question que je parte en transe comme les personnes à la tv et que je ne sache pas ce qui se passe, ni ce que j'écris. Hors de question que je reçoive un texte sans que je sois présente à 100%, je n'ai toujours laissé que ma main à disposition rien d'autre. Même si je faisais très attention et que j'essayais de me protéger avec des bougies et des prières cela reste une pratique risquée. Car j'ai plus souvent eu à faire à des imposteurs qu'autre chose. Et comme dans ma vie j'étais dans une période de fragilité émotionnelle cela n'a rien arrangé au final.

Je changeais d'écriture suivant l'interlocuteur. Cela me rappela un truc, au lycée, 15 ans plus tôt. Pour les dissertations, je calais souvent sur le sujet n'écrivant rien pendant une heure sur les deux imparties et pouf d'un coup je remplissais les pages, les idées fusaient et en une heure j'écrivais le travail de 2h. Mais pas avec mon écriture et tout sortait et s'écrivait de manière fulgurante. C'est donc de l'écriture spontanée que je faisais déjà sans le savoir. Je me rappelle que certains me corrigeaient mes fautes d'orthographe, d'autres non ils s'en fichaient royalement.

*****

Le contexte économique m'oblige donc à reprendre un job en auto-école. Fin février 99 je donne un cours à une élève, nous sommes dans un quartier de Cran-Gevrier, commune limitrophe d'Annecy, nous tournons à droite à gauche, l'élève n'avait pas plus 3 ou 4 h de cours à son actif elle apprenait à passer les vitesses et à tenir sa trajectoire dans des quartiers simples. Je la prenais vers chez elle et je tournais donc dans son quartier. À un moment, nous rapprochant de l'autoroute, je prends un malaise dans la voiture, je tourne presque de l'œil, la seule chose que j'arrive à dire à l'élève c'est : « Éloigne-toi de l'autoroute » en boucle, elle : « Mais je vais où ? » un peu en panique, je lutte pour lui répondre « Tourne à droite et éloigne-toi de l'autoroute » elle le fait. Et plus nous nous sommes éloignés de l'autoroute plus je reprenais mes esprits. Jusqu'à sortir complètement du malaise, au bout de quelques centaines de mètres. Je lui dis alors : « Il va y avoir un gros accident sur l'autoroute, je ne sais pas quand, je ne sais pas où, mais il va y avoir quelque chose de grave. » Elle me regardait un peu hallucinée et encore un peu en panique.

Je ne la revis pas pendant plus d'un mois. J'oubliais ce qui s'était passé, j'avais raison, mais ne pouvais rien y faire, je vous rappelle que je ne capte que la charge émotionnelle du problème. Fin mars j'ai de nouveau cours avec Amandine.
Moi : « Hello, comment ça va ? »
Et elle me regarde un peu bizarre et me dit : « Tu sais, tu m'as fait flipper la dernière fois », me remettant le souvenir en tête,
Moi : « Ah oui, c'est vrai c'était avec toi ! »,
Et d'elle de rajouter : « Mais j'ai encore plus flippé la semaine dernière quand j'ai vu que tu avais raison ».
En effet quelques jours auparavant avait eu lieu l'accident du tunnel du Mont Blanc. C'est cet évènement qui m'a fait comprendre que je captais la charge émotionnelle des futurs accidents quand je passais à proximité du lieu de cet accident. D'habitude c'était dans un rayon de 10 ou 15 kilomètres voir sur le lieu lui-même, là nous étions à 100 kilomètres de l'accident et un mois avant et l'effet que je n'ai eu qu'une fois, heureusement, a été d'une grande violence. À la hauteur de l'horreur de l'accident. Et aurait pu nous valoir un accident pendant le cours d'auto-école. Quand des capacités s'ouvrent au début ce n'est pas toujours facile de les canaliser, mais avec le temps et l'expérience c'est possible. Je n'ai plus trop ce genre de phénomène, mais il m'est arrivé de passer sur une route qui était toute neuve, la voie rapide du pays de Gex, au moment

de son ouverture, c'était une création pas une rénovation. Et là j'ai senti la différence, car il n'y avait encore eux quasi aucune voiture qui étaient passées avant moi. Cela m'a fait comme un vide, rien à ressentir, rien à entendre, rien… aucune psychométrie émotionnelle, car aucun historique de circulation, personne n'avait pu laisser ses peurs, ses stress, ces doutes… je n'ai plus jamais ressenti cela jusqu'à maintenant.

La 1ère fois que j'ai capté la mort, j'avais une dizaine d'année, nous étions sur la route avec mes parents, nous allions à la ville. Sur la route un accident. Une 4L encastrée sous un camion, il manquait tout l'avant de la voiture, il n'y avait plus que le siège arrière et le coffre contre l'avant du camion, choc frontal. Je me rappelle avoir posé la question : « mais où est passé le conducteur ? », mes parents n'ont pas répondu ou on dit « on ne sait pas » pour ne pas me répondre, mais j'ai vu la réponse. J'ai vu où il était sous le camion, en bouillie. Je n'ai pas spécialement été choquée par cette information. Et pendant des années j'ai entendu des morts le long des routes hurler, pleurer, appeler au secours. Comme si l'accident venait d'arriver alors qu'il n'y avait plus aucune trace de celui-ci. Je déteste voir des mausolées sur le bord des routes, aux endroits des accidents, car cela me met en conscience qu'il y a eu un mort et ils m'entendent penser à eux et du coup ils me parlent, ou me suivent. Quand je n'ai pas l'info je mets le plus souvent possible cette capacité en sommeil pour ne rien entendre et faire mon chemin tranquille. Des fois on m'appelle pour des disparitions, je capte très rapidement quand les gens sont morts, mais je ne dis rien, je n'aime pas faire ça. Je dis que je ne sais pas, que je ne fais pas, je préfère dire que je ne sais pas faire. En 2001, la fille d'un chef à ma maman avait disparue, à 16 ans. J'avais 32 ans, je l'ai cherchée, j'avais le point de départ un angle mais pas la distance. Je savais qu'elle était morte, et je n'avais pas vraiment envie de la trouver. Inconsciemment, Je n'ai pas cherché au bon endroit. Mais quand ils ont retrouvé le corps, mes informations étaient juste.

Depuis que je développais à nouveau mes capacités, celles-ci s'exprimaient de façon exponentielle comme si tout ce que j'avais retenu depuis le décès de ma cousine cherchait à sortir en même temps. Quand je vis mon arrière-grand-mère sur une photo alors qu'elle était morte depuis plus de 10 ans, je fus prise d'une transe : me secouant sur ma chaise, mon corps est devenu raide, la photo en main, prise de spasmes, en disant : « C'est mémé Jeanne, c'est mémé Jeanne » en boucle. Puis j'ai compris que j'entendais avant d'écrire. J'ai essayé de changer l'idée dans ma tête, mais la 1ère information reçue s'écrivait quand même. Je fini par avoir des conversations intra crâniennes, sans me trouver devant une feuille de papier, d'où les conversations avec les accidentés. Et cela expliqua sans que je sache qui me parlait vraiment, les pensées négatives. Ces voix que j'entendais, qui me dénigraient ou qui me sauvait la vie. Je préférais largement entendre la gentille que les méchantes.

Une fois allant chez mes parents, je venais d'apprendre la mort de la maman d'un ami décédé à 19 ans dans un accident de voiture, sur la route pensant fortement à lui, il est venu me parler. « Salut comment ça va et toi, patati patata... » et arrivant à Seyssel, je pense à un autre ami lui aussi décédé dans un accident de voiture, pouf pareil : « salut comment ça va ? », « bien je suis en train de discuter avec Bruno. », « Ah oui Bruno ». Ils ne se voyaient pas avant çà, et là, cela les a mis en contact. Et ils commencèrent à se taper la causette entre eux et moi j'entendais tout. « Hello les gars je suis encore là, j'entends tout, je coupe à plus tard ! » « Ok tchao », et bim, je n'ai plus rien entendu. Comment vous dire qu'à certains moments, j'avais l'impression d'avoir fumé, pas que des clopes en fait. Ou alors on avait mis un truc spécial dans mon paquet. Une impression pas toujours agréable d'avoir un téléphone incrusté dans la tête, branché sur l'au-delà, que n'importe qui pouvait prendre n'importe quand et me parler. On m'a souvent demandé de passer des messages aux vivant, mais j'ai aussi toujours refusé. Genre vous imaginez, je vais chez quelqu'un, toc toc, « bonjour j'ai un message de votre grand-mère, elle est désolée, elle va bien, elle vous aime ! Bonne journée » des fois c'était très détaillé et d'autres très général comme information, mais j'ai toujours refusé.

*****

Par contre, j'ai posé des milliers de questions en écriture spontanée, pour comprendre. On m'a donné pleins de réponses, des justes et des fausses. Certains êtres avec qui je conversais étaient agréables, d'autres non. J'ai pratiqué cela à titre personnel pendant des mois, voire des années tous les jours. C'est grâce à ces conversations que j'ai fait la connaissance avec la lithothérapie. En lisant le livre long totem, où ils parlent beaucoup de la lumière « jaune et or » et « rose et or » on m'a écrit à côté du jaune et or le mot « citrine » et à coté de rose et or le mot « opale ».

*****

L'opale, je connaissais, je savais que c'était une pierre, la citrine me voilà écrivant un mot que je ne connaissais pas et dont je ne savais rien. Pas d'ordinateur, pas d'internet, on était début 2000. Ni une, ni deux, je pars à la librairie, je vais voir une conseillère et je lui demande un livre sur les minéraux. Sans plus de précision que cela. Elle me montre le rayon, m'en sort un livre « Propriétés énergétiques des pierres et des cristaux » de JM Garnier. Je le feuillette. Je vois que les pierres sont rangées par ordre alphabétique, je cherche opale. Confirmation de ma connaissance, ça existe et c'est bien une pierre. Je lis, non mais ça alors ! « Opale blanche ou noble : C'est une pierre qui développe l'amour avec un grand A, que ce soit l'amour terrestre, ou l'amour inconditionnel… Elle favorise le voyage astral et peut-être aller voir les annales Akashiques… » waouh !!! Rien que ça. Et la pierre en photo était blanche avec des reflets rosés. Ok, du coup, je cherche citrine, c'est peut-être une pierre aussi finalement. Hé bin oui, extraordinaire, j'avais écrit un mot que je ne connaissais pas et qui existait vraiment, je lis :« C'est une pierre qui va éloigner la fatigue, redonner de l'énergie, et stimuler le système immunitaire… ». La citrine, sur la photo, est jaune et elle est pleine de prismes avec des reflets irisés. Non mais sérieux ça peut faire ça une pierre ? J'achète le livre et je rentre chez moi me plonger dedans. Quelle découverte extraordinaire ! Elle a changé ma vie. Je pouvais chercher les pierres au pendule. J'ai lu et relu ce livre en long, en large et en travers. Il est toujours auprès de moi 23 ans plus tard et je ne me traite quasi plus que comme ça, en plus des autres techniques énergétiques que je pratique. J'ai acheté toutes les éditions.

Et fait non moins intéressant c'est qu'un jour, quelques semaines plus tard, j'étais sur Lyon, je cherchais une agate violette pour une cliente, m'étant installée en tant que magnétiseur et me servait des minéraux, je prenais mes pierres à « Nature et découverte » à l'époque, désolé. Je vais donc à celui de la Part Dieu espérant avoir plus de choix qu'à celui d'Annecy, raté. On me conseille une librairie ésotérique juste à côté de mon 1er job à la sécu sur Lyon 10 ans plus tôt, lol. J'étais régulièrement passée devant sans jamais oser y entrer.

Je m'y rends. Une dame charmante, mais qui n'y connaissait rien en minéraux m'accueille et n'arrête pas de me dire « Si Jean-Michel était là lui saurait vous renseigner » au moins 5 ou 6 fois. Bon ok il n'est pas là, il n'est pas là ! Dommage on ne va pas passer 8 jours dessus. Je m'apprêtais à partir quand elle me tend un livre en me disant vous trouverez peut-être votre réponse dans son livre. Je le prends, un peu dépitée. Je cherchais une pierre pas un livre. Quand j'ai vu la couverture, j'ai éclaté de rire : « Sérieux JM Garnier, le Mr qui a écrit ce livre, c'est le propriétaire de cette librairie ? JM, c'est Jean-Michel dont vous me parlez sans cesse depuis tout à l'heure ! ». Elle « Oui ». Moi : « Ok parlons peu, parlons bien, quand est ce qu'il est là ? ». Elle : « Samedi prochain ». Moi : « D'accord à samedi prochain ! », réponse un peu bête car elle ne serait pas là ; ce serait lui du coup. Je pars heureuse de cette future rencontre. J'habitais alors à 150 km de là, je n'avais pas beaucoup de moyens mais hors de question de louper une telle opportunité.

Le livre c'était « Propriétés énergétique des pierres et des cristaux » que j'avais acheté quelques mois plus tôt et dans lequel je puisais toute ma connaissance sur les pierres. J'étais dans la librairie de son auteur. Extraordinaire ! Librairie qui se trouvait à 20m, des bâtiments de la sécu dans lesquels j'avais travaillé 10 ans plus tôt. Waouh je fais déjà l'expérience des synchronicités à cette époque mais celle-là je la kiffe.

Le samedi suivant, un après-midi inoubliable à la rencontre de cet homme qui était un dieu pour moi sur le coup (ne lui dites pas que j'ai écrit cela), un regard bleu intense puissant qui te transperce sur place, tu sens qu'il lit à l'intérieur, c'est puissant. J'ai fait au moins 3 fois le tour de la librairie à reculons, pour essayer d'échapper à ce regard pénétrant, sans succès. On a fini par aller s'assoir dans son bureau. Il m'a mis du nard de l'Himalaya sur le troisième œil. Po, po, po ! J'ai les chakras qui ont flambés un par un. Je suis repartie sans la pierre, car elle était rare et donc trop chère, mais en étant sûre d'avoir vécu un truc de fou. Nous avons fait de l'écriture spontanée et avons parlé d'Allan Kardec et d'énergétique. Faut dire qu'il est maître reiki et loin d'être un débutant en la matière.

Ayant développé une certaine fascination pour le personnage, j'ai passé tellement de temps dans sa librairie, que maintenant nous sommes amis. Je le kiffe grave. Un ami, une longue histoire rigolote avec du recul, obsédante certaines fois, mais enrichissante toujours. Avec beaucoup de respect mutuel et de jeu. Très sérieux au travail mais quelle rigolade en privé. Nous ne sommes pas d'accord sur tous les sujets mais avons suffisamment de respect l'un pour l'autre pour que cela ne vienne pas entacher notre amitié. On en parle des fois, mais nous avons tant d'autres choses à discuter que ce ne sont, entre nous, que des points de détail.

J'ai quelques amis comme cela, pas beaucoup, avec qui on partage beaucoup sans se voir tous les jours, des choses vraies, sensibles, intérieures, sans tabou, ni fausse pudeur, j'adore. Enfin bon une vraie belle rencontre qui m'a laissé un souvenir intense. Et qui a confirmé que la lithothérapie était un monde merveilleux et immense. Je ne pense pas avoir assez d'une vie pour en faire le tour.

Le jour de notre 1ère rencontre, j'ai fait également une expérience très perturbante avec son diamant. Nous étions donc en arrière-boutique, moi sous l'effet du nard, et avec cette conscience que j'étais en train de vivre quelque chose de particulier. À un moment il me demande si je veux voir sa baguette magique. Hein, heu, quoi j'ai bien entendu, sa baguette magique, non il est sérieux, là ? Avec mon historique, l'ambiguïté de la phrase me perturbe. Quand on connait mon historique, ça peut mettre un doute. Je demandais à la petite voix dans ma tête si je peux lui faire confiance, on me répondit que oui. Donc : « Oui, je veux bien la voir. ».

Il sort un petit étui et me sort une baguette en or avec un diamant serti dessus. Je lui demande si je peux la toucher. Celle-là de baguette magique je veux bien la toucher, lol. Et pour savoir, s'il peut me la laisser toucher, il lève les yeux comme moi quand je discute avec ma petite voix. Ho cool ont est pareil ! J'obtenais le droit de la toucher et quand j'ai regardé le diamant je suis rentrée dedans en un quart de seconde, avec le nard, complètement hypnotisée, incapable de décrocher mes yeux de la pierre. C'est lui qui, en me la reprenant, m'a sortie de là. Je ne me rappelle pas ce que j'y ai vu, mais j'y étais excellemment bien.

Ce genre de phénomène m'arriva aussi avec une boule de quartz rose. Je suis partie dedans en modification de conscience. J'y ai vu ma maison finie alors que nous n'avions alors encore commencé aucun travail de terrassement. Je crus y passer 10 min alors que j'y étais restée 2h. De toute façon, je pars toujours dans des trucs de fous en méditation. C'est comme cela que j'ai reçu le protocole du « Lemniscus Incandescent » aussi.

Je suis restée tout l'après-midi avec Jean-Michel, et, quand je suis repartie les chakras brûlaient encore et je devais traverser Lyon en voiture. Je planais grave à cause du nard mais aussi de la joie de cette rencontre. C'est avec lui que je ferai mon reiki 2 et le 3. Le 1 était déjà prévu avec quelqu'un d'autre et le 4 se fera aussi avec une troisième personne.

Fin 2000, après plusieurs mois de channeling, je fais enfin l'initiation Reiki 1, je reprends donc les soins énergétiques, sur la table de ma cuisine dans un 1er temps. C'est le Reiki qui a motivé ma démission de mon second job en auto-école. Ma patronne m'avait refusé mon jour de congé, quelques mois plus tôt, pour faire mon initiation reiki 1, annulant du coup celle-ci. Car ce que j'allais faire pendant mon jour de congés n'était pas en rapport avec mon travail de monitrice auto-école. Une patronne qui se permet de me refuser mon jour de congé, parce qu'elle n'est pas d'accord avec ce que je vais faire pendant mon congé ! Abus de pouvoir encore et toujours. C'est sans fin, et nous, pauvre bétail, nous ne pouvons que subir et acquiescer. Mais cela ne la regarde pas, sérieux, je lui ai dit par naïveté toujours.

Avant de démissionner, nous faisons les démarches pour partir d'Annecy et faire construire dans mon village d'origine. Nous faisons tous nos calculs car, bien qu'en 2000, dans ce village, pas de garderie pas de cantine, le maire très avant-gardiste, je rigole bien sûr, a décrété que si une femme fait des enfants elle doit s'en occuper et rester à la maison, donc pas de garderie et pas de cantine. Il m'est donc impossible pour moi de travailler, car j'aurais donné mon salaire à la nounou. Nous faisons en sorte d'obtenir notre prêt avant que je démissionne, à des conditions qui nous permettrait de rembourser en perdant mon salaire et nous partons d'Annecy. Nous avons emménagé dans la maison de ma grand-mère pour éviter de payer un prêt et un loyer en sus. Ma vie n'était pas au top, avec mon mari. Cela allait de mal en pis. J'espérais que ce projet de maison nous ferait du bien. Mais cela ne s'arrangeât pas. En 2000, le 1er avril je me suis également mise à mon compte, me permettant de travailler sur le peu de temps d'école, un rendez-vous le matin, un l'après-midi, dans l'idéal. Et Je faisais les marchés avec les minéraux. J'avais une bonne clientèle suisse pour la lithothérapie, mais les français n'étaient encore pas très ouvert à tout cela. L'arrivé de l'euro à compliqué les choses, car les suisses au lieu de diviser par 4 multipliaient par 1,5 et ça leur a pas du tout plu. J'ai donc fait beaucoup moins de ventes. Je décidai donc, de faire plus de marchés et cumulais alors les marchés le matin de très bonne heure et les nocturnes.

J'aimais faire du conseil en énergétique, les gens m'appréciaient et appréciaient la qualité de mes minéraux, c'est toujours le cas d'ailleurs. Et comme à la maison c'était l'enfer, plutôt être dehors que là-bas. Je m'occupais des enfants la semaine et le Week-end pendant que mon mari prenait du bon temps avec eux jeux, sport, roller. Que de l'amusement, pas d'éducation, pas de devoir, pas de contraintes pour lui. Moi, je me levais à 5h du matin, et quand je rentrais j'allais me coucher pas possible de les rejoindre, je n'avais que les mauvais rôles au final.

Je suis allé jusqu'au bout de mes forces, et ce qui devait arriver, arriva. Je me suis plusieurs fois endormie au volant de la voiture. Une fois je me suis trompée de pédale j'ai freiné au lieu de débraillé, j'ai cassé le part brise avec le parasol. Le samedi généralement je me garais à 2 kilomètres de la maison pour dormir, pour éviter un autre accident. Très frustrant de devoir s'arrêter à 2km de la maison, sur un trajet de 60 km, mais c'est toujours à cet endroit que je m'endormais.

Un jour rentrant de Thonon les bains, qui était à 1h30 de la maison, je me suis endormie sur l'autoroute. La veille déjà je m'étais endormie en rentrant d'une nocturne, heureusement il y avait une voix de stockage pour tourner à droite et cela m'avait évité de tomber dans le champ en contrebas. Je m'étais décalée à droite comme pour tourner, j'ai repris ma trajectoire normale avec juste une petite frayeur, avant de traverser la voie à contresens et me prendre une maison. J'avais une passagère avec moi et après une nocturne je la ramenais chez elle ce qui me rallongeait le trajet de 1h. je ne dormis que 3 ou 4h avant de repartir pour le marché du matin suivant.

Mais là, je me suis endormie sur l'autoroute ! En train de doubler deux camions avec 3 voitures derrière moi à plus de 100km/h. J'ai réouvert les yeux, j'allais rentrer dans le tunnel du Vuache. Et je me dirigeais droit sur la voute de gauche ! Je sais en tant que monitrice auto-école, on va là où on regarde. J'étais comme hypnotisée par la voute incapable de réfléchir et de réagir, la fixant dans la stupeur de mon réveil. À environ 400 mètres par secondes, j'étais pétrifiée. Et là j'ai senti un appui sur mon bras droit suffisamment fort pour me faire tourner le volant et dévier ma trajectoire de la voute. Je suis rentrée dans le tunnel, whaoufffff.

Le shoot d'adrénaline de fou que je me suis pris. Et là ce n'était pas qu'une voix qui m'avait sauvé la vie, on m'avait touché, comme une main posée sur mon avant-bras, je l'avais sentie, et j'étais seule dans la voiture, ou pas finalement !!! Je peux vous dire que je ne me suis pas rendormie de tout le trajet avec la dose d'adrénaline que j'ai pris, et le ravioli en ébullition limite 4ème dimension. Et pas non plus en arrivant à la maison d'ailleurs. Il m'a fallu encore plus d'une heure pour éliminer l'adrénaline et trouver le sommeil. En plus se cumulait à tout ça une impression que j'avais depuis des années un doute récurant pour m'endormir quand je finissais un trajet très, très, très fatigué. Impossible de fermer les yeux car il me passait par la tête, une idée folle, que j'avais eu un accident sur la route, que j'étais dans le coma, que je m'étais imaginée arriver à la maison.

Vous savez comme le matin quand vous êtes sûre de vous être levé, lavé, déjeuné et que vous êtes prêt à partir et que l'on vient vous secouer en vous disant : « bon alors tu le lève ou quoi ? ». Bin non c'était une projection, un rêve, vous dormiez encore. Cela me faisait le même effet, pour moi, et cette fois encore plus fort que les autres, j'avais eu un accident, je m'étais projeté dans un rêve éveillé, où j'étais arrivée. Et si je m'endormais dans mon lit, j'allais mourir dans l'accident. Comment vous dire que vous n'avez plus très envie de dormir au final. Et comme j'étais passée à 1 seconde de cet accident tout était encore plus embrouillé.

Et là j'avais pour la première fois senti physiquement quelque chose ! On m'avait touché et sauvé la vie ce n'était pas un rêve. Ce qui donnait une tout autre réalité à ma vie parallèle. Comme une preuve concrète de son existence. Quand on vit les choses de l'intérieure comme moi on voit, on entend, on ressent mais personne d'autre ne partage cette expérience, on peut toujours se dire je suis schizophrène, j'invente, je radote. Mais là il y avait eu une action extérieure. Bon toujours personne pour la constater mais cela ne pouvait plus du tout être mon imaginaire, impossible.

Par contre ma vie pendant ce temps devient un enfer au quotidien conduisant au divorce. Nous construisions, en fait, une maison que nous n'habiterions jamais. Je demande le divorce mi 2003. Avec du recul ce n'était que le purgatoire. L'enfer ce furent les 9 ans qui ont suivi.

J'ai dû m'arrêter au divorce, de vendre des minéraux, alors que j'avais réussi à prendre un magasin dans le village un an plus tôt. J'avais pendant ces 3 ans également eu une autre expérience en auto-école qui aurait de nouveau pu finir au prud'homme. Voulant rendre service à celle qui m'avait appris à conduire, cette nouvelle expérience professionnelle a fini en guerre des tranchées. Tous mes jobs finissaient en eau de boudin. Ma vie est un marécage, avec sable mouvant dès que j'arrive à sortir d'un problème, 3 autres arrivent. Je suis submergée de toute part.

Par contre, je suis en harmonie avec moi-même quand je fais un soin. Par le channeling, j'apprends plein de choses sur la vie ici et la vie au-delà. Même si après coup je me suis rendue compte que ce n'était que le schéma de fonctionnement de la matrice, cela me donnait des clés pour aller mieux. Déjà comprendre comment cela marche ici, tout le monde n'en a pas conscience. Le fonctionnement du corps humain, de ces énergies, des chakras, que l'on peut réharmoniser tout cela, les relations de cause à effet, les méridiens, le magnétisme. Je m'éclate quand je fais cela, ce qui rend la vie du quotidien encore plus difficile à vivre car toujours à mille lieux de tout cela. Je suis toujours dans la quête de l'harmonie intérieure.

Je passe bien évidemment pour une sorcière et je n'arrive pas à faire comprendre aux personnes que ce que je constate depuis mon enfance, est en fait juste. Ils ne peuvent pas comprendre ce que je leur dis, qu'il y a de la joie, du bonheur à savoir et reconnaitre ce que je leur explique, vu la merde qu'il y a dans ma vie.

Nous n'étions alors pas encore nommés des complotistes, mais je faisais déjà partie des personnes qui parlaient d'autres réalités, d'autres mondes, imperceptibles à l'œil humain. Que la vie, c'était autre chose, car moi-même j'étais, encore, à leurs yeux une hystérique, colérique pas du tout le reflet de cette compréhension intérieure que je vivais. Ma vie était juste une catastrophe ambulante.

Comment expliquer aux personnes tout le bien être que je ressentais et que cela m'apporte encore de connaitre d'autres choses, les choses de l'au-delà du voile de la matrice, alors que ma vie est un chaos monumental. Je dis rose, ils me voient rouge ; je dis amour, ils me voient colère ; je dis compréhension, ils me voient jugement. Tout était inversé, tout n'était que lutte, souffrance et blocages. Tout partait systématiquement en vrille et plus j'allais mieux à l'intérieur, plus le monde extérieur était agressif pour moi.

Cela faisait pourtant 5 ans que je faisais tout ce qu'il fallait pour que les deux aspects de ma vie soient harmonieux. Cela m'a pris du temps, plein de séances énergétiques, de rencontres. À 35 ans, fatiguée de résister aux assauts de mon mari, je lui ai dit que je voulais bien ne plus m'énerver mais qu'il fallait aussi qu'il arrête d'appuyer sur le bouton qui me faisait partir en vrille et me le reprocher ensuite. Il m'avait alors répondu « T'as pas encore compris que je ne veux pas changer ». Le lendemain j'avais appelé mon avocat et demandé le divorce.

Il n'était pas pour. Il n'était pas contre ce que je faisais, énergétiquement, mais du coup il était un poids mort. Et ce que je prenais pour un garde-fou, était en fait une ancre qui m'empêchait d'avancer. Nous ne vivions plus la même chose. Avec les thérapies, j'avais résolu beaucoup de choses. Et ce qui nous unissait n'existait plus. L'homme homo refoulé soumis qu'il était ne correspondait pas à l'idée de partage et de coparticipation avec mon conjoint qui m'habitait alors. Je voulais lui donner une place équitable dans notre couple, partager avec lui ce que j'avais compris et acquis. Je savais qu'en demandant le divorce ce serait dur, mais si j'avais su…

Toujours dans l'impossibilité d'arriver à mettre les deux mondes en accord, et encore moins après le divorce avec un mari qui n'acceptait pas que je le rejette et qui n'a eu de cesse de me laisser avec les enfants dans la misère pour prouver qu'il était meilleur que moi. Que c'était moi la méchante.

Mais en décidant quelques années plus tôt d'avancer dans mes capacités et sur mon chemin de guérison intérieure, je me suis éloignée de ce qui m'avait uni à lui. En faisant tous ces soins énergétiques, en soulageant les traumatismes subis (tentatives de viol et agressions), j'en étais venue à constater que je voulais quelqu'un pour partager tous les aspects de ma vie. Je commençais à lâcher prise sur l'hyper contrôle et je désirais rééquilibrer notre relation de dominante–soumis vers le partage. Perpétuelle répétition, de schéma qui si l'autre ne veut pas, ou ne peut pas prendre cette place, restera une tentative vaine. Même avec toute la bonne volonté du monde on ne peut aller contre le libre arbitre de l'autre. Et quand je me heurte à un mur, la colère revient sempiternellement et gâche tout au final, donc autant prendre du recul, se reconstruire pour aller de l'avant.

Mon 1er mari est resté dans ce schéma dans son deuxième couple, puis dans le troisième. Même s'il a fini par assumer ses préférences sexuelles. Grand bien lui en fasse. Je ne regrette rien, même si les décisions que j'ai prises sont le résultat des traumatismes que j'ai vécus depuis mon enfance et que j'ai tenté de ne pas en arriver là, c'est arrivé. Le but au départ n'était bien évidemment pas de divorcer mais d'améliorer mes relations aux autres et de sortir de cette colère permanente. J'ai même lutté pendant des années contre ce divorce. J'avais été voir une cartomancienne fin 1991 à Lyon, qui m'avait dit : « Vous aurez un enfant avec lui mais si vous vous mariez vous divorcerez ». J'étais sortie de là en me disant non mais de quel droit elle dit que je vais divorcer ? J'ai donc lutté pour ne pas divorcer pendant presque 10 ans, le temps qu'a duré notre mariage au final.

Je savais que, par les cartes, on pouvait voir des choses. Je tirais les cartes. Je le faisais pour les personnes de façon officielle entre 2000 et 2003. Mais dire à quelqu'un que, s'il se marie, il va divorcer c'est juste immoral. En vivant de l'autre côté du jeu, je me rendis compte que c'était un métier ingrat, car pendant ces 3 ans j'ai été harcelée par les personnes, qui étaient complètement accrocs à cela, qui m'appelaient les jours fériés, à des heures indues. Certains justes pour me demander s'ils mettaient le pull rose ou le plus bleu pour un rancard. « Quelle couleur serait la plus adéquate pour trouver le grand amour ? », « Le violet ! » le mélange des deux. J'étais atterrée par un tel manque de jugement et de telles limites mentales.

Une m'appela un 1er janvier en panique parce que son fils voulait déposer le bilan de sa société. Que je sois en famille ou non elle s'en moquait. Cette femme était une éternelle insatisfaite, elle faisait des extras pour se payer des vacances en plus de sa retraite, et quand elle rentrait d'un séjour à Tahiti, sur un catamaran, elle se plaignait encore… Ce jour-là, je lui demandais l'âge de son fils : « 45 ans pourquoi ? ». Je le savais, « Bin pour que vous compreniez qu'à cet âge, il n'a pas besoin de l'accord ni du désaccord de sa mère pour prendre ses décisions d'adulte et que vous devriez arrêter de vous mêler de ce qui ne vous regarde pas. Faudrait lui lâcher la grappe, et la mienne aussi car là je suis en famille pour le nouvel an et vous me dérangez ! » Elle ne m'a jamais rappelé dit donc. Mais j'en avais des dizaines comme ça, qui étaient soit dans une domination malsaine soit dans l'incapacité de décider de quoi que ce soit. Mais en tout cas ils étaient tous d'accord sur un point, aucun d'entre eux ne voulait connaitre la vérité sur eux-mêmes. Tous voulaient entendre une belle histoire idyllique dont ils seraient le héros. C'est grâce à cela que j'ai choisis à devenir thérapeute plutôt que médium pure, car je voulais leur venir en aide, pas leur raconter des contes de fées, pour leur faire plaisir, sachant en plus que ce n'était pas vrai. Cela n'a jamais été mon étique de mentir pour gagner de l'argent.

En plus je me rendais de plus en plus compte que les personnes qui croyaient en mes capacités cherchaient à les exploiter gratuitement. Et ceux qui en avaient peur, cherchaient à les faire taire, m'interdisant de dire ou faire quoi que ce soit, d'être moi quoi. Ceux qui cherchaient à les exploiter sous couvert de notre amitié ont été les pires. Certains organisaient des réunions à mon insu, ils invitaient toute une clique de personnes intéressées et moi je servais de singe savant et aucune rémunération. Au final quand je prenais du recul par rapport à tout cela car je ne me considérais ni comme un phénomène de foire, ni comme une médium de foire, et qu'ils n'obtenaient pas ce qu'ils voulaient, ils devenaient irascibles cherchant à me culpabiliser sur notre amitié devenant alors les instruments de leurs propres entités pour me pourrir la vie. Il n'y eu que très peu de personnes neutres au final qui se fichaient de ce que je faisais, ou pas mais qui étaient présentes dans une pleine neutralité. Maintenant je ne perds plus de temps avec ces personnes je m'éloigne doucement mais surement sans heurt, pour me préserver de leur vampirisme. Cela me coute émotionnellement mais beaucoup moins qu'une polémique sans fin.

Les maris de mes amies pour beaucoup ne m'aimaient pas, m'interdisant pour certains de voir leur femme. Du coup, soit nous nous voyions en cachette, soit je les perdais aussi. Certaines les ont quittés, pas pour moi, ni à cause de moi. Mais pour les maris c'était bien évidement de ma faute. Tout est toujours de ma faute, au final. J'ai été, et je suis encore, quand ça part en eau de boudin, le bouc émissaire idéal. En toute circonstances, il est toujours plus facile d'accuser les autres, que de prendre ces propres responsabilités. C'est pour cela que beaucoup de personnes n'aiment pas l'obsidienne œil céleste, une pierre de protection extraordinaire, de connexion à la conscience également, mais qui est porteuse de vérité, sur les autres certes, mais aussi sur soi-même. Les gens n'ont pas envie d'entendre la vérité sur eux même.

Ma propre séparation une semaine avant noël 2003, m'a permis d'avoir une autre expérience fabuleuse. Elle m'a laissé du temps pour accompagner ma grand-mère en fin de vie.

*****

En écriture spontanée, 3 ans auparavant, on m'avait annoncé le décès de notre grand-mère maternelle pour Noël. Sans me dire lequel. J'avais alors refusé cette information, pas le décès de ma grand-mère atteinte d'Alzheimer, mais surtout le jour de Noël, je le fêtais encore à cette époque.

J'avais dû faire un chemin d'acceptation de la maladie, bien des années plus tôt, et le deuil de ma grand-mère de son vivant, la maladie me l'ayant enlevé bien avant la mort. C'était la seule personne, avec mon grand-père paternel, qui m'acceptait telle que j'étais sans essayer de faire de moi quelqu'un d'autre. J'avais arrêté d'aller la voir pendant plus de 18 mois sachant que le reiki pouvait aider au départ, je ne voulais pas être inconsciemment à l'origine de celui-ci. J'avais déjà remarqué que, quand il y avait besoin. Ma seule présence enclenchait des soins énergétiques sur les personnes présentes, si elles en avaient besoin, sans aucune intention de ma part. Le jour où je suis retournée voir ma grand-mère, je lui ai dit que maintenant j'étais prête et que si elle avait besoin d'aide pour partir j'en étais capable maintenant. Et je lui ai aussi dit que si elle voulait partir, elle pouvait le faire, j'ai eu droit à un « NON ! » tonitruant alors qu'elle ne parlait quasiment plus et à une tape sur le bout des doigts. Ok mémé n'a pas envie de partir, cool j'étais soulagée. Mais 18 mois plus tard, Noël 2003, ma grand-mère fait un AVC un peu plus grave que les autres et elle ne va pas bien du tout. Je comprends immédiatement que j'ai été entendue. Je décide donc de passer le plus de temps possible avec elle. Je savais, comme elle n'était pas morte, que j'avais obtenu un sursis mais je ne savais pas de combien de temps je disposais exactement. Le timing, ça n'a jamais été mon fort. Peut-être parce que le temps n'existe pas et qu'il est un miroir aux alouettes. Ou parce que dans chaque possibilité de notre existence les temps ne sont pas les même à chaque fois et que cela ne permet pas d'avoir un temps précis. Nous modifions en permanence notre réalité ce qui donne de centaine voire des milliers de possibilités.

Tout ce que je savais par contre c'est que j'avais un peu plus de temps à passer avec elle et que je comptais bien en profiter. Chaque jour je posais mes enfants à l'école à 13h30 et je montais à la maison de retraite à 5 min de chez moi, passer ce temps-là avec elle. Je lui faisais écouter de la musique et je partageais avec elle le livre que j'avais écrit en écriture spontanée. Elle ne pouvait plus parler, elle était tétanisée dans son lit. La 1ère vision qu'elle m'envoya, fut d'elle dans son cercueil, dans sa tombe enterrée vivante avec les racines de l'arbre d'à côté l'enserrant. Très macabre, mais très intéressant, depuis 4 ans que je pratiquais l'écriture spontanée, et 17 ans que je tirais les cartes et analysait mes rêves et autres ressentis, j'avais eu le temps d'un peu mieux me faire à mes capacités et je compris que ce qu'elle voulait me faire voir : c'est que quelque chose d'elle allait rester vivant enfermé dans son corps mort.

Pour moi c'était positif, le fait qu'elle avait conscience de cela allait me faciliter la tâche. Certes enfermée dans un corps mort, pas très glamour, dans le cercueil, dans la tombe, enserrée dans des racines, bof. Avec ma peur d'être enterrée vivante, encore présente à cette époque, je la comprenais tellement. Qu'à cela ne tienne. Je passais donc du temps, à lui expliquer que cette partie d'elle allait quitter son corps. Que nous allions nous en occuper de lui, mais qu'elle, elle allait partir ailleurs. Elle refusa cette info, elle voulait emmener son corps avec elle, pour elle, l'un n'étant alors pas dissociable de l'autre. C'est pour cela qu'elle était crispée, voir même tétanisée en permanence. Elle cherchait à emmener son corps avec elle dans l'au-delà. Je passais donc du temps à lui lire les pages de mon livre, pour lui faire comprendre que l'esprit et la matière n'étaient pas qu'un, que l'esprit pouvait quitter son véhicule terrestre et aller ailleurs seul, que son véhicule lui était périmé, foutu, qu'il fallait le laisser là avec nous.

Au bout d'une semaine, une des dames travaillant dans la maison de retraite, me stoppa dans les couloirs pour me demander : « Qu'est-ce que tu fais avec ta grand-mère, depuis 8 jours ? », moi : « Rien de spécial, pourquoi ? » un peu l'innocente aux mains pleines, avec un grand sourire. Comment lui expliquer que je discutais avec elle en télépathie, sans passer pour encore plus folle que d'habitude. Cette personne me connaissait, savait que j'avais des capacités, je vendais les cailloux magiques sur le marché du village depuis 3 ans. J'avais amené un gros quartz rose à ma grand-mère. Elle me sourit comprenant que je ne voulais pas en parler dans le détail. Elle me dit tout de même : « Je ne sais pas ce que tu fais avec elle depuis 8 jours, mais continue elle va mieux depuis que tu viens ! » avec un petit sourire qui voulait dire, je sais que tu fais des trucs que je ne comprends pas, mais je suis ok. Je la remerciais et je lui dis que j'avais bien l'intention de continuer.

Ma grand-mère, qui était aussi ma marraine, avait alors 89 ans, phase terminale d'Alzheimer, nous discutions par la pensée, télépathiquement. Les Alzheimer développent des capacités d'écoute extra sensorielles avec la dégénérescence du corps, ils entendent toutes vos pensées. J'utilisais donc cette méthode que j'avais développée avec l'écriture spontanée pour dialoguer avec elle. Sa voisine qui, elle, était plutôt sénile, me répondait physiquement des fois à certaines questions télépathiques. Cela m'étonnait toujours mais me rassurait aussi. Nous avions de très beaux échanges. Discuter ainsi m'obligeait à être complètement présente avec elle, aucune pensée parasite ne devait venir perturber nos échanges.

Un jour, en peine de discussion, il faut en trouver des choses à dire pendant un mois et demi, 3h par jour avec quelqu'un qui ne répond pas, ou que très rarement, je lui proposais une prière. Généralement je lui lisais celle d'Allan Kardec, moins religieuse, car déjà irréligieuse depuis de nombreuses années, je ne voulais pas utiliser les prières catholiques. Ce jour-là, va savoir pourquoi, je pris l'envie de lui réciter le « Je vous salue Marie », alors que je ne pratiquais plus du tout depuis plus de 20 ans. Tellement plus mon truc que je ne m'en souvenais même plus. Je m'endormis à son chevet. J'étais au début de ma séparation avec mon 1er mari, devant tout faire toute seule et présidente du sou des écoles, qui avait failli capoter, personne ne voulant plus s'en occuper, il me fallait donc aussi relancer la motivation des parents pendant cette période.

C'est une sœur qui m'a réveillée, en entrant dans la chambre. Elle me proposa de prier ensemble. Je lui ai répondu que je n'étais pas croyante, mais que oui pourquoi pas. Elle m'a alors dit que ce n'était pas grave. L'essentiel étant d'être dans le cœur et le partage. Ça m'allait. Elle s'appelait Jeanne comme mon arrière-grand-mère. Elle me proposa le « Je vous salue Marie ». La coïncidence, qui n'en était pas une, me fit sourire. J'ai été auprès de ma grand-mère de Noël 2003, jusqu'au 14 février 2004, je n'ai vu aucune autre sœur pendant toute cette période que celle-ci. Ils sont forts tout de même. C'était loin d'être une coïncidence cela arrangeait les entités de maintenir cette croyance dans l'esprit de ma grand-mère. Je ne lui en parlais pas du tout de religion. Elle était croyante et pratiquante, mais contrairement à mon autre grand-mère, elle était d'une discrétion infinie sur sa pratique et ne nous l'imposait pas. Mon autre grand-mère, elle, ne parlait, tout le temps, que de cela. Son protestantisme était une agression permanente. À la moindre contrariété elle partait dans ses sermons. Épuisant.

Mais j'en reviens à mon accompagnement. Comme je ne parlais pas du tout de religion avec ma marraine, que je veuille à un moment donné utiliser une de leurs prières les enchanta au plus haut point. Et ils m'envoyèrent une émissaire en cette charmante bonne sœur. Un peu avant cela, ma grand-mère m'avait donné une autre vision d'elle. Montant au Sorgia, petite montagne où elle allait faire du ski étant jeune, à côté de Valserhône. Elle était avec son mari, son frère et des amis d'alors. Elle était jeune, joyeuse et cette vision était pleine de lumière. Elle avait compris qu'elle pouvait partir sans son corps rejoindre son mari et son frère, c'était sa façon de me le dire. Il faisait un merveilleux soleil dans cette vison.

Il y eu un autre moment très fort entre nous deux, un jour que j'arrivais, comme d'habitude en rentrant dans la chambre, je dis : « Bonjour mémé c'est moi, comment vas-tu aujourd'hui ? ». Elle fit la moue, interrogative, son visage montrait pourtant que très peu d'expression, elle marmonna mon prénom. Je lui répondu que oui, c'était bien moi et là j'ai eu droit à un large sourire montrant sa joie. Moment très fort pour moi, car nous avions une très bonne relation, qu'Alzheimer m'avait volé. Elle me prenait pour ma maman et ma maman pour son autre fille Josette, quand nous y allions ensemble. Elle adorait quand nous y allions avec mes enfants, les enfants la mettait toujours en joie. Ce bref moment de lucidité physique, où elle me reconnut, m'a fait un immense plaisir. Et de ce jour, en entrant je disais : « Bonjour mémé c'est Frédérique » et une énergie de joie emplissait la pièce. Je n'eus plus ce large sourire, mais cela m'accompagnait quand même à chaque visite.

Quinze jours avant son départ, elle eut une visite, énergétique. J'assume totalement ce que je vais énoncer ici, même si, aujourd'hui, je sais qui c'était vraiment, je vous donne la scène telle que je l'ai vécue alors. Je passais donc plusieurs heures par jour auprès d'elle, nous échangions principalement en télépathie et très peu en visualisation.

Ce jour-là, je suis passée en modification de conscience. Je pense un peu plus poussée que d'habitude. Enfin une belle sortie de corps en fait, telle que nous en ferions bien des années plus tard volontairement par suggestion hypnotique, 12 ans plus tard. Je m'entrainais alors à ce que j'appelais du voyage astral, régulièrement chez moi, mais le jour où j'y étais arrivée, je m'étais retrouvée à plat ventre au-dessus de ma table de chevet, 1 mètre au-dessus d'elle. De surprise je me suis retrouvée instantanément remise dans le corps, complètement déçue d'avoir flippé.

Avec ma grand-mère, je me trouvais dans sa chambre. Et se présentant devant ma grand-mère, de l'autre côté du lit, « Une représentation de Marie », robe blanche voile bleu, lumineuse, la vraie carte postale. Elle se penche sur ma grand-mère comme pour la prendre dans ses bras, elle se redresse alors avec un bébé dans ses bras, le bébé disparait. Ma grand-mère est alors debout à côté d'elle, plus jeune de 20 ans, en forme et souriante. Marie tend la main gauche dans une direction lui montrant la route à suivre, ma grand-mère la suit. Personnellement je me demande ce que j'ai fumé ? dans ma tête je pense : « Waouh, mais il se passe quoi là ? Je délire ou quoi ? ». C'est à ce moment-là que la voisine de ma grand-mère dit à voix haute : « Elle est belle ». Bien qu'elle soit sénile cela me rassure, elle la voit aussi. Comme elle répondait juste, verbalement, aux questions que je posais à ma grand-mère, ce commentaire suffit à calmer mon mental.

Je reste donc connectée à ma grand-mère, je les suis. Nous montons et arrivons devant un grand portail, d'au moins 3 ou 4 mètres de haut, doré, entrouvert. Les nuages sont dorés, roses et blancs moutonneux. On aurait envie de se coucher dedans. Un être, dont j'ai eu du mal à déterminer si c'était un homme ou une femme l'accueille.

Grand, 1m80, mince, visage émacié, sans expression mais serein, chevelure noire bouclée épaisse, mi-longue aux épaules. Cet être lui montre le portail en ouvrant le bras, paume vers le haut dans un geste lent et majestueux et lui dit d'une voix douce et enchanteresse, pleine de bonté : « Tu peux passer le portail quand tu le veux, c'est ton choix ». Je reste béate devant cette scène. La totale ! Il manquait juste Saint Pierre, le bon barbu bedonnant et le tableau aurait été complet. Vraiment tout y était. La même scène quand l'écureuil, Scrat dans « L'âge de glace 2 », arrive au paradis, les noisettes en moins, film qui sortira 2 ans plus tard. Quand j'ai vu cette scène, dans le film j'ai bien rigolé. La même chose, un copié collé. L'hologramme collectif parfait des portes du paradis.

J'observais cela avec beaucoup de curiosité, peut-être un peu trop d'ailleurs. Car soudain, l'être, qui était du coup masculin, se tourne vers moi, me regarde méchamment et me dit sur un ton très rude voire de reproche, limite colère, à l'opposé total de ce qu'il venait de servir comme prestation à ma grand-mère. Ton auquel je ne m'attendais pas du tout, vue sa prestation qu'il venait de servir à mémé : « Qu'est-ce que tu fais là toi ? Tu n'as rien à faire ici ! » et pouf d'un geste vif de la main, il m'a chassée.

Tout s'est éteint. Je suis revenue dans la chambre de ma grand-mère, en moins de 2. Je suis restée très dubitative suite à cela, restant complétement bloquée sur la façon qu'il avait eu de me parler, pas du tout cohérente avec le contexte. Il m'aurait dit : « Ce n'est pas ton moment, c'est celui de ta grand-mère, tu ne peux pas rester là » avec autant de douceur qu'il avait parlé à ma grand-mère, il m'aurait retourné comme une crêpe, mais là j'étais encore plus dubitative qu'avant avec tout cela. Et la vision perdait toute crédibilité.

Pourquoi m'a t'il parlé aussi méchamment ? Cela dénotait complètement avec la quiétude et la douceur du moment et du lieu. J'aurais la réponse 12 ans plus tard. C'était une entité négative contrôlante, et tout cela n'était qu'un hologramme, une illusion destinée à leurrer ma grand-mère pour qu'elle les suive de son propre chef, ça renforce le pacte consenti il y a des fois de nombreuses vies en arrière. Et lorsque je fus éjectée, c'est la vraie nature de cet être qui s'est révélée à moi. Ma grand-mère est partie définitivement, 15 jours plus tard.

Ma mère m'a appelée un soir tard, le vendredi 13 février. J'y suis allée. Mes 3 enfants étaient partis moins d'une heure plus tôt chez leur père pour le week-end. Je me suis assise à côté d'elle, je lui ai pris la main comme je le faisais tout le temps. Et oui j'ai compris tout de suite qu'elle avait pris sa décision. Son corps était relâché, alors que depuis des semaines elle était tétanisée. Là, tout son corps était souple et détendu, léger et serein. Mais elle était encore là. Car une fois mes parents repartis, ils avaient un rendez-vous et ma maman était tellement stressée que, je l'engageais à aller à leur rendez-vous, cela ne changerait rien de toute façon, à ce qui allait se passer. Et j'étais là.

Suite à leur départ, ma grand-mère m'a fait une peur bleue. Je voulus me lever pour aller mettre de la musique. Je lui passais souvent « Paradis blanc » de Michel BERGER. J'enlevais ma main de la sienne sans lui dire mon intention au préalable et là elle ferma la sienne qui était toute mole d'un coup sec sur la mienne, et j'entendis « Non, reste ! » dans ma tête. Ho le coup de flip. Je lui expliquais que je ne partais pas que j'allais juste mettre de la musique. Mon cœur battait la chamade. Elle se résolue à me lâcher. Je suis encore restée avec elle pendant plusieurs heures. Appelant ma petite sœur qu'elle voulait revoir avant son départ, elle a choisi aussi ce soir-là ses vêtements pour son dernier voyage.

Je ne remercierai jamais assez le délai que l'on m'a accordé et le partage que j'ai pu avoir avec ma grand-mère. J'avais de nouveau pu être pleinement moi pendant tout ce temps, vivant cela comme un merveilleux cadeau. J'espère un jour pouvoir partager cela avec d'autres et les accompagner. Elle est partie le lendemain matin, vers 8h, le samedi 14 février. La dame se trouvant avec elle s'appelait Pascale, comme ma cousine, sa petite fille, partie 8 ans plus tôt.

Nous avons depuis acquis des techniques de travail qui vont nous permettre d'être présent dans le physique et dans l'ésotérique, pour accompagner les départs des 2 côtés. Et nous savons que nous pourrons alors savoir le moment de notre propre départ voire même le choisir et pouvoir partir sereinement entourés de nos proches, sans peine dans un accompagnement mutuel.

Moins d'une semaine après son décès, mon ex-mari se confie à moi, sur un événement survenu quand ma fille de 6 ans faisait du roller avec lui. Il a hésité avant de me raconter l'histoire. Donc ils font du roller devant chez lui, ma plus jeune fille manque de tomber. Il est trop loin d'elle et ne peut pas la rattraper. Pourtant elle se rétablit seule d'une position improbable. Il arrive vers elle, lui demande si ça va, et là elle lui répond : « Oui ça va, c'est mémé qui m'a empêché de tomber. » à 6 ans elle avait encore la possibilité de voir les esprits et n'avait pas conscience du coup que mémé était morte. Et comme elle venait souvent la voir avec nous, elle la connaissait bien. Mon ex me rajoute dans la conversation, qu'il a beau ne pas y croire (ah tient ! finalement il n'y croit pas. Il me disait tout le temps être neutre sur le sujet), il ne pouvait pas ne pas me le dire. Que là, c'était trop bizarre et que notre fille ne pouvait vraiment pas se redresser toute seule de cette chute et qu'il ne voyait pas d'autre explication. Que celle que notre fille lui avait donné. Et elle, elle ne pouvait pas mentir. Malgré lui, ce jour-là, il a été obligé de constater que dans la réalité physique pure, notre fille ne pouvait que tomber, mais pas se redresser seule ainsi.

Le jour de l'enterrement de ma grand-mère, réunion de famille chez mes parents, un fauteuil reste vide au milieu de la pièce. Je regarde pourquoi. Ma grand-mère est assise dedans et personne ne s'y assoie comme s'ils le savaient tous inconsciemment, qu'il est occupé. Mon beau-frère très pragmatique, voit ce fauteuil vide qui prend de la place. Il le prend, le met dans le couloir. Du coup je passe dans le couloir avec ma grand-mère pour ne pas la laisser toute seule. Ma maman passe par là, me demande ce que je fais toute seule dans le couloir. « Je ne suis pas seule, je suis avec mémé ». Elle me regarde et me dit : « Faut-il la remettre dans le salon ? » « Non t'inquiète, je reste avec elle, ça ne la dérange pas d'être là. ». En plus d'avoir partagé des moments inoubliables avec ma grand-mère, j'ai partagé avec ma maman des choses extraordinaires aussi. J'ai pu lui parler vrai en cette période et cela m'a fait un bien fou. Car dans ma vie personnelle, c'était juste l'enfer à cause du divorce. Et même si c'était la fin de notre chemin ensemble sur cette terre, c'était un moment tellement merveilleux qui me permettait enfin d'être moi. Mes capacités, tant redoutées par les personnes, nous avaient permis de nous retrouver malgré la maladie. Que de la joie finalement.

Cela a également permis de discuter ouvertement avec la sœur de maman et de parler de mes capacités devant mes parents. Alors que Josette me demandait si ce n'était pas compliqué de gérer toutes ces nouvelles capacités au quotidien, je lui répondais que si, à certains moments la clairaudience était envahissante. Et là mon père qui était à côté mais qui ne se mêlait pas de la conversation a dit : « Moi j'ai coupé le son, pour ne plus les entendre. » Quoi ??? J'ai bien entendu ? Il admet qu'il entend des trucs, devant moi alors que c'est hyper tabou de parler de tout cela dans la famille. Non mais là je suis sur le cul !

Enfin bon je savais qu'il avait des capacités mais là waouh je suis sous le choc. Et il a bien coupé le son d'ailleurs, autant ésotérique que physique. Du coup, il est sourd, et est appareillé aux 2 oreilles. Damned !!! en voici l'explication, l'origine de sa surdité. Que de découvertes en si peu de temps.

*****

Comme je le disais tout à l'heure, ma vie personnelle par contre est un enfer, la séparation prononcée en novembre 2003, pension alimentaire 90 euros par mois pour 3 enfants, soit 30 € par enfant, au RMI 750€ et un prêt pour la maison pas finie, inhabitable de 850 € par mois. Mon ex me donnait un peu plus au départ et payait sa part du prêt de la maison, mais quand il s'est remis en couple, quelques mois plus tard avec la sœur d'une de ses voisines, il est revenu aux 90 euros et n'a plus payé sa part de l'emprunt. Le week-end quand mes enfants sont chez leur père, je ne mange pas, je ne chauffe pas, pour garder le peu que j'ai pour eux. Heureusement, que de temps en temps je fais encore quelques séances de reiki qui m'apportent un petit bol d'air et un peu d'argent.

Le matin à 6h je descends, dans le froid, couper mon petit bois, avec une hache rouillée, mal aiguisée, au manche fendu qui me pince à chaque coup, pour faire du feu, pour que la cuisine soit chaude quand les enfants se lèvent à 7h30. Et quand je demande de l'aide pour le faire, on m'envoie paitre en me disant : « Quoi tu ne sais pas couper ton bois ? ». Si, je sais le couper mais mes outils sont pourris et je suis épuisée. Mais je n'ai rien dit, j'ai tourné les talons, je suis rentrée chez moi et j'ai pleuré. Mon cousin a fini par prendre pitié de moi, en se moquant au passage bien sûre. Il prend son marlin neuf et aiguisé et tente de couper le dernier morceau de chêne qui me restait à la cave et là il a failli se prendre le marlin dans la tête, car il a rebondi sur le chêne et il a alors convenu que là, même avec toute la bonne volonté du monde, celui-là, je ne l'aurais jamais eu avec ma hache.

Les personnes sont toujours parties du principe que j'étais une fainéante, de mauvaise foi, sans jamais vérifier ni tenir compte des circonstances. Même si je sais maintenant qu'ils étaient aussi eux sous influence de leurs propres pactes, il m'a fallu du temps pour passer outre leurs réflexions méchantes et désobligeantes. Maintenant que j'ai suffisamment de recul sur les évènements, il m'arrive toutefois encore d'être touchée, mais je stoppe très vite la machine pour passer à autre chose.

Je claque la porte du sou des écoles, juste après la mort de ma grand-mère, certaines m'ayant reproché mon manque de disponibilité au moment où je l'accompagnais. Pour moi c'était inadmissible que, dans une association, on me reproche de ne pas être disponible. Les personnes concernées avaient refusé de venir et d'encadrer les enfants sur un atelier de loisir créatif, sans prévenir. Laissant les enfants et les parents attendre seuls dehors devant la porte de la salle communale le mercredi en question, en plein mois de février en Haute-Savoie. Alors que tout avait été décidé, organisé en réunion du sous des écoles bien planifié, ces deux personnes voulaient une ou plusieurs réunions supplémentaires pour se sentir valorisées dans leur volontariat. Elles devaient encadrer, une semaine sur deux, un atelier loisir créatif pour peindre les objets à vendre à la kermesse en juin. J'avais dû ce jour-là ne pas aller voir ma grand-mère pour m'occuper seule des enfants, une des 2 personnes normalement en charge, se permettant même de venir retirer de l'argent au distributeur en face de la salle, pour avoir une excuse pour nous espionner et voir comment nous nous en sortions sans elle.

J'ai démissionné de la présidence et j'ai quitté le sou des écoles. École où j'étais allée quand j'étais petite, et où mes parents avaient eux-mêmes participé, comme moi, à tout cela pendant toute mon enfance. Je voulais offrir cela à mes enfants aussi. Ils n'avaient pas beaucoup de moments ludiques. La kermesse était pour moi un des moments d'agréables souvenirs de mon enfance. Les seuls souvenirs agréables avec les voyages scolaires de toute ma scolarité. Mais ça aussi ça virait au n'importe quoi. Je partais donc en disant à toutes les personnes présentes, que pour moi être bénévole dans une association, pour les enfants, ce n'était pas un concours de qui fait quoi, et un endroit où jouer des coudes pour se mettre en valeur les uns par rapport aux autres. Que c'était avant tout un endroit où au contraire se serrer les coudes et que chacun puisse être solidaire de l'autre. Et éventuellement, pallier à l'absence de l'un, même si c'est le président, parce qu'il est en train de perdre sa grand-mère et lui laisser du temps pour faire son deuil, plutôt que de faire une pseudo grève, laissant de surcroit des enfants à la rue. Que dans mon monde à moi, c'était tellement irréaliste de faire cela que je partais. Je réexpliquais que j'avais pris la présidence, non pas pour me valoriser, mais bien pour éviter que le sous des écoles ne meurt. Il avait survécu, et donc je pouvais partir la conscience tranquille. Et comme la secrétaire et le trésorier, étaient restés uniquement pour m'aider dans cette tâche, ils démissionnèrent aussi. Non mais des fois, se tirer dans les pattes entre bénévoles, on n'a jamais vu pire absurdité. Enfin si, ça arrive en permanence, mais je ne pouvais pas cautionner cela.

*****

En 2005, j'ai 37 ans, ma situation générale ne s'améliore toujours pas.

Loin de là même, je subis une nouvelle agression. Ma voisine est plutôt sympa. On se lie d'amitié mais c'est un vrai aimant à emmerde encore pire que moi. Elle habite au-dessus de chez son ex-mari, facho, alcoolo, ex gendarme mis en retraite anticipée pour comportement agressif. Il pétait un plomb et se bourrait la gueule à chaque fois qu'elle avait un rancard. Mettre des ex dans la même maison, dans 2 appartements différents c'est juste un nid à emmerdes.

Lui me détestait depuis qu'il avait appris que j'avais eu un amant Sénégalais. Un jour, il met un coup de boule à son ex-femme devant moi. La veille au soir elle avait eu un rancard. Il était complètement ivre. Je le chope par le col de sa chemise et le sort de chez elle. Nous nous empoignons sur le palier. Je le mets à terre, il se rend. Deux minutes plus tard, elle lui gueule dessus non pas pour le coup de boule mais parce que le chèque de pension alimentaire en retard, qu'il venait de lui donner avec le coup de boule n'était pas signé.

Elle redescend avec lui, chez lui pour le faire signer, j'emboite le pas. Me disant au très fond de moi : « mais elle le suit chez lui !? ». Le coup de boule ne lui a pas suffi, ou il lui a décalé le cerveau et elle ne se rend pas compte de la situation ! Moi, je m'attends au pire de sa part à lui. Il avait, je le sais, déjà crevé à 3 reprises les pneus de ma voiture au couteau, donc je me méfiais. Le fait que je les suive lui refait péter un plomb, et il me met un coup de boule. À moi ! Putain le con ! Juste après que j'ai dit à ma voisine de ne pas le suivre chez lui. Mon intuition était qu'il allait s'enfermer avec elle chez lui et finir ce qu'il avait commencé.

J'ai eu le temps de me reculer, pour éviter son coup de boule, il me touche alors dans les dents sans me faire trop mal car en bout de course. Pétard, non mais il se prend pour qui ? Comme au foyer de jeunes travailleuses à Lyon quelques années plus tôt, je perds le fil, black-out, et... Je reviens à moi je suis au-dessus de lui en mode étranglement. Il est couché sur le dos dans les escaliers la tête vers le haut et il ne respire plus à cause de mon étreinte.

Ho, la, la, qu'est-ce que j'ai fait. Je suis à califourchon au-dessus de lui et je l'étrangle avec une prise de judo maintes et maintes fois répétée à l'entrainement. Mes pouces sont planqués dans le tissu, imprenables en mode jujitsu, il est complètement emberlificoté dans sa chemise de bucheron que j'ai tendu à mort pour le maitriser, comme avec le kimono de judo. Cela fait pourtant plus de 13 ans que je n'en ai pas fait. La chemise est tellement tendue, tirée à sa droite, avec la main droite, je tiens fermement le col, pouce caché dans ma propre main, dans le tissu, l'étranglant avec mon avant-bras. Son bras gauche et du coup complétement bloqué par son propre vêtement, il ne peut plus le bouger. Ma main gauche maitrise son bras droit, j'ai tiré également le tissu de la manche, je l'ai tortillé, je le tiens fermement, pouce caché dans ma main et le vêtement. Il faut cacher les pouces car c'est un point de prise pour l'adversaire pour se défaire d'une étreinte, ils sont faciles à tordre. À l'entrainement je galérais avec ça, je n'étais jamais assez rapide, et là en face de moi j'avais un ex gendarme, certes bourré mais formé au combat au corps à corps, je n'avais aucunement droit à l'erreur. Je desserre l'étranglement pour lui permettre de respirer à nouveau, ne sachant pas depuis combien de temps je suis comme cela, et qu'il ne respire plus. Mais je ne lâche pas l'étreinte. Je ne le lâche pas. Il m'a frappé, on ne me frappe pas moi. Je l'ai tenu comme cela 20 min en attendant les gendarmes pour l'embarquer et déposer plainte. Il me suppliait de le tuer, il ne voulait plus vivre... je lui conseillais le train à 20m. Je ne ferai jamais une seconde de prison pour le meurtre d'une merde comme lui. Il m'insultait en permanence, sur mon poids. Nous avions le même prénom, il m'appelait la grosse. Et je profitais de ma position, pour lui dire que là, j'étais super fière d'avoir des kilos en trop, car il les avait sur la gueule et qu'il ne pouvait plus bouger, na !

Je ne suis pas pour la violence physique, je me suis toujours mise en les potes qui se battaient dans les bals de campagne où j'allais. J'ai toujours pris la défense du faible contre la brosse but, quitte à passer moi-même pour une brute, mon surnom au lycée c'était brutus. Mais je m'en moque, l'injustice m'horripilait au plus haut point. J'ai été un nombre incalculable de fois prise à partie sans que cela aille au corps à corps, juste parce que je ne me laisse pas faire et que j'avance souvent des arguments implacables. Quand les gens n'ont plus rien à répondre ils passent à l'insulte physique puis aux mains.

C'était la première fois de ma vie que je portais plainte contre quelqu'un qui m'agressait. Au bout de 6 agressions physique s'en était trop. Fallait que cela s'arrête, j'ai 35 ans, stop. Depuis plus de 20 ans que ça dure, ça suffit. Au tribunal le procureur a demandé de la prison ferme, aux vues de ses antécédents. Moi j'ai juste demandé qu'il ne fasse pas de prison, car cet homme était plus en détresse qu'autre chose et que la prison n'améliorerait rien, mais que je voulais simplement un jugement qui lui permette de ne plus recommencer.

Son ex-femme avait, elle, retiré sa plainte et m'avait demandé de retirer la mienne. Dans mon processus et mon historique, je ne pouvais pas revenir en arrière. Je devais aller jusqu'au bout. Le fait d'avoir été cette fois ci jusqu'au bout de la procédure, m'a libéré de cette énergie de victime. Mais au prix de plusieurs semaines de stress à avoir mon agresseur dans la maison d'en face, trois pneus crevés et il ne m'a jamais payé les 200 euros de condamnation pour dommages. Pourtant j'en avais vraiment besoin. Pas pour les pneus, pour nourrir mes enfants. Une amie m'avait donné 4 pneus d'une ancienne de ses voitures qu'elle n'avait plus, il m'en restait donc encore un.

*****

Pendant cette période, je parvenais quand même à trouver l'argent pour me financer une formation en ostéopathie, sur 2 ans. Miracle à chaque fois dans les quelques jours qui précédaient le cours quelques séances de reiki me donnaient l'argent nécessaire. Cela m'étonnait à chaque fois. C'est pour cela que maintenant quand les personnes me disent, « Je n'ai pas les moyens », je pense en retour « Non tu n'as pas la motivation. » et que dire de ceux qui ont les moyens et qui ne font rien. La vie n'est qu'une question de motivation, c'est ce que j'ai inculqué à mes enfants. Non pas dans la compétition avec les autres mais dans la réalisation de soi-même.

*****

La descente aux enfers continuait pourtant inexorablement. Un jour dans l'hiver, il faisait 10 degrés dans la maison, (plus assez de bois et compteur bloqué à 1 kilowatt heure ne me permettant pas de mettre les radiateurs électriques en marche, pour une facture de 200€ que je n'arrivais pas à payer) j'ai dormi habillée pour ne pas avoir trop froid, raté. Je décide de prendre une douche chaude pour me nourrir un peu de la chaleur de l'eau. Je garde le peu de bois qui me reste pour les enfants. C'est dimanche ils rentrent ce soir, je mangerai avec eux. Je vais à la douche, je me déshabille dans le froid. J'ouvre les robinets, j'attends, j'attends et là constat inexorable pas d'eau chaude, je suis dans la douche nue il fait 10 degrés dans la maison et que de l'eau glacée. Le cumulus avait pété dans la nuit.
Nooooooonnnnnnnn !

Le soir quand je vais récupérer les enfants, je demande à mon ex, si je peux prendre une douche chez lui : « Ok », cool. Je me vautre dans sa baignoire. En me faisant mal en tombant. Et là allongée au fond de la baignoire je prends quelques secondes de réflexion, comme lors de ma syncope, 6 ans plus tôt.

Qu'est-ce que je fais ici ? Ce n'est pas la solution, de demander de l'aide à quelqu'un qui déjà n'était pas présent quand on était ensemble et qui contribue par son comportement déplorable à me maintenir dans cette misère. (Non-paiement de la pension alimentaire et prêt de la maison). C'est ce jour-là, que j'ai décidé que c'était fini. Que stop, toute cette merde allait prendre fin que je devais me relever, au sens propre comme au sens figuré. Et que le suicide n'était aucunement la porte de sortie. Bien que, cette idée passait par-là, régulièrement depuis des mois, tous les jours. Je ne cèderais pas à ce harcèlement moral à cette voie qui n'est pas la mienne. J'ai envie de vivre !

J'ai repris, ce jour-là pendant l'hiver 2005 les rennes de ma vie. Ho ça n'a pas été simple, ça a pris du temps, des larmes et des cris, mais j'étais déterminée. J'ai mis en vente la maison, j'ai poursuivi ma formation en ostéopathie, j'ai fait mes niveau 2 et 3 de reiki avec Jean-Michel Garnier. J'ai retrouvé du travail temporaire et j'ai déménagé de chez ma grand-mère, même si je n'y payais pas de loyer c'était plus possible de vivre comme ça. J'ai réussi à louer une maison, pour 950 euros par mois, alors que je travaillais que 2 jours par semaine, découvrant le nantissement. (Dépôt bancaire garantissant le loyer) Je m'auto finançais avec la vente de la maison, qui n'avait pas soldé les petits montant ce qui me permis de me libérer du plus gros de la dette principale. Les petits prêts restant encore à payer. Petits près que j'aurais pu solder si la banque ne m'avait pas pris des frais pour paiement anticipé, 10 000€, alors que je n'avais quasi remboursé que des intérêts jusque-là, c'est honteux. Je trouve cela immorale de nous faire payer parce qu'on rembourse avant. La vie reprenait malgré tout le dessus, il fallait seulement que je le décide.

C'était sans compter sur les entités. Fin 2005, je fais face à un procès suite à la vente de la maison que je n'ai jamais habitée. Après la vente a été constaté un défaut de fabrication dû au constructeur. J'apprendrais plusieurs années plus tard, que ce défaut était présent sur toutes les maisons de ce constructeur. Et comme, j'avais donné tous les papiers, factures et autres concernant la maison au notaire et qu'il les avait lui-même donné aux nouveaux propriétaires, je n'avais aucun moyen de me défendre. Le notaire m'accusa de lui avoir ordonnés de mentir sur le contrat de vente pour l'assurance. Ses avocats me demandant de lui faire une déclaration de décharge pour sa défense. Il y avait pourtant dans ses papiers un document faisant acte d'une assurance décennale constructeur pour l'entreprise, excluant les constructions bois, ce qui aurait permis au nouveau constructeur de les attaquer pour escroquerie, mais ils ont toujours refusé de me rendre mes papiers. Et quand j'ai pu les en informer c'était trop tard, et ils me l'ont encore reproché.

J'avais croisé leur avocate sur une autre procédure. L'en informant, elle était furax, je lui ai alors dit que c'était entièrement de sa faute. C'est elle qui avait refusé de répondre aux demandes répétées de mon propre avocat. Nous aurions pu être dédommagés, moi comme les nouveaux acquéreurs, avec juste ce papier. La procédure a duré pendant 5 ans, j'ai moi été condamnée en 1ère instance à 37 000 euros. Et comme j'avais fait en sorte que mon ex me cède ses parts, car il ne payait pas sa côte part du prêt, j'étais seule face à la justice et donc à devoir payer.

*****

Début 2006 à 38 ans. Je me décide à retravailler en auto-école mais pas en voiture, Lyon ou Annecy, j'hésitais. 4 patrons en auto-école, un prud'homme, un abus de pouvoir, un menteur qui ne me donna pas ce qui m'était dû et un autre abus de pouvoir avec non-respect du contrat de travail qui aurait encore pu déboucher sur un prud'homme. J'avais renoncé à enclencher de nouvelles procédures car je n'avais pas l'énergie de me battre à nouveau pendant plusieurs années. Et il fallait que j'y retourne, pffff, ça n'en finira donc jamais. N'aurais-je donc à faire qu'à des patrons abusifs, quel que soit le métier que je fasse.

Il me fallait une plus grande ville, pour que les enfants puissent aller au lycée sans plus de frais. J'étais seule depuis plus de 2 ans avec eux à plein temps, car leur père s'était remis en couple avec cette femme qui le dominait complètement, encore pire que moi. Elle a tout fait pour que leur père les rejette. Je me suis battue comme une lionne pour qu'il continue à les prendre, pendant toute la durée de leur mariage. Dans son couple suivant, même attitude, mais comme les enfants étaient alors en âge de choisir, j'ai cessé de me battre pour eux.

Je parle à Bertrand, de la formation d'ostéopathie le jeudi 23.04.2006, du fait de vouloir reprendre mon ancien métier de monitrice auto-école. Le vendredi 24.04.2006 Marjolaine du cours d'ostéopathie aussi m'appelle. Son frère, Étienne vient de racheter une auto-école sur Annecy et il cherche une secrétaire.

Je dois l'appeler tard car il bosse beaucoup. Waouh je parle à quelqu'un de l'éventualité de reprendre un job en auto-école et en 24h sans rien faire d'autre j'ai un numéro de téléphone d'une personne qui cherche une secrétaire, exactement ce que je cherche.

Ok le soir même je l'appelle. Le seul jour en commun disponible pour l'entretien est le 1er mai, 8 jours plus tard. Mon père trouve cela inadmissible d'avoir un entretien d'embauche le 1er mai, jour de la fête du travail. Il veut presque m'interdire d'y aller. Je trouve personnellement que c'est un bon jour. J'y vais. Etienne m'explique comment il a créé sa boite. La même idée que j'avais eu quelques années plus tôt (vous vous rappelez, je voulais travailler à mon compte). Avoir une voiture d'exception pour attirer les clients. Il avait pris une « Mini », je pensais personnellement à la « New Beatles » qui venait de sortir. Je l'écoutais fascinée. L'idée que j'avais eue marchait. À la fin de l'entretien je repars avec une promesse d'embauche pour le 12 mai suivant. Ce sera donc Annecy à nouveau. C'est mieux que Lyon, même si retourner en ville m'arrache le cœur, je n'ai pas le choix pour les études des enfants.

Enfin des choses qui roulent. Je trouve un appartement dans le bon quartier en 10 jours. Étienne était un homme merveilleux. D'une bonne humeur, d'un respect, d'une convivialité extraordinaire. Il voulait apprendre à conduire aux personnes autrement. Il avait appelé son auto-école ZEN ! Tout collait, tout était raccord, nous avions la même philosophie d'enseignement. Il avait repris une auto-école au bord du dépôt de bilan, en 18 mois nous avions un taux de progression de 80%. Mais… parce qu'il y a un mais, sinon ce n'est pas marrant, son associée me prend directement en grippe, passant plus de temps à chercher à me barrer la route, qu'à travailler ensemble. Elle m'insultait en permanence sur mon poids devant les élèves, me mettait volontairement en situation d'échec devant les élèves aussi, cherchant dès le 1er jour à me décrédibiliser.

Cette concurrence ouvertement affichée, fit que j'ai fini par absorber son agence, avec l'aval d'Étienne, qui avait fini par voir clair dans son jeu et mon agence est passée first et elle en agence secondaire. Sans heurt, ce sont les élèves et Étienne qui ont choisi. Car j'avais expliqué à Étienne la situation infernale que me faisait vivre son associée. Il ne me croyait pas au départ. Je lui ai demandé un entretien avec elle, comme ça pour discuter comme une réunion de travail, je commençais à connaitre la bête et j'avais un plan. Avec du recul j'ai usé de la même stratégie que j'utilise en session d'hypnose ; les années et les galères m'avaient donné plus d'assurance. Je l'ai caressée dans le sens du poil pendant toute la réunion et au moment où nous étions en train de prendre un café, satisfaits du travail bien fait, je lui ai, sur un ton très jovial comme deux bonnes copines, posé une question : « Allez maintenant qu'on est juste entre nous, tu peux le dire que tu l'as fait exprès de me prendre au dépourvu devant les élèves, pour me mettre en échec et te gargariser après de ta réussite ? ». Et là elle a lâché le paquet devant Étienne, bien au-delà de mes espérances. Que tout était calculé, qu'elle voulait ma peau et qu'elle était prête à tout pour me faire virer. J'ai regardé Étienne, je lui ai dit : « Voilà tu me crois maintenant ! ». Et on s'est checké devant elle, je l'ai regardé bien droit dans les yeux lui faisant un petit sourire genre et oui tu t'es fait avoir comme une bleue.

Les bourreaux se croient au-dessus de tout. J'ai appris avec le temps à utiliser les mêmes armes qu'eux. Je suis devenue stratégique. Et comme les entités qui sont tellement persuadées que nous sommes insignifiants et incapables de leur résister, elles nous donnent toutes les informations, persuadées qu'elles sont les plus fortes, qu'on ne pourra jamais les battre. Cette stratégie a marché ce jour-là et je l'utilise encore. Cela a totalement changé ma situation au travail, m'enlevant un gros stress quotidien. Étienne ne douta plus jamais de moi. Quand je dis les choses que l'on me fait subir, les personnes me croient rarement tellement c'est énorme, mon avocat au prud'homme avait eu la même réaction qu'Étienne, non ça ne peut pas être à ce point-là ! Et quand on trouve la bonne stratégie pour qu'ils perdent le contrôle devant eux, ils tombent des nues, et finissent par me croire.

Ma vie était par contre toujours précaire financièrement, ma dernière était à l'école primaire derrière mon travail et les 2 grands au collège à 2 min à pied de l'appartement. Mais 950 euros de loyer avec un salaire de 1200€ ça ne fait de toute façon pas le tour, le peu d'argent qu'il me restait de la vente de la maison fondait comme neige au soleil d'août. Et les voisins me harcelaient jusqu'à me suivre dans les caves pour que je me débarrasse de mes chiens.

J'avais un teckel, que mon ex avait pris à la séparation, mais qu'il avait fini par abandonner. Les enfants étaient tellement tristes, ils ne cessaient de pleurer, je l'avais donc récupéré. Par contre entre temps, moi j'avais pris un retriever, pour m'obliger à sortir de chez moi au pire de ma dépression chez ma grand-mère. Et une chatte que nous avions d'avant le divorce et une que j'avais prise quand nous avions habité à la campagne qui avait couru les champs avant notre déménagement pour Annecy et qui m'avait fait des petits. Damned, une vraie ménagerie, mais j'étais dans une telle détresse émotionnelle qu'il me fallait de la vie autour de moi pour ne pas sombrer. Le teckel ne supportait pas de voir passer des chiens sur le passage piétonnier derrière l'immeuble, il aboyait. J'installais donc un système pour lui cacher la vue. Le deuxième jour de l'emménagement, j'avais mis le pied dans la gamelle d'eau des chiens sur le balcon et le voisin du dessous était monté comme une furie pour me dire que j'avais mouillé le sac de couchage qui prenait l'air sur le balcon, je lui signifiais que ce n'était que de l'eau. Ce fut le départ du harcèlement. Ce monsieur siégeait au syndic de copropriétaire de l'immeuble et il s'accoquina avec deux autres couples pour me pourrir la vie. À chaque fois que le teckel aboyait, eux appelaient les flics, me faisant convoquer au poste de police. Et me faisait envoyer un recommandé pour me signifier le dérangement. Je n'ai pas pu faire l'aménagement du balcon avant une dizaine de jours. Le processus était enclenché et rien ne put le stopper.

Car, bien que le teckel ne voyait plus les autres chiens, les sonneries du facteur pour les recommandés, avaient pris le relais. Donc à peu près tous les 10 jours, rebelotte : facteur, aboiement du chien, plainte au commissariat, convocation, recommandé, facteur... aboiement. Les policiers, me disaient ne jamais rien entendre à chacun de leur passage, mais qu'ils étaient obligés de me convoquer. Je leur demandais comment me sortir de là. Leur réponse fut de déménager. Ils me suivaient partout dans l'immeuble, me criant dessus, jusque dans les caves. Dès que je rentrais du travail ils venaient me voir à 6, me criaient dessus et me demandaient d'abandonner mes animaux. Ils ont même obligé mon propriétaire à faire une inspection de mon appartement. Les voisins du dessus se plaignaient d'odeurs nauséabondes n'existant pas. J'apprit bien des années plus tard que les odeurs venaient des entités négatives contrôlantes. Il ne pouvait pas y avoir d'odeur à ce point désagréable chez moi, je recevais des clients pour des soins dans mon salon. Et je vivais dans cet appartement, la voisine du dessus disait devoir fermer toutes ses fenêtres pour pas que l'odeur rentre chez elle, je n'avais pas encore senti une odeur venant des entités à cette époque, mais maintenant que je sais de quoi ils sont capables. J'ai même croisé quelques années plus tard cette voisine du dessus et elle me dit : « vous savez, je ne vous en veux pas, je vous ai pardonné », hein quoi ? Elle me harcèle, me pourrit la vie pendant 18 mois et elle a la bonté de me pardonner. Je la regarde ; bien incapable de dire quoi que ce soit, tellement l'info était énorme. Je ne suis même pas rentré dans la polémique. Les gens ne se rendent même pas compte qu'ils se sont faits manipuler pour me pourrir la vie à 6 contre une. Et c'est moi qui aurais dû m'excuser d'exister. Sans oublier qu'un des habitant de l'immeuble à eu l'amabilité de me crever 2 fois mes pneus à mon emménagement, estimant que comme j'étais immatriculée dans un département voisin je n'avais pas le droit de stationner sur mon parking.

Changement réussi en moins d'un mois, mais toujours pas de sécurité financière en vue, et harcèlement moral de l'associée du patron et de mes voisins. Mes voisins ont toujours eu tendance à me pourrir la vie. Non pas que je fasse quoi que ce soit, mais les entités négatives contrôlantes qui sont sur eux ont tellement peur de perdre leur pitance, qu'ils vont leur monter le bourrichon contre moi, jusqu'à ce qu'il fasse un truc comme bricoler le dimanche, déplacer un de mes véhicules en mon absence, mettre la musique à fond, laissent lisser et chier leurs chiens dans les communs, en moyenne 50% d'alcooliques qui finissent par m'agresser verbalement et physiquement. Je rêve d'une maison avec le 1er voisin à plusieurs kilomètres, et du coup je n'ai accès qu'à des appartement à 80% mal entourée. Septembre 2007, en 18 mois, exploit total, (il faut généralement 4 ans sur Annecy) j'obtiens un appartement en HLM. Un kilomètre plus loin que l'appartement actuel, rien ne change pour les enfants. Idéal ! J'avais fini ma formation d'ostéopathie et je faisais une formation en psychosophie, enseignement tiré des écrits d'Alice A. Bailey. Le frère et la sœur d'Étienne, mon patron, la suivaient aussi. Avais-je enfin trouvé ma place ? Je négocie avec Étienne pour réduire progressivement mes horaires de travail à l'auto-école, afin de pouvoir commencer à m'installer à mon compte en cabinet de soins énergétiques. Il est d'accord. Génial, je vais pouvoir faire une transition en douceur et assurer financièrement avec un job au top avec un patron formidable.

Nous sommes en septembre 2007. J'ai 39 ans. Enfin ma vie s'améliore. Je suis à Annecy. Certes pas dans une maison au bord du lac mais presque. Depuis chez moi je vois toutes les montagnes et cela me va. C'était sans compter sur ce truc qui me pourrit la vie, et qui dès que ça va bien, me replonge sempiternellement dans la merde.

Que ce soit dans ma vie professionnelle ou dans l'énergétique tout finissait de toute façon après une courte période d'embellie par partir en vrille. L'effet yoyo.

- 10 ans plus tôt. J'avais fait partie d'une association d'énergétique sur Annecy, je m'étais fait jeter sans savoir pourquoi après la venue d'une canadienne, qu'ils admiraient tous. Elle leur avait dit je ne sais quoi sur moi et pouf ils m'ont tous tourné le dos, refusant même de me parler.
- Les professeurs des formations énergétiques finissaient tous par ne plus répondre à mes questions.
- Quand je rencontrais des personnes sympas, ça finissait en eau de boudin la plupart du temps, sans savoir pourquoi.
- La maison de rêve que je n'avais jamais pu habiter et vendu 2 ans plus tôt, me valait un procès. J'étais accusée d'être une arnaqueuse professionnelle par les nouveaux propriétaires. Tout finissait toujours par partir en vrille.
- Et ce job avec mon 1er patron sympa en 25 ans, n'échappa pas à la règle.

Étienne, mon boss adoré, tombe malade fin octobre 2007. 8 jours après mon déménagement. Et il meurt d'un hodgkin foudroyant le 8 décembre 2007. Cancer du système immunitaire. Son frère reprend la boite, son associé et tous les employés me tombent dessus. Car le frère d'Étienne me donne le poste de responsable pédagogique que tous espéraient. Et ils ne comprennent pas pourquoi c'est moi qui l'obtiens. Car ils faisaient tous de la lèche à Étienne, pour obtenir une promotion. Je l'ai eu car Étienne avait dit à son frère qu'il avait une totale confiance en moi. Je suis certes brut de décoffrage, exubérante et fanfaronne, mais j'ai toujours fait mon job correctement du mieux que j'ai toujours pu et dans l'intérêt général. Et enfin une personne l'avait vu.

Mais comme les autres non, l'enfer recommence, ce qui était le meilleur job de ma vie devient le pire en quelques semaines. Oublié le cabinet, la réduction d'heures de travail en douceur, pour me mettre à mon compte. On sauve la boite au prix de ma santé. Je m'effondre de nouveau émotionnellement et physiquement. Les cours de psychosophie me tiennent en survie, mes enfants aussi. Les idées de suicide dont je n'avais pas entendu parler depuis 3 ou 4 ans réapparaissent. Je perds pied en février 2009. Burn out, black-out total, je pleure 15 jours non-stop, jour et nuit, puis je dors 15 jours non-stop jour et nuit, 1 mois et demi pour retrouver un minimum de force pour retourner au travail. Je suis seule, personne d'autre pour assurer financièrement, mon salaire étant pour moitié des primes, cata financière totale m'obligeant à retourner très rapidement au travail. J'avais le poste le plus élevé dans l'entreprise et le salaire le moins élevé compensé par des primes, illégale mais bon quoi faire quand tu es en burn out plus rien n'est cohérent. J'y retourne donc contrainte et forcée. L'enfer, je n'en peux plus.

Un des moniteurs qui m'insulte chaque matin, un qui sent l'alcool et qui couche avec les 3 quarts des filles mariées ou non qui passent en cours avec lui, une régulière qui vient le traquer jusqu'au travail et une monitrice qui se fait flasher avec la voiture du boulot minimum une fois par mois. Et moi je dois dire aux clients que tout va bien dans le meilleur des mondes.

Je démissionne, de mon poste de responsable pédagogique, aux torts exclusifs de l'entreprise énumérant tous les faits dont j'ai fait état à mon nouveau dirigeant et dont il ne me laisse aucune possibilité de résoudre aucun d'eux par des avertissements largement mérités ou des contrôles inopinés d'alcoolémie. Je refuse d'être responsable pédagogique de ce merdier. Car le frère d'Étienne me refuse de pouvoir tester l'alcoolémie du moniteur incriminé, et de mettre des avertissements aux autres alors que j'en avais complètement le droit. Et il me refuse la rupture conventionnelle, il ne veut pas me perdre. Moi je ne peux pas rester au milieu de ce nid de serpent. Du coup il voit, dans ma démission, ma détermination à partir même avec rien et finit par m'accorder la rupture conventionnelle, il négocie mon départ pour août 2009. Soit 6 mois après mon burn out, la personne qui se forme pour me remplacer, fini par refuser le poste pour les mêmes raisons. L'associée étant partie depuis plus d'un an en laissant un bordel monstre dans son agence laissait également ce poste vacant. Et avant de partir elle avait dit à tous les élèves soit une vingtaine qu'ils auraient une place pour passer leur permis en Aout, alors que nous n'avions que 8 places effectives. Et toutes les personnes qu'elle avait réussi à monter contre moi, sont parti dans la foulée. Nous sommes passé de 11 moniteurs à 6 en quelques semaines. Tout allait de mal en pire. Je tenais les 2 agences et je devais palier à toutes les absences des moniteurs. Je retourne dans cette précarité que j'avais réussi à quitter que très brièvement au final. Moins de 1 mois ½ entre le nouvel appartement moins cher et le décès d'Etienne.

Avec la prime pour rupture conventionnelle j'ouvre mon cabinet à 200m de l'auto-école en juin 2009. 10m2, trop petit mais je m'en fous il faut que j'avance pour moi, sinon je sombre. Je passe de l'un à l'autre. Et enfin je quitte ce job, je suis à mon compte, j'ai 2 ans de chômage devant moi…

C'est à cet époque que mon ex eut la bonne idée en 2009 de faire un enfant avec sa nouvelle femme. Ce qui faisait une fratrie recomposée de 7, et c'était à moi de comprendre que la vie était dure et qu'il fallait que je m'occupe seule des 3 nôtres pour les soulager de ce tracas. Il ne paie toujours pas la pension alimentaire. Une charge morale qui n'était plus supportable et qui à grandement contribué à ce que je ne sois plus en état de gérer mon quotidien de maman solo. Je m'accrochais à mes capacités comme au radeau de la méduse, me répétant que tout ceci n'était fait que pour m'obliger à y renoncer. Je sentais bien que plus j'avançais dans la compréhension des choses de l'énergétique plus les attaques étaient fortes. Plus je trouvais de solution, plus les problèmes étaient exponentiels en face.

De ce fait, les dettes de loyer se sont cumulées avec les pertes de salaires dues au Burn out. Il a fallu de nouveau faire le choix de payer le loyer ou de mettre à manger dans l'assiette de mes enfants. De surcroit, la dette du procès de la maison se fait sentir, 37 000 €.

2010 je déclenche une procédure en commission de surendettement, la 1ère est refusée, car il y avait une dette pro, j'étais sensé être autoentrepreneur. Je retire l'information de mon dossier la seconde passe.

*****

Le cabinet que je sous-louais alors était tenu par un médecin généraliste. Son mari avait créé un standard, pour me faciliter les choses, je prends un contrat avec lui et au bout de quelques mois, je m'étais rendue compte, grâce à une cliente qui avait insisté pour obtenir un rendez-vous, que ses standardistes dissuadaient les personnes qui m'appelaient de prendre rendez-vous avec moi. Cette cliente c'était ma pharmacienne et quand je suis allée pour moi à l'officine, elle m'informa ne pas arriver à venir me voir. Je n'arrivais donc pas à payer mon loyer par manque de client, qu'eux-mêmes me retiraient. De nouveau en conflit, je me défends, ils me pourrissent la vie. Ils fermaient la porte de la salle d'attente commune, éteignaient les lumières, empêchant mes clients de venir aux rendez-vous, que je prenais dorénavant sur mon portable, n'utilisant plus du tout leur standard. Je finis par me sauver le jour de l'ascension en 2010, moins d'un an après l'ouverture. Tout est dualité. Tout est résistance. Je mets tout mon mobilier au milieu de mon salon, j'attends une réponse d'une visite que j'ai faite d'un nouveau lieu. Une semaine après j'emménage dans ce nouveau cabinet, et là, prolifération de rendez-vous. Les gens me disent qu'ils ne pouvaient pas venir me voir à l'autre cabinet de peur de croiser le médecin généraliste qui les avaient mis en garde contre moi. Un an de perdu à cause d'eux sur le démarrage d'un cabinet c'est énorme.

Entre temps j'avais appris en décembre 2009 que j'étais encore gérante majoritaire de l'auto-école et on me demandait 25 000 euros de cotisations Urssaf, qui se cumulait aux 37 000 euros de la condamnation pour la maison, plus les dettes de loyers et autres crédits. J'étais en dette de 75 000 euros.

Ceci couvrait bien évidemment ladite période de mon 1er cabinet. Haaaaaaaaaaaaa !. Après avoir quitté le fameux cabinet, je leur fais au final, un recommandé reprenant toute la liste des appels téléphoniques, que j'avais obtenus, avant de me sauver comme une voleuse. Cela en avait toute l'apparence pour eux en tout cas. Récapitulant tous les appels non aboutis à cause de ses employés du standard, faisant un prévisionnel de ce que j'avais perdu comme argent à cause de cela, me basant sur la bouche à oreille généré par le peu de clients qui étaient passés à travers les mailles du filet. Enfin mes cours de comptabilité paient.

Ce prévisionnel prouve par A+B que j'aurais dû réussir à payer le loyer aisément mais aussi à gagner de l'argent au lieu d'en perdre et que je lui demanderais des dommages et intérêt car il y avait eu de sa part, obligation de prendre le contrat au standard en même temps que celui du cabinet et que c'était un abus caractérisé. Il décide alors de renoncer aux poursuites dit donc.

C'est cette dette de loyer qui m'avait valu le refus de la 1ère commission de surendettement, n'existant plus ma seconde demande a aboutie.

C'est quand que ça s'arrête ?

*****

Dans la même période début 2010, Je prends une avocate pour me débarrasser également des 25000€ réclamés indument par l'URSSAF, car quand j'amène mes fiches de paie pour justifier que j'étais salariée et non gérante, le gars ne me sort pas : « Qui me dit que ce ne sont pas des fausses fiches de paie ? ». Sérieux, il est sérieux là ? Je suis passée dans la 4ème dimension. J'apprends que je n'ai plus de sécu et que je ne peux prétendre à aucune couverture sociale ni pour moi ni pour mes enfants, tant que je n'ai pas payé les 25 000€ de cotisations en retard. Et mon ex refuse de basculer les enfants sur sa sécu et sa mutuelle.

J'avais trouvé cet autre cabinet, je recommence les soins et je commence les initiations Reiki. Un peu d'argent qui rentre mais pour sortir aussitôt, c'est le tonneau des danaïdes.

En même temps que je cherche à récupérer ma sécurité sociale. Je demande au frère d'Étienne, mon ex patron, de me faire une attestation comme quoi j'étais salariée. Il refuse car sinon il aura, lui, à payer plus d'impôts, enfin pas lui, l'auto-école. Car il avait en fait, fait un montage pour déduire mes émoluments des bénéfices, pour payer moins d'impôts, à mon insu. Comme quoi même dans l'énergétique on n'est pas obligatoirement honnête. Je reste 10 mois sans sécu, avec mon ex-mari toujours aussi sympa, qui, même avec un mail du RSI, refuse de me croire et refuse toujours de prendre les enfants sur sa sécu et sa mutuelle du boulot. Je finis par l'y contraindre avec l'avocate. J'avais trois avocats à l'époque, une pour mon ex, un pour la maison et une pour l'URSSAF.

Dire que mon père voulait que je fasse une fac de droit et que je n'ai pas voulu, j'aurais peut-être dû ! Non je rigole. Il y a à Lyon une Frédérique Longère qui a fait la fac de droit de l'université catholique de Lyon. Il s'était juste trompé de Frédérique Longère quand il a lu les annales akashiques, hi, hi, hi. J'en rigole maintenant mais je peux vous dire qu'à l'époque je ne rigolais pas tous les jours.

*****

2011, 43 ans. Toujours aussi seule. Mes enfants sont grands, ils vont au lycée, la dernière au Collège. Je me résigne à retourner bosser en auto-école, la mort dans l'âme, je pleure toutes les larmes de mon corps mais je n'ai pas d'autre choix, je n'ai bientôt plus droit au chômage et avec tous ces problèmes financiers et juridiques je n'ai pas pu développer mon cabinet correctement. Le chômage est fini et le cabinet ne nous nourrit pas, mais besoin d'argent. Très compliqué de concilier tout cela. La procédure de surendettement n'est toujours pas arrivée à son terme. J'ai toujours espoir que ça s'améliore et que cela annule mes dettes. Je ne fais que des CDD, hors de question que j'abandonne le cabinet. Impossible de renoncer à mon rêve. Je l'ai abandonné trop de fois déjà, cette fois ci c'est décidé, je ferai tout pour le garder. Je fais du tai chi, ça fait du bien, même si je pleure beaucoup cela me permet de vider mon sac.

Printemps 2012, impossible de me projeter en septembre 2012 malgré la fin de l'année scolaire. Quoi faire ? Rester sur Annecy ? Partir me remettre des frais supplémentaires pour la FAC des 2 grands. Impossible. Ils ont 2 ans d'écart mais finissent le lycée la même année. Quoi faire, où aller ? Mon contrat de travail se finit fin juin 2012. Ma fille part à Grenoble mon fils à Lyon…. Haaaaaaaa….. ! Une bonne nouvelle quand même la commission de surendettement efface mes dettes.

Après m'être faite initier au OM MANI PADME HUM en mars. Je me fais faire un soin en Mai, par Jean-Michel Garnier, pour rouvrir la porte à la gent masculine, car ras le bol d'être seule depuis 9 ans. Ok je m'assume, ok je décide, ok j'avance, mais ok j'en ai marre d'être seule aussi. Avec mon historique, pas facile de faire à nouveau confiance, 5 ans de solitude extrême. Je n'en pouvais plus de cette solitude.

J'avais hésité à divorcer tellement longtemps de peur de me retrouver seule, mais la solitude dans le couple était encore plus terrible. Mes enfants étaient en couple. Ça faisait bizarre et c'était dur. Je n'étais pas jalouse, j'étais contente pour eux, mais je me sentais encore plus seule. En tant qu'empathique, j'aime tomber amoureuse, c'est un peu comme une drogue, un besoin de ressentir cette énergie, je m'entichais facilement, mais n'arrivais pas à trouver l'homme avec qui j'avais envie de finir ma vie. C'est compliqué quant au 1er regard, tu vois les qualités mais aussi tous les défauts de l'autre et que tu y vois les limites que tu te refuses d'affronter dans ton couple. Je ne voulais absolument pas de quelqu'un avec qui je ne pouvais pas être moi-même comme dans mon 1er couple. Si je ne peux pas être pleine et entière et que comme mon 1er mari il n'y croit pas c'est mort, ou alors il faut qu'il ait des qualités extraordinaires. Même si certains me plaisait je ne donnais pas suite, du coup. Mon 1er mariage avait au moins servi à comprendre ça.

9 ans que j'étais seule, une seule relation plus ou moins durable de 6 mois en pointillé. On ne peut pas dire que ça suffise.

*****

J'avais fini par résoudre mon problème d'URSSAF, - 25000€ de dettes. Il en reste encore 50 000 à gérer. Quand la dette de pension alimentaire arrive à la hauteur des crédits révolving au nom de mon ex que j'avais récupéré à notre séparation, je lui rends le bébé en lui disant « on est quitte », pour une fois il accepte. Par contre les 37 000€ pour le procès de la maison était encore en cours on en reparlera plus tard, car malgré l'effacement de la dette par la commission de surendettement, ils avaient fait appel. Comment rentrer en amour avec quelqu'un, et lui imposer cela à quelqu'un. Dossier trop lourd. Passif pas soldé. D'où le soin énergétique avec Jean-Michel, pour essayer d'alléger tout cela. Ces infos bien que non visibles à l'œil nu, pesaient lourd sur mon cv. Je le savais, je le sentais.

Mi-juin, moins de 3 semaines après mon soin, un client que j'avais déjà eu au cabinet, me demande un rendez-vous et me propose d'aller boire un coup après. Ho, la, la, il me drague ?! Je trouve une excuse pour être prise après, une vraie sinon je me connais. Il me plait, cela fait 18 mois qu'il vient ponctuellement au cabinet. Grand marcheur en montagne, il se fait régulièrement mal. Et je me suis interdite de sortir avec un client.

Nous nous connaissions en dehors du cabinet car nous faisions partie de la même association de créateurs d'entreprise, où nous avions échangé nos cartes professionnelles, à la galette des rois de 2011.

Bon j'ai trouvé l'excuse, un autre rendez-vous après lui. Il vient et pendant la séance je capte l'information qu'il est en train de quitter sa femme. Oups, ça rouvre la porte de ce que je ressentais pour lui. Merde, c'est quoi ce truc. Des capacités de fou, mais quand j'avais abordé le sujet au 1er rendez-vous 18 mois plus tôt, il s'était refermé comme une huître. Il me tend la perche pendant le compte rendu de la séance, en me parlant de mon compte sur OVS.

Éthiquement parlant c'était compliqué pour moi. Nous nous sommes revus fin juin en dehors du cabinet, à une conférence sur la PNL, où nous étions tous les deux inscrits par OVS. Nous avons beaucoup discuté de sa situation, du fait que je ne voulais pas rentrer dans sa vie tant que ce n'était pas clair pour lui avec sa décision de quitter sa femme, qu'il avait prise début 2010, un an avant de faire ma connaissance, mais qu'il n'avait pas encore concrétisé. Je vous rappelle que nous sommes fin juin 2012. Et ce qui devait se passer, s'est passé. Une semaine avant les résultats du BAC de mes enfants, nous avons commencé à nous fréquenter. 3 mois plus tard, il avait quitté sa femme et nous vivions ensemble à Annecy. Il avait attendu que l'anniversaire de sa fille soit passé pour quitter sa femme. Il fait attention à ce genre de petits détails. Il ne veut pas blesser les gens, il va préférer se faire du mal à lui plutôt qu'aux autres.

Et le gouffre qui était prêt à m'engloutir une nouvelle fois s'est effacé, car bien qu'ayant tout fait pour que mes enfants puissent faire les études qu'ils avaient choisies, contrairement à moi, j'étais à bout à l'auto-école et je n'avais plus aucune solution financière. Patrice a fait les entrées en fac de mes enfants avec moi. Il en a plus fait pour eux en quelques semaines que leur propre père en 9 ans. J'étais époustouflée par cet homme tellement intentionné et heureux de pouvoir faire cela.

Patrice a également mis fin à mon Burn out qui durait depuis 3 ans en une discussion. Il a mis fin à ma vie sentimentale désastreuse en un baiser. S'il m'avait demandé de l'épouser juste après notre 1er baiser j'aurais dit oui. Alors que je jurais mordicus encore 1 mois plus tôt avant le soin de Jean-Michel que hors de question que je refasse cette connerie.

Pendant des semaines je le touchais la nuit pour vérifier qu'il était bien là physiquement, que ce n'étais pas encore le rêve que j'avais fait si souvent, depuis plus de 30 ans. C'était lui dont je rêvais depuis toujours. C'était les petits bouts de lui dont je tombais amoureuse chez les autres. C'est un peu compliqué tout cela, comprendre, interpréter les signes, toujours plus facile chez les autres que pour soi. Mes soins progressaient, évoluaient. Je comprenais et voyais de plus en plus de choses. Les zones erronées des personnes m'apparaissaient de mieux en mieux. Les minéraux m'accompagnaient toujours, je peux même dire que la kunzite m'a sauvé la vie. Patrice aussi m'a sauvé, mais...

En Mars 2013, six mois après que nous nous soyons mis en couple ma santé se dégrade rapidement. Nous avons mis 4 ans à trouver que c'était une intoxication au nickel par les essures, qui a augmenté toutes mes intolérances alimentaires et créé un syndrome du côlon irritable xxl. Beaucoup de femmes ont été intoxiquées par ce dispositif qui a été retiré du marché en 2017. Mais comme j'étais à mon compte, aucune possibilité de me mettre en arrêt maladie, j'ai dû réduire mes horaires de travail et je n'ai pas pu faire reconnaitre mes symptômes par le corps médical. Nous nous sommes quand même formés à la « Reconnective Healing® » (La reconnexion), cette même année 2013.

En 2014, nous nous sommes formés à l'ostéopathie énergétique. Nous nous sommes mariés. Plusieurs de mes connaissances avaient tenté de mettre le doute à Patrice sur moi, et essayé de nous séparer. Et sa fille a fini par péter un plomb. Elle voulait que son père prenne un appartement tout seul avec elle, sans moi. Avec le refus de son père, elle a fini par essayer de le faire céder en montant toute sa famille contre lui. Elle lui a fait du chantage affectif, en refusant de venir chez nous, il a fallu plusieurs mois de procédures judiciaire pour sortir de cette embrouille. Fille unique elle avait toute l'attention de ses 2 parents pour elle seule et n'a pas supporté de voir son père lui échapper.

Entre temps, nous avons dû déménager le cabinet 3 fois, entre 2013 et 2016 car le harcèlement énergétique continuait. Heureusement maintenant nous étions deux. Nous avons perdu de l'argent à chaque fois. Nous subissions des agressions perpétuelles. Des colocataires, des propriétaires...

Et quand on a rencontré Nathalie Knepper fin 2014, j'étais dans un état d'épuisement à cause des douleurs lombaires provoquées par les essures qui duraient depuis mars 2013 et la colère qui avait quitté ma vie avec la rencontre de Patrice revenait proportionnelle à l'épuisement et aux divers harcèlements et à la douleur. Je me levais à 45° tous les matins je devais certaines fois porter deux chaussures différentes pour pouvoir rester droite, une très plate à gauche et une à semelle compensée à droite et là mon corps se redressait. Nous avons rencontré Nathalie sur un salon où nous étions face à face et nous avons fait connaissance avec elle et sa fille, une enfant cristal.

Nathalie et sa fille Catherine, nous ont donné une nouvelle lecture sur le monde de l'ésotérique des entités négatives, de leurs hologrammes et supercheries, des mensonges, de leur façon de se nourrir sur les émotions négatives qu'elles provoquent. Cela faisait plus de 15 ans que je cherchais la source de mes emmerdes. La conférence de Nathalie expliquait tout, et bien que complètement délirant, au 1er abord, cela passait haut la main le filtre du « logique ». Cela n'a pas éclairé qu'une petite lumière au-dessus de ma tête, vous savez comme dans les dessins animés quand ils trouvent l'idée. Mais ça s'est éclairé comme un stade de foot. Lors de notre rencontre j'étais au plus fort de mon intoxication au nickel via l'acier chirurgical que j'avais encore dans mon corps. Nous nous a fallu de nombreuse année pour nettoyer tous les imbroglios qu'ils avaient enchevêtrés les uns dans les autres.

Notre monde a basculé avec cette merveilleuse rencontre.

Nous étions par contre encore sous de nombreuses attaques. Nous avons subi de nombreuses procédures judiciaires, tout le monde cherchant à récupérer de l'argent que nous ne devions pas ou refusant de nous payer des prestations effectuées. Nous passions notre temps à nous défendre contre ces multiples attaques ésotériques. Nous avons continué à tenir notre boutique et notre cabinet contre vents et marées.

*****

Comme je l'ai dit plus avant en 2012, j'avais eu un effacement de mes dettes qui aurait dû stopper les procédures de recouvrement. Malgré cela les nouveaux propriétaires de la maison que j'avais vendue, bien qu'ayant gagné, ont fait appel. J'étais sidérée, ils gagnent et ils font appel ! Alors qu'avec l'annulation de la dette par la commission de surendettement l'appel n'aurait jamais dû pouvoir se faire. J'en informe le tribunal par recommandé leur donnant toutes les références nécessaires. Le tribunal d'appel de Lyon n'a pas pris en compte l'information transmise par lettre recommandée avec accusé de réception. J'aurais dû prendre un avocat pour signaler que je ne devais pas prendre d'avocat car l'appel ne pouvait avoir lieu, car le premier jugement avait été effacé par la commission de surendettement qui avait annulé la prise d'effet.

Malgré tout, j'ai été condamnée en appel à payer 12 000 euros de plus, de dommages et intérêts supplémentaires, aggravés pour non présentation au tribunal. J'ai essayé de casser la décision de la cour d'appel. Pour cela j'ai demandé une aide juridique, qui m'a été refusée, car en janvier on me demandait un papier justifiant de mes revenus d'auto entrepreneur que je ne recevais qu'en mars.

Je devais donc faire appel, pour le refus d'aide juridictionnelle, pour pouvoir faire appel de la décision de la cour d'appel. Vous suivez encore ?
Je vous jure, si on ne le vit pas, on n'y croit pas. Et je subissais à cette époque de plus en plus de difficultés physiques à cause des essures (moyen de ligature des trompes). J'ai fini par lâcher prise grâce à mon avocate qui m'a conseillé de tout laisser tomber. Que de toute façon ce jugement de la cour d'appel était nul et non avenu, de par l'annulation de la dette du 1er jugement par commission de surendettement. Je lui ai fait confiance et j'ai décidé de ne plus perdre d'énergie et de temps avec cette affaire. Cela n'a pas été facile presque 10 ans à me battre pour me défendre, d'un défaut de construction qui était du fait du constructeur qui avait déposé le bilan pour échapper aux poursuites. Il y avait escroquerie de sa part car son assurance ne couvrait pas les constructions en ossature bois et il proposait justement des constructions en ossatures bois.

En 2014, deux procès pour Patrice, il s'est fait exclure de la vie de sa fille par ses propres parents, qui ont témoigné contre lui pour lui faire perdre sa garde. Sa demande de garde, pourtant faite avant celle de son ex, ayant été perdue par le tribunal, c'est celle de son ex qui fut prise en compte, le mettant dans une situation de défendeur, au lieu de demandeur.

Une autre procédure qui dura 18 mois, contre une de ses clientes qui avait fait une rature sur un chèque de 5000 euros et qui refusait de le refaire. Il gagna cette procédure sans avocat, avec mes seuls conseils. Ce fut pour lui une grande victoire personnelle, car il avait, depuis 43 vies, des entités qui se nourrissaient sur lui d'humiliation, et qui lui interdisaient aussi de parler de son mal être. Il a énormément de mal à exprimer son mal être même avec moi. Et quand il réussit à leur exprimer, ils ne l'écoutèrent pas. Encore maintenant sa fille pense qu'il a quitté sa mère à cause de moi.

Ils ont appliqué avec lui l'adage, qui ne dit mot consent, mais ce n'était pas le cas. Plus il était mal, plus il se renfermait sur lui-même. Se défendre lui-même au tribunal lui a fait un grand bien, par contre il n'arrive toujours pas à s'exprimer devant ses parents et sa fille. Autant dans ma famille ça part en coup de gueule toutes les 2 min, autant lui n'a jamais exprimé auprès de ses parents, ni de sa fille sa déception de leur attitude envers lui. C'est toujours plus compliqué avec les liens affectifs. En plus il se culpabilise de ne pas arriver à leur donner satisfaction, alors qu'il cherche uniquement à faire le bonheur des autres, mais le bonheur ne vient pas de l'autre il vient de soi.

Nous avion réunis nos deux activités au même endroit, lui programmateur informatique et moi cabinet et magasin. Suite au 3ème déménagement du cabinet et au 2ème du magasin début juillet 2016, nous réunissons enfin les deux activités au même endroit. Ce qui aurait dû nous faciliter la tâche. Mais les travaux de l'immeuble à côté, avec tous les véhicules des artisans sur notre parking, qui nous ont cachés pendant des semaines entières, nos clients ne nous trouvent pas. Plusieurs mois de pertes sèches. Et comme nous avons alerté la mairie à plusieurs reprises sur la situation et qu'ils se sont rendus compte qu'ils étaient propriétaire du parking, il y eu ensuite un an de travaux du parking, alors qu'ils avaient refusé de verbaliser les 15 véhicules sur notre parking pour 4 places, disant que le parking nous appartenait.

Pendant ce temps nous cumulions les retards de paiement du loyer car bien qu'en progression de chiffre d'affaires de 40 %, le retard cumulé était difficile à remonter. Fin 2017 nous avons pu reprendre un paiement régulier de l'encours et à partir du printemps 2018 nous pouvions commencer à payer le retard. Malgré cela le propriétaire engagea une procédure d'expulsion en septembre 2018.

Malgré notre acharnement et le fait que nous travaillons 7 jours sur 7, les entités ont fini par avoir notre peau.

Le jour où j'avais réussi à obtenir la garantie de la fin des travaux du parking à la bonne date, pompiers, rue fermée. Un ouvrier avait touché une conduite de gaz. C'était la 1ère fois que cela lui arrivait en 20 ans de métier. J'avais dû remonter jusqu'au maire d'Annecy, aller faire un setting devant ses bureaux pour me faire entendre. Ce jour-là en sortant de la mairie après avoir obtenu gain de cause, pour que les travaux se finissent enfin, j'ai entendu : « Ah oui quand même ». Quand j'avais contacté la personne responsable des travaux le vendredi matin, il m'avait dit que la demande de travaux n'avait pas obtenu l'accord financier. Le dossier était perdu dans les méandres administratifs de la mairie, en pleine restructuration à cause du regroupement de 6 communes en une. En plus nous étions sur la commune la moins côté du bassin annécien donc autant vous dire qu'ils n'en avaient strictement rien à fiche.

Cela faisait 18 mois que nous subissions des travaux devant notre porte, des milliers d'euros de perte de chiffre d'affaires et tout le monde s'en fichait. Je fis un mail assassin au bureau du maire en fin de matinée, je pris à peine le temps de manger avant d'aller faire mon setting grand luxe devant son secrétariat, avec un bon bouquin. En trois quart d'heure je reçus la garantie que les travaux allaient se finir la semaine suivante. Les entités n'avaient pas du tout aimé mon audace, de me présenter de la sorte au bureau du maire.

Ils pensaient encore que j'allais passer par le bas. Remonter d'un administratif à l'autre, cela aurait encore pu durer tout l'été. Nous étions fin juin, hors de question qu'on loupe de nouveau une saison estivale. Je suis allée voir la personne que je savais ne pas vouloir être embêtée par ce genre de problème. Ce qui était suffisamment efficace pour faire tout bouger en quelques heures. J'ai eu 3 chefs de services, à ma disposition pendant cette petite heure, qui appelèrent toutes les autres personnes concernées, un vendredi après-midi. Personne ne voulait voir le maire impliqué dans cette affaire, et ma détermination les motiva. Mais tout cela je le savais et c'est pour cela que j'avais été directement au bureau du maire. Pas folle le guêpe.

*****

Pendant ce temps nous avions aussi du mal à payer notre loyer personnel, Annecy est une ville tellement chère. En 2016, nous avions échappé de peu à la procédure d'expulsion, suite au harcèlement du propriétaire de la 1ère boutique. Fin 2017, il fallait recommencer les négociations. Une semaine après avoir trouvé un terrain d'entente, c'est à ce moment-là qu'un huissier s'en est pris à nous pour récupérer l'argent du procès d'appel de la maison, les 12 000 €, vous savez la somme que je ne devais pas. Je recevais des appels tous les 2 ou 3 jours de novembre 2017 à février 2018. Le tribunal ne retrouvant pas la copie de mon dossier de surendettement. Enfin si, ils trouvaient celui qui avait été refusé, pas l'autre. Impossible de le retrouver aussi chez moi.

Je me rendis donc à la banque de France pour demander une copie de la commission de surendettement, ils refusèrent, il fallait que je fasse un courrier et attendre 10 jours, qu'ils me répondent. J'avais croisé en y allant le propriétaire du 1er magasin qui nous avait harcelé pendant des mois. C'était juste en face. Le Mr de la banque de France en profita pour me faire un sermon sur le fait que c'était un papier très important et qu'il n'aurait pas fallu le perdre. Je lui répondis alors qu'on me l'avait tellement répété qu'il ne fallait pas le perdre, que je ne l'avais pas rangé avec les autres papiers, et que quand j'ai fait cette commission post Burn out je n'étais pas bien du tout et que du coup je ne le retrouvais pas. Il m'a regardé, a haussé, les épaules et il est retourné s'assoir à son bureau, me plantant là. Impossible de faire un scandale, il y a des hommes armés derrière les miroirs sans teint. Haaaaaaaa ! En sortant sur le palier de la banque de France je hurlais : « Vous ne gagnerez pas ! » en mode Gandalf le gris, et m'adressant aux entités dont je connaissais maintenant l'existence depuis 3 ans.

Je reçus 10 min après un énième coup de fil de l'huissier, me demandant du coup à quelle banque de France j'étais allée : « Eh bien, comme j'habite Annecy depuis 12 ans, que j'ai fait ma commission de surendettement à Annecy, je suis allée à Marseille ! », sur un ton plus que sarcastique, depuis fin novembre qu'elle m'appelait 2 à 3 fois par semaines, nous étions mi-janvier, j'étais épuisée... je lui explique qu'il fallait attendre 10 jours pour avoir une copie. Elle « Ok je vous rappelle ! » elle raccroche. Elle me rappela 5 min plus tard et me dit : « J'ai appelé la banque de France j'ai eu vos papiers, c'est vrai vous ne devez rien, au revoir. », je le lui disais depuis le 1er jour. Je suis restée abasourdie, moi il me faut 10 jours et elle 2 min pour avoir mes papiers. What ! j'étais abasourdie, Nathalie et Barbara venaient d'arriver pour 3 jours avec nous. Nous subissions des attaques encore plus fortes dans le mois précédent leur arrivée. Mais nous n'avons jamais renoncé à les faire venir. Certains nous pensaient parano, mais à chaque fois que nous regardions pourquoi un dossier bloquait, on trouvait une entité dessus. Toutes les administrations en sont blindées, d'où mon cri sur les marches de la banque de France. Je les savais être là et me bloquer.

Du coup avec tout ça j'ai payé, avec 8 jours de retard notre loyer perso, ce qui nous a valu le démarrage d'une deuxième procédure d'expulsion de notre logement personnel. Pour non-respect des termes de l'accord pris en novembre, 8 jours avant le 1er coup de fils de l'huissier. On a fini par tout perdre à Annecy.

Quand vous êtes dans le collimateur des entités, ils vous harcèlent de toute part, sur tous les plans. Quand vous prenez le temps de vous occuper à fond d'une chose pour la résoudre, ils vont tirer une autre ficelle pour dégrader un autre dossier que vous ne pourrez pas récupérer à temps. Les affaires administratives s'entrecroisaient comme cela depuis toujours pour moi. Du plus loin que je me rappelle. Prenant de l'ampleur avec l'évolution de mes capacités.

Nous en avions pleine conscience, nous avons donc fait trainer volontairement la procédure d'expulsion de l'appartement afin que le jugement ne soit rendu qu'en début de la trêve hivernale 2018-2019, pour nous laisser le temps d'organiser notre départ. Et nous avions décidé en août 2018 de poser la dédite du magasin pour juin 2019 lassé de lutter pour subsister. Nous n'avons jamais pu poser cette dédite car le propriétaire a engagé une procédure d'expulsion en septembre 2018. Mettant fin au bail en janvier 2019. Tout s'est donc fini, en même temps des deux côtés, à quelques semaines près.

Mais comme quelques jours avant d'avoir reçu le courrier du propriétaire ce même mois de septembre 2018, 2 de mes oncles m'avaient signifié leur manque total de confiance en moi, suite à une demande que je leur ai faite, et que pour l'un d'eux je n'étais qu'une sangsue qui allait le parasiter et l'obliger à me prendre en charge. C'est également le même jour que nous avons eu connaissance de la nouvelle trahison de la fille de Patrice, le spoliant à nouveau de son rôle de père, dans son installation en FAC, privilégiant une nouvelle fois ses grand parents aisés auprès d'elle, plutôt que son propre père fauché. Ces 2 informations consécutives, ont fini de couper les liens qui nous maintenaient à Annecy. Nous avons donc fait trainer et laissé dériver notre barque le temps nécessaire pour nous réorganiser… Nous pensions avoir 1 mois devant nous nous n'en avions plus que 5.

À un moment donné, lâcher prise vaut mieux que de lutter et de s'épuiser. Donner raison aux bourreaux pour qu'ils desserrent suffisamment leur emprise afin de pouvoir se sauver en douce pendant qu'ils jubilent de leur pseudo victoire. Patrice commence à être quelque peu dépité et découragé, à chaque fois que nous tentons une nouvelle expérience c'est le même schéma. Et il supporte mal l'échec, il prend cela pour un revers personnel de ne pas arriver à maintenir mon projet à flot.

On s'était inscrit au Parapsy en 2014, chute du nombre de visites de 130 000 à 30 000 à cause des attentats de novembre 2013. Tout le monde prend le bouillon. On fait le Parapsy d'Aix-les-Bains, pareil, les médiums tournant paranos tellement il n'y a personne et nous accusant moi et Nathalie d'être négatives, alors que nous conservions notre bonne humeur. Déménageant sur le salon dans des alcôves loin de nous, pour nous fuir. Quand un cadre tomba au sol et se brisa ce fut l'apothéose. Pour notre propre salon en 2015 vigilance orange moins de 200 entrés nous mettrons 2 ans à rembourser la location de la salle. Les autres petits salons locaux, quand on y participe, à chaque fois le même discourt, c'est la 1ère fois qu'il y a aussi peu de monde. Comme au basket dès que je rentrais en jeu on se mettait à perdre. Tout a toujours été comme ça. Ce ne sont plus des bâtons dans les roues c'est des baobabs, et même en sachant d'où venait les attaques, nous n'arrivions pas à trouver la fuite.

Début 2019 on est donc parti d'Annecy, pour Lyon ainsi que pour la Bretagne. Malheureusement le magasin de Lyon n'a jamais démarré. Cela s'est mieux passé en Bretagne, mais n'a servi qu'à payer les charges en cours mais pas à remonter la pente des dettes cumulées. À notre arrivée à Concarneau, baisse générale de 30% du chiffre d'affaires tout commerces confondus. Et ça continue…

Nous sommes restés SDF pendant presque une année, nous avons vécu loin l'un de l'autre pendant des mois, Patrice dans le fond du magasin de Lyon, moi en caravane de 6m² en Bretagne. Seul quelques personnes ont pris la mesure de notre détresse à cette époque, les autres ont continué à nous juger indignes de confiance.

Suite à cela nous avons décidé de mettre tous nos actifs en été 2019 sur des boutiques en zone touristique, pour faire du volume et nous rétablir plus rapidement, trouvant un bail 3, 6, 9, beaucoup moins cher qu'à Annecy, sur l'île d'Oléron, on arrive en juillet 2019, et dès la Toussaint des pluies torrentielles, tout l'hiver, jusqu'au mois de mars 2020, 30 ans qu'ils n'avaient pas vu cela dans la région, bin tien donc. Et le beau temps qui revient avec le 1er confinement mais on est coincé pendant 2 mois à la maison et l'été 2020 l'enfer du covid. Nous quittons Oléron. Retour en bretagne. On prend un bail à Locronan en été 2020 jusqu'en décembre espérant nous refaire, une maison effondrée par un camion de livraison, coupe la route pour accéder jusqu'à nous de juillet à décembre. Annulation des festivités de noël et le dernier confinement de l'année en novembre nous achève alors que nous nous étions remis à flot.

Tous ces évènements ont eu raison de notre entreprise. Et à un autre niveau de notre moral. Je me bats contre eux pour exister depuis mon enfance, Patrice depuis notre rencontre. Perdant : amis, famille, espoir et désespoir. Dans le temps que me laisse la bérézina du covid j'écris ce livre.

Plus rien, plus de logement, plus de magasins... janvier 2021, Locronan ferme au terme de son bail précaire, l'aventure Concarneau avait fermé fin septembre aussi, en totale débâcle financière, du coup Lyon ferme également. Je ne vois pas dans à cause de ma détresse personnelle celle de Patrice qui grandi aussi.

Une fois que nous avons trouvé d'où venait le problème : les entités négatives contrôlantes, en 2015. Voici le prix que nous avons payé pour avoir décidé de les attaquer de front et d'aider les personnes à s'en débarrasser aussi.

Vous comprendrez pourquoi maintenant je me moque que l'on me traite de folle, de complotiste, de croqueuse de diamants, de personne vénale, de fourbe, de tricheuse ou de je ne sais quoi d'autre encore. Je sais ce que j'ai vécu. Je sais ce qu'ils m'ont fait, je sais pourquoi et je ne renoncerai jamais à leur retirer les pactes consentis sous l'effet de la peur, dans cette vie où ailleurs. J'ai une motivation à toute épreuve.

En juin 2021, dans un redémarrage frileux avec une nouvelle structure, en bretagne en pays d'Auray, j'ai fait le niveau 2 de la méthode d'hypnose régressive ésotérique Méthode Calogero Grifasi. Ainsi que le séminaire niveau 2 de Nathalie Knepper. Cela a encore ouvert plus de mémoire, expliquant et validant tous les ressentis que j'ai depuis des années. Bien que n'apprenant rien de nouveau, cela met surtout des mots sur ce que je vis depuis toute petite et ce que je ressens sur ou dans les personnes. C'est comme si je devais à chaque fois tout réapprendre, mais ce n'est pas nouveau, je réactive mes mémoires, je conscientise ce que je sais déjà, le fait de ne pas être seule à vivre tout cela me rassure. Le savoir écrase la croyance, aucun mythe, aucune légende, aucun enseignement erroné ne fait le poids face à la vérité. Je comprends l'origine des déjà vu que j'ai depuis mon enfance, je comprends mes capacités et leurs origines, et surtout je comprends comment et pourquoi se harcèlement moral et émotionnel que je subis depuis des années, le control mental qu'ils essaient désespérément d'avoir sur moi. Tout ceci ne fait que valider ce que je vis déjà depuis toujours. Enfin une explication logique de ce processus infernal auquel je tente de survivre depuis toujours.

Fin juin 2021, nous avons également trouvé l'accès à la dernière faille, dans la partie subliminale de ma conscience, depuis novembre 2019 je savais d'où ça venait, mais sans arriver à y accéder, je sentais que cela venait de la programmation de ma conscience à son origine, mais pour elle tout allait bien et m'en refusait l'accès. J'avais compris cela car j'avais fait une session à une cliente et j'étais tombé chez elle sur ce problème me révélant de ce fait ma faille, mais impossible d'y avoir accès chez moi malgré de multiples tentatives. Nous avons réussi grâce à Nathalie et Barbara, elles ont mis 45 mn à faire comprendre à ma conscience qu'il y avait un problème, arrivant enfin à faire cette mise à jour, vous avez la transcription de cette session plus avant dans ce livre et vous pouvez également la trouver sur mon YouTube.

Et depuis septembre 2021 nous travaillons aussi énergétiquement sur une glande dans le cerveau, le striatum, je vous en reparle plus tard.

Toutes ces attaques sur le matériel auraient peut-être pu me faire renoncer, mais c'était sans compter sur ma détermination et la force que je trouve dans notre couple. Nous n'avons perdu que du matériel, j'ai encore mes neurones, je m'en sers pour écrire ce livre, pour réfléchir, pour analyser, pour remettre en question l'ordre établi. Et même si nous redémarrons à zéro et que peu de personnes comprennent ce qu'on vit. Et même si nos proches ne le voient pas, cela en vaut la peine. Je vais de mieux en mieux physiquement avec la « Méthode JMV® » et maintenant que nous avons trouvé l'origine des attaques perpétuelles des entités, une nouvelle vie s'ouvre devant nous.

Après un an de recherches et de logements précaires nous sommes enfin à nouveau dans un appartement en bail longue durée. Juste au moment où je devais rendre le livre à l'éditeur, il a tout ce que je déteste mais nous avons un toit sur la tête, et je préfère de loin un appartement naze que de revivre au camping.

Patrice avait sur lui des entités qui se nourrissaient de l'humiliation et qui l'obligeaient au silence. Tous avaient une emprise morale sur lui et le rabaissait en permanence le considérant incapable de prendre la moindre décision tout seul. Il lutte encore contre cette mémoire cellulaire, cela lui demande de prendre sur lui en permanence, car ce que nous vivons le décourage plus que moi, il ne vit pas les « échecs » comme moi. Il est beaucoup plus découragé de voir la situation financière dans laquelle nous nous trouvons, bien que nous travaillons 7 /7. Nous ne pouvons plus faire de salon, marché en chute depuis le covid et nous n'avons pas retrouvé notre clientèle. Notre magasin est en progression mais avec l'augmentation perpétuelle des produits de 1ère nécessité, les minéraux deviennent un produit de luxe. Les prix d'achat ayant aussi explosé comme tous les autres. Ce qui l'a conduit en été 2022 à fait un burn out. Il a résisté pendant 10 ans au harcèlement à mes côtés.

Moi, les miennes d'entités m'imposaient de vivre dans la misère, sans aide, pour comprendre ce que c'est et aider plus le jour où je serais de nouveau riche. 5 vies de misère à payer le soi-disant le forfait commis dans une seule vie. Et ils ne comptaient pas me laisser redevenir riche avant très longtemps. L'argent c'est le nerf de la guerre et il n'est accordé qu'à ceux qui travaillent pour les entités, ou qui ne remettent pas le système en question. C'est pour cela que je n'en ai jamais eu et que c'est un sujet sur lequel les personnes me jugent. Quel que soit la somme, je coûte toujours trop cher, ou je vais être à leur charge, ou je n'ai pas besoin de la pension alimentaire ou je gère mal ou je… La liste est beaucoup trop longue pour la résumer ici en une seule phrase. Mais ils ont tous, à leur façon, contribué à me maintenir dans cet état de misère. Seules quelques personnes m'ont fait confiance et je les en remercie grandement, car je sais quel enjeu c'est de m'aider.

Je me retrouve à nouveau seule face à eux, ils détruisent tous ceux qui m'aident, j'ai une force morale et une détermination que les autres n'ont pas, ce n'est pas leur faute, je n'en veux à personne. Même pas à Patrice, il a donné tout ce qu'il pouvait pour me soutenir et il se sent fautif de ne pas y être arrivé alors qu'il n'y est pour rien. Et qu'il m'a offert d'enfin arriver là où je suis, dans la conscience de cœur. L'avoir n'est rien, tout perdre physiquement n'est pas important, tant que l'on reste présent à ce que l'on est, l'être est le but ultime. J'ai réussi à libérer ma conscience de la lutte et du combat sur toutes ses lignes et sur tous les plans, depuis juin 2021 ce travail s'infiltre et se métabolise dans la matière, il a abouti pour moi fin Août 2022. Depuis ce moment-là je réorganise ma vie et mon travail pour libérer toutes les parties gangrénées par l'actions malveillantes des entités négatives contrôlantes. J'espère sincèrement pouvoir aider Patrice à se sortir de son burn out car il le mérite c'est quelqu'un de bien, mais le doute qu'ils ont insinué en lui le ronge de l'intérieur cela me fend le cœur.

À bientôt 55 ans je suis à l'aube d'une nouvelle existence, en pleine conscience de ce qui se passe dans cette matrice infernale à plusieurs niveaux d'intrications et qui tente désespérément de me broyer depuis mon enfance. Mais je suis toujours là debout et pleine de joie et d'espoir car je sais que nous avons déjà gagné et c'est pour cela qu'i se passe ce qui est en train de se passer ils tentent désespérément de nous faire perdre espoir.

Je suis une dys- et les dys- s'adaptent en permanence et je continuerais à m'adapter aux nouvelles circonstances indéfiniment. Mais franchement il y en à marre de devoir en permanence se poser la question de manger ou payer le loyer. Depuis le burn out de Patrice j'avais plus le temps de m'occuper du livre, et depuis que je le reprends en main, c'est la voiture qui tombe en panne à chaque fois que je le mets dans mon sac. Les attaques sont extérieures mais elles sont toujours là. Le magasin est de nouveau en sursis à cause du contexte économique mis en place volontairement par les autorités, pour nous étrangler financièrement et que l'on n'ait pas d'autre choix que de ne consommer que les biens de 1ère nécessité, boulot, bouffe, dodo... le bien-être de la masse esclave n'est et n'a jamais été une option pour eux, la rentabilité avant tout.

Le courage c'est la maitrise de la peur, ce n'est pas l'absence de peur.

Chapitre 2 : Comment j'ai compris qu'ils existaient ?

Mon parcours de thérapeute

Avant de mettre un nom dessus, j'avais, bien des années plus tôt, déterminé qu'il y avait quelque chose d'autre, dans l'énergétique de mal intentionné, que ce qu'on voulait bien nous dire. À 5, 6 ans début des années 70 je trouvais déjà que cela n'était pas normal.

Je me suis formée à beaucoup de techniques dans le domaine énergétique et j'en ai même enseigné certaines. J'avais l'habitude de dire aux personnes que j'avais tellement de cordes à mon arc que s'en était une harpe et que je jouais la partition dont les personnes avaient besoin.

Car il est là le vrai travail du thérapeute : déterminer les besoins de la personne qui est en face de lui. Dans une séance, je pouvais dire à la personne de se respecter et de prendre enfin soin d'elle, si elle manquait de personnalité et d'affirmation du moi, en mode mère Thérèsa qui sauve tout le monde, sauf elle. Et dans la séance suivante dire à la personne de redescendre de son toi, et de prendre en compte les autres. Car ce n'est pas le client qui doit s'adapter à ce que fait le thérapeute mais bien le thérapeute qui doit s'adapter à là où en est son client.

Certes il y a des protocoles, mais toujours appliquer le même avec tout le monde sans tenir compte de la particularité de chacun et de l'origine de la problématique est une hérésie. Mon formateur en ostéopathie nous répétait, jusqu'à ce que cela rentre, qu'il faut se fiche du résultat de la séance et qu'à chaque rendez-vous il faut aborder la personne comme si c'était la 1ère fois qu'on la voyait. Car plus on est attaché à obtenir un résultat, et plus on connaît la personne, moins on est neutre dans notre travail. Du coup, on est susceptible de se tromper. Le pire, c'est quand on est lié émotionnellement au client, que c'est un proche, on peut manquer d'objectivité, car notre historique avec la personne vient interférer dans notre protocole. Les anciens magnétiseurs étaient très clairs sur le sujet des proches, ils déconseillaient même de les traiter.

J'en ai fait l'expérience douloureuse à plusieurs reprises. La plus grande de mes filles, à 10 ans, s'est brûlé la main et le pied avec l'huile de la friteuse, quand elle a tenté de l'empêcher de tomber. Après l'avoir emmenée chez le médecin, son père me l'a amenée chez moi pour que je la traite en magnétisme ! Il m'a fallu plus 1h30 pour réussir à couper le feu, contre quelques minutes sur les pires des brûlures que j'avais rencontré jusqu'à lors. Mais j'y suis arrivée. Elle avait des cloques de plusieurs centimètres de haut pleines de globules blancs. J'avais passé mon brevet de secourisme à 20 ans et je savais quoi faire physiquement aussi avec la brûlure. Je me suis investie à 200% dans cette séance. Mon bébé, elle pleurait. Elle disait également : « Je suis contente que ce soit arrivé à moi et pas à mon frère ou à ma sœur parce que ça fait trop mal ». Ça m'arrachait le cœur. Elle tremblait de la tête aux pieds. Quand je traitais la main, son pied était dans l'eau et quand je traitais le pied, sa main était dans l'eau, car la chaleur ronge les tissus bien longtemps après la brûlure et il faut la retirer du corps.

C'est pour cela qu'on tire la chaleur du corps. Ça m'est déjà arrivé de tirer de la chaleur résiduelle, en mémoire cellulaire sur des brûlures de plus de 20 ans et de remettre en même temps de la mobilité dans le mouvement MRP de la peau, à l'endroit de la cicatrice. Soulageant ainsi les tensions des tissus et le manque de souplesse, et redonnant ainsi aussi de la mobilité entre les différentes couches de l'épiderme. Ceci peut être fait pour tout type de cicatrice, je l'enseigne dans mon stage de magnétisme.

Quand on traite une brûlure en magnétisme, ça fait mal, ça pique, ça brûle, c'est très désagréable pour la personne. Normalement quand on a une brûlure au 2ème degré comme celle de ma fille, on a mal pendant longtemps. Les personnes sont mises sous anti-douleur, souvent dérivé de morphine. C'est ce qu'avait eu mon père. Trois jours après, ma fille faisait de l'accro branche, avec des bandages pour bien protéger la peau encore fragile, et ne pas risquer de l'infecter. Mais elle n'avait aucune douleur. Elle était très joyeuse et a passé une journée comme si de rien n'était.

Par contre, moi, j'étais complètement à l'ouest, car j'avais récupéré son état de choc, je n'avais pas réussi à gérer correctement ma séance à cause du fait que je voulais tellement la soulager. J'ai dépassé les limites émotionnelles. J'ai mis plusieurs jours à évacuer l'information. Maintenant j'arrive à faire baisser l'état de choc chez quelqu'un en quelques minutes, sans rien prendre sur moi, mais quelle leçon !

La deuxième fois, c'était quand mon papa s'est fait opérer de sa tumeur sur le nerf auditif. Comme ma séance d'ostéopathie faite quelques mois plus tôt pour calmer ses vertiges l'avait conduit à être hospitalisé. Suite à ma séance, il y avait eu une amplification violente de ses symptômes de vertiges, au point de ne plus tenir debout et de vomir tout ce qu'il ingurgitait, y compris l'eau. Ce qu'il a, bien évidemment, pris pour une mauvaise chose, alors que pour moi j'ai réussi ma séance. En effet, ma séance d'ostéopathie crânienne a agacé la tumeur de mon père qui s'est rebiffée. Ce qui lui a provoqué des symptômes exacerbés, qui ne correspondaient alors plus du tout au premier diagnostic, de vertiges de Ménière, qu'on lui avait fait.

À l'hôpital, ils lui ont donc prescrit scanner, IRM, la totale. Ce qui leur a permis de découvrir sa tumeur. C'est pour cela que je dis que ma séance était réussie, car même si elle l'a envoyé à l'hôpital, ils ont du coup découvert le vrai problème de santé de mon père.

Les symptômes créés par ma séance auraient fini par arriver à mon père, mais bien des années plus tard, quand la tumeur aurait atteint 4 cm au lieu de 1 cm, lors de sa découverte. Et si elle avait atteint 4 cm, elle aurait touché le tronc cérébral, ce qui l'aurait lourdement handicapé pour le reste de sa vie.

Du coup, pendant tous ces mois d'attente avant l'opération, pour laquelle il avait du mal à se décider, il refusait toute autre séance de ma part. Il a fini par dire oui, juste après l'opération, pour que je lui magnétise le foie, afin de le soulager des effets secondaires plus ou moins durables de l'anesthésie. L'opération ayant duré plus de 7 heures, il avait fallu lui casser l'os du crâne et aller curer le nerf auditif pour retirer la tumeur. Il faut savoir qu'en plus, c'est un gros colérique, comme moi et que c'est le foie qui gère cette émotion, donc il fallait soulager les 2 informations, pour que le foie puisse se remettre à fonctionner correctement rapidement. La surcharge médicamenteuse aurait été très lourde à gérer et l'aurait laissé très fatigué pendant des mois. Il lui fallait déjà retrouver son équilibre et il avait perdu définitivement l'audition sur la meilleure de ses 2 oreilles, le travail serait déjà assez rude comme cela. Couper le son de la claire audience a eu des conséquences à court et long terme.

Comme cela faisait des mois que j'attendais désespérément qu'il accepte que je lui fasse une autre séance, j'y ai mis tout mon cœur. Et en sortant de l'hôpital, j'ai vomi de la bile au pied d'un arbre. Mon propre foie n'a pas aimé l'information énergétique de la séance. Trop de volonté de le soulager et trop d'émotionnel !

J'ai analysé ces deux situations de façon plus objective et j'ai rectifié le tir et je peux maintenant travailler sur mes proches sans que cela ne m'affecte outre mesure. Et du coup je ne cherche plus à soulager les personnes de leur problématique. Je me sers de mes capacités de médium pour constater les bugs dans leur fonctionnement et je leur donne la possibilité de passer outre pour qu'ils puissent se réaliser. Mais je ne cherche plus à convaincre personne du bien fondé de mon travail pour eux, car ce ne serait que des cons vaincus. Je laisse les personnes libres de leurs choix. Car elle est bien là, la problématique, les personnes sont victimes de leur choix, mais encore bien plus, de leurs non choix.

Quand les personnes se plaignent d'avoir mal, je leur dis qu'ils n'ont pas encore assez mal. Cela les choque, et je poursuis en leur disant que s'ils avaient vraiment aussi mal que cela, ils m'auraient appelée pour prendre rendez-vous. Ce qui a 2 conséquences : soit les personnes arrêtent de se plaindre, soit ils prennent rendez-vous avec moi, ou pas d'ailleurs, je m'en moque, le but étant qu'ils s'occupent d'eux, que ce soit avec moi ou quelqu'un d'autre peu importe tant qu'ils le font.

Nous ne sommes généralement pas du tout objectifs en ce qui nous concerne. Les personnes ont tendance à chercher des raisons extérieures à leur mal être physique et émotionnel, alors que tout vient de l'intérieur. Et c'est cela que j'ai compris, tout au long de ces années. Aucune séance de thérapie quelle qu'elle soit ne résoudra jamais vos problèmes, si vous n'êtes pas impliqué à 100% dans votre mieux être. Il faut décider de vouloir aller mieux et de vouloir que cela change. Pour moi, il y a eu ma syncope comme déclencheur. Celui-ci m'a permis de me voir telle que j'étais vraiment et ce que je donnais à voir aux autres. Pas toujours facile d'être objectif sur soi-même. Ainsi que la chute dans la douche chez mon ex, où là j'ai compris que je ne devais attendre d'aide de personne, que c'est moi qui devais décider et faire que tout cela change.

J'ai également pris conscience qu'on ne pouvait obliger personne à vouloir aller mieux. Il y a tellement de personnes qui se complaisent dans leur malheur, qui ont besoin de lui pour exister. Besoins d'amour ou de reconnaissance, besoin d'un moyen pour qu'on s'intéresse à eux. Quitte à ce que ce soit en étant à plaindre. Je n'attends plus rien des autres, les attentes ne sont que des certitudes d'êtes déçus. Je prends les choses comme elles viennent et si elles ne viennent pas, pas grave. Un peu plus compliqué depuis le burn out de Patrice, je visite à nouveau mon nord. Mais cela m'a permis de comprendre que je m'étais identifiée à son mal être et l'avais repris à mon compte pensant que c'était le mien, à cause de mon empathie et je n'ai vu que trop tard que cela ne m'appartenait pas. Et cela a contribué à augmenter le sien. Depuis je régule ma lecture, compliqué mais faisable. Surtout que depuis que la colère est partie je vis les émotions encore plus intensément.

*****

Prenons l'exemple d'une personne qui, dans son enfance, n'avait de l'attention de la part de ses parents, que quand elle était malade, le reste du temps les parents vaquaient à leurs obligations respectives pour faire vivre la famille ou autre. Elle a du coup, développé une stratégie de tomber malade pour avoir plus d'attention et que ses parents s'occupent d'elle. Même devenue adulte, ce programme, s'il n'est pas effacé dans les mémoires cellulaires, va continuer à se mettre en place quand la personne estimera manquer d'attention. Elle en tombera malade. Il faut donc effacer cette mémoire cellulaire, et réguler les besoins de la personne pour que celle-ci puisse rester en bonne santé.

On peut toujours agir sur les symptômes qu'elle va déclencher, mais au fur et à mesure qu'elle va guérir ces maladies, son corps va mettre des stratégies de plus en plus complexes en place pour retomber malade. Car le besoin d'être malade pour exister, lui, est toujours là. Cela peut aller jusqu'à développer des maladies incurables, vu que les autres ne sont pas assez efficaces pour obtenir toute l'attention nécessaire, pour compenser son besoin de reconnaissance, ou d'amour de façon durable.

Le peu d'étiopathie que j'ai pu apprendre m'a suffi à nettoyer des symptologies des fois lourdes. Maintenant j'ai la méthode JMV ®.

Lucette était venue me voir pour de l'hypertension. Je savais que cela pouvait venir de l'artère rénale, donc de la peur. Je lui en parle. Elle me dit avoir eu la polio étant enfant et que celle-ci s'était mise sur les reins. Elle avait même subi l'ablation de l'un des 2. Elle avait une cicatrice qui lui pourfendait le dos de l'omoplate à la hanche en arc de cercle. Donc la piste était bonne. Je lui demandais si elle se rappelait avoir eu très peur dans les années précédant sa polio. Âgée de presque 80 ans, elle ne trouva pas. Et ensuite, il y a des choses qu'on occulte volontairement. Je lui propose donc d'aller chercher d'où venait cette peur en mémoire cellulaire. Car bien qu'ayant beaucoup d'intuition je n'arrivais pas à capter l'information. Go : j'ai eu un Rac sur le mot guerre, je reste étonnée, mais je lui dis. Et là, elle me fait : « ha bin oui, pendant la guerre j'ai eu très peur pour mon papa ». Elle ne faisait pas son âge 80 ans et avait un fils de mon âge, ce qui avait trompé mon mental et bloqué mon intuition. Elle continue en me racontant que son papa avait dû se cacher dans le clocher de l'église pendant 8 jours, car recherché par les allemands. Et elle s'était fait un sang d'encre pendant tout ce temps. Tous les paramètres y étaient. La peur : énergie du rein, le sang d'encre : circulation sanguine. Son pouls qui était fuyant avant qu'elle n'exprime ce souvenir est devenu plus soutenu et fort, pas une accélération, un renforcement, preuve d'un travail énergétique en cours. Dans les semaines qui ont suivi, elle a dû voir avec son médecin traitant pour baisser son traitement contre l'hypertension, car cela la mettait en hypotension et elle faisait des malaises. L'énergie de la peur dans son enfance était encore imprimée dans son corps et créait encore une surtension, un stress produisant de l'hypertension. Cette mémoire retirée le corps a pu de nouveau fonctionner correctement.

Mais, bien que, j'avais conscience de cela pendant des années, cette connaissance des mémoires cellulaires datait de fin 2007 début 2008, les personnes rechutaient systématiquement, moi y compris. Malgré ma volonté à vouloir m'en sortir. Plus je progressais pour améliorer ma condition, plus les attaques énergétiques, plus les bâtons dans les roues étaient forts, pour me faire rechuter. Je compris donc qu'il y avait des paramètres sur lesquels je n'avais pas encore la main. Je ressentais leur présence, j'avais vu des choses, pieuvres, silhouettes noires, morlocks, ombres, visages sur les photos, la vision avec ma grand-mère, des sueurs froides, des voix, des émotions. Je prenais pour réelle tellement de choses que les autres ne percevaient même pas. Je ressentais ces présences très fortement sans pouvoir encore y mettre un nom. J'avais l'impression de sombrer dans la folie voire la schizophrénie. Des jours, je pensais sérieusement que j'avais un problème neuropsy.

Je continuais d'avancer là où l'on m'empêchait d'aller, tout en respectant les règles du jeu, je faisais en sorte d'être la plus honnête possible, de faire les choses de façon à ce que cela impacte le moins possible les autres. Je prenais soin des autres, je cherchais à améliorer leur vie au détriment de la mienne au final. Je cherchais principalement à me sortir des différentes embrouilles dans lesquelles j'étais emberlificotée, me sentant toujours responsable de tout. Je m'auto culpabilisais, grâce aux bien-pensants qui me disaient, tu attires ce que tu es.

Je continuais à prodiguer mes soins, je résistais à un certain acharnement à me faire renoncer.

Dossiers bloqués, procès où l'on me prenait pour la méchante alors que j'étais la victime, personne ne m'écoutait et du coup je finissais systématiquement par m'énerver et cela empirait systématiquement les choses. J'avais même dit à mes enfants que : « Là, je dois avoir un big boss dans l'énergétique en face de moi (on jouait beaucoup à super Mario galaxie à cette époque 2011) ». Car malgré mon travail personnel et mes multiples connaissances, je n'arrivais pas à me défaire de celui-là. Je sentais que ce n'était pas le même que d'habitude, qu'il y avait eu une forte montée en puissance. Je sentais cette énergie négative sur moi en permanence et elle se réjouissait quand je perdais pied. Un coup, me menaçant de mort, me projetant des scènes d'accident de voiture, voiture prenant feu ou tombant dans l'eau, et moi dans l'incapacité de sauver mes 3 enfants. Me poussant encore et toujours au suicide. J'ai tenu toutes ces années grâce à une croyance erronée mais salvatrice, qui nous dit que si nous nous suicidons, nous revenons et revivons toujours et encore la même chose jusqu'à la supporter et passer outre. Et j'espérais sans cesse être plus près de la fin que du début des emmerdes. Les idées de suicide ont été les plus présentes et insistantes voir harcelantes de 2004 à 2010. La psychosophie m'a apporté beaucoup de réponses et m'a permis de voir que je n'étais pas si nulle que cela, et que mes perceptions étaient réelles, que j'avais des capacités et des qualités d'âme que l'on voulait m'empêcher d'exprimer. Et la deuxième raison qui me gardait en vie, c'était de ne pas laisser mes enfants aux seules mains de leur père. Même s'ils m'en veulent encore beaucoup de cette lutte permanente, j'ai fait de mon mieux.

Et je continuais à travailler sur ma colère. Le divorce m'ayant plus que fait régresser sur le sujet. J'avais quand même déterminé que c'était l'injustice qui la déclenchait, je résistais de plus en plus. Il leur fallait jusqu'à 4 ou 5 événements dans une même journée pour arriver à me faire perdre pied contre 1 avant. Il y avait donc amélioration. Mais plus je progressais dans la compréhension des mondes énergétiques, plus ce qu'il y avait face à moi était fort. Mais comme j'avais éliminé le spectre de Satan en même temps que celui de Dieu, je ne pouvais pas le nommer ainsi. La nomenclature judéo chrétienne était par trop limitante.

Et cela me paraissait trop facile et simpliste comme interprétation. Et surtout cela ne passait pas le filtre du « logique », mais alors pas du tout. J'avais dialogué avec des centaines de « fantômes » ou entité impossible de savoir. Je savais plein de choses sur les mondes énergétiques, mais il y avait toujours un truc qui m'échappais. Cette nomenclature judéo chrétienne sur laquelle se base notre éducation européenne, ne donnait aucune réponse satisfaisante, n'arrivant aucunement à justifier le phénomène. Il y avait bien les démons, mais aucune description d'eux nulle part. Cela nous ramenait systématiquement à notre part d'ombre personnelle qui cherchait à prendre le dessus sur notre part divine. Vous savez l'image de l'ange sur une épaule et du diable sur l'autre. J'étais adepte de toutes les séries dites de science-fiction, possibles et imaginables. Dans « Stargate SG1 », il y avait bien des Goa'ulds, issus des dieux égyptiens, mais si j'avais eu un truc comme ça dans le corps je l'aurais senti ?! Enfin, c'est ce que je pensais, alors. Les Asgards ressemblent à la créature de Roswell. Je n'ai loupé aucun épisode, tout cela me paraissant tellement réel. Dans « Stargate Atlantis », les Wraiths étaient tellement crédibles, car ressemblant aux Warlocks qui m'ont fait peur toute mon enfance.

Mais j'étais encore trop imprégnée des fausses histoires de la matrice pour avoir le vrai déclic les concernant. J'avais, en 2000, étudié les religions à mon petit niveau, suffisamment pour comprendre et voir qu'elles avaient toutes la même structure et une origine commune. Un ou plusieurs dieux omnipotents sensés sauver les humains après leur mort, mais qui avant les mettaient à l'épreuve en permanence. Mais moi c'était bien de mon vivant que j'avais besoin d'aide et que les épreuves cessent, car ce n'était plus que torture morale et émotionnelle. Certains me diront de faire appel à leurs sous-fifres, j'ai essayé, mais cela n'a pas du tout été efficace voire même pire. En effet, j'ai testé tout un tas de protocoles, car mon oncle en m'expliquant comment il faisait ne m'avait jamais donné aucun protocole d'invocation. Donc pourquoi pas ! Ha, hé bien comment dire que d'essayer de passer par quelque chose d'extérieur à ma propre énergie n'a pas été concluant du tout. Et les attaques n'ont jamais cessé. Donc je finissais par repasser par mon intérieur qui était plus efficace au final.

Je continuais à me former pour comprendre comment et pourquoi et au fur et à mesure que j'apprenais, je progressais. Et je gardais la ou les techniques qui me paraissaient les plus efficaces, pas celle à la mode qui aurait mieux rempli mon cabinet, mais bien la plus efficace. Il y a une phrase que j'aime à dire : « Mon principal problème est d'avoir raison trop tôt ». J'ai donc souvent arrêté de pratiquer des techniques qui sont maintenant très connues, parce que j'avais trouvé mieux, mais les personnes n'en sont pas vraiment persuadées. Et, du coup, on vient, malheureusement, me voir, pour comprendre l'origine des problématiques, en bout de course ou pas du tout.

C'est le problème quand on pratique des techniques peu répandues, car souvent nouvelles dans notre société occidentale. Les personnes ne nous font pas confiance, parce que nous ne sommes pas encore assez nombreux à la pratiquer et que l'idée n'est pas encore arrivée jusqu'au cœur de la masse. Au final, les techniques que je pratique depuis des fois 10 ou 20 ans sont devenues, pour moi, complètement obsolètes. C'est généralement à ce moment-là qu'elles émergent dans le collectif. Cela devient, pour les autres, le truc à faire, une évidence à un moment où je suis déjà beaucoup plus loin et cela me ramènerais beaucoup trop en arrière dans ma pratique si j'y retourne. J'aurais l'impression de travailler au MacDo alors que je peux faire de la grande cuisine. Vous voyez Bocuse ou Marc Veyrat travailler à MacDo, parce que les personnes trouvent leur cuisine trop expérimentale et pas assez répandue pour être mangée. Quand on n'est pas dans la norme on passe pour des extravagants.

On les a laissés longtemps sur notre site car nous savons le faire, mais quand on explique ce que l'on fait alors, les personnes nous répondent : « Ha bin oui, mais moi je voulais ceci ou cela et ce que vous me proposez, je n'en ai jamais entendu parler, donc non merci. Je préfère rester sur mon idée de départ. » Cela me désespère. Car si nous avons été sur une autre technique c'est que nous l'avons trouvée plus efficace que celles d'avant. Jamais il ne me viendrait à l'idée de régresser dans ma pratique et donc de proposer quelque chose de moins efficace.

Malgré ma perpétuelle et incessante recherche de l'origine du problème, je restais dans l'impasse quant à déterminer qui me pourrissait la vie. Et je me rendais compte que certaines personnes subissaient les mêmes attaques que moi. Mais toujours rien dans mes connaissances ne me permettait de pouvoir les identifier, les nommer.

Quand Patrice est entré dans ma vie et que nous avons continué à nous former, toujours rien. Mais par contre on a bien constaté qu'il était passé sous mon karma. Il a fait une descente vertigineuse aux enfers, du point de vue financier. En 3 ans il a tout perdu, amis, famille, clients tous lui ont tourné le dos, dès qu'il a mis le pied dans le monde de l'énergétique. Au point que ces parents ont pensés que je l'avais dépouillé, et m'ont pris pour une croqueuse de diamant, un marabout, un gourou. Et cet état de fait est en train de me couter se second mariage, la pression a été trop forte pour lui.

Nous avons organisé 3 salons sur la lithothérapie et deux couplés avec du bien-être, dont 1 sur Lyon à la demande de quelqu'un, qui n'a même pas fait marcher son réseau pour faire venir du monde, mais ça c'est une autre histoire. Vigilance orange ce week-end-là, 200 visiteurs très passionnés et très intéressés. Mais nous avons mis 18 mois à payer la salle. Et pendant l'affichage de ce salon que nous avons failli mourir. Donc nous avions un salon qui dérangeait mais alors de fou. Tout ce que je fais depuis toujours dérange, même les biens pensants. C'est ça le pire. Même eux finissent par succomber aux systèmes contrôlants, par peur de perdre leur position sociale dans cette hiérarchie oligarque. Je n'ai jamais fait partie de cette société, je n'ai jamais pu y accéder. Ils m'ont ostracisé depuis toujours, depuis l'école primaire, donc je n'ai jamais rien eu à perdre. Fin des années 90, je me suis faite virer d'un groupe qui faisait des petites réunions énergétiques où nous faisions des exercices de télépathie, d'échanges, et de discussions. Une canadienne est venue, et après son passage tout le monde m'a tourné le dos, même quand je croisais les personnes dans la rue ils changeaient de trottoir. Et jamais personne n'a jamais voulu me dire pourquoi, l'attaque est la meilleure des défenses. Cette canadienne a succombé aux chant des entités négatives qui lui ont dit je ne sais quels mensonges à mon sujet qu'elle a transmis au groupe et comme ils était tous subjugués par elle, pif paf pouf j'ai été bannie du groupe.

Et bien que mes clients me fassent de la pub, soient satisfaits de mes prestations, jusqu'à ce que nous ayons le magasin, le bouche à oreille était laborieux, on me demandait des cartes de visites mais aucun retour ne suivait. Comme si on empêchait les personnes de venir.

Jusqu'à ce que j'écoute une conférence de Nathalie Knepper en 2015. Les entités négatives ! le gros éclair de compréhension dans la tête, le même qu'à mes 13 ans, mais en 1 000 fois plus fort, « LOGIQUE » XXL, cela s'imposait à moi comme une évidence. Mais qui sont ceux qui me bloquent ? Qu'est-ce qu'ils me veulent ? le château de carte de mes croyances limitées s'effondre en une seconde.

J'apprends que les entités influent sur nos vies, sur nos choix, et ce bien évidemment dans leurs seuls et uniques intérêts, jamais dans le nôtre. Mais quels sont donc leurs intérêts ? Déjà ils préfèrent largement une technique qui ne va pas être efficace, à long terme, contre eux. Et comme je suis efficace, ils empêchent les personnes de venir chez moi. Mais ils ne vont pas les empêcher d'aller voir ailleurs, bien au contraire ils vont les y encourager même. Les techniques qui sont à la mode sont généralement celles où il faut invoquer un être ou une énergie extérieure à nous même…

Alors ils vont intervenir et vous dire, ou plutôt vous allez entendre dans votre tête :

- « Non, mais ça a l'air trop bizarre leur truc »,
- « il ne faut pas le faire et puis tu as vu le prix ! Tu n'as pas les moyens. »,

Mais qui va vous enlever les moyens de pouvoir faire ce genre de séance ? Eux ! Comme ils m'ont enlevé tous les moyens tout au long de ma vie. Vous allez avoir dans la foulée un problème financier souvent équivalent, voire juste au-dessus du prix de la consulte, pour vous en dissuader, ou vous enlever le budget que vous auriez pu dégager. Nous essayons de prévenir les personnes qui prennent rendez-vous avec nous, qu'elles vont subir une forte pression psychologique, énergétique, financière. On mettait un acompte de 30€, les clients ne venaient pas, sans prévenir, 50€ pareil. 75€ on avait encore des annulations, avec tentative de récupérer l'acompte. Je ne vous dis pas les réactions quand on leur disait qu'un acompte ce n'est pas remboursable. C'est allé jusqu'aux menaces de mort sur ma personne. Maintenant c'est 110€. Là ça tient pour le moment.

Attention, je ne dis pas que toutes les techniques que je ne pratique plus ne sont pas efficaces, à un certain niveau elles le sont. Mais ce que je dis c'est qu'elles ne sont pas efficaces contre les entités négatives. Si votre but ultime est de vous reconnecter à votre conscience et d'éliminer de façon définitives les blocages qu'ils ont mis en place, pour se nourrir sur vous, il faut utiliser les techniques qui vont les mettre définitivement dehors, pas juste les affaiblir pendant un cours laps de temps. Il est vrai que les affaiblir permet de reprendre temporairement le dessus. Et même si c'est temporaire, cela peut vous permettre de passer un palier qui va vous permettre de pouvoir avancer un peu plus sereinement dans votre vie.

C'est comme ça que j'ai fait pour arriver jusqu'à eux, mais je ne vais pas vous infliger cela juste parce que j'ai fait ce parcours. Maintenant que j'ai trouvé la technique pour les faire déménager, illico presto, je ne vais pas refaire du petit nettoyage énergétique ou ostéopathique de base, ce que j'appelle de la bobologie, sachant que j'ai mieux en stock.

Et de savoir que j'ai la capacité de le faire, si je ne le fais pas c'est juste renier tout le travail que j'ai fait depuis que je suis sur cette terre et donc ce que je suis, et surtout et avant tout ce qu'ils ont voulu m'empêcher d'être. Et il y a une autre raison, je m'éclate trop, à coacher votre conscience pour qu'elle leur enlever les pactes et les accords que vous leur avez consentis, dans un moment de grande terreur, pour ne pas le faire.

Et c'est surtout beaucoup trop efficace pour me taire.

Toutes les techniques que j'ai apprises ont contribué à leur façon à me permettre d'apprendre comment fonctionne le monde de l'énergétique intra matrice et extra matrice, quels en sont les tenants et les aboutissants. J'ai juste laissé de côté celles qui ne sont pas assez efficaces contre les entités, ou pour réparer les dommages collatéraux causés dans un minimum de temps et de séances. Je ne fais pas ce métier pour vous vendre un abonnement, je fais ce métier pour vous libérer et que vous puissiez tracer votre propre chemin en toute conscience et en toute liberté et le plus rapidement et efficacement possible.

Il m'a fallu 6 ans pour me libérer complètement d'eux, car nous apprenons chaque jour des choses nouvelles. Un peu comme les explorateurs de l'ancien temps. Ces anciens explorateurs ont appelé les autochtones du continent américain des indiens. Car ils pensaient être arrivés en Inde. Ils ne connaissaient que le continent Européen et Asiatique, car d'un seul tenant. Alors qu'en fait ce n'était pas du tout le cas. Ils étaient sur une autre terre.

Je sais que Calogero Grifasi est en train d'écrire un livre sur cette méthode et je vous en conseille la lecture. 6 ans qu'il travaille dessus. Quand on apprend des choses nouvelles en permanence, il est dur de se dire ok là c'est bon.

En plus, Christophe Colomb a revendiqué la découverte de ce nouveau continent, découverte qui n'en était pas une, vu que les vikings avait déjà atteint le continent Nord-Américain depuis bien longtemps, plus de 500 ans avant. Ah oui mais c'était des sauvages, il faut être civilisé pour revendiquer une découverte. Et les autochtones ont perdu toute légitimité sur leur propre terre et culture ancestrale.

Si on veut faire une analogie sur notre profession, comme nous n'avons pas fait d'étude de médecine, nous ne pouvons pas vraiment, aider les personnes à aller mieux. En France, tout doit être scientifiquement prouvé pour exister. Les instances dirigeantes contrôlantes ont décidé que ces choses n'existent pas tant que les scientifiques n'ont pas prouvé que cela existe. Mais après avoir discuté avec un monsieur qui travaille au CNRS, il nous a dit qu'ils sont au courant de beaucoup de choses soi-disant non avérées, mais que s'ils les divulguaient au grand public, on les menace de leur faire perdre leurs budgets de recherche. Je lui ai dit que nous travaillons sur le striatum. Il m'a dit que je pourrais travailler avec eux, vu ce que je savais déjà, en rigolant bien sûr. Car il savait que je n'ai aucun diplôme validant mes connaissances et que mes techniques de prospection ne sont pas homologuées, qu'elles sont même prohibées. Pourtant ils savent très bien que ça marche et comment ça marche.

Et de toute façon, à partir du moment où ils prouvent que cela existe, ou qu'ils ont l'autorisation de le révéler au grand public, cela devient leur seule et unique propriété intellectuelle. Et comme nous n'avons pas un diplôme d'état reconnu dans le domaine médical, il nous est alors interdit de pratiquer cette dite technique.

L'hypnose dite médicale, est une technique mise au point par le magnétiseur de Marie-Antoinette, dixit un médecin de la Salpêtrière venu faire une conférence sur le sujet à Belley (01), début des années 2000. J'ai bien écouté sa conférence, très intéressante. Il expliquait que de détourner l'attention de la personne sur un moment agréable temporairement par des suggestions hypnotiques, la sortait suffisamment de son contexte désagréable et permettait alors d'effectuer des actes spécifiques voir même chirurgicaux mineur pour la soigner, sans douleur. L'état de conscience modifié, la déconnectant suffisamment du corps physique pour ne pas sentir l'intervention. C'est ce que je fais personnellement depuis plus de 10 ans chez le dentiste, pour ne pas avoir mal.

Il a bien insisté tout du long pour dire que c'était le magnétiseur de Marie-Antoinette qui avait mis au point cette technique. Mais il insistait aussi lourdement sur le fait que, maintenant, cette technique d'hypnose médicale était exclusivement réservée au monde médical et interdiction totale aux magnétiseurs de la pratiquer.

En fin de conférence, nous avons eu la possibilité de lui poser des questions, j'ai posé la question suivante : « Comment cela se fait-il que, bien que ce soit un magnétiseur et non un médecin (car il y en avait déjà à cette époque) qui ait mis cette technique au point nous soyons, nous, les magnétiseurs devenus incompétents pour la pratiquer ?». Il a tout simplement tendu le micro à quelqu'un d'autre et n'a jamais répondu à ma question. Je n'attendais pas de réponse, d'ailleurs. Je posais cette question pour faire réfléchir l'ensemble des personnes présentes dans la salle. Et lui m'a regardé d'un air mauvais, me faisant bien comprendre que je l'embêtais royalement avec ma question, à laquelle il n'avait pas du tout envie de répondre.

Il y a des choses comme cela, des évidences, tellement simples que l'on ne prend même pas la peine d'y réfléchir. Moi j'adore chercher ces petites choses, ces petites évidences et les mettre en avant et faire réfléchir dessus. J'ai longtemps cherché une réponse à l'une d'elle. Je me plais à l'énoncer à chaque fois que l'on me demande une preuve que cela existe, qu'à ce jour, il n'en existe pas ! Je dis donc : « La science ne peut prouver et expliquer le fonctionnement que des choses déjà préexistantes. » Ce n'est pas parce qu'ils n'arrivent pas encore à l'étudier, qu'elles n'existent pas, mais bien parce qu'elles existent déjà, mais qu'ils n'ont pas encore les moyens ou les outils pour l'étudier, qu'ils ne peuvent le prouver. Puis je demande : « Et vous, donnez-moi la preuve que cela n'existe pas ! »
Combien de personnes jugées coupables ont été innocentées quand ils ont enfin réussi à lire l'ADN, ou inversement condamnées alors qu'elles avaient été innocentées.

On administrait du mercure aux malades, les faisant mourir plus vite. « Ha bin le traitement n'a pas marché. » Jusqu'à ce qu'on comprenne que le mercure était en fait mortel. Et on parle des saignées, pour faire sortir le malin du corps. La fièvre était satanique. Et vous savez d'où vient l'expression du croque mort. Une personne était chargée de croquer les orteils d'un mort pour être sûr qu'il était vraiment mort. Combien ont été enterrés vivants ? D'où croyez-vous que vous vienne cette peur ? Moi j'avais peur de cela, depuis toute petite. Et quand la maman de notre voisine est décédée, le médecin lui a retiré un bout d'artère au niveau du coude à sa demande préalable. Elle avait tellement peur d'être enterrée vivante que comme cela elle était sûre de mourir. Cette information me libéra alors de ma propre peur d'être enterrée vivante, j'étais pourtant enfant. J'avais dorénavant un moyen d'y échapper.

Mais donc en France, même s'il est quand même reconnu qu'ils ne sont pas toujours capables de tout vérifier, sans validation de ces sacrosaints scientifiques au service et dépendants du système contrôlant, rien ne peut avoir de réalité. Heureusement, il y a d'autres pays dans le monde qui sont bien plus en avance sur beaucoup de sujets énergétiques. En Belgique il existe des formations validantes en magnétisme. Et que l'hypnose médicale soit reconnue prouve bien que l'on peut mettre une personne en modification de conscience et qu'elle peut vivre une autre réalité sans douleur que ce qui est pratiqué au même moment sur son corps physique, et ce, sans chimie.

Il en est de même pour l'acupuncture, si vous n'êtes pas titulaire d'un diplôme d'état français dans le domaine médical, vous n'avez pas le droit de piquer le derme d'une personne. Donc même si un asiatique qui a pratiqué l'acupuncture pendant des années dans son pays d'origine, vient s'installer en France, il lui sera interdit de continuer de pratiquer la médecine traditionnelle chinoise, diplômée en Chine. Sachant que là-bas un bon médecin est un médecin dont la salle d'attente n'est remplie que de personnes en bonne santé. Car les principes mêmes de la médecine traditionnelle chinoise, qui ont également tendance à se perdre de partout sur terre, c'est de faire en sorte que les personnes ne tombent pas malades. Les personnes allaient chez leur acupuncteur (médecin) alors qu'ils allaient bien, pour qu'il vérifie que c'était bien le cas. Le principe fondamental était de lever les blocages énergétiques ou sac, sur les méridiens ; donc dans l'énergétique, avant qu'ils n'en viennent à provoquer une maladie quelconque dans le physique.

Dans notre société moderne, les personnes attendent d'être malades pour aller voir le médecin et à ce moment-là il traite l'état de crise, alors même que l'origine de la problématique n'est jamais recherchée et donc traitée, ce qui fait que l'effet secondaire revient de façon chronique. Le traitement tentant de le faire taire n'étant réellement efficace qu'à court therme. Ce qui peut provoquer des maladie chroniques.

Quand je pratiquais l'ostéopathie, je demandais à mes clients de venir en dehors des crises, pour pouvoir aller déverrouiller la lésion primaire qui créait la crise, sur le système compensateur. Personne ne le faisait. L'humain part du principe que, s'il n'a pas mal, tout va bien. Alors que la chimie du corps est peut-être déjà perturbée depuis bien longtemps. On ne devient pas malade comme cela le matin en se levant. La tumeur de mon père s'était déclenchée 10 ans plus tôt. Je vous rappelle qu'il a volontairement coupé le son. J'ai personnellement arrêté de pratiquer le judo à 21 ans, car j'avais alors conscience que certaines lésions me seraient très dommageables dans le futur, et que j'aurais de plus en plus de mal avec l'âge à m'en remettre. Bien que maintenant, avec la « Méthode JMV® », l'on puisse intervenir sur les mémoires cellulaires et réparer beaucoup de choses en une séance. Le passif est des fois très lourd et nous en rajoutons tous les jours.

Du coup maintenant, avec l'expérience et les connaissances acquises pendant 40 ans, je sais, qui sont ceux qui se trouvent dans mon espace énergétique personnel, ces êtres qui ont créé volontairement tous ces traumatismes, pour se nourrir sur moi, et qui créent également tous les blocages dans ma vie pour m'empêcher de me réaliser. Je sais qu'on peut leur retirer les accords consentis, pour qu'au final il nous sera beaucoup plus facile de reprendre notre vie en main. En acquérant cette pratique j'ai pu remonter sur ma ligne temporelle, afin de trouver les points d'origine dès l'interférences qu'ils ont créée et les effacer. Mais pour beaucoup cela rester encore du domaine de la science-fiction.

Les personnes entendent ce que nous leur disons et expliquons, ils sentent qu'il y a en eux une certaine résonnance, mais n'arrivent pas à résister aux chants des sirènes. Car vos entités vous connaissent tellement bien qu'ils savent vous susurrer les mots justes pour vous mettre en doute. Ce n'est pas « L'homme qui murmurait à l'oreille des chevaux » c'est « Les entités qui murmuraient à l'oreille des humains » pour nous maintenir en esclavagisme énergétique. J'avais enfin l'explication de qui était derrière mes fameuses voix négatives, qui me poussaient au suicide, me dénigraient sans cesse, et m'insultaient. Et en prime j'avais le moyen de m'en débarrasser.

Malgré tout, certaines fois, je me demande si les gens ont réellement envie d'aller mieux. Tellement ils sont hermétiques à ce que nous leur expliquons. Persuadées qu'ils sont d'aller bien. Tant qu'ils n'ont mal nulle part, il n'y a aucun problème.

L'autre discours, quand les gens ont conscience qu'il y a un problème, c'est : « J'ai déjà dépensé beaucoup d'argent dans pleins d'autres techniques qui n'ont pas été efficaces, donc est-ce que vous pouvez me faire un prix et me garantir le résultat de ce que vous allez faire ?». Et comme on refuse, c'est nous qui passons pour les méchants, mdr. Pourquoi faudrait-il que l'on brade notre travail sous prétexte que les autres n'ont pas réussi avant nous. Est-ce que quand un garagiste n'a pas fait son travail comme il faut et que vous allez en voir un autre, est ce que ce 2ème garagiste va vous réparer votre voiture gratuitement ?

Il m'arrive de faire des soins gratuits, mais à une échelle beaucoup plus importante, en ce moment nous travaillons sur les 5 éléments : l'eau, la terre, l'air, le feu, le métal, dont tout le monde va profiter. Nous travaillons aussi sur le striatum. Qui connait le striatum ? À part le monsieur du CNRS j'ai encore rencontré personne qui connaissait cette glande.

Qui vous en a déjà parlé du striatum ? Pourtant il agit sur :

- Les émotions : colère, peur, angoisse…
- La perception de la douleur
- Les dépendances, y compris la nourriture, le sexe, les drogue et l'alcool…
- Il exacerbe tous les instincts primaires.
- Il agit aussi sur l'envie de toujours plus, l'insatisfaction permanente, notre position sur l'échelle sociale, le pouvoir que nous y avons.

- Il gère votre impression de réussite, de récompense par rapport à l'action commise par la production de Dopamine, qu'il nous donne de plus en plus tard, pour créer cette insatisfaction permanente.
- Il gère également le type d'information auquel vous devenez accroc, il vous incite à rester connecté aux chaines d'informations permanentes, qui exacerbent les émotions négatives. Comme cela la boucle est bouclée.
- Dernièrement nous avons remarqué que le conflit en Ukraine a réveillé les mémoires cellulaires de la famine. Et comme nous l'avons vu plus haut, il gère la nourriture, donc c'est une aubaine pour lui, pour vous déclencher la peur de manquer. Et les pénuries organisées ne sont pas là pour le calmer non plus.
- Il est également responsable de la schizophrénie dans les cas extrêmes.
- Dans l'épisode 11, saison 5 en 2020 de « Legends of tomorrow » Gideon, dit que Sarah a un problème au niveau du striatum, qui gère la temporalité. Mdr.

Est-ce que quelqu'un vous a parlé de lui, pour vous aider à vous défaire de vos dépendances compulsives, même basiques. Non ! et pourtant ils savent et connaissent son fonctionnement.

Il vous pousse vers le tout, tout de suite, partisan du moindre effort, avec l'espoir d'une forte récompense au bout, la dopamine. La définition même de ce qu'est en train de devenir notre société. Exacerbée par les altérations des entités, la malbouffe de l'industrie alimentaire, ainsi que par la qualité plus que médiocre des informations, nous rendant dépendants de nos plus bas instincts primaires, hérité de nos ancêtres au moment de notre conception. Il rechigne très fortement à se mettre à jour, en fonction de notre évolution spirituelle, en plus il retarde en perméance la récompense. Il est également préprogrammé pour créer une dégénérescence cellulaire prématurée de notre corps à partir de 25 ans. Provoquant une insatisfaction permanente, donc un manque également de sérotonine, qui quand on en manque nous pousse vers les glucides, la boucle est bouclée. Le manque de nourriture de bonne qualité, appauvrit nos énergie vitale ou chi ou prana, et comme tout ceci est cumulé avec la peur de manquer provoqué par les pénuries organisées, nous manquons d'hormones comme la sérotonine qui nous amène la sérénité. Et quand nous manquons de sérotonine qui est principalement produite au niveau de notre digestion, nous compensons avec des glucides en nous remplissant plutôt qu'en mangeant. Et le cercle infernal est lancé.

Nous avons fait le rapport de cause à effet en septembre 2021, cela fait deux ans que je me traite avec la « Méthode JMV® » quant à mes problèmes de santé. J'ai énormément d'intolérances alimentaire, provoquant un syndrome du côlon irritable XXL, suite à l'intoxication au nickel. Et comme le corps humain est, bien fait, quand il a une intolérance, il rejette la substance, ce qui crée une carence. Et comme il n'aime pas les carences, il vous réclame de manger à nouveau l'aliment qui contient cette substance. Exemple, le stress mange le magnésium, quand on est stressé on manque donc de magnésium, où st ce qu'il y en a : dans le chocolat ! vous me direz ok mais c'est du magnésium que l'on cherche dans le chocolat, et bine pas que, car il y a aussi des glucides. Et le procédé de compensation n'étant pas efficace, on va se créer à plus ou moins long therme une addiction. Vaut mieux une addiction au chocolat qu'au drogues dure, enfin oui mais non car le sucre est le plus gros toxique de notre alimentation.

Les personnes qui rajoutent du sel avant même d'avoir goûté le plat sont intolérantes au sel, pas plus compliqué. Il suffit de lever l'intolérance et la consommation de sel va baisser toute seule. Ce que j'ai fait sur moi d'ailleurs, je consommais une quantité impressionnante de sel et maintenant je ne sale même plus mes plats. Apport excessif en sel qui provoquait aussi une augmentation de ma rétention d'eau, qui elle a pour origine une intolérance à l'eau et aux métaux lourds, mais aussi mes 3 césariennes, qui ont créé une fuite énergétique et la dernière encore pire que les deux premières, les chutes du Niagara que le corps n'a pas su gérer.

Après avoir réglé beaucoup d'intolérances, et retrouvé mon effet de satiété perdu depuis tellement longtemps. Je me suis rendu compte que bien que je n'avais pas faim, ma tête me réclamait à manger. J'en parle à Patrice qui est en train de lire « Le bug humain ». Il me parle alors du striatum, et nous allons tester l'information sous hypnose, pour vérifier la résonnance énergétique que cela provoque dans cette zone, et nous tentons une mise à jour. Nous avons eu la surprise en nous connectant au mien d'avoir des réponses du genre : « Qu'est-ce que tu fais là, et pourquoi tu viens me parler, jamais personne ne vient me parler à moi » sur un mode super grognon. Nous avons questionné ainsi plusieurs striatum de personnes volontaires et avons systématiquement reçu les mêmes réponses. Vous pouvez lire le livre « Le bug humain » écrit par un neuroscientifique cela peut déjà vous apporter des informations utiles comme pour nous.

Il faut savoir une chose en énergétique, comme dans bien d'autres domaines, nous ne découvrons rien, nous ne faisons que nous rappeler. Et c'est pour cela que j'ai cherché toujours et encore, tant que je n'avais pas cette sensation d'avoir atteint ce qui me paraissait le plus juste. Je continuerais donc à fouiller, à chercher toute ma vie. Et depuis que nous avons fait cette séance d'hypnose régressive ésotérique méthode Calogero Grifasi en juin 2021 et réussi à mettre à jour, le défaut de programmation initial de ma propre conscience, j'ai enfin cette sensation d'avoir atteint le but que je m'étais fixé, en revivant cette vie de multiples fois, encore et encore.

Beaucoup de systèmes contrôlants sur terre cherchent en permanence à altérer nos émotions afin de faire baisser notre taux vibratoire, ainsi que nos fréquences d'âme, créant ainsi une distance entre elle est nous. Et ce dans le but d'infiltrer notre espace énergétique. Et comme nous n'en sommes pas à notre première existence, c'est souvent déjà fait depuis plusieurs vies. C'est pour cela que j'avais des sensations dès la petite enfance.

Certaines pouvant être très choquantes. Vers 10 ans, nous visitions en famille le barrage de Génissiat (01) qui est à une vingtaine de kilomètres de chez mes parents. Une fierté locale, il est resté pendant très longtemps le plus grand barrage d'Europe, construit pendant la seconde guerre mondiale. Nous étions donc en train de le visiter, il y avait, à l'époque, une boite vocale qui nous relatait sa construction. Dans cet enregistrement, il était dit que des hommes étaient tombés dedans pendant la construction. Déjà cette information était très perturbante pour une enfant, mais moi j'ai eu un rectificatif dans ma tête, « Ils ne sont pas tombés, on les a poussés ». Cela m'a encore plus choqué, deux informations avec la peur d'être enterrée vivante qui ont été confirmées vers mes 30 ans. J'ai fait un rebirth pendant mes 21 jours d'auto soin reiki niveau 1, ou je me suis vue mourir à la 1ère et seconde guerre mondiale. À la 1ère guerre, je suis morte ensevelie sous une gerbe de terre, après avoir pris des éclats d'obus, qui avaient provoqué la fameuse gerbe de terre. Je suis morte étouffée, enterrée vivante. Puis à la seconde guerre mondiale j'étais basée, en tant que soldat allemand, au fameux barrage de Génissiat, mais j'avais des origines russes, et je me suis vue pousser des allemands dans le béton encore frais du barrage. Donc cette phrase n'était issue que d'un de mes propres souvenirs.

Ma vie n'a été que questionnement, pour comprendre tout cela, ce que j'entendais, ce que je voyais, ce que je ressentais. Ma vie pour en arriver à le savoir n'a été que lutte perpétuelle, car leur but à eux était que je n'y arrive pas. Mais avec toutes les formations et les connaissances acquises tout au long des années, afin de comprendre ce et qui me persécutait, j'ai fini par trouver la réponse. Plus on veut m'interdire, plus cela me motive. De chercher à maitriser mon émotionnel et l'apaiser, m'a permis de retrouver ma lucidité, ma clairvoyance, ma clairsentience et ma claireaudience. Et toutes ces transes vécues en méditations et autres, de mon enfance à maintenant, me dévoilerons tout au long de ma vie un chemin de petits cailloux blancs à suivre. Nathalie a été un de ces cailloux banc.

Je n'avais pu que constater que ces perpétuelles attaques ne pouvaient qu'être « extérieures » et volontaires, qu'elles ne venaient pas de moi tout en étant très proche de moi dans ma sphère énergétique proche du corps physique. Que ça tournait en boucle. Car bien qu'ayant une bien piètre opinion de moi-même, je trouvais cela un peu exagéré de m'auto juger et dénigrée de la sorte, et que ces pensées qui pourtant parfois me sauvaient la vie, cherchaient à certains moments à ce que je me suicide. C'est comme cela que j'ai pu déterminer que les pensées, les plus noires, ne m'appartenaient pas, qu'il y avait finalement une différence entre l'une et l'autre, qui confirmait que leur origine n'était pas la même. Mais elles venaient toutes deux de l'intérieur. Comment pouvaient elles venir de l'intérieur alors que moi je ne suis pas d'accord.

Il me fallait donc comprendre mon mode de fonctionnement. Après avoir bien fait connaissance avec le physique dense et son fonctionnement, j'ai fini par trouver dans l'énergétique ce qui intervenait sur ma vie en pseudo extérieur pour me bloquer et me décourager. Mon discours intérieur était certes intense car je pratiquais le channeling depuis très longtemps, et j'entendais ceux avec qui je discutais, mais il y avait une catégorie d'être malveillants que je n'arrivais pas à définir, comme des fantômes ou des esprits. Donc pourquoi ce que je prenais de prime abord pour ma pensée personnelle ne serait-elle pas quelqu'un ou quelque chose qui s'insinue dans ma tête au quotidien pour me harceler.

Il m'est arrivé d'entendre : « Hijo de puta ! », traduction fils de pute, donc en espagnol, en boucle sans une seconde de pause pendant des heures, sur tous les tons, fort ou chuchoté, mais incessant. Du matin jusqu'au soir. Comment ne pas devenir hystérique dans ces moments-là ?

Après avoir intégré mes capacités de magnétisme, m'être formée au Reiki jusqu'au niveau 4 Maître, l'ostéopathie fluidique puis énergétique, la MTC, l'initiation au OM MANI PADME HUM, à la « Reconnective Healing® » (La Reconnexion), autodidacte en lithothérapie. Sans compter les nombreux soins, reçu en tant que cobaye dans les techniques que j'ai apprises, mais aussi en magnétisme, en EMDR, en réflexologie, en massages tuina, en massages ama... en cabinet, et sur les salons bien être j'ai également essayé plein de choses... cela m'a beaucoup aidé mais jamais rien n'a fait taire ces voix.
Même après avoir compris avec la psychosophie le fonctionnement des 7 corps et de leur 7 vibrations (pour ce qui est connu à nos jours, il y en a bien plus bien évidemment. Nous n'utilisons que très peu de nos capacités, moins de 10%).

D'avoir moi-même reçu un protocole « Le Lemniscus Incandescent » pour mettre en résonnance les outils de géométrie sacrée que nous avons à disposition au niveau des chakras, à l'intérieur de nous. Rien, jamais rien n'a fait taire les voix. Seul le nettoyage du subliminal en hypnose régressive ésotérique régressive et la mise à jour du striatum, ont réussi à régler le problème.

J'avais certes réussi à les faire taire à certains moments, à les mettre en sourdine, ou à me débarrasser d'êtres que je ne savais pas encore nommer de la proximité immédiate de mon corps physique. Les emballant dans une bande de tissus, type momie, les enfermant ensuite dans un sarcophage et les expédiant dans le soleil, pour les plus agressifs ou les laissant errer dans le néant ou les expédiant dans un trou noir pour les autres. Tout ceci commença plus sérieusement dans les années 2000, j'avais reçu des informations concernant les différentes raisons des guerres religieuses et autre au moyen orient et on m'avait demandé d'étudier les religions et de les comparer. Quand j'ai écrit le 1er livre, en écriture spontanée, que j'ai arrêté depuis d'ailleurs car c'est une forte source de pollution. Plus j'en faisais partir, plus il y en avait. Et ils commençaient à montrer des comportements violents et agressifs quand je voulais les faire partir.

Comme je l'ai dit avant, plus j'avançais dans la compréhension et plus je pratiquais des séances, plus j'étais agressée. Et quand j'ai commencé à me mettre à mon compte, je ne vous dis pas l'accélération des attaques. Ils repassaient à ce moment-là les émissions « Mystères », tard le soir, que je tentais désespérément de regarder, m'endormant systématiquement devant la tv, pourtant assise sur une chaise inconfortable, et quand je mettais le magnétoscope en doublon par sécurité, l'enregistrement ne fonctionnait pas. En plus dans notre société pragmatique, administrative à outrance et scientifique, les personnes à forte capacités et efficaces pour vous aider à résoudre vos problématiques de base sont décriées et jetées au bûcher merdiatique. Les médias sont les nouveaux inquisiteurs du monde capitaliste. Ils adoubent au 13h et excommunient au 20h. on ne parla alors de nous que pour les affaires sordides et glauques.

Et encore pire maintenant avec les chaines d'infos perpétuelles dont le striatum se repait, ils tournent en boucle toutes les 30 min sur les mêmes sujets, brodant des hypothèses à la hauteur de leur ignorance. Ils ne se rendent même pas

compte qu'ils sont l'avant dernier sous-sol de la pyramide des indigents. Ils ne manquent certes pas de matériels mais plutôt de réflexion objective par rapport à la réalité du monde. Tout le monde reçoit le même communiqué de presse en même temps et diffusent uniformément les mêmes informations.
Je me suis déconnectée depuis belle lurette de ce système, pourvoyeur de peur et de stress.

Dans mon cabinet, je ne pratique donc que les techniques les plus efficaces et les plus rapides pour vous, pas les plus rentables pour moi. Mon cabinet pourrait être plein si je continuais à proposer les techniques dites à la mode. Mais ça n'a jamais été ma motivation d'avoir un planning plein de personnes pour de la bobologie, pour les perpétuels insatisfaits. Mon but a toujours été de proposer la technique la plus rentable pour vous. Je ne suis pas là pour devenir rentière de votre mauvaise santé, je suis là pour que dans les plus brefs délais, vous n'ayez plus besoin de mon aide pour créer votre vie idéale.

Révéler leur présence, et leurs intentions belliqueuses, est devenu une priorité, même si pour cela il faut que je vous dise l'amère vérité sur ce qui m'a permis d'en arriver là où je suis. Si cela peut vous faire gagner du temps, ok, sinon personnellement cela ne changera rien à ma propre vie, que vous continuiez à faire de la bobologie. Cela a son utilité un certain temps voire un temps certain, le temps de comprendre qu'au long terme cela n'a pas plus d'effet positif que de prendre un cachet pour enlever une douleur dont on ne cherche pas l'origine.

La bonne santé n'est plus une priorité, pour beaucoup, bien au contraire, elle est devenue un business, il faut que cela soit rentable, que cela rapporte de l'argent, que cela crée des bénéfices. En 2021 les 10 nouveaux milliardaires sont des personnes travaillant dans les laboratoires pharmaceutiques. Les traitements efficaces et peu rentables ont été interdits. Et les personnes comme moi sont stigmatisées et traitées de complotistes, gourous, marabouts, sorcières...

Pour autant toutes ces années d'apprentissage pour arriver à la ligne de départ d'un travail efficace, ne sont pas du temps perdu, car le temps n'existe pas. C'est un concept de la matrice. À la rigueur nous nous battons contre l'obsolescence programmée du corps physique humain. Mais cela aussi c'est un programme erroné du striatum, qui oblige notre corps à dégénérer à partir de 25 ans alors que sans cela la régénérescence continuerait jusqu'à ce que l'on décide de partir.

Dans beaucoup de films de science-fiction, l'humain cherche à vivre le plus longtemps possible comme s'il savait que c'est possible et cela l'est. Mais comme on nous donne dès notre naissance notre espérance de vie on nous programme notre mort dans l'inconscient. C'est un programme fait pour nous maintenir dans une peur de la mort, le corps physique n'est certes pas immortel mais il pourrait vivre au moins 2 fois plus que ce qu'il vit aujourd'hui. Et nous ne nous soucierions pas de notre prochaine retraite, car comme nous coréaliserions notre vie idéale en pleine conscience nous n'aurions pas l'impression de travailler. Ce qui est mon cas. Je sais que je ne prendrais pas ma retraite, déjà parce qu'il faudrait que je travaille jusqu'à 150 ans, et de toute façon j'aime ce que je fais et je n'ai tout bonnement pas de date de péremption me concernant. Quand on fait ce qu'on aime et qu'on aime ce qu'on fait le temps n'est plus un problème l'âge non plus. A moins d'une maladie dégénérative temps que j'aurais ma tête je continuerais.

Ma mère qui a travaillé pour un assureur pendant 20 ans, m'a toujours dit de mettre de l'argent de côté pour ma retraite et ma réponse a toujours été la même, « Pour quoi faire ? Je ne la prendrais pas ». Non pas que je vais mourir jeune, mais parce que je fais ce que j'aime et que quand je n'ai plus envie de le faire, j'arrête et je fais autre chose. Je ne m'oblige pas à faire un travail que je n'aime pas, payé à coup de lance pierre. Je vis en dessous du seuil de pauvreté depuis des années, mais qu'importe, j'arrive toujours à créer ce que je veux créer.

Quand on fait les choses en pleine conscience, on est bien, on vit bien, on est heureux, on n'est plus dans l'attente du moment idéal pour faire les choses, on les fait ici et maintenant. En ce moment je suis en train de laisser partir des choses qui ne m'apporte plus assez de bien être, elles l'ont fait, j'ai été pleinement heureuse à le faire mais ça s'étiole donc je laisse partir.

Certes je subis encore quelque peu les affres de la matrice terrestre mais sans contrainte, je ne pleure plus sur ce que je ne peux pas faire, je regarde ce que je peux faire et je m'en donne les moyens. J'adore aller au bord de la plage le soir et cela ne coute rien, mais ça me remplit tellement énergétiquement. C'est un moment d'éternité, dans le « ici et maintenant ». Et je ne me stresse pas de ne pas pouvoir y aller tous les jours, j'apprécie quand j'y suis.

Qui sont ces êtres qui nous empêchent de vivre pleinement ce moment présent, qui nous obligent à vivre dans la peur, le stress, les émotions négatives en permanence, qui nous font perdre un temps précieux alors qu'il n'existe même pas.

Les 4 techniques que je pratique à ce jour au cabinet sont :
- L'hypnose Régressive ésotérique méthode Calogero Grifasi.
- Le décodage biologique
- La « Méthode JMV® »
- Le bilan énergétique en lithothérapie.

Ce sont les 4 techniques les plus efficace que je connaisse pour vous redonner la pleine possession d'action et de décision dans votre sphère énergétique. Je vais très peu parler du décodage biologique dans cet ouvrage mais j'en parlerais plus avant dans le prochain, car je me suis formée sur cette technique en février 2023, sur la fin de la relecture de ce livre ci. J'ai retrouvé ma façon de travailler avant hypnose mais avec le mode d'emploi un vrai régal.

J'ai aussi 4 tambours chamaniques que nous utilisons pendant les stages et séminaires pour créer un rythme à certaines méditations. Mais la 1ère chose que nous avons fait après leur acquisition, c'est d'enlever la fréquence d'invocation qu'il y avait dessus, car c'est l'une de leur utilisation en chamanisme, mais qui ne nous intéresse pas. Nous avons contacté l'esprit de l'animal, que nous savons libéré, nul besoin de le garder avec nous pour que la bonne vibration reste. Nous avons gardé la vibration de guérison, celle qui va venir rentrer à l'intérieure de vous, celle qui va vibrer pour vous et vous montrer le chemin de votre propre énergie. Quand je tape le tambour pour moi ou pour quelqu'un d'autre je ne le tape pas pareil. Nous les emmenons dans nos promenades. Une fois à Huelgoat, un groupe de 3 femmes en passant devant nous ont été déçues que j'ai rentré mon tambour, j'avais encore la main sur la fermeture, je l'ai réouvert et je leur ai demandé si elles voulaient que je le tape pour elles. Elles ont dit ok. Je tape ; une belle énergie de créativité émane du tambour, pour leur projet en cours de création. Après avoir fini de taper je le leur dis, et elles ont été enchantées car l'une d'entre elles était en train de créer quelque chose et cela les a mises en joie de recevoir cette énergie, ce coup de pouce vibratoire qui était juste pour elles, à ce moment-là. Il n'y avait pas d'autre intention de ma part que de laisser le tambour vibrer comme il en avait envie pour elles. J'aurais très bien pu utiliser la psycho morphologie comme je le fais pour trouver l'énergie dont elles avaient besoin, mais non, c'est bien pour la lithothérapie cette option mais le tambour se suffit à lui-même donc je laisse ma main à sa disposition et à la disposition des personnes pour qui je tape. C'est le chakra coronal et du 3ème œil qui sont en action à ce moment-là rien d'autre, d'âme à âme. Et ils envoient, via le chakra de la gorge et du cœur, l'énergie, le rythme qu'il faut pour la personne dans ma main. C'est beaucoup plus efficace que quand on est dans la volonté égotique du plexus solaire qui cherche à gouverner le 3ème œil par le mental. Après il y a des personnes qui sont juste dans l'intention et qui respectent mais il faut savoir comment travail l'autre et ne le laissez surtout rien invoquer pour vous que votre propre vibration.

Si on veut écouter l'autre correctement il faut l'écouter avec la plus grande neutralité. Oublier qui on est pour vibrer à ce qu'il est, sans laisser rentrer son énergie à l'intérieur de nous, mais en la laissant couler sur nous pour mieux retourner à lui ou elle. Comme le reflet dans un miroir. Mon tambour est le miroir de sa vibration intérieure qu'il sublime et renforce et lui retourne.

Je n'harmonise personne, la personne s'harmonise elle-même quelques soit la technique utilisée. En hypnose c'est la conscience de la personne qui travaille. Avec la « Méthode JMV® », c'est le corps qui nous répond, ça le stresse ou pas, indépendamment des pensées de la personne elle-même. En bilan énergétique, pareil, on écoute la vibration des énergies du corps et c'est la personne qui va chercher dans la vibration de la pierre celle dont elle a besoin pour retrouver l'équilibre qu'elle a perdu. Moi, je sais comment le corps et les énergies fonctionnent et je mets à la disposition de celui ou celle qui vient me voir ma connaissance pour qu'il ou elle se réharmonise. Notre équilibre n'est pas l'équilibre de l'autre.

Je repense à cette personne sur un salon qui vendait des aimants. Quand je l'ai coupé dans son pitch en lui disant que moi les aimants me détraquaient, et que cela ne servait à rien de continuer, elle a tourné colère et a même déménagé son stand d'à côté du mien. Cette femme faisait toujours le même pitch. Elle ne parlait que d'elle dedans, jamais elle ne demandait aux personnes qu'elle avait en face d'elle ce qu'ils avaient, pourquoi ils étaient sur le salon. Les personnes ne l'intéressaient pas dans ce qu'ils étaient, ils n'avaient que le droit, voire l'obligation de lui acheter ses aimants, parce que cela avait été bon pour elle. Quand elle a déménagé, le lendemain à sa place, ce sont installés des personnes qui vendaient des petits anges et des iconographies d'égrégore. Que du bonheur ce salon. C'était le salon où les médiums avaient tourné branques. Avec Nathalie, comme nous avions conscience de ce qui agissait derrière, on était mortes de rire. Qu'est-ce qu'on a pu se marrer sur ce salon, on n'a pas beaucoup gagné d'argent mais qu'est-ce qu'on s'est bien marré.

Nous étions dans la salle de bal d'un prestigieux établissement d'une ville thermale. Cette salle a déjà brûlé 3 fois. Tout pour aller bien et faire un extraordinaire film d'épouvante. Les « Ghostbusters » y auraient fait un carnage. Comment parler de bien être dans des salles polluées à mort ? le lustre central qui faisait plusieurs mettre de haut et d'envergure était un nid à entités. Je voyais leur pince s'activer et j'entendais leurs mandibules claquer. Arffff, dégoutant...

C'est ce que j'explique aux personnes que je nettoie toujours mon stand avant de commencer le salon, du sol au plafond, à moitié de l'allée, imaginez que la semaine d'avant il y ait eu un salon érotique, ou la choucroute partie du rugby club... et les organisateurs font souvent passer des chamans dans les allées qui invoquent à tout va... ça craint ! Allé c'est open bar, venez-vous servir.... Mais qui sont-ils ?

Les entités négatives contrôlantes

Ces entités négatives contrôlantes sont des êtres incarnés, dans des corps physiques qui vivent sur des plans parallèles. Ils ont la capacité de nous voir et d'impacter nos vies. L'œil humain a perdu la capacité de les voir. Ils se trouvent là sous nos yeux d'humains mal calibrés. Personnellement je peux en voir et en entendre, depuis plus de 25 ans. J'ai développé au fur et à mesure des années mes capacités de médiumnité, clairvoyante et clairaudiente. Par contre beaucoup de personnes ayant ces capacités sont encore sous l'illusion des croyances de la matrice et ne font que voir les égrégores, comme moi avec ma grand-mère. Ce sont les champions de tous les mondes des hologrammes et de la métamorphose. Les Skrulls dans « Captain Marvel », ainsi que le chat qui est en fait un flerkens. La science-fiction les expose au grand jour depuis toujours, à Hollywood. « Star Wars » 1977, « Men in black », les films de Luc Besson, y compris « Lucie » qui nous expose les réelles capacités du cerveau humain, compréhension, communication à distance, voyage dans les temps et dans l'espace. Alors qu'elle est assise dans une pièce, une disparition des règles fondamentales de la gravité terrestre et de disparition totale des fondements même de la science actuelle au profit du quantique. Et plus nous développons nos capacités, plus nous pouvons accéder à ces lieux éloignés et à la fois si proches.

Tout ceci est vrai et nous pouvons l'atteindre sans substances chimiques artificielles. J'ai voyagé dans des endroits et des temps incalculables, en méditation. Me retrouvant incarnée dans un géant à la chute de Babylone, au milieu des flammes et du déluge d'eau. J'ai visité l'Atlantide, et des planètes ressemblant à s'y m'éprendre à Pandora et les montagnes flottantes.... J'ai parcouru la forêt à l'intérieur d'un grizzli. En n'ayant fait usage d'aucunes substance, juste en laissant mon esprit libre d'aller là où il voulait aller. En méditation, sur les chakras, au mois d'août, sur le chakra sacré je me suis retrouvée après une grande zone de gris, au Fuji-Yama. Quand j'ai expliqué cela à l'enseignante, elle a souri. Elle m'a demandé si j'étais sûre que c'était le Fuji-Yama. Je lui ai dit que oui, j'avais testé l'information, demandant si c'était le Kilimandjaro, mais c'était bien le Fuji-Yama. Elle me dit alors qu'il était un des chakras sacrés secondaires de la terre. Je connaissais certains des chakras de la terre mais pas celui-là. Et nous étions sur une méditation du chakra sacré.

J'ai fait partie des personnes qui se sont fait leurrer par les entités négatives. Je ne suis pas là pour juger qui que ce soit. Je suis juste là pour expliquer comment ça fonctionne de façon très basique. Je ne me positionnerais jamais en experte de la chose, aujourd'hui. Mais j'essaie, de par mon vécu avec et contre eux, de vous en apporter une version audible par le plus grand nombre. Je ne veux pas spoiler la technique de Calogero Grifasi, mais ouvrir les esprits à leur présence.

Quasiment tous les humains thérapeutes sont de bonne foi, ils prennent les hologrammes créés par les entités, ou les égrégores créés par les pensées collectives de la matrice, pour la vérité. Les entités se servent de nos systèmes de croyances pour nous impacter et nous prendre dans leurs filets. Ou tout simplement pour assoir leur domination, déjà préexistante, sur nous.

Les religions déviées de la même histoire vraie d'une reptilienne, transformées, déformées, par le temps et par les nécessités des divers effondrements de civilisation que nous avons déjà vécus. Elles font partie des systèmes contrôlants, cela depuis des millénaires, les peuples n'ayant alors plus accès à la compréhension des systèmes cachés, les enseignements énergétiques sont devenus ésotériques. Tous les systèmes contrôlants, visibles ou invisibles sont utilisés pour nous menacer et nous manipuler, criant à l'apocalypse, qu'ils sont eux même en train de créer, nous obligeant à nous sacrifier volontairement pour tenter en vain de l'éviter. Demandant de sacrifie d'abord humain puis animal, car c'est devenu un peu moins facile de tuer des humains impunément et encore pour le commun des mortels, d'autres dans certaines sphères ne s'en privent pas, encore de nos jours.

La science, bien que pouvant prouver beaucoup de chose et muselée, par la carotte. Les choses et enseignements occultes sont ésotérique, la science qui sur certains domaines a beaucoup fait évoluer les choses en expliquant les phénomènes climatiques déjà, puis l'astronomie comme les éclipses. Enlevant ainsi beaucoup de peurs. L'Homme, par ses inventions, a maitrisé la fougue des fleuves, régulé leur débit, colonisé les moindres parcelles de terre, faisant ainsi disparaitre les contes et légendes s'y rattachant. Les reléguant à des histoires pour enfants. Oubliant que tout cela était vrai. Reléguant la vérité à de la sorcellerie menant au bucher ou à de la science-fiction satanique. Ne l'oublions pas le rock'n'roll était à un moment considéré comme satanique.

Nous devons vivre humblement en remerciant chaque jour notre oppresseur de bien vouloir nous donner l'aumône d'un salaire médiocre.

Certains ont même transformé ces histoires vraies en dessins animés et en business plan, créant des nouveaux systèmes de contrôle, de masse. Ces gros producteurs cinématographiques, pervertissent les histoires des frères Grimm. Je me rappelle, dans mon enfance, on attendait avec une impatience presque frénétique les extraits des Disney que l'on nous offrait comme un cadeau à Noël. Avec le recul, qu'est ce qui faisait que l'on attendait cela avec autant d'impatience ? Qu'y avait-il d'aussi pertinent, pour que toute la famille du plus jeune au plus vieux soit tellement en attente de ces extraits ? Nous étions comme hypnotisés devant la télé pendant les quelques minutes que duraient les extraits. Ensuite nous reprenions notre vie comme si nous avions eu notre dose pour tenir jusqu'au Noël suivant. Je retrouve la même hystérie chez les enfants qui veulent à tout prix aller à Disneyland. Et on n'a même pas le droit de leur dire non, il faut y aller, c'est obligatoire. Qui y a-t-il derrière tout cela ? Je l'ai compris avec « La reine des neiges » et sa chanson : « libérée, délivrée », allez lire les paroles, l'acceptation de ses capacités la libère de la tristesse, de la peur et des angoisses ainsi que du passé. Ça sonne comme un hymne à notre acceptation de nous-même. Sa capacité c'est le froid, quelle est la vôtre ? Ils font de l'argent sur vos souvenirs, sur les résurgences de mémoire que cela provoque chez vous et chez vos enfants, augmentant le syndrome du conte de fées. Ils peuvent aussi observer, repérer, cataloguer vos enfants. Tout ceci n'est pas anodin bien au contraire. En plus d'une machine à frique c'est un bon endroit pour vous classifier. Tout distrait que vous êtes par les paillettes et le sucre…

Et maintenant combien de dessins animés, pour enfants, proposent des copains bizarres, tenant plus du bestiaire des entités que de la réalité terrestre humaine. Des amis qui, comme les enfants, sont mis à part et comprennent du coup leur solitude. Dans ces dessins animés, ils obtiennent des pouvoirs et gains de cause sur les méchants. Comme cela quand les entités se présentent aux enfants, qui eux les voient, avec le même visuel que dans le dessin animé, nos chères petites têtes blondes les acceptent et valident leur présence dans leur espace énergétique. Et le tour est joué. Dans une session je me rappelle que l'entité se présentait en nounours à une enfant de 7 ans qui venait de mourir sous les coups d'un tortionnaire.

En ostéopathie j'ai appris que la fontanelle antérieure bregma, position du chakra coronal, se solidifie définitivement à 7 ans. L'âge de raison, celui où les enfants arrêtent de dire des trucs, que les adultes ne comprennent pas. Lol, c'est juste que cela modifie la fréquence vibratoire ou onde de leur cerveau et qu'ils en perdaient la capacité de clairvoyance. Je dis bien perdaient, car ce n'est plus le cas depuis quelques années. Vu qu'on les croit de plus en plus et qu'on accepte, qu'ils peuvent voir des choses qu'on ne voit pas, pour la plupart, leurs capacités persistent. C'est aussi l'âge de l'entrée en CP, début du formatage contrôlant scolaire.

Bientôt tous ces êtres n'auront même plus besoin ni d'hologrammes ni d'égrégores pour nous contrôler et ils pourront de nouveau vivre sur les mêmes plans que nous. Car avec toute la propagande de dessins animés qui fait leur publicité, les futurs adultes qu'ils deviendront garderont leurs amis imaginaires auprès d'eux toute leur vie.

Ceux-ci sont pour le moment encore sur le plan ésotérique, et bien qu'ayant des accords depuis de nombreuses vies, doivent pour le moment vous réimplanter à chaque existence. En validant leur présence auprès de vous à chaque incarnation, renforçant ainsi leur position. S'ils n'arrivent pas à l'obtenir par leurre, ils le feront par la peur.

Combien d'enfants ont peur de dormir dans leur chambre, à cause du monstre sous le lit et dans le placard. Petite info au passage ils sont vraiment là. Dans le dessin animé Pixar « Monstres et compagnie » on veut nous fait croire que certains sont gentils, non, ils sont tous comme Léon le lézard visqueux et vicieux aussi tenace qu'une sangsue et ils peuvent se rendre invisible comme lui. Il n'y a aucun gentil dans le placard, ni sous le lit, mais ce qui est vrai c'est qu'ils ont besoin de notre énergie pour vivre et faire leurs expériences.

Regardez la publicité « monster.fr », un gros poilu bougon qui fait en sorte que le patron regarde votre cv plutôt qu'un autre et il lui fait tourner la tête pour qu'il regarde le vôtre. Mais en vrai, il regardera celui que le monstre a décidé de lui faire regarder. Quand j'ai vu cette publicité, je me suis dit : « Mais non, c'est trop gros là, les personnes vont voir ! ». He bien non, vous ne voyez toujours rien. Mais ils ne feront choisir votre cv que si vous faites ce qu'ils veulent ou que le job que vous convoitez va les nourrir eux, pas vous. Ou alors si vous êtes suffisamment pourri pour faire souffrir toutes les personnes sous vos ordres.

Un de leur but principal est de nous isoler ? Combien d'enfants ont des amis imaginaires, qui les isolent des autres, qui leur demandent l'exclusivité, car ils manipulent leur perception des choses ? Ce ne sont pas des amis imaginaires, ce sont soit des fantômes d'enfants ou d'adultes, soit des entités qui les approchent, le plus tôt possible, pour les avoir sous leur coupe quand ils seront adultes. Venant une fois pour leur faire peur en se montrant tel qu'ils sont vraiment, puis ensuite pour les consoler sous une autre forme plus sympathique qui les rassurent. Tout est fait pour vous amadouer dès votre plus tendre enfance et mieux vous maitriser par la suite. Moi je n'avais que ceux qui me faisaient peur, je n'ai aucun souvenir d'autres qui auraient pu être gentils. Que des sensations désagréables, d'être suivie en permanence, de façon malveillante. Me faire peur en permanence, me faire douter de moi, m'isoler mais c'était mon karma.

Je me rappelle une connaissance qui m'a dit que son fils était rentré d'une promenade dans la forêt avec un « elfe ». L'enfant lui avait donné accès à sa chambre. Quelques temps plus tard, l'enfant n'avait plus le droit de dormir dans son lit, « l'elfe » le lui interdisant. Je lui ai conseillé de le raccompagner à la porte de la maison et de l'en bannir. Les esprits de la nature doivent vivre dans la nature. On les croise, on les voit des fois, mais chacun chez soi et tout ira bien. Ce ne sont pas toujours des entités négatives mais quoi qu'il en soit, leur maison c'est la nature et donc il faut les y laisser. C'est comme ramener le petit chaton à la maison et se rendre compte trop tard qu'en fait c'est un lynx, ou un tigre, ou un lion. Et si vous croyez fortement en ces êtres là, vous avez raison, mais nous ne vivons pas sur les mêmes plans ni dans les mêmes dimensions. Chacun sa place, nous pouvons les respecter mais pas vraiment les côtoyer sans créer des interférences.

Les entités, sont sans scrupules et ils vont se servir de tout contre vous. Influençant ensuite les enfants dans le but de faire péter les plombs de leurs parents, avec cette insistance à nous imposer une éducation libre, leur autorisant tout et n'importe quoi, les enfants deviennent incapables de gérer la frustration, et cela facilite la tâche des entités contrôlantes avec ceux qui ont de caractères forts. En faire des enfants incontrôlables cela amuse les entités, mais surtout cela les nourrit. Avec les enfants à tendance plus calme, et qui manque de confiance, comme moi ils vont les faire harceler par les autres. Aidées en ça par les vaccins qui abiment leurs capacités cognitives et au sucre qui les rend hyperactifs.

On doit aider les enfants le plus tôt possible à avoir du discernement, les amener à réfléchir sur leurs actes. À valoriser leur capacité de faire les bons choix, celui de ne pas céder à la tentation même harcelante des voix négatives. Celles qui les poussent à faire des bêtises ou qui les rabaissent. Ce n'est pas simple de valoriser tout en limitant, mais c'est toujours mieux que de ne jamais mettre de limites, car sans limite l'enfant aura du mal à se faire un jugement de valeur. La fille de Patrice l'a considéré comme un mauvais père car il a refusé de prendre un appartement pour vivre uniquement avec elle, quand il avait le droit de garde, alors que nous étions déjà en couple et que nous étions sur le point de nous marier. Elle n'avait jamais entendu le non avant ces 12 ans, elle a pris cela pour de la mal traitanse. Un enfant qui n'a pas de limite deviendra un adulte tyran, un enfant qui a trop de limite aussi. Chacun à leur manière, l'un car il ne sera pas s'arrêter en demandant toujours plus et l'autre en demandant réparation de trop de frustrations. Alors même si cela ne leur plait pas, il faut leur donner des valeurs de respect de soi et d'autrui.

Mon père même s'il a été des fois très sévère, m'a toujours donné à réfléchir sur mes actes, me permettant de me dissocier de l'effet de masse et à ne pas suivre le troupeau. Je l'en remercie grandement. À notre arrivée sur Annecy, une enfant a demandé à ma fille de devenir une délinquante avec elle. Ma fille lui a répondu non, l'autre enfant a demandé si elle avait peur de se faire prendre par les flics. Ma fille a répondu qu'elle avait beaucoup plus peur de ma réaction que d'avoir à faire face aux flics. Bon certes, maintenant elle me reproche la manière. Même si elle a eu plus peur de moi que de la police, je ne sais pas si au final c'est une bonne chose, mais au moins elle a pris la bonne décision. J'étais comme vous le savez une maman solo, avec aucune aide, 3 jobs en même temps et beaucoup de mal à leur prodiguer de l'amour, même si toutes mes décisions je les prenais principalement pour eux et leur offrir ce que moi je n'avais pas eu. J'ai compris tout cela ils étaient déjà grand et le mal était fait. Subir le harcèlement permanent de mes propres entités négatives contrôlantes me projetant dans des emmerdes perpétuelles pour m'empêcher de trouver la conscience de cœur que j'ai trouvé maintenant, en même temps qu'eux leur pourrissait la vie de leur côté. Même si j'avais conscience de beaucoup de choses, ce paramètre me manquant alors je ne pouvais pas reprendre en main les choses, et j'ai perdu pied avec mon quotidien et ils ont été les 1ères victimes des effets secondaires. Même en assumant à 2000% mon rôle de mama solo, j'ai commis des erreurs qu'ils ne me pardonnent pas et je les comprends. Je ne peux pas leur en vouloir, Il n'est pas facile de prendre en compte ce paramètre et surtout je ne m'en servirais jamais comme une excuse, même si ça a été très dure et que cela l'est encore de subir les conséquences de leurs attaques.

Conséquences qui ne s'arrêtent pas le jour où on arrive à les mettre dehors, car nos mémoires cellulaires et programmation de l'inconscient peuvent nous maintenir dans les mêmes boucles, et dans des rancœurs difficiles à surmonter. C'est pour cela que nous proposons d'autres techniques énergétiques pour vous accompagner le plus possible dans la reprise en main de votre vie.

Pour ma part avec mes enfants, je leur résolvais rarement leurs problèmes, je leur expliquais comment les résoudre eux même et s'ils n'y arrivaient pas je m'en occupais en tout dernier recours, mais je n'en avais quasiment jamais besoin. Du coup maintenant ils sont capables de gérer leur vie et je suis fier d'eux, même s'ils estiment du coup ne plus avoir besoin de moi.

C'est enfant, quand ils peuvent encore les voir, que l'on doit leur donner les armes pour les maitriser et ne pas se laisser berner. Ne surtout pas leur dire que ce n'est pas vrai, qu'il n'y a rien, même si on ne les voit pas. Leur dire de les mettre à la porte et le faire aussi pour renforcer l'acte de l'enfant, même si c'est juste en disant « Je suis d'accord avec lui ou elle, dehors ! ». Vaut mieux paraitre ridicule et bien dormir, non ? Votre enfant ne vous trouvera jamais ridicule, juste lui demander confirmation qu'il est bien parti ensuite. Si j'avais su cela, mon fils aurait sûrement eu moins de terreurs nocturnes. Il m'arrive également de dire aux gens que si les attaques augmentent ou s'intensifient après qu'on ait eu une conversation ensemble de dire cette phrase si la 1ère n'a pas marché : « ARRÊTEZ IMMÉDIATEMENT où j'appelle Frédérique ! ».

Non pas que je me substitue à eux dans ce qu'ils sont en train de faire ou de dire, mais que les entités vont se demander qui est Frédérique. Ils vont suivre le flux de penser de la personne, qui est en train de penser à moi en le disant. Et ils vont me voir et voire ce que je fais. Ca va avoir pour effet de les calmer 5mn, mais ce petit truc ne va pas marcher indéfiniment, il va être limité dans le temps. Mais de prima bord ils ne vont pas vouloir vous perdre, donc ils vont lâcher un peu la pression et vous fiche la paix un petit moment. Mais si vous les menacez sans jamais agir ils vont ensuite reprendre leur sabotage. Certains parfois très pervers vont vous donner l'impression que vous les maitrisez. Ma conscience était persuadée qu'elle maitrisait ce qui se passait alors que pas du tout. Toute action commise pour les affaiblir n'aura d'action durable. La seule action durable c'est de les mettre dehors et ensuite de poursuivre votre travail sur vous afin de maitriser pleinement votre espace énergétique.

*****

Suite à sa session, une de nos clientes, professeure des écoles, est venue nous raconter sa petite aventure. Professeure en primaire, une enfant vient la chercher à la récréation pour lui dire « Il y a un monstre dans les toilettes sous le préau ». Elle ne s'est pas démontée, elle lui a dit « Ok on va voir ça ! », elle ne les voyait pas elle-même mais a pris la petite fille au sérieux sachant qu'ils existent vraiment. Arrivées sur les lieux, la petite fille lui dit : « Ha bin, il n'est plus là ! il est parti. », la petite fille était toute contente et elle est partie jouer.

Il n'était plus là parce que la professeure l'avait crue et lui avait dit on y va. Si elle lui avait dit « N'importe quoi, il n'y a pas de monstre » il aurait pu rester et continuer à embêter les enfants allant aux toilettes. Des fois il faut juste les croire pour que cela cesse. Car à l'âge adulte, on ne les voit plus, mais ils sont toujours là. Et ils peuvent se gaver des effets secondaires négatifs de nos déboires sentimentaux, familiaux, professionnels, financiers, administratifs en créant des blocages importants, semant la zizanie. Mais nous n'avons plus capacité à les voir et leurs pensées sont tellement fusionné aux nôtres, qu'il est devenu difficile de faire la différence. On prend cela pour notre propre discourt intérieur de nous à nous. Croyant les méchancetés et les manipulations qu'ils nous racontent : que vous êtes nul, que vous n'êtes capable que de faire le malheur des autres, que vous n'arrivez jamais rien fait de bien dans votre vie, alors que c'est faux. Ou encore que les autres sont fautifs de tout et qu'ils sont responsables de toutes vos misères, que tous vous regarde et vous jugent... que vous n'êtes que des bon à rien, moches incapable d'être aimé, alors que c'est eux qui font le vide autour de vous.

Et en ce qui me concerne ils m'ont coupé dès la naissance l'alimentation financière, phénomène qui s'est aggravé quand j'ai décidé de quitter le système classique, début 2000 pour m'installer à mon compte pour la 1ère fois et améliorer la condition humaine.

Les conflits familiaux sont souvent créés par votre incompatibilité énergétique avec la famille, car c'est les entités qui dans 90% des fois vous ont choisi votre incarnation, exprès pour cela. Bien que j'aie des parents droits qui m'ont donné une éducation, certes un peu sévère, mais équilibrée, dans le principe de respect et de responsabilisation. J'ai vécu des choses terribles, à côté de chez eux, sans qu'ils ne les voient et ne les comprennent. Mais je ne leur en veux pas. Quand on connait les tenants et les aboutissants des entités négatives contrôlantes, on sait que tout le monde est impacté par ces propre pactes.

Il faut arriver à un moment à lâcher prise sur beaucoup de choses. Eux aussi, ils ont subi leur lot d'emmerdes en tout genre. Pour expliquer la famille, du point de vue des entités, j'ai trouvé un exemple : imaginez que l'on prenne tous les jeux de carte de la planète, tous sans exception, on fait un gros tas, vous mélangez bien, vous en sortez 42 cartes, et vous essayez de jouer au jeu des 7 familles. Pas si simple n'est-ce pas, hé bien c'est ce qu'ils nous font.

Mes parents m'aiment, même si leur soutien moral était manquant, dans les périodes les plus compliquées de ma vie. Ce qui a créé des tensions entre nous. Tension que j'ai décidé de laisser derrière moi, pour mon mieux être émotionnel et moral, car le plus important c'est de ne pas leur tenir rigueur de ce que les entités ont fait de ma vie, ils n'en sont pas responsables. J'y ai gagné ma paix intérieure. Et surtout on a pu au-delà de tout cela garder l'amour. Après, j'ai toute conscience que certaines familles sont très toxiques et dangereuse, et tout ne peut pas se pardonner.

Et revenir sans cesse sur le passé pour obtenir réparation ne sert à rien. Si toutes ces personnes, autour de nous, avaient compris que leur comportement nous blesse, ils ne l'auraient dans la majorité des cas pas fait. Et s'ils l'avaient compris après coup, ils se seraient excusés. Continuer à essayer de leur faire comprendre la détresse que j'ai vécu alors, ne ferait que détériorer la paix intérieure que j'ai enfin trouvé avec mon passé.

Les membres de ma famille ont surtout toujours refusé leurs capacités, alors que moi je les ai toujours acceptées et ce depuis mes 15 ans. J'ai toujours eu comme objectif de les utiliser. J'ai quand même appris avec les années, que mon arrière-grand-père paternel était abonné à la revue d'Allan Kardec, que ma grand-mère, sa fille, tombait en transe au réveil et avait des visions, elle a prié pour qu'on lui enlève cette capacité. Et mon père regardait « Mystères » car enfant il avait quelque chose qui lui appuyait sur la poitrine le soir dans son lit, c'est pour cela qu'il a dormi avec le bras sur les yeux, pour ne pas le voir, pour ce que je sais il est clairaudient, qu'il a refusé cette capacité à s'en rendre sourd. Il a d'autres capacités mais ne veut pas en entendre parler. Et ma mère faisait ou fait encore du pendule avec son pendentif en saphir.

Malgré tout cela, je me retrouvais donc très seule, à des moments où j'étais dans des difficultés créées par les entités contrôlantes, qui elles non plus ne voulaient pas me voir avancer sur le chemin de l'énergétique, cela faisait partie de mon faut karma. Donc ma famille en considérant mes choix comme désastreux de persévérer dans mes activités extra sensorielles, a contribué malgré elle à faciliter la tâche entreprise par les entités de m'interdire cette voie. Comme je l'ai déjà expliqué, je suis revenue dans le « droit chemin » à plusieurs reprises, ou plutôt, j'ai fait maintes tentatives pour le quitter, avant de réellement y arriver.

Car j'ai quelques principes de base :

- Si tu essaies de m'empêcher de faire quelque chose, je vais chercher à comprendre pourquoi et si les arguments ne sont pas valables, je ferais tout pour le faire !
- Si tu essaies de m'obliger à faire quelque chose, je vais chercher à comprendre pourquoi et si les arguments ne sont pas valables, et que c'est uniquement dans ton intérêt et pas le mien, je ferais tout pour éviter de le faire !
- Si tu veux connaitre le fond de ma pensée, demande-moi de me taire !
- Et appuyez-vous très fort sur vos principes jusqu'à ce qu'ils cèdent, mdr.

- Ils ne savaient pas que c'était impossible alors ils l'on fait ! pour moi rien n'est impossible du moment qu'on mobilise sa volonté et ça détermination.

De là où je me trouve, aujourd'hui, je n'en veux plus à personne, je suis passée par-dessus tous ces tracas créés justement pour m'isoler. J'ai réussi à prendre du recul, grâce aux connaissances que j'ai acquises dans les multiples techniques que j'ai apprises, et qui ont de surcroit réveillé mes mémoires. J'ai su déjouer par ma volonté certains plans des entités, bien avant de connaitre leur existence, développant un esprit ultra stratégique. Me surtout me relevant sans cesse pour continuer à avancer sur mon chemin. Et ce au prix d'encore plus d'attaques physiques, émotionnelles, financières, administratives. Je me suis relevée tant de fois, grâce à ma volonté, que je les ai plus qu'exaspéré et qu'ils ont dû encore et toujours plus essayer de me stopper, je suis une indigo, ça aide un peu.

J'ai persisté et continué à me former, dans la pratique des techniques énergétiques, car je savais que la réponse se trouvait dans l'énergétique pas dans la matière. Je voulais comprendre comment ça marche. Et, plus, j'ai acquis de connaissances sur le fonctionnement du corps humain et de ces différentes strates énergétiques, plus cela m'a aidé à échapper au plan des entités pour me stopper et échapper ainsi à nombre des illusions de cette matrice. Et du coup cela m'a révélé leur présence, car à un moment ils ont dépassé la limite du raisonnable et pour moi s'est devenu une évidence, que quelque chose cherchait à me stopper ! et sabotait systématiquement tout ce que je faisais.

*****

Nous avons donc vu, que les entités vous ont abordés dans votre enfance sous couvert d'un ami imaginaire, que vous avez eu toute votre petite enfance près de vous. Même si vous ne vous en souvenez pas, vous vous rappelez de la vibration énergétique de celui-ci. Tout est question de vibration énergétique. Dans le but avéré que quand vous serez adulte et que vous allez invoquer votre guide pour vous aider à vous en sortir, c'est cette même entité négative qui va revenir sous le couvert de cette vibration, connue et acceptée depuis toujours, pouvoir se faire passer pour votre pseudo guide. Et bim bam badaboum le tour de passe-passe est réussi. Quelle qu'est été son apparence durant votre enfance, il ne vous reste en mémoire que sa vibration énergétique que vous reconnaissez.

Vous prenez cet être malfaisant qui vous a pourrit la vie depuis toujours pour votre guide ou ange gardien, ou protecteur. Il va se substituer à tous ceux que vous invoquerez pour avoir de l'aide, il peut olographier tous ceux à qui vous demandez de l'aide, car il est télépathe et voit tout ce que vous pensez et vous le sert sur un plateau.

- Tu veux ton guide : le voilà et si en plus c'est une iconographie bien placée dans la hiérarchie des croyances humaines, vous êtes super flattés et ça passe encore mieux.
- Tu veux un ange abracadabra : voilà un ange, ou un archange, les archanges c'est le topissime. Holà là, j'ai un archange qui me vient en aide, je dois être quelqu'un de super important, MDR.
- Tu veux marie : bim marie ou Isis c'est la même, tu l'as ! Ou Marie-Madelaine, très à la mode Marie de Magdalena chez les thérapeutes, des hologrammes, des illusions ou des égrégores peu importe tant que ça vous leurre et que vous les acceptez.

Mais c'est bien entendu encore et toujours le même salopard qui vous pourrissent la vie le reste du temps. Mi ange, mi démon. Je sais que je ne vais pas plaire en disant cela, mais c'est malheureusement la triste vérité.

Quand on croise les personnes sur un salon ou à notre boutique, que vous nous exposez vos problèmes et qu'on sait que vous êtes interférés, on vous le dit que votre guide n'est pas ce que vous pensez. Vous nous traitez de fou, vous nous dites que vous le connaissez bien, qu'il a toujours été là. Et vous allez vous faire embobiner sur un autre stand, ou dans une autre boutique, arborant les photos des égrégores de ceux que vous appelez à l'aide et qui proposent de la poudre de perlimpinpin, qui n'aura aucun résultat. Pour 95% des personnes, cela se passe comme ça. On passe nous pour les méchants, et eux je les entends se gausser et rire derrière vous et cela me désespère. Ou si vous me croyez car il y a à l'intérieur de vous une vibration qui vous dite que même si c'est farfelu ce que nous sommes en train de vous dire c'est juste. Et là généralement je me fais grassement insulter : « ta gueule salope ! Fermes la ! … », où ils hésitent essayant de maintenir l'illusion, je les entends réfléchir aussi, la télépathie est extraordinaire. Les entités pensent : « Comment faire ? Si je ne dis rien je vais perdre mon esclave (vous), si je parle elle va m'entendre et je vais me faire griller. Haaaaa, comment faire ? ». Ils sont comme Golum cherchant une stratégie pour continuer à influencer Frodon, en cherchant la meilleure des stratégies pour évincer Sam.

Et nous, nous assistons à cette mascarade perpétuellement, impuissants enfin presque. Si vous cherchez le responsable de vos emmerdes au quotidien, inquiétez-vous plutôt de savoir qui est vraiment celui qui est censé vous protéger. S'il vous protégeait vraiment, vous arriverait-il tout cela au final. Et si vous en avez un vrai, comment cela se fait que les autres ont quand même réussi à passer ?

Je vois passer régulièrement une photo sur les réseaux sociaux, d'un homme la petite soixantaine affublée d'ailes avec une clope et qui se sert un verre de vin, en légende : « Vu le bordel qu'il y a dans ma vie je pense que mon ange gardien boit ! ». Non il ne boit pas, c'est une entité négative contrôlante, qui se fait passer pour votre guide ou ange gardien ou ange ou archange ou maitre ascensionné. Peu importe au final, si vous n'êtes pas satisfait de ses services pourquoi continuez-vous à faire appel à lui ? Pourquoi le gardez-vous dans votre espace énergétique ? Ou peut-être, vous a-t-il dit que la souffrance est indispensable à l'évolution de l'âme… que vous n'avez sur votre chemin que les épreuves que vous avez capacité à résoudre, que c'est pour votre bien tout ce qui vous arrive et que cela à une raison d'être que vous comprendrez plus tard ! LES NOURRIRE !!!

Si un garagiste vous fait un travail de gougnafier, retournez-vous chez lui ou changez-vous de garagiste ? Moi à titre personnel je change et c'est ce que j'ai fait toutes ces années, quand je n'étais pas satisfaite du résultat, je cherchais quelque chose de plus efficace. Rien n'est immuable.

C'est ce que je fais également avec les médecins, quand ils estiment que mon surpoids est la cause première de tous mes problèmes de santé et qu'ils attribuent ce même surpoids uniquement à mon alimentation, sans savoir ce que je mange au quotidien, je change de médecin. Et en 30 ans j'en n'ai trouvé aucun qui a su me dire pourquoi, en 1997, j'ai pris 15 kg en 15 jours, 1 mois après la naissance de ma fille. Ils partent tous du principe que c'est mon poids la cause de tous mes problèmes, alors que celui-ci est la résultante d'un autre problème que personne n'a pris la peine de chercher. Je cherche activement depuis 3 ans avec la « Méthode JMV® », je n'ai encore pas trouvé le verrou. Mais je sais que je vais le trouver un jour. Et ce jour-là je transmettrai l'information à toutes les personnes dans mon cas. J'ai enfin trouvé une piste, grâce à quelqu'un qui pratique des massages en médecine traditionnelle tibétaine : mes césariennes. Il y avait d'autres choses que j'ai déjà travaillé et éliminé sans que cela n'est vraiment de résultat probant sur mon poids, même si ces choses étaient juste elles n'étaient que des conditions aggravantes. Le point d'origine c'est mes grossesses, pas mes enfants mes grossesses, le système hormonal est parti en vrille, et les césariennes 3 en tout ont parachevé le tout, empêchant le corps de se rétablir correctement. Mon système lymphatique à bugger pendant mes grossesses comme pour beaucoup de femmes, certaines prennent des fois 30 kilos et perdent tout après. Mais les césariennes ont empêché mon corps de se rétablir. 25 ans pour trouver quelqu'un qui a su m'expliquer de qui s'est alors passé, fin 1997.

Et n'oublions pas qu'aujourd'hui les médecins ne sont pas exempt d'accord, et que ceux qui restent en exercice suite à la pandémie sont ceux qui n'ont pas remis le système en question. Vu que ce jour les non vaccinés n'ont toujours pas été réintégrés à leur poste en France. Janvier 2023. Cela arrivera peut-être un jour ! Et je poserais la question avant de prendre rendez-vous. Pour le moment je fais avec le moins souvent possible.

*****

Les entités négatives sont donc des êtres incarnés, comme nous, dans un corps physique mais différent du nôtre. Ce ne sont pas des fantômes. Souvent les personnes confondent l'un et l'autre. Les fantômes sont des esprits d'humain décédés qui ont perdu le mode d'emploi et le chemin pour réintégrer leur pleine mémoire d'âme ou pleine conscience.

Les médiums et les voyants, tout comme les géobiologues vous disent avoir enlevé les entités qui étaient sur vous, au mieux ils ont fait déménager temporairement le fantôme de votre grand-mère, qui va revenir dès qu'ils auront le dos tourné. Et si c'est un fantôme qui n'a aucun lien avec vous et qui est là juste pour s'amuser parce qu'il s'embête dans les limbes, il va revenir aussi ou simplement passer sur quelqu'un d'autre. Pareil pour les passeurs d'âme, les ¾ du temps ils ne font monter personne, le fantôme se planque en attendant que cela passe. 80 % des fantômes censés être montés sont toujours sur les personnes que nous voyons pour une session d'hypnose régressive ésotérique. Un fantôme qui est monté ne peut rester auprès de vous comme guide ou ange gardien, je vais en décevoir plus d'un, c'est un mythe. Un fantôme qui réintègre sa pleine mémoire d'âme, ne porte plus le costume de son ancienne vie et ne veut pas rester auprès des vivants, qu'il a côtoyé dans sa dernière vie. L'âme a sa propre existence à mener et elle part très rapidement d'ailleurs dès qu'elle a retrouvé toute sa mémoire. Une fois qu'il ou elle a récupéré sa pleine mémoire d'âme, celle-ci choisit systématiquement de continuer sa route sur terre ou ailleurs mais sans garder aucun lien avec cette vie terminée. Fini pour elle de subir les croyances limitantes humaines, et de rester accrocher à ses proches ou non comme un ballon de baudruche qui se dégonfle inexorablement jusqu'à devenir une larve sans mémoire aucune.

Ou alors encore pire, les thérapeutes ou géobiologues les servent sur un plateau à leurs propres entités, celles avec qui ils ont eux-mêmes un pacte et qu'ils invoquent pour travailler. Ils travaillent sous interférence à leur faire augmenter leur cheptel de pactes.

Et quand, ils arrivent à faire déménager une vraie entité, ce n'est souvent qu'un des nombreux sbires qui vous polluent l'existence, mais jamais celui qui détient l'accord, il y a des tas de sbires à leur service. Ils ne sont même pas contrariés que vous en ayez dégagé un. Ce ne sont que des fourmis travailleuses pour eux, ils peuvent même mourir peu importe ils en ont des milliers à leur service. Quand j'ai fait ma 1ère hypnose les miens se dédoublaient. J'ai dû en mettre une trentaine dehors. À force que je les dégage, pendant plus de 10 ans, ils avaient mis en place des sbires qui ralentissaient le temps quand je cherchais à les faire partir et qui se dédoublaient à l'infini, pour me rendre la tache de plus en plus dure, ils s'adaptent. Pendant ma 1ère session, je retrouvais la même sensation, qu'à ces moments-là. Donc virer un sbire ne les dérange aucunement et ils vont en remettre un autre ou deux si vous les virez trop souvent, 10, ou 20, ou 30. Mais au final le gros qui les commande n'est jamais embêté lui. Le big boss comme je l'appelais depuis plus de 10 ans.

Les entités sont des êtres vivants dotées d'une âme qui vient de la source, comme les nôtres. Nous sommes des entités type humanoïde terrestre. La plupart des entités négatives auxquelles nous avons à faire sont coupées de leur âme, volontairement ou non. Personnellement, comme bien d'autres, mais qui ne le disent pas de peur de passer pour des fous, j'ai gardé après mes 7 ans la capacité de les voir, de les entends aussi, et de les ressentir énergétiquement.

*****

Pourquoi ils cherchent à nous contrôler le plus tôt possible dans chaque existence ?

Les enfants ont donc comme on l'a vu, des capacités beaucoup plus développées que celles des adultes. Ils voient nos auras, ces couleurs qui se trouvent autour de nous qui sont le reflet des énergies de nos différents corps énergétiques et chakras. Si vous tapez « photo d'aura » sur internet, vous en verrez. On y voit notre note principale et des fois des influences extérieures, voir même des trous. Je ne suis pas une spécialiste de leur interprétation, je lis les énergies des personnes autrement.

Donc si les bébés ne nous regardent pas dans les yeux ce n'est pas parce qu'ils n'y voient rien mais bien parce qu'ils y voient mieux que nous. Quand on est en présence d'un enfant cela nous met toujours de bonne humeur, même si juste avant nous n'étions pas bien et cela change les couleurs de notre aura et ça intéresse le bébé beaucoup plus que notre visage. Souvent les bébés bloquent sur moi et Patrice. J'ai toujours eu un contact privilégié avec les bébés et les animaux du plus loin que je me rappelle. On sait que nous avons une énergie différente, car nous la travaillons tous les jours. Il m'arrive même d'avoir de grandes discussions avec eux. Souvent quand je leur parle ; les bébés sont contents et joyeux et au bout de quelques secondes, se demandent s'ils me connaissent, car au bout d'un moment ils regardent mon visage, et ne me reconnaissent pas. Je leur confirme que non on ne se connait pas, cela les rassure, car mon énergie les attire beaucoup mais ne me reconnaissant pas physiquement cela les perturbe un peu. Et comme je leur parle avec un large sourire et avec beaucoup de joie ils le voient et cela leur convient.

Je me souviens d'une rencontre dans un magasin dans le sud en 2005, une enfant, entre 12 et 18 mois dans une poussette, une petite fille très brune, des bonnes joues, qui en me voyant a souri aux éclats, j'ai tout de suite compris qu'on se connaissait, mais pas d'ici. C'était à Aubagne et moi j'habitais alors en Haute Savoie. Je me suis arrêtée et j'ai discuté avec elle, lui disant que cela me faisait plaisir de la voir aussi, j'ai joué le jeu, mais sans contrainte, ni volonté de lui mentir, son attitude ne faisait pour moi aucun doute, nous nous connaissions. La maman observait cette scène avec amusement, voyant bien qu'il se passait un truc entre nous deux. Au bout d'une minute ou deux, je lui ai dit que je devais continuer mon chemin et qu'elle aussi. Elle fut très triste et son si joli sourire s'est éteint instantanément, cela m'a fendu le cœur de lui faire autant de peine. Je rajoutais donc : « Si nous avons réussi à nous retrouver ici aujourd'hui, nous nous recroiserons un jour, j'en suis sure ! » Son sourire est revenu aussitôt et je suis sûre que nous nous retrouverons un jour.

Une autre fois, sur un salon de minéraux, je vois une petite main s'accrocher à la table, je me méfie toujours qu'un enfant ne fasse pas tomber quelque chose donc j'y regarde de plus près. Et là je vois une petite fille, de 4 ans, handicapée assise sur son tricycle qui cherchait à se grandir pour voir les pierres. Et tout de suite j'ai ressenti un truc de fou. J'ai pris une pierre des fées que nous avions, nous-mêmes, ramassée au Canada, pour lui offrir. Je me suis accroupie devant elle, je lui ai tendu la pierre, et en retour j'ai reçu une dose d'amour comme jamais j'avais reçu, j'en ai pleuré de joie. J'ai discuté avec sa grand-mère, elle a pris une ou deux pierres pour faciliter la vie de sa petite fille. Pendant que je m'occupais d'elles, un client me prit un œil de tigre me le tendant, bousculant l'enfant au passage. J'ai été choquée, j'ai regardé la personne et je lui ai dit : « Je suis en train de servir la petite fille que vous venez de bousculer, vous attendrez que j'aie fini avec elle ! ». Et j'ai pris mon temps car cette rencontre était merveilleuse et rien ne la gâcherais. J'ai ensuite servi le monsieur qui est reparti en 2 secondes. J'ai regardé l'enfant s'éloigner et j'ai remarqué qu'en plus de regarder les pierres elle scrutait les visiteurs, pour voir s'ils la regardaient. Elle passait complètement inaperçue, personne ne la voyait. Elle, elle n'attendait que de trouver ceux qui la verrait pour leur offrir tout cet amour. Je compris alors la chance que j'avais eu de la voir. J'en ai eu les larmes aux yeux pendant plus de six mois en pensant à elle.

Malheureusement beaucoup de belles lumières passent inaperçues et ne sont pas vu ni entendues. Quand les enfants grandissent et qu'ils peuvent parler, ils disent qu'ils voient des monstres sous leur lit ou dans le placard, ou des personnes dans le couloir alors que les adultes ne voient rien. À force que les adultes leur répondent qu'il n'y a rien, ils arrêtent d'en parler mais ne dorment pas mieux pour autant. Et quand ils sont bébés et qu'ils pleurent quand vous approchez d'eux, ce n'est pas vraiment à cause de vous, mais plutôt à cause de ce qu'ils voient autour de vous, qu'ils n'aiment pas.

*****

Personnellement j'ai eu très peur des morlocks dans le film : « La machine à explorer le temps » film de 1960. Et tous les soirs après cela, les entités étaient sous la fenêtre de ma chambre quand je fermais les volets. Et ils me faisaient voir des morlocks, j'étais terrifiée. Je devais avoir moins de 10 ans la 1ère fois que je les ai vus. J'ai réussi à m'en débarrasser en mai 2015, à 47 ans. Parce que je savais alors que c'était les entités qui faisaient cela et que ce n'était pas des morlocks.

Il faut savoir que les entités négatives ont généralement des énergies plus basses que les nôtres, pour ceux qui sont dans la matière. Ils vivent sur terre avec nous et impactent nos vies au quotidien. En leur présence, on a des maux de tête, des nausées, de la fatigue inexpliquée, comme ça d'un coup. Sur un des salons de la voyance que nous faisions à Aix les bains, il y avait un médium, look hippie Woodstock, qui était tellement blindée de fantômes et d'entités, que ces deux voisins ont été malades. Ils ont vomi et ont dû quitter le salon, plusieurs jours pour s'en remettre. C'est de chez elle que venait le prêtre podophylle dont je vous parle plus loin.

Leur jeu favori, nous faire peur, nous stresser, nous angoisser... créer des blocages administratifs, financiers, des conflits de voisinage, raciaux, professionnels... En gros créer des blocages de toute sorte de partout en permanence. Il n'y a qu'à voir ce qu'ils ont fait de ma vie.

Pourquoi est-ce qu'ils font cela ? Pour se nourrir. Et oui, leur nourriture, leur carburant et leur énergie pour construire et faire fonctionner leurs appareillages, sont les émotions négatives humaines. Faire également grandir leur progéniture, car en se coupant volontairement ou non de leur âme et de son énergie créatrice, leurs races dégénèrent et ils ont besoin de notre énergie pour survivre et procréer. Certains nous ont confié que la culpabilité, que ressentent les gentils, bien souvent à tort, pour eux c'est du nectar. Ils nous choisissent nos incarnations pour cela, être nourris.

Pour justifier tous ces blocages aux personnes, certains vont leur dire que ce qui leur arrive d'injuste c'est la fatalité, ou que Dieu les met à l'épreuve pour tester leur foi. Depuis quelques années, c'est le karma, tu récoltes ce que tu as semé, et quand tu vis une vie monacale, on te dit que cela vient d'une autre vie dont tu n'as même pas la possibilité de vérifier si c'est vrai ou pas.

On t'explique également que tu as choisi cette vie pour mieux comprendre et que la souffrance fait partie du processus d'évolution. Ce sont surtout des mensonges, les entités contrôlantes cherchent à être nourries de notre misère et de nos malheurs. Ils affirment en plus que c'est vous qui avez choisi. Et quand on va y voir de plus près, ils vous ont fait la proposition de 10 possibilités, sur les presque 2000 naissances par jour rien qu'en France et 240 000 dans le monde entier. Et ils appellent cela un choix. En plus cette fois-là, quand l'âme était en train de regarder une existence d'un peu plus près pour comparer et espérer choisir la moins pire, ils l'ont poussé dans celle qui les arrangeaient. Tout n'est que duperie et supercherie avec eux.

Le truc encore plus à la mode en ce moment « On vous a marabouté ». Comme si votre voisine, votre patron ou autre allait aller dépenser 1.000 ou 2.000 euros pour vous faire marabouter. La magie noire est beaucoup marginale que ce qu'on veut bien vous dire. Je ne dis pas que le maraboutage n'existe pas, je sais qu'il existe, j'avais un voisin fin des années 90 qui faisait cela dans mon immeuble. Mais je dis que ce n'est pas aussi courant que cela. Et dans 95% des cas, on ne trouve aucune trace de maraboutage dans l'énergie de la personne. Juste des entités qui s'amusent à exacerber les conflits, à vous focaliser sur une personne pour pas que vous alliez chercher plus loin, et les trouver eux.
Et quand vous allez voir un pseudo voyant ou médium, qui ne connait que la nomenclature judéo chrétienne, qui écoute ses faux guides et ses pseudo anges gardiens, il vous balance cette info et démerdez vous avec ça. Ou il vous vend un grigri, ou une amulette, pour vous protéger qui n'aura d'effet que de faire grossir son compte en banque.

Certaines fois, j'avoue, l'effet placébo suffit à lever l'influence négative de l'entité dans votre espace énergétique, car si votre croyance est d'y croire à fond les manettes en cette amulette, cela va avoir un impact positif dans votre sphère énergétique et remonter vos fréquences. Ces grigris n'ont pas plus d'effet que la magie noire si vous n'y croyez pas. C'est vous qui lui permettez d'exister dans votre espace énergétique. Si vous en avez peur, la peur fait baisser vos énergies et le tour est joué, ce n'est pas plus compliqué. Et si vous croyez au pouvoir protecteur de votre amulette vous allez catalyser votre propre croyance sur elle et c'est ça qui va la faire marcher, l'amulette, la paire de chaussette fétiche, la pâte de lapin c'est comme cela que ça marche, c'est votre propre conviction qui s'exprime dedans, c'est pour cela que pour certains ça marche et pour d'autres non. Car certains y mettent dedans tous leurs espoirs, et d'autre attendent que l'objet fasse le travail sans y mettre aucune conviction.

Dans une séance d'énergétique, la relation au thérapeute, peut tout à fait suffire à se sentir bien, ou au contraire empêcher la métabolisation du travail. Et si vous attendez de lui un miracle il n'arrivera pas, même si le thérapeute utilise la meilleure technique au monde, si vous ne faites pas votre travail derrière rien n'aboutira jamais, si vous ne mettez pas votre volonté en action et si vous ne faites rien de différent dans votre vie rien ne changera.

La présence des entités dans votre espace crée des effets de paramnésie en tout genre, vous empêchant de voir, de percevoir et de ressentir les choses telle qu'elles se sont vraiment passées, ne vous permettant pas toujours de les situer dans le temps. Tout est mensonges, tricheries et hologrammes. Je les entends déjà ceux qui me diront, « Mais je suis sûre de moi, et puis c'est une grande médium qui me l'a dit, elle est connue et reconnue », ou « je sais que j'ai un ange gardien ou un guide et qu'il est bien. Il m'a sauvé la mise plein de fois ». Je répondrais juste : « Avez-vous vérifié ? ».

Bien souvent c'est votre conscience qui vous sauve, comme pour moi, dans les moments de très grand danger elle s'est manifesté de façon plus intense que d'habitude, car c'était important alors de me garder en vie. Et beaucoup vont dire que c'est leur guide qui les a sauvés, sans jamais penser à leur propre conscience, qu'elle aussi peut intervenir et vous guider. Certaine fois, elle utilise le canal du guide pour vous parler car c'est le seul que vous ouvrez, mais cela reste marginal. Car elle est à 99% prisonnière ou maintenue loin de vous, par les entités négatives contrôlantes pour leur laisser le champ libre et vous manipuler à leur guise.

Pour ma part je me suis faite leurrer pendant tellement longtemps, que je ne saurais pour vous, rien vous garantir sans le vérifier au préalable. Je tombe des fois en modification de conscience sans le chercher et je vis des trucs, dans un espace-temps différent. C'est dans un moment comme celui-ci que les consciences de certains de nos proches, sont venues nous demander d'être nettoyées. Houp, je fais quoi là ? Nous avons vérifié et comme c'était bien elles et qu'elles voulaient être nettoyées nous avons fini par le faire, j'ai mis presque un an à me décider. Car l'éthique veut que ce soit le véhicule qui soit en demande. Mais comme la conscience prime sur le véhicule et que si la demande émane réellement d'elle, après vérification sous hypnose régressive ésotérique, pourquoi pas, mais cela reste marginal. Peu de conscience sont venu jusqu'à nous dans cette demande. En ce moment, la conscience de Patrice suite à son burn out créé par les entités, à cause de son manque de confiance en lui, cherche en permanences à passer par moi pour lui parler. Car il est sourd à elle, comme moi après le décès de ma cousine, il a tout fermé pour ne plus souffrir ou faire souffrir. Mais cette souffrance ne vient pas de lui mais des entités négatives contrôlantes. Et elle ne vient pas non plus de ses capacités ni de sa conscience, elle vient de la résistance qu'ils mettent à elle. Car ils ont réussi par leur harcèlement moral, rappelons qu'ils se sont nourrit sur lui de l'humiliation, à lui faire croire que c'est lui le seul et unique responsable des blocages et difficultés que les entités ont mis sur notre route depuis que nous sommes ensemble et encore plus depuis que nous pratiquons ce type d'hypnose.

*****

Avec toutes les duperies que j'ai vues jusqu'à lors, je ne crois plus personne sur parole, dans ces domaines-là, sans vérification. Je ne peux affirmer à personne, depuis ma vision de la matière, que leur guide est un vrai guide. Aucun moyen depuis le plan physique de vérifier correctement et de façon sûre. J'avoue ça rend un peu parano, mais c'est salvateur au final.

Il y a quelques années nous participions à un salon de la voyance, l'organisatrice, un amour, les médiums et voyants qui étaient là, très bien, même s'ils étaient tous interférés. La 1ère année lors de mon installation, je posais le larimar sur l'étagère, pierre qui stimule les chakras du cœur à la couronne, sur le 3ème œil. Elle permet de comprendre pourquoi on s'est incarné, et de voir les chaines que

l'on s'est soi-même imposée. Je l'affectionne tout particulièrement, je l'ai bien évidemment mise dans le bracelet protection entités implant que je propose. Donc quand je l'installe sur le stand, j'entends alors craquer, grincer, râler : « Mais qu'est-ce que c'est que ça ? » sur un ton maugréeur.
Moi : « C'est du larimar ! Ça ne vous plaît pas ? ».
L'entité : « Non c'est très désagréable, comme énergie. ».
Je le voyais se tordre et se rabougrir en disant ça.
Je lui dis alors : « Tu vois ici, (je lui délimitais mon stand du sol au plafond) c'est chez moi pendant un mois et tu y es interdit de séjour. »

Il recula, pas content du tout mais il ne pouvait pas supporter la fréquence de mes pierres. Il faut souvent leur expliquer que ce n'est pas parce qu'on a signé un contrat de location qu'on a signé un pacte avec les entités des lieux ou des organisateurs. Que cela ne leur donne aucunement l'accès à notre espace de travail bien au contraire. Je suis la seule, unique et exclusive propriétaire de cet espace le temps du contrat de location. Stand, appartement, maison, magasin, tout contrat que je signe me rend l'exclusive propriétaire et je leur en interdis l'accès. Mon compte bancaire m'appartient, tout ce qui porte mon nom m'appartient. Même la conscience de patrice n'a pas le droit de passer par moi pour lui parler, à elle de faire le nécessaire dans son propre espace pour qu'il se réouvre à elle et a son énergie.

Ce jour-là, quelques minutes plus tard je me suis rendue aux toilettes et je subis une attaque dès la sortie de mon stand. Je ne bronche pas, je me rends faire ce que j'ai à faire et en revenant je lui interdis également de m'approcher, même en dehors du stand et je demandais à ma conscience de monter mes fréquences pour l'éloigner de moi. Cela m'arrivait souvent, à cause du défaut de programmation de ma conscience et de la nature de notre travail. Le fait d'aider les personnes à se débarrasser d'eux, ne leur plaît pas du tout. Ils tentaient donc en permanence de me ralentir. C'est de bonne guerre. Maintenant c'est fini, depuis la mise à jour, plus aucun accès à ma sphère énergétique personnelle. Mais les premiers temps après cette mise à jour, presque deux mois, mes fréquences sont montées très haut, dès qu'il y avait trop de monde autour de moi j'avais souvent envie de vomir, à cause de la différence de vibration entre eux et moi. Et pendant que je m'occupais de cela je n'ai pas vu ce qui se passait pour Patrice et qui le mènerait jusqu'au burn out un an plus tard.

Notre travail est ardu car les entités ont tellement bien entretenu leurs fausses histoires, qu'ils nous racontent sur terre dans la matrice, qu'il est difficile pour les personnes de comprendre qu'elles sont interférées par leurs fausses croyances. Même nous qui sommes au fait de tout cela ne sommes pas à l'abri. Nombre de personne qui on fait la formation de Calogero Grifasi, ont réintégrés à leur pratique leur anciennes croyances, persuadés que cela n'est pas dommageable. Même Nathalie qui a une conscience qui aime explorer, en faisant une vérification avec Calogero parce qu'elle avait attrapé le covid, c'est rendu compte qu'elle était en faiblesse à cause d'une action mal calibrée par se conscience, et cela la mise en faiblesse du point de vue physique et elle n'a pas su gérer l'information du covid, qui est plus agressif que les autres virus.

Ceux qui me répondent : « Je suis en relation avec mon guide et je suis sûr de lui à 100%. », « Je travaille avec Marie Madeleine aucune chance qu'ils arrivent à passer », « Je travaille avec tuque muche, machin bidule, c'est un archange, les êtres de lumière ne peuvent pas être néfastes ». Regardez cette vidéo de Nathalie et vous verrez que rien n'est anodin dans ces sphères là et que notre véhicule humain est loin d'être équipé pour pouvoir vérifier depuis la matière. C'est pourquoi nous nous vérifions régulièrement et les thérapeutes devraient tous avoir au moins une fois fait une hypnose régressive ésotérique pour être sure. Mais bon ça ce serait dans un monde idéal non égotique.

N'oubliez jamais qu'ils vous disent suffisamment de vérités pour vous faire avaler n'importe quel mensonge avec. Ils sont télépathes et peuvent tout connaitre de nous en quelques secondes. Ils vont lire votre mode d'emploi, connaitre instantanément en qui vous avez confiance et s'en servir contre vous.

Les guides ou anges gardiens, auxquels moi aussi j'ai succombé pendant quelques années, sont une de leur plus grosse supercherie. Les anges et les archanges, sont comme par miracle sortis de la religion chrétienne pour infiltrer le reiki, le chamanisme et pleins d'autres techniques. Et personne n'y trouve rien à redire, que viennent-ils faire dans le reiki. C'est une technique japonaise ancestrale et le christianisme à ce que je sache, n'est pas leur mode de croyance aux japonais. Les samouraïs avaient à la base la capacité de détecter les ouvertures de portails énergétiques et de combattre toute créature cherchant à le franchir. Et maintenant il y aurait des anges dans le reiki !!!!

Ni pour le chamanisme, les amérindiens que ce soit du nord ou du sud continent américain d'ailleurs, les 1ères nations ont même été annihilés et éradiqués par les représentants de cette religion. Mais comme toujours cela ne choque personne de mélanger les croyances. Merci le new âge. Intégrer les anges dans les rituels chamaniques c'est comme valider le génocide perpétré sur eux par les conquistadores, en polluants jusqu'à leur identité énergétique. C'est tout bonnement une hérésie. Je sais que les Navarro ont intégrés les rituels chrétiens à leur quotidien car ils incluent les difficultés à leur existence pour ne pas créer une résistance. Mais ils restent sur des rituels liés aux esprits.

On trouve même des livres qui mélangent Bouddha et Jésus. Certes c'était le même mec, une histoire répétée transformée, mais de là à assimiler les deux religions en une. C'est le genre de joyeux bordel qui est mis à l'heure actuelle sur terre pour nous perdre et nous disperser en même temps, comme ça ils ratissent plus large pour prendre ou assoir leurs pactes. En tout cas quel que soit la chose extérieure par laquelle vous passez, au final il s'en tape le coquillard comme de l'an 40, tant que vous passez par l'extérieur.

Les mots sont peut-être durs, mais on en est là, vu que les religions ne sont plus assez vendeuses, on mélange tout, comme ça, ils sont à peu près sûrs de garder sous leur coupe les personnes qui changent de confession et de croyances. J'ai suivi ce cursus, les anges sont passés par moi avant de me débarrasser de tout. Sans aucun regret, ni peur d'être foudroyée ou d'être excommuniée. Quand j'ai intégré les anges à mes protocoles cela n'a pas amélioré ma vie au contraire, donc le dossier était clos. Et quand on est débarrassé de tout cela, c'est comme quand on arrête de fumer, si on avait su le bien que cela allait nous faire, on l'aurait fait avant.

Ce qui a fait basculer ma vie en 2012, deux ans avant ma rencontre avec la hypnose régressive ésotérique et déjà grandement amélioré ma situation, qui a ramené de la lumière avant de savoir qui ils étaient, c'est d'avoir été initié au OM MANI PADME HUM, je ne suis pas bouddhiste pour autant. De l'avoir étudié et de l'avoir mis en pratique. À la base je cherchais un modèle de OM, pour me le faire tatouer et du coup mon tatouage est un peu plus grand que ce que j'avais prévu initialement et ma vie aussi. Traduction du mantra : « le joyau dans le cœur du lotus », tout est en vous et c'est quand le vous ouvrez votre propre lotus que vous trouvez votre joyau, votre lumière à l'intérieur de vous.

On retrouve de l'espace, de la liberté, un autre goût aux choses et aux événements quand on passe par soi. On respire mieux, on réfléchit mieux, on pense plus clairement et on n'est jamais en manque d'énergie. Nous n'avons plus besoin de loi pour respecter l'autre et nous ne jalousons ni n'envions plus personne. Nous sommes dans l'être ici et maintenant sans contraintes. Et nous n'avons peur de plus personne non plus, car nous savons que nous sommes le seul maitre à bord. Et nous n'avons besoin de rabaisser personne pour exister, chacun en est où il en est, et notre seule vibration doit être notre carte de visite.

Et chacun ira là où il doit aller, car nous faisons les choix que nous pouvons faire où que les entités nous laissent faire en fonction de notre degré de liberté.

Et un jour plus personne n'aura besoin d'aucune aide extérieure vu que nous avons récupéré notre pouvoir intérieur : « Je suis, donc je peux ». C'est ça le vrai sens du mot pouvoir : « Je **peux** choisir et faire ce que je ressens en pleine conscience de mon pot-en-ciel (mon âme), en pleine expression de ma conscience intégrée »

Avant de pratiquer une séance je m'enquière :
1 - Quel type d'éducation les personnes ont reçu ?
2 - Quelles sont leurs croyances actuelles ?
3 - Qui ils appellent à l'aide quand ils font une demande dans l'énergétique ?
Avec ces 3 questions cela me permet de savoir quel chemin intérieur les gens qui viennent me voir ont déjà parcouru. Dans 90% des cas leurs réponses sont :

1 - Une éducation catholique.
2 - Qu'il existe un tout, une puissance supérieure, mais qu'ils ne sont plus dans aucune pratique religieuse, ils croient en l'univers et en l'énergie...
3 – Jésus, Marie, anges gardiens, archanges, guides.
Éventuellement l'univers et les ancêtres, pépé, mémé... Ou d'autres décédés de leur famille.

Il n'y a rien qui vous interpelle ? Moi cela me choque, enfin cela ne me choque plus mais me dépite légèrement. S'ils n'ont plus aucune pratique religieuse pourquoi continuent-ils à faire appel à ces êtres qui en font partie à part entière ? Difficile de vraiment en sortir au final. Il nous a fallu plusieurs années avec Patrice pour seulement enlever de notre langage courant les petites phrases tel que : « mon dieu, t'es sure ! »,
« Non de dieu de bordel de merde » pardon mais celle-là elle est belle ;
« Ce n'est pas dieu possible »
« Vin dieu ! », déjà avec un c'est le bordel alors avec 20...
« Si dieu m'en est témoin... »
« God save the Queen » enfin plutôt King maintenant.

*****

Très peu, seulement un ou deux par an sur plus de 400 séances pratiquées toutes techniques confondues, me répondent à moi, à mon énergie, à ma conscience. Limite, je leur fais un câlin à ceux-là. Tellement cela me fait plaisir. En conférence pareil et bien souvent ceux qui font uniquement appel à leur conscience c'est qu'ils ont déjà fait leur hypnose régressive ésotérique.

Pendant toutes ces années d'ignorance, ces attaques n'ont pas touché que moi, mais aussi mes proches. Entre une entité marionnettiste et un pervers narcissique qui manipulaient l'un et voulait isoler sentimentalement l'autre, il y eu des évènements qui ont fortement perturbé nos existences. En laissant des traces et en abimant nos relations, pour certaines de façon irrémédiable. Et l'on ne peut pas demander à autrui de faire le chemin qu'on a soit même fait avant qu'il ne soit prêt. Je ne peux, pour certains événements, que constater les dégâts. Et même si je suis thérapeute, et surtout parce que je suis thérapeute, je me dois de leur laisser faire leur trace, même si celle-là les éloigne de moi.

Le discernement est une chose compliquée. Il n'est pas simple de résister à des idées néfastes de masse. Nous en sommes rendus où c'est la victime qui doit prouver qu'elle n'est pas coupable. Qu'elle n'a pas tout fait pour aguicher son agresseur, par des gestes ou propos qui auraient pu l'induire en erreur. La victime est interrogée pire que l'agresseur pour vérifier la véracité des faits. Le système contrôlant va chercher des excuses à l'agresseur, « Non mais tu as vu comment elle est fringuée, une vrai petite aguicheuse », « Et puis qu'est-ce qu'elle faisait dans ce quartier à cette heure, elle cherche aussi ». Ou les procédures trainent pendant des années, maintenant les effets néfastes en place et laissant les personnes dans l'incapacité de passer à autre chose et de se réparer.

Le système contrôlant fait que les victimes sont harcelées et les bourreaux tolérés. Des humains, travaillant « volontairement » en ce sens, laissant dégénérer les situations en pleine connaissance de cause. Détournant le système à leur avantage pour que la base soit largement touchée en négatif par ces effets secondaires pervers. Tout ceci est fait exprès car cela nourrit bien toutes les couches contrôlantes, très, très bien même. Et bien souvent les oligarques terrestres maitrisent tout cela et ils financent la mise en place du plan, l'aggravation de la situation est totalement voulue.

Le petit peuple ne doit jamais avoir accès à tout cela. Il est broyé pour ne pas pouvoir agir et réagir, jusqu'à rentrer dans le rang de gré ou de force. C'est un système connu et ésotérique, caché, qui est en train de devenir exotérique, connu de tous. Et c'est pour cela que les contrôlants augmentent la pression actuellement. Ils essaient de garder la main sur nous.
C'est pour cela que je ne peux pas me taire, ils accélèrent le temps dans la matière, pour nous empêcher de riposter. L'information doit fuiter rapidement. Plus nous serons au courant de cette partie invisible de l'iceberg, moins ils auront d'emprise sur nous. Car il nous suffit de dire « Stop ! » énergétiquement à ce système, pour qu'il commence à perdre son impact néfaste sur nous. Il faut

que la solution contre tout cela devienne aussi exotérique. La crise économique qu'ils sont en train de mettre en place c'est pour nous enlever les moyens de faire autre chose que d'acheter les biens de 1ère nécessité et ça marche. Ils vous enlèvent les moyens de financer votre sortie du système. Et vous courrez ventre à terre acheter en masse huile, papier toilette, pates… l'essence et l'électricité vous mettent en zone rouge, pour aller gagner le salaire minimum de base qu'ils daignent vous faire l'aumône, pour fabriquer leur merde à 2 bales, qu'ils vont vous revendre à prix d'or. Et vous vous avez tellement peur de manquer dons vous vous battez entre vous pour avoir le dernier paquet de pate à 6€ au lieu de 1€ avant. Peu importe le prix je ne veux pas mourir de faim. Mais si vous les laissiez dans les rayons suffisamment longtemps et qu'ils ne les vendaient plus à ce prix-là je vous promets que ça baisserait très vite, le boycotte est la plus grande des armes. Ils font tout pour vous reprendre le peu d'agent qu'ils vous ont octroyé et le plus vite possible. Et vous empêchant par la même de faire autre chose que cela.

*****

Au le travail comme à l'école, on fait chier le gentil de la classe, pour valoriser l'esprit de compétition. Les gentils sont harcelés tous les jours, discrètement et de façon lancinante. Et quand la victime trouve la force de se rebeller, elle est punie, parce que sa réaction est une réaction vive et désordonnée, et le bourreau est alors considéré comme une victime, il est protégé par le système. On va lui trouver tout un tas d'excuses infament pour justifier son harcèlement, en minimisant son impact sur la vraie victime, qui elle va être punie.

Je suis une gentille qui a appris à se défendre et à poser des limites. Ma conscience m'a poussé à faire du judo, un sport de défense, pour que je survive aux multiples attaques qu'ils me programmaient pour m'anéantir. Une technique de défense, car il faut faire face, pour trouver le guerrier pacifique en nous il faut que le guerrier ait existé. Se planquer dans un trou en attendant que ça passe, ça ne passera jamais, si je ne fais pas de vague on me laissera tranquille, si tu es un gentil qui fait du bien aux autres, on ne te laissera jamais tranquille. Ils viendront te chercher au fond de ton trou pour t'en extraire et te détruire. Ou tu déclencheras des maladies au fond de ton trou, car tu résisteras aussi a ta propre énergie qui viendra sans cesse te demander d'agir. Et la résistance que tu mettras à ta propre énergie et vaudra des maladies car il y aura de toute façon à cause du fait que tu te refermes au lieu de rayonner ta bonté d'âmes des sacs énergétiques qui vont se créer dans ton corps et altérer son fonctionnement, jusqu'à provoquer des maladies mortelles. Les grands maitres bouddhistes meurent aussi de cancer, si la voie de la sagesse était uniquement le mysticisme et la non-violence pourquoi est-ce qu'ils en mourraient. Et pourquoi l'occultisme existerait. Dans toute personne occulte, et occulte ne veut pas dire noire et sombre, il y a un mystique qui a évolué vers une façon plus ferme et forte d'existence de la lumière. La lumière n'est pas faible, elle est forte, puissante, elle brule ce qui n'est pas juste, elle purifie, elle assainie. C'est pour cela qu'ils veulent nous rendre faible, peureux, angoissés, car la vérité et la lumière qui l'accompagne sont d'une puissance que rien ne peut stopper. Quand on est dans la lumière il faudrait être humble et regarder le bout de ses pieds en expiant nos pêcher passés. Que nénies, une fois que tu as trouvé ta lumière intérieure, elle brule tout le négatif qu'ils t'ont fait subir, et tu guéris et tu peux accueillir la vie comme un cadeau de chaque instant et ressentir l'amour la compassion et pardonner, car tu connais les tenant et les aboutissants de toute cette mascarade. Tu n'es pas obligé de fréquenter tout le monde, ne pourrons d'ailleurs partager ta vie que ceux qui sont prêt à accueillir en eux cet amour. Et chacun est à tes yeux une belle personne non encore éclose. Et tu accompagnes ceux qui ont envie d'éclore, les autres tant qu'ils aiment à patauger dans la boue des affres de l'incarnation humaine tu les y laisse. Et ce seront les 1ers à te dénigrer pour ne pas en sortir, s'ils ne sont pas prêts.

*****

Tout va de travers depuis toujours. On a recommencé plusieurs fois et on arrive toujours au même endroit, au même résultat. Comme Néo qui est le 6ème à arriver au cœur de la matrice. On les a fait chuter plusieurs fois déjà, on en est à la cinquième chute de civilisation sur terre. Et si la solution était d'enfin leur faire face, parce que si on recommence à zéro avec les mêmes, on en arrivera toujours là. On arrivera toujours à ce point qu'ils ne veulent pas nous voir franchir. Mais pourquoi ils ne veulent pas nous voir le franchir. Pourquoi les entités vivent cachées, pourquoi elles ne se montrent plus ?

Parce qu'elles ont des têtes affreuses. Parce qu'on ne leur ferait pas confiance une seconde si on les voyait. Bon pour eux c'est nous qui sommes moches. Parce que ces êtres n'ont pas la tête qu'elles nous montrent sur leurs égrégores, ce sont les champions de l'illusion et de la mystification. Ils nous montrent ce que l'on a envie de voir. Ils nous disent ce qu'on a envie d'entendre et ça passe comme une lettre à la poste, parce qu'on ne les voit pas. Toutes les tractations avec eux se passent dans une sphère énergétique inaccessible à l'œil humain, dans l'énergétique. Je sais depuis le début des années 2000, que l'on peut créer ce que l'on veut dans l'astral, ou éthérique de la matrice.

C'est eux-mêmes qui nous le disent en session « Je me présente en ce qu'elle me demande (parlant de la cliente). Jésus, Marie, Bouddha, son guide, l'archange Michael peu importe, je lui donne ce qu'elle veut. ». Moi : « Elle veut le vrai ! », Il a ri... un rire guttural comme les méchants dans les films.
Moi : « Mais comment faites-vous pour présenter de belles énergies comme ça ? ».
Lui : « On les leur vol, mais cela ne nous sert à rien, on les met de côté et on leur présente quand les humains le demandent. ».
Moi : « Vous leurs volez quoi ? ».
Lui : « Leur ferveur, leur croyance, l'énergie d'amour. On n'en a pas besoin, on n'aime pas ça. On les stocke et on s'en sert pour les suivants. », lui encore : « On adore les regroupements chamaniques, ils sont tous là à invoquer, c'est buffet gratuit pour nous. Il y a plus qu'à ramasser les pactes. », « On sort les énergies qu'on a mis de côté, on les porte comme un déguisement et on se présente à eux, en transe totale et l'affaire est conclue. »

À en vomir, ils se servent de l'énergie des croyances et de dévotion des personnes pour les piéger. Une fois l'accord pris, ils se nourrissent de nos peurs, de nos angoisses, de nos moments difficiles. Ces entités-là sont comme nous dans la matière, il y a plusieurs niveaux d'interférence possible. Pour obtenir un accord, souvent dans une vie antérieure, ils attendent qu'il nous arrive quelque chose de tragique. Événement dont ils sont, bien souvent, eux-mêmes à l'origine, ou qu'ils amplifient : des famines, des attaques de villages, des viols collectifs, des guerres, des incendies, des accidents, des calamités... Et quand vous êtes sur le point de mourir, ils vous proposent un deal. C'est à ce moment-là qu'ils se servent de vos croyances pour vous présenter un hologramme de ce en quoi vous croyons et que vous invoquez pour vous sauver. Eux ils s'en servent pour vous leurrer et vous piéger. Et comme, quand vous êtes sur le point de mourir, vous acceptez tout dans l'espoir d'être sauvés, ou d'avoir une vie meilleure la prochaine fois, vous donnez cet accord. Je ne peux pas en dire plus que cela, regardez les vidéos de Calogero Grifasi, d'Aurore Chevallier, de Nathalie Knepper et d'Eletra. C'est la team de base. Je ne publie pas mes sessions.

Par contre avec la société d'assistés qu'ils nous ont imposé avec le temps, maintenant plus besoin d'attendre notre mort pour nous chopper, les gens invoques à tout va, pour obtenir une place de parking, une faveur, un écran plat, une maison, un amoureux... ils font appel à l'univers pour résoudre leurs petits problèmes du quotidien et c'est la fête à neuneu tous les jours. Les gens nous demande des garanties qu'ils ne vont pas revenir, mais ce n'est pas à nous de vous garantir cela c'est à vous de faire le nécessaire pour arrêter d'ouvrir des portes sur votre espace énergétique toutes les 2 minutes.

Et dans les vies suivantes, ils répètent à l'infini même la cause avec laquelle ils vous ont choppé, c'est cette énergie-là qui les a attirés et dont ils se nourrissent principalement. Vous vous réincarnez dans des vies où vous allez subir les mêmes agressions que celles où ils vous ont pactés. C'est leur came, ils aiment cette peur, ce stress ou l'angoisse alors provoqué, ou l'espoir, le doute, la culpabilité. C'est cette qualité d'énergie qui les a attirés la 1ère fois, quel qu'est été les circonstances du pacte. Moi en principale c'était l'injustice et la colère qui en découlait, et tout était fait pour me mettre en colère, et me maintenir en colère, 7j/7, h24.

Et quand j'allais voir un médium ou un voyant, ou un thérapeute énergéticien pour comprendre mon calvaire, c'est malheureusement dans la majorité des cas aux entités qui avaient pris possession de mon espace énergétique à qui ils parlaient pour connaitre les causes de mes tourments, très rarement à ma conscience, car ils font en sorte qu'elle soit maintenue à distance du véhicule, souvent prisonnière.

Et franchement vous pensez que mes entités allaient leur dire la vérité ? Leur avouer que c'est eux qui foutent le bordel pour être nourris par ma colère. Qu'ils ont pacté avec moi il y a 10 vies et que depuis ils se servent à volonté sur moi, type open bar, h24, 7j/7. Non, ils vont balancer le coup du maraboutage.

L'autre réponse à la mode « C'est votre karma, il vous faut purifier ce que vous avez fait comme fautes dans vos vies antérieures ! » Mais c'est eux aussi qui m'ont pourri la vie, dans mes vies antérieures, c'est eux qui tiennent mes lignes temporelles depuis peut être 10 ou 15 vies. Vies qu'ils n'ont sûrement en plus choisies et où j'ai également subi leurs agressions.

Et ils me déroulaient le scénario de « c'est ta faute, ta très grande faute », le même discours que j'entendais dans ma tête. Sauf ceux qui pratiquaient des soins sans invocations. Certains soins ont été efficace, car ils ont aidé à refermer et réparer des failles, et du coup les entités ne pouvaient plus s'en servir contre moi. Ou quand ils essayaient cela ne marchait plus car j'avais fait un travail de réparation et je détectais donc qu'on cherchait d désespérément à les réactiver. Me mettant du coup la puce à l'oreille sur leur présence dans mon espace personnel.

Patrice a passé 43 vies, sous une énergie d'humiliation, ainsi que la peur de manquer et de ne plus être compétant dans son travail et du coup d'être rejeté, sous l'influence de ses entités. Il était prêtre, il faisait des enluminures et perdait la vue. S'il ne pouvait plus travailler, il devenait une charge pour la communauté et serait donc exclu. Il a prié son dieu de lui rendre la vue et c'est un crocodile qui est venu passer un pacte avec lui. Il s'est rendu compte relativement rapidement qu'il avait fait une erreur et pour échapper au pacte il s'est suicidé dans la foulé en sautant d'une falaise, l'opérateur ne l'a pas vu venir, je me rappelle son cri d'effroi quand elle est tombée avec lui. Mais de mourir cela n'annule aucunement le pacte.

Ça a duré 43 vies, pas simple de se défaire de cette peur d'être rejeté et de la culpabilité de s'être trompé. Et cette vie n'a pas fait exception à la règle, quand je l'ai rencontré il était exploité, au profit du bien être des autres, qui eux ne se demandaient jamais si lui était bien, ou s'il était heureux, lui interdisant même d'y songer. Interdisant tout désir de sa part et tout plaisir. Moi y compris, malheureusement. Bien qu'ayant essayé de lui donner sa place, j'ai cru qu'il l'avait trouvé dans notre projet, Je ne me cherche pas d'excuse, car j'aurais dû voir avant ce qui se passait et redresser la barre. Il voulait tellement me faire plaisir qu'il s'en ai également oublié. Et moi tellement occuper à gérer la pression que nous subissons au quotidien pour que l'on arrête de faire ce que nous faisons, que je n'ai pas vu qu'il n'y trouvait pas sa place. À certains moments des paramètres nous échappent.

Pourtant j'ai tout de suite vu qu'il était quelqu'un de bien, il était intéressé par ce que je faisais et j'ai également toujours cherché à ce qu'il exprime ses désirs. En stimulant sa volonté et sa détermination à les réaliser. Et il n'a pas osé me dire qu'il n'y arrivait pas et de peur que je le juge comme tous les autres avants moi, il s'est refermé sur lui-même. Ils exploitent nos failles jusqu'à l'épuisement moral, afin de nous faire souffrir. Écrasant tout discernement, pour le persuader que je ne pourrais pas comprendre et que je le jugerais incapable. Alors que j'ai compris et que je lui ai pardonné, même si je n'ai pas à lui pardonné de ne pas y être arrivé. Je n'ai de cesse de le lui dire, mais parfois le discernement est tellement obstrué par la charge émotionnelle, ainsi que la fatigue physique, qu'il n'est plus possible de voir la réalité, que les mémoires antérieures reprennent le dessus. Et que l'on remet malgré nous en place les anciens schémas de défense alors qu'il n'y en a aucunement besoin. Refouler toutes ses émotions même les positive pour ne pas souffrir et éviter de faire souffrir l'autre. Il ne faut pas enfermer les émotions il faut les évacuer, les faires sortir, car elles sont comme de l'acide elles rongent de l'intérieur. L'amour n'est pas un sentiment c'est un état d'être qui guérit les émotions, les apaises et ne nous laisse que le meilleur.

Le reste n'a plus aucune importance, seul l'amour que l'on ressent pour les autres est important, tous les tracas ne sont plus que des grains de poussières que la plus légère des brises efface en une étreinte.

*****

Après il y a une réponse qui m'a horripilé profondément dans ma vie c'est : « Tu es trop négative, c'est de ta faute. Tu attires ce que tu es, donc soit positive et tout ira mieux ! C'est la loi d'attraction de l'âme ». Foutaise, l'âme n'est, à la base, pas programmée pour cela, elle n'est pas votre bourreau. Si elle est mal programmée de toute façon, ce sont les entités qui vont exploiter ce défaut de programmation, en en profitant. Vous, vous en prenez juste plein la gueule tous les jours, par tout le monde. Certes nous sommes responsables de notre propre espace énergétique et de son bon fonctionnement et de nos émotions, mais ce n'est pas en rajoutant de la culpabilisation par-dessus tout cela que ça va aider. Des fois il faut des années pour arriver à reprendre le dessus et à sortir la tête de l'eau, non pas qu'on ne fait pas ce qu'il faut, mais parce qu'ils nous empêchent d'y arriver, en sabotant tout ce qu'on met en place. Et oui quand on est dans une plus haute fréquence ça les tient en respect et ils ont beaucoup moins d'impact sur nous, mais faut-il encore arriver à atteindre ce niveau, en attendant on a besoin de soutien et d'amour, pas de culpabilité.

Les entités m'ont mis sciemment dans une spirale infernale de négativité, de colère, d'angoisse, de stress. N'oublions pas qu'ils sont télépathes et qu'ils peuvent vous ramener à ruminer 15, 20, 30 fois par jours sur les agressions physiques, ou les conflits que vous vivez avec vos proches, vos collègues de travail, vos voisins. Cela je l'avais détecté il y a de nombreuses années, quand j'ai commencé à faire des séances d'EMDR, pour m'aider à nettoyer les mémoires cellulaires, des problématiques que j'avais rencontré avant ces soins et que nous avions nettoyés et j'en avait ressenti la libération. Ces événements me revenaient en pensées, comme ça de nulle part, sans situation de résonnance. Ce qui me confirma qu'il y avait bien quelque chose, qui se servait de mes problèmes pour me manipuler émotionnellement. Car je savais déjà, à ce moment-là (2002), que ce sont des situations similaires, les résonnances qui réactivent le programme mis en place à la 1ère agression. Et là sans aucune raison dans des moments de bien être, pouf cette pensée négative ! Mais d'où vient-elle ? et elle n'arrive que quand je vais bien, comme si on voulait me distraie de ce moment agréable pour me replonger dans des cogitations sans fin.

Eh bien, elles viennent des entités qui squattent notre espace énergétique et qui ont besoin d'être nourris. Je ne le savais pas encore à ce moment-là, mais cela me confirma quand même que ces pensées ne m'appartenaient pas. Ils me tenaient sur la colère, il me fallait le déclencheur. J'ai fini par le trouver le déclencheur : l'injustice. Et oui, en bon indigo, je ne supportais pas l'injustice. Maintenant je la gère très bien.

Une fois le déclencheur trouvé, plus difficile de me leurrer. Je résistais de mieux en mieux à l'émotion de colère qui tentait de m'envahir, 1 fois, 2 fois, 3 fois, 4 fois par jours. Et là j'ai remarqué que plus je me sentais bien, plus on tentait de me déstabiliser, et plus l'attaque était directe et forte. C'est devenu un jeu pour moi de résister à ces tentatives de me faire partir en vrille. Mon ex-mari était un champion du monde pour appuyer sur le bouton déclencheur. Après 5 ans de soins énergétiques pour me calmer, je me suis rendue compte qu'il arrivait systématiquement à me faire partir en vrille et qu'ensuite il me culpabilisait en me disant : que voilà, avec moi, pas moyen de parler, que je m'énervais et que tout dialogue était impossible. Les enfants aussi savent très bien sur quel bouton appuyer pour obtenir gain de cause. Tous ceux qui ont un intérêt à vous déstabiliser pour obtenir votre accord, se servent de vos faiblesses contre vous. Entités et humains.

Perso quand je fais une erreur, cela peut arriver que l'on se trompe, dès que je m'en rends compte, j'essayais tant bien que mal de ne pas refaire cette erreur, de m'éloigner de mes zones conflictuelles. Grâce aux soins j'y arrivais de mieux en mieux. Crotte au final je dépensais de l'argent pour des soins énergétiques, si je ne faisais pas d'effort à côté pour m'améliorer au final à quoi bon. Et les autres ne changeraient rien à leur propre comportement. Je mis 5 ans à me sortir suffisamment de mon propre schéma, pour voir celui de mon 1er mari. Il me faisait passer ainsi pour la méchante et se déculpabilisait et se déchargeait ainsi de ses propres manquements sur moi.

Un soir où il chercha à me faire partir en vrille je l'aie stoppé, je mis fin à la conversation qui était en cours, car il était en train de mettre en place son petit numéro de : je t'énerve et je te le reproche ensuite. Je m'en rappelle comme si c'était hier, (juin 2003). J'ai coupé court à l'engueulade qu'il cherchait à déclencher, je me suis recentrée, je me suis plantée devant lui, je l'ai regardé bien en face et je lui ai dit : « Ça fait 5 ans que je fais ce qu'il faut pour ne plus m'énerver et toi tu continues à faire ce qui m'énerve, quand est-ce que tu vas changer ? » Pour lui mettre en conscience son rôle dans ce petit jeu malsain. Il m'a regardée droit dans les yeux et a répondu : « T'as pas encore compris que je n'avais pas envie de changer ! ». Notre couple était déjà sur la sellette depuis 18 mois, le lendemain j'ai appelé l'avocat pour demander le divorce.

Je sais maintenant qui jetait de l'huile sur le feu par son intermédiaire, mais nous avons toujours le choix d'écouter ou non ces petites voix dans notre tête. D'écouter ces pensées négatives ou non. Ce constat ne l'excuse en rien, il a fait le choix de ne rien remettre en question de son comportement, donc j'ai fait également mes choix en fonction de la situation. Une fois le jeu de chacun révélé, la décision que nous devons prendre est claire. 5 ans de thérapies diverses pour que ma vie et donc notre vie aille mieux. Alors que lui ne voulait pas se remettre en question, il a fait son choix ce jour-là de continuer sur son schéma de pseudo victime soumise, hé bien qu'il aille le faire ailleurs moi cela ne m'amuse plus, mais alors plus du tout.

Une fois qu'on a pris conscience d'une interaction extérieure, il faut y résister et trouver comment s'en débarrasser. Cela m'a pris encore quelques années pour y arriver. Il a réussi à me déstabiliser encore pendant plus de 9 ans après notre séparation. Les droits de garde, les pensions alimentaires, rejeter les enfants, ou les laisser mal traité par sa nouvelle conjointe et ses enfants à elle, refuser de prendre en charge leur soins de santé. Pour moi j'avais pris du recul, mais pas pour eux, je me suis battue comme une lionne pour les protéger, et le pire c'est que cela n'a pas suffi. Et que maintenant ils me reprochent que j'étais tout le temps en colère.

Vu que j'étais toute seule, dans une misère financière et émotionnelle totale, les entités utilisaient de nouveau cette période pour me pousser au suicide. Le harcèlement télépathique ne s'est pas arrêté avec mon divorce, car mon mari n'était qu'un instrument dénué de discernement et facilement manipulable. Il y a tellement de personnes qui sont comme ça, zombifiés et télécommandables, certains sans aucune volonté pouvant ainsi devenir des portails organiques. Qui vont du bon zombi con-sommateur de base, jusqu'au renoncement total de son corps au profit du plan.

Comment échapper à tout cela, vous me direz, comment échapper à ce mensonge ? Déjà en prenant conscience qu'il y a d'autres êtres qui vivent sur terre autour de nous, dont le but principal est de nous pourrir la vie pour nous voler nos énergies. Et en intégrant que vous avez le plein pouvoir dans votre espace énergétique et que donc c'est à vous de le reprendre en main et de faire en sorte qu'il y ait le moins de failles utilisables pour vous déstabiliser. Ne comptez pas sur les autres pour arrêter.

Déjà en annulant les pactes et les accords que vous avez passés avec ces êtres. En les excluants de votre sphère énergétique, en reprenant le plein contrôle de votre espace énergétique, physique, émotionnel et mental. Mais pas depuis le plan physique, depuis le plan ésotérique ! et ensuite en réparant cet espace énergétique, car si vous ne changez rien cela n'aura aucun effet durable.

Comme on l'a déjà vu, les thérapeutes, les médiums, les voyants, tous agissent à la base en toute bonne foi. Ils ne savent pas ce qui les manipule eux aussi. Ils parlent à leurs guides, à des anges gardiens, ils invoquent tous des « gentils ». Ils ne savent pas que la terre est infestée de parasites contrôlants. Et s'ils le savent, quoi qu'il en soit, ils pensent de toute façon que les leurs sont les vrais gentils.

Au final, d'avoir développé mes capacités par moi-même et que personne ne m'ait donné le don sur son lit de mort et les protocoles de soin des magnétiseurs transmis de génération en génération, cela m'a sauvé de toute cette mascarade. J'ai pu comparer sans et avec ces êtres soi-disant positifs. À chaque fois que je découvrais une nouvelle technique, je me renseignais, j'achetais un livre sur le sujet, j'éprouvais la technique et si le résultat n'était pas probant, je ne la gardais pas. J'ai d'abord mis ces livres de côté quand j'ai vu que ce n'était pas efficace, et je les ai jeté pour certains en les déchirant pour pas qu'ils soient récupérables quand j'ai appris qui ils servaient vraiment, comme ceux qui vous disent à quel ange ou quel archange vous devez demander de l'aide en fonction de votre date de naissance, ou encore les prières de l'abbé Julio ou même celles d'Allan Kardec, car aucune ne faisait appel à moi et à ma propre énergie, à ma propre conscience. C'est marrant ce mot propre, qui à plusieurs sens :

- Qui n'a aucune trace de saleté, de souillure.
- Posséder à l'exclusion de tout autre.
- Qui appartient d'une manière exclusive ou particulière à une personne.

J'aime cela ces définitions au final car en un seul mot tout est dit au final. Ma propre énergie, nettoyée et à mon usage exclusif ! Ça me plait.

Mon oncle m'avait simplement dit : « Pour couper le feu, tu demandes à la chaleur de venir dans tes mains et après tu te laves les mains. ». Je l'ai fait comme cela pendant plus de 10 ans, avant qu'on me parle des prières de l'abbé Julio. La prière pour couper le feu c'est celle de Saint Laurent, j'ai essayé ça ne marchait pas mieux et en plus, fallait que j'apprenne cette prière par cœur, j'avais horreur du par cœur. Je me suis dit : « Ça marche tout aussi bien sans, je vais continuer sans. ». Je n'ai pas essayé seulement 1 ou 2 fois, j'ai pris le temps de comparer. J'ai essayé pendant des mois d'intégrer ces protocoles préétablis et j'y ai renoncé car ma vie allait de mal en pire. Si cela ne marchait pas mieux, pourquoi continuer à l'utiliser au final. Pour couper le feu, j'ai compris qu'il fallait juste demander à la chaleur de sortir du corps de la personne, qu'on n'avait même pas besoin de la capter dans nos mains, comme ça pas besoin de s'en débarrasser ensuite. Pas de chichi ni de tralala de la simplicité.

Je ne vous demande pas de me croire sur parole. Car ce ne serait à nouveau qu'une croyance. Si ce que j'ai vécu vous a mis un doute, vérifiez.

Ce que je faisais, comme soins, était efficace, cela faisait du bien, mais cela ne tenait pas dans le temps. Quelque chose sabotait le travail et me sabotait ma vie. Comme je l'ai déjà dit, j'avais même fini par dire à mes enfants, vu qu'à cette époque on jouait à super Mario galaxie : « Là, je crois qu'en face de moi (*sous-entendu dans l'énergétique*) j'ai un big boss car il est moins facile que les autres à contourner. ». Je sentais que c'était des attaques ciblées, qu'on voulait me faire rechuter toujours et encore. Qu'à chaque fois que je réussissais à trouver une solution, arrivait peu de temps après un autre blocage pour saboter la solution. Ce qui me donnait encore et toujours plus de détermination à trouver une solution pour me débarrasser de ce qui m'agressait. Ma vie allait un peu mieux mais c'était une lutte quotidienne pour maintenir un minimum de vie, mais la survie était plus souvent mon quotidien. Ils sont implacables, ils n'arrêtent jamais, ils se fichaient totalement de la détresse physique, émotionnelle et psychologique dans laquelle ils me mettaient. Bien au contraire ils s'en délectaient.

La rencontre avec Patrice et l'amour que nous ressentions l'un pour l'autre m'ont redonné de l'oxygène au moment où tout allait encore s'effondrer. Mais les attaques ne cessèrent pas pour autant. Bien, que je les voyais parfois et les sentais tout le temps et les entendais, je n'arrivais toujours pas à me débarrasser de ces choses. En même temps que j'ai découvert leur existence et ce qu'ils étaient, on m'a également amené la solution pour les dégager.

Et c'est là que va s'arrêter mon livre, enfin bon presque mais je n'ai pas le droit de vous détailler cette technique car elle ne m'appartient pas. Seul Calogero Grifasi a le droit d'exposer sa mise en application et ces protocoles. Il est en train d'écrire son propre livre, par contre je ne sais pas dans combien de temps il va sortir en français. On m'a bien fait comprendre que je n'ai pas le droit de l'exposer dans mon livre sous peine de poursuite pour plagia.

À la base cette technique a été mis en place par Dolorès Canon, une pionnière en la matière, mais qui s'arrêtait dès qu'elle rencontrait un être lumineux, cela correspondait à ses croyances. Mais ce ne sont pas vraiment des êtres de lumière qui se présentent à nous. Calogero Grifasi est allé plus loin.

Calogero fait également des enquêtes sur des sujets populaires et plus ésotériques, tous les opérateurs ont la même liste de questions et les réponses sont comparées. Les télépathes partent en aveugle, ils ne connaissent pas le sujet avant d'être mis sous hypnose. Je trouve cette méthode très intéressante car cela permet d'avoir de multiples réponses sur un même sujet et de pouvoir en tirer un trait commun plus rapidement que pendant les sessions que nous pratiquons au cabinet pour les clients.

Quand j'explique ce que nous proposons comme séances à des personnes dans ma boutique, ou sur des salons, je me fais insulter, hurler dessus par les entités qui sont sur elles : « Ta gueule salope, tais-toi ! On va te tuer, si tu continues. » Moi je ris, car je sais qu'ils n'ont aucun accord avec moi et donc qu'ils ne peuvent rien faire, qu'ils ne peuvent même pas m'approcher. Mon énergie agit comme un champ de force autour de moi, qu'ils ne peuvent franchir que si j'ai une perte violente de conscience, ou que je suis dans des états émotionnels extrêmement bas sur une période longue, ou encore que je leur en donne l'accès, ce que je ne ferai plus jamais.

Voilà ce qu'a été ma vie personnelle et de thérapeute, les bâtons dans les roues, les problèmes relationnels à répétitions, les problèmes administratifs, financiers, logement, tribunaux, panne mécaniques…. Les agressions, les mensonges, les accusations à tort, les patrons qui me prenaient en grippe, les collègues qui me collaient leurs merdes sur le dos. Sans compter sur les amies qui finissent par me tourner le dos, la famille qui ne voit pas ma détresse dans les pires moments. Un harcèlement depuis mon enfance. Tout cela dû à leur instance à me voir renoncer à ce que je suis.

*****

Cette information de leur présence dans notre espace énergétique est donc arrivée dans ma vie, fin 2014, et la solution pour s'en défaire par l'hypnose régressive ésotérique en même temps. C'est une hypnose profonde avec sortie de corps, pour passer dans les sphères ésotériques afin de pouvoir voir ce qui s'y passe vraiment. Et il est indispensable de toucher tout ce qui s'y trouve ! Car quand on touche, on intègre l'information et on voit derrière le voile. Et ce n'est pas jojo... Par contre attention à vos croyances car si elles sont trop fortement ancrées elles vont vous empêcher d'intégrer l'information. Il faut bien être neutre. C'est pour cela que cette hypnose doit être profonde pas superficielle. La personne doit complètement sortir des considérations humaines, pour ne plus être interférée par ses croyances issues de la matrice.

C'est pour cela que des personnes même formées à cette technique dérapent et se font reprendre, car elles sont encore trop empreintes de leurs anciennes croyances.

Car rappelez-vous les entités se servent de nos croyances pour nous leurrer, elles nous font voir ce en quoi nous croyons. Et celles qui sont dans votre espace, vous connaissent par cœur, depuis plusieurs vies.

Une fois pendant une hypnose régressive ésotérique, nous remontons à l'origine de l'interférence, c'était entre 2 vies. C'était celle d'un militaire américain qui venait de mourir sur un champ de bataille, pendant la guerre du Vietnam. Une fois sorti du corps après sa mort, il ne voulait pas suivre ceux qui cherchaient Dieu, lui n'était pas croyant. Ils étaient 5 à être morts en même temps. Trois donc partirent à la recherche de Dieu, un de son côté et notre militaire, appelons le Ryan, restait là ne sachant pas où aller. Soudain un général arrive devant lui, pouf Ryan se met au garde à vous. Et le général commence à lui donner des ordres. Et lui de vouloir le suivre et lui obéir.

On lui a alors mis en conscience qu'il était mort, qu'il n'avait donc plus à lui obéir, on lui a demandé de le toucher. Des fois, c'est compliqué pour les consciences encore empruntes de leurs croyances terrestres de toucher ce qu'ils prennent pour leur supérieur ou un être de lumière, le respect du grade lui interdisant de le toucher normalement. Il finit pourtant par le faire : « Mais qu'est-ce que c'est ça ? » devant lui se trouvait une entité grise, il était choqué. « Il m'a menti, il a le droit de me mentir ? ».

Oui, ils mentent et ils mentent en permanence, pour obtenir ce qu'ils veulent. Et ce qu'ils veulent c'est vous et votre énergie. Et une fois que les entités ont votre accord, ils vous exploitent jusqu'au trognon pour leur seul et unique avantage. Quel que soit ce qu'ils vous auront proposé en échange, vous n'aurez rien, ils vous prendront tout. Et de vie meilleure il n'en sera pas question, ce ne sera que des vies qu'ils auront choisies dans leur propre intérêt.

*****

Quand on leur dit que cela gâche la vie de cet humain, ils s'en foutent, mais alors royalement. Ils se moquent des douleurs, des peines et je vous dirai même ils aiment cela, car ça les nourrit. Les conséquences, peu importe. Que vous soyez seul, violé, isolé, violenté, que vous mouriez de fin, de froid, de soif. Que vous enduriez mille souffrances psychiques, morales, émotionnelles, ils s'en frottent les mains, vous les nourrissez. De toute façon si vous en mourrez, pas grave ils vous mettent dans un autre véhicule et ils recommencent sans fin.

Certaines entités se lâchent, elles nous disent tout, tellement elles sont persuadées de notre incapacité à changer les choses. C'est comme cela en recoupant toutes les informations reçues, de toutes les races, de tous les niveaux d'imbrication, que l'on peut en dégager un trait commun, par concomitance.

Il m'arrive de faire des sessions d'investigation avec mes opérateurs. Mais pas en même temps que la team, car je ne veux pas être vu par ceux qui les surveille. Et il y a certains sujets sur lesquels je n'irais jamais, trop risqué.

*****

Et puis après

Maintenant on sait, ils savent qu'on sait, et on sait qu'ils savent. 2 solutions, faire le dos rond et patienter le temps que ça se tasse, ou foncer dans le tas et tout faire péter.

À votre avis j'ai fait quoi ? En bonne indigo, j'ai foncé direct. Plus de 40 ans à les chercher dans cette vie. Je m'arrêterai le jour où je sais qui m'a mis la misère. C'est mal me connaitre !

Et même s'ils ont encore eu accès à mon espace énergétique pendant 6 ans de plus, ils n'ont fait au final que me ralentir. Depuis le temps qu'ils me menacent de mort, de la foudre divine et tutti quanti, cela ne me fait plus du tout peur. J'ai vécu des attaques ésotériques tout au long de ma vie et plus intensément depuis que je pratique cette technique, et aussi depuis le début de l'écriture de ce livre, jusqu'à ce que l'on trouve enfin ce défaut de programmation, mis en place à la création de ma conscience.

Maintenant ils ne peuvent plus rentrer dans mon espace énergétique. Ils sont obligés de passer par des personnes extérieures pour m'atteindre, mais même là que peuvent-ils bien me faire, je n'ai plus aucun bien personnel. Ils savent que leurs tentatives de m'interférer sont vaines, mais ils me l'ont « aimablement » informé qu'ils n'arrêteront jamais. Leurs stratégies évoluent, ils sont perpétuellement en train de chercher des failles pour passer. Ils se servent des clients du magasin, une qui avait les mêmes entités que moi sur elle. La 1ère fois ils ont essayé de passer, j'ai eu une très grande fatigue, mais ils ne sont pas passé. Et quand elle est revenue, ils se sont servis d'un fantôme, comme portail organique pour m'atteindre. Et comme nous étions déjà sous le coup de la pression des entités d'une autre cliente, depuis plus d'un mois, j'ai perdu pied. Et ils ont enfin obtenu ce qu'ils cherchent depuis des années. À savoir nous séparer avec Patrice.

Cela faisait plusieurs mois qu'ils avaient commencé le sabotage de son coté en le déstabilisant avec une autre cliente, et en se servant de ses doutes contre lui.

Cela faisait bien longtemps que nous ne nous étions pas autant fait embêter, que depuis le début de l'écriture de ce livre, généralement c'est une ou deux attaques par mois. Quand Nathalie venait tous les trois mois, à notre cabinet d'Annecy, cela commençait un mois avant, ils espéraient que cela nous fasse renoncer à la faire venir, mdr, cela nous confirmait qu'il fallait continuer à la faire venir, en fait.

Là il y a eu de multiples attaques simultanées. Ce qui ne me tue pas me rend plus forte. Ils ont eu tort de s'en prendre à Patrice, car je n'aurais de cesse de les traquer jusqu'à mon dernier souffle. Je n'aurais de cesse de faire ce que je fais, ils m'ont tout prit, même l'amour de ma vie que j'attendais depuis toujours. Nous nous sommes rencontrés à 43 ans, mais je rêvais de lui depuis mes 20 ans. À chaque fois je me disais un homme comme cela n'existe que dans mes rêves. C'est un métier rude, très rude qui ne laisse aucun droit à l'inattention. Cette blessure sera ma plus grande motivation, une comme je n'ai jamais eu. Et pourtant je suis une teigneuse, mais là ils ont touché à quelque chose qui ne fallait pas toucher, l'amour.

J'ai été déstabilisée pendant plusieurs mois, mais je me suis relevée et j'ai grâce au choc émotionnel que cela a provoqué que j'ai trouvé une force intérieure qui n'a aucune limite, la colère à disparue, la métabolisation du défaut de programmation est arrivée à son terme 10 à 15 jours après le choc. Je ne sais si c'est le choc qui l'a précipité ou si c'est cette métabolisation qui a guérit le choc, ou si c'est le choc qui a fini la métabolisation, mais en tout cas j'ai senti qu'il n'y avait plus de lutte ni de combat à l'intérieure de moi, mais quelque chose de beaucoup plus fort qui pointait son nez, l'amour. Cet amour qu'ils ont toujours tenté de m'empêcher d'atteindre j'ai fini par y arriver. Et il m'a guéri. Il y a eu deux Frédérique qui ont vécu ce moment, l'une très calme observant l'autre hystérique et complètement déstabilisée. La nouvelle la calme a gagné, mais ce fu une lutte intérieure quotidienne, entre l'ancien et le nouveau.

*****

Revenons à notre chronologie de base post découverte de qui ils sont vraiment. Quand on a une panne ou un problème, on entend quasi systématiquement de la part du réparateur la même phrase quel que soit le système touché : « C'est la 1ère fois que je vois cela ». Ils sont obligés de devenir inventifs. Hihihi.

La 1ère venue de Nathalie chez nous fut fin mars 2016. Cela fait déjà plusieurs mois que nous la côtoyons sur les salons. Elle a fait une journée de séminaire et nos hypnoses respectives à moi et à Patrice. Notre nouvelle fréquence suite à cela à tout fait voler en éclat. Mais nous ne l'avons jamais rendu responsable de quoi que ce soit et n'avons jamais renoncer à évoluer pour autant. Nous avons, pendant ce séminaire, et lors de notre 1ère hypnose personnelle, fait connaissance avec le monde des entités en direct avec beaucoup plus de détails. C'est également à ce moment-là que nous avons pu assister en complet à la conférence de Nathalie. Nous avons ingurgité une montagne d'information en 3 jours, conférence, séminaire, hypnose personnelle. Et moins de 48h pour l'intégrer, car le mardi matin le 1er client qui est rentré dans notre boutique nous a demandé une pierre pour se protéger des entités. Alors que je n'avais jamais entendu ce terme avant !

Nous avons appris leur existence et leur fonctionnement de façon plus approfondie dans le week-end et notre 1er client de la semaine nous demande de l'aider sur le sujet. Je comprends que les entités aient été très agacées et ont fait monter les attaques suite à cela. Surtout que pendant la période de métabolisation de la session hypnose régressive ésotérique, on reste un peu fragile quelques semaines, voire plusieurs mois, le temps de reprendre les rênes de notre espace énergétique en main et aussi de notre nouvelle temporalité. Cette première phase de métabolisation a duré jusqu'à fin juillet pour moi.

La situation à la boutique était déjà houleuse, avec le propriétaire, elle est devenue invivable. Le propriétaire nous a fait vivre 2 mois de terreur, d'où le départ précipité en juillet. Il nous coupait l'électricité de façon aléatoire, nous vendions les pierres à la lampe de poche.

Là, nous avons dû porter plainte contre le propriétaire de la boutique à plusieurs reprise, colle dans les serrures, arrachage de l'enseigne, on l'a remise, bombage en noir. Il collait ses flyers sur notre affiche pour cacher notre nouvelle adresse. Il a également collé les serrures de notre nouveau magasin. Aucune plainte n'a jamais abouti.

On a signé le nouveau bail, le 16 juin 2016 pour le 1er juillet. On a dû vendre ma voiture pour honorer le dépôt de garantie, des nouveaux locaux, car financièrement on était toujours très, très juste, sur le fils du rasoir, chaque déménagement nous prenant toute la trésorerie. Nous en étions déjà au 3ème en trois ans. Les propriétaires nous spoliant les dépôts de garantie à chaque fois, car nous devions partir précipitamment, sur des baux commerciaux 3, 6, 9, avant terme donc ils ne se gênaient pas pour abuser de la situation et ne rien nous rendre. Nous perdions aussi systématiquement l'argent investi dans les travaux que nous faisions.

La plus grande bourse aux minéraux de France se passe en Alsace dernière semaine entière de juin du 22 au 26. Il nous reste 4 jours pour tout vider magasin et cabinet en rentrant. On a mis les minéraux et les meubles du magasin à la maison au milieu du séjour, ça me rappelle étrangement le départ précipité de mon 1er cabinet. On a mis les affaires du cabinet dans 2 camions le 29 et 30 juin, 100m^2 à vider en 2 jours, on a fait le ménage jusqu'à 3h du mat, pour rendre les clé le 1er juillet à 8h. les camions ont passés la nuit dehors devant le nouveau magasin dont on a récupéré les clés le vendredi 1er juillet à 10h. Et on a rouvert 8 jours plus tard. 135 m2 à emballer en 3 jours et à réinstaller en 8 jours, magasin et cabinet et tout repeindre au passage. Le vendredi, on décharge les 2 camions, le samedi 2, dimanche 3 et lundi 4, on refait les peintures de la partie magasin le reste attendra un peu. Une seule amie de Lyon est venue nous aider, la famille totalement absente des 2 côtés. Le mardi 5 juillet, on installe les vitrines dans la partie magasin, le mercredi 6 au matin quand on revient pour installer les minéraux, plus d'électricité. C'est une blague !

On appelle EDF, début juillet, lol, personne de disponible avant 2 ou 3 jours, on ouvrait le samedi 9... Comment vous dire, on est parti sans électricité de celui où on était harcelés, on ouvre sans électricité dans le nouveau, en gros l'entité qui était sur le 1er magasin nous a suivis, ce n'est plus une coïncidence. Là ce sont des attaques franches et directes, plus de pitié. Je téléphone à EDF plusieurs fois par jour, quelqu'un passe enfin le vendredi 8 fin d'après-midi, 17h, pour une ouverture le lendemain à 10h.

Il fait son boulot, revient « C'est bon ça marche ! » (Cool) « Par contre je n'ai jamais vu ça, c'est le pôle négatif du compteur général qui a sauté ! ». Avec Patrice on a failli se checker devant lui. Le pôle négatif, on n'aurait pas dit mieux. Du coup, cela confirme que quelque chose manipulait notre ancien proprio et nous a suivi dans le nouveau magasin. Nathalie arrivait un mois et demi plus tard, on aurait le fin mot de l'histoire, mi-août 2016.

Entre temps, certaines lampes grillaient. Nous piquions celle des autres pièces pour compenser dans le magasin. Dans les petits coins plus de courant, un peu gênant, on change les ampoules, ça ne marche toujours pas. Tous les fusibles étant en haut on ne comprenait pas. Patrice fait venir un ami électricien ; lui : « Il y a un truc bizarre, le plomb a sauté mais le disjoncteur reste en haut, je n'ai jamais vu ça ! ». Et de deux. On finit d'installer le cabinet, sur les rotules, la veille de l'arrivée de Nathalie, car toujours personne d'autre pour nous aider. De début juillet à mi-août nous avons repeint les murs avant et après la fermeture du magasin, ils étaient en vieux crépit saumon grisâtre non changé, ni nettoyé depuis les années 90, une abomination, des journées de 12h. Et les employés du proprio avaient fumé dans les locaux pendant des années.

Nathalie arrive le 15 août, pour sa deuxième intervention chez nous, j'en parle avec elle à la pause et au moment où elle prononce les mots : « T'inquiète on va s'occuper de lui » le compteur disjoncte et remet tout dans le noir. Ha là non mais sérieux c'est quoi ce fou, mais cela ne fait que confirmer qu'il y a bien une entité qui trafique l'électricité. Et sur une hypnose, Nathalie a fini par le chopper une chauve sourie et l'on s'en est débarrassé définitivement. Non mais des fois, c'est chez nous pas chez eux !

*****

Le fameux déménagement du magasin dans l'urgence, dont je viens de vous parler, nous a coupé de mes parents, pendant les 3 années suivantes.
Le 19 août, mes parents sont passés à notre magasin, non pas pour savoir comment on allait, mais pour savoir pourquoi on refusait de fermer notre

magasin le samedi 27 août pour venir fêter leurs 70 ans avec eux. Ils sont sérieux là !

Quand ils décident de bloquer quelqu'un, ils y vont jusqu'au bout, jusqu'au harcèlement, par de multiples personnes comme cela aucun moyen de prouver quoi que ce soit. Et au final, on te dit que c'est toi qui as un problème, tu es trop négative, tu vois le mal partout, limite parano.

Mais ils ne font pas cela qu'à moi, ils le font à tout le monde, un qui s'appelait saperlipopette cachait les outils de mon père jusqu'à ce qu'il s'engueule avec ma mère. Et après pouf l'outil réapparaissait, et ma mère ou mon père le trouvait exactement là ou mon père l'avait posé et cherché sans le voir, et pouf une deuxième couche à l'engueulade.

Les entités sont prêtes à tout, aucune règle du jeu, aucune pitié. Dites-moi, ça ne vous est jamais arrivé de chercher un truc pendant des heures, finir par abandonner et hop, il est là, juste où vous le cherchiez sans l'avoir vu, ce sont eux qui s'amusent, ils l'occultent pour vous énerver ou vous faire perdre du temps. Une fois, j'ai cherché ma clé de voiture pendant 20 min, alors que je venais de l'ouvrir avec.

Heureusement, pour nous deux, Patrice a emménagé très rapidement avec moi, sinon on n'aurait jamais pu se mettre ensemble. Ils ont tout fait pour nous séparer depuis.

Et Patrice a, du coup, pu vivre mon cauchemar de l'intérieur, jusqu'au burn out de l'été dernier. Et il m'a soutenu face à sa famille qui m'a dénigrée depuis le 1er jour. M'accusant d'en vouloir à son argent, et même de m'être fait mettre enceinte pour qu'il quitte sa femme, alors que je m'étais fait ligaturer les trompes pour justement ne plus avoir d'enfant. Mais même avec cette information, sa mère a répondu : « On ne sait jamais ! ». Les entités sont capables de suggérer n'importe quoi à n'importe qui pour vous faire passer pour ce qui les arrange.

Bien heureusement pour nous, en vivant sous le même toit, il a vu tout le mal que je me donnais, pour que tout s'effondre quand même à chaque fois. Lui, il voyait chaque jour ce qui se passait, mais quand nous avons appris « qui » s'en prenait à nous de la sorte, 2 ans et demi après notre rencontre, impossible d'expliquer vraiment à nos proches ce qui se passait, sans passer cette fois ci, pour des fous complets. Car les entités qui sont sur nous, comme sur eux, font tout pour semer la zizanie. Il y a très peu de personnes qui n'ont pas de pacte.

Ensuite les entités se servent de toutes ces querelles de clocher entre deux vies, contre nous comme dossier à charge, c'est du pain béni pour eux. Culpabilité, remort, regret, colère… sont leur came.

Les entités peuvent vous faire culpabiliser et vous faire payer dans les vies suivantes, même quelque chose qui n'est pas vraiment avéré, ou qu'ils vous ont eux-mêmes fait vivre. Tous les regrets, toutes les choses que vous allez ressasser durant votre vie. Ils adorent ça. Ils vous emmènent, dès votre mort, dès la sortie du corps, en 2 secondes comme moi devant un tribunal et vous jugent coupable en trois coups de maillet.

Ils vous font un procès de pantomime entièrement à votre charge, que vous soyez bourreau ou victime, ils trouveront toujours à vous faire croire que c'est de votre faute, et qu'il faut que vous payiez. Les entités vous jugent sur les traumatismes et les effets secondaires des horreurs qu'ils vous ont, eux-mêmes, fait subir.

« Tu as tué ton père ! Tu vas payer dans ta prochaine vie. », dans la vie suivante, ton père, c'est ton patron ou ton conjoint qui te harcèle, qui te frappe ou t'humilie chaque jour, mais c'est normal, car c'est ton karma que tu dois l'épurer. Supporte sinon tu devras le recommencer dans une autre vie, jusqu'à ce que tu comprennes. Et ils recommencent à l'infini.

Et quand on va en hypnose régressive ésotérique voir ce qui s'est passé : oui tu as tué ton père, mais en légitime défense, parce qu'il t'a violé dès ta plus tendre enfance. Il voulait commencer à toucher à ton petit frère ou à ta petite sœur, c'est ce qui t'a fait agir et mettre fin à tout cela en le tuant. Tu as été jugé de ton vivant et innocenté, légitime défense. Et les entités te le font payer quand même.

Souvent ils tiennent les deux âmes, celle de la victime et du bourreau et les recollent ensemble de vie en vie, se servant perpétuellement des mêmes âmes dans des contextes différents pour que vous ressentiez de la pitié entre vous, car vous vous reconnaissez. Des fois ils vont même vous dire que vous êtes des âmes sœurs, ou flemmes jumelles, pour vous pourrir l'existence jusqu'au bout. Indifféremment homme ou femme, victimes ou bourreaux, liens familiaux ou non. N'oubliez jamais que c'est eux qui choisissent votre incarnation, car ils savent que cela va les nourrir, là où ils vont vous mettent.

Ils ont le beurre, l'argent du beurre, la crémière et c'est eux qui font tomber le pot au lait, juste par ce que c'est plus rentable pour eux. Les espoirs déçus, les rêves anéantis, les projets passés aux oubliettes, c'est leur came.

Mon seul regret dans tout cela, c'est de ne pas avoir su qui ils étaient et compris leur fonctionnement avant qu'ils ne traumatisent mes enfants. Nous avons demandé lors de l'hypnose de ma plus jeune, pourquoi il m'avait choisie comme mère ? La réponse a été : parce que j'étais trop occupée pour pouvoir voir ce qui se passait. Mère célibataire, parent isolée, avec un ex-mari qui ne paie pas la pension alimentaire, sa nouvelle conjointe qui me dénonce à la CAF pour m'enlever les allocations, parce que mon fils passe plus de temps chez eux que chez moi, à ce moment-là, bien que n'ayant aucun jugement validant son changement de domicile. Du coup 3 jobs, plus de sécu, un patron qui m'a créé 25 000 euros de dettes Urssaf-RSI, le procès de la maison 37 000 euros, puis 12 000€ de plus en appel, dossier de surendettement rejeté, puis celui accepté introuvable. Harcèlement des voisins, et des propriétaires de mon 1er cabinet. J'étais trop dans les emmerdes pour vraiment gérer ce qui leur arrivait. Et j'étais surtout à bout de nerf en permanence. Les entités ont profité de cette période très difficile pour moi, et pour eux pour s'en prendre à eux également...

Cela m'a tout de même interpelée, en fin de session, j'ai dit à la personne qui servait alors d'opérateur de support, Barbara : « Mais ils se sont bien plantés là ! On a fini par les libérer tous les 3 (mes enfants). » Elle m'a regardé, a changé de tête et de voix, pour me dire : « Mais tu n'étais pas sensée t'en sortir toi ! » d'un ton glacial. Je suis restée stupéfaite et n'ai pas pensé demander qui m'avait alors parlé, car une chose était claire, ce n'est pas Barbara qui a dit cela.

*****

En écrivant ce livre, j'ai capté les différents scénarios de certaines de mes autres temporalités de cette même vie. Le scénario qui m'attendait, dans cette vie, aurait dû être encore pire pour moi, ou a été pire, je n'aborde plus du tout le temps comme linéaire. C'est à mes 13 ans que tout aurait pu partir en cacahuète. Déjà J'aurais dû parler à mes parents de mon agression par le professeur de basket. Ma mère se serait retrouvée seule avec 3 enfants, un mari en prison pour meurtre ou tentative de meurtre, ou agression aggravée, car étant licencié en judo, il aurait de toute façon eu tort. La gravité de sa réaction aurait été proportionnelle à l'aboutissement de l'agression que j'aurais subit, dans cette temporalité vue que j'ai fait du judo, j'ai réussi à le repousser, ce qui n'a pas été le cas dans toutes, d'où les différents niveaux possibles de réaction de mon père. Mais quoi qu'il en soit même avec de simples attouchements ils lui auraient cassé la gueule bien proprement. J'aurais été en échec scolaire, car 2 ans plus tard je suis rentrée au lycée in extrémis, 3 jours avant la rentrée scolaire. Dans leur scénario je n'y serai pas allée.

Car avec mon père en prison, ma mère en difficulté financière, le décès de mon grand-père dans l'été, elle n'aurait pas eu l'énergie pour se battre comme elle l'a fait, pour que je sois prise au lycée. Issue d'une famille de vigneron donc avec une tendance alcoolique, j'aurais sombré dans les dépendances, sans job, ni avenir. Dans ce scénario j'ai dû finir femme de ménage junkie, car une obsession dans cette vie était de ne jamais faire femme de ménage, je hais cela, je ne peux pas le faire, j'ai une aversion totale pour ça.

Même si ma vie n'a pas été facile. En me taisant à 13 ans, j'ai fait émerger le nouveau scénario, il était un peu moins catastrophique. Pour tout le monde. Heureusement car j'aurais en plus peut être fini schizophrène à tendance suicidaire. Vu le nombre de fois qu'ils m'ont amenée cette idée dans ma vie et essayé de me faire passer pour folle. Je pense que je n'aurais pas dû avoir d'enfant dans leur scénario de base, ou alors issus de différents viols. Merci à mes parents d'avoir cédé à mes 6 ans et de m'avoir inscrite au judo. Et je comprends aussi pourquoi j'ai autant insisté pour en faire.

*****

Avec toutes les croyances erronées de la matrice terrestre, trop facile de leurrer les personnes. Comme je le dis souvent, quasi tout le monde se considère comme quelqu'un de bien, donc les problèmes rencontrés viennent principalement de l'autre.

À titre « personnel », quand j'étais en conflit avec quelqu'un, comme je travaille dans l'énergétique, l'autre pensait systématiquement que je ne pouvais qu'utiliser la magie noire, pour leur résister, ou les faire marabouter. Quel que soit le conflit ou le différend qui m'oppose à quelqu'un, je n'ai même jamais, au grand jamais, utilisé quelque sort que ce soit pour me défendre. J'ai toujours utilisé mes capacités pour faire le bien en montant mon énergie pour pouvoir tenter de rester sereine.

Les humains ne se doutent même pas deux secondes, qu'ils sont sous influence télépathique des entités qui leur déforme la réalité en activant leurs peurs les plus profondes. J'ai toujours cherché des solutions pacifiques pour que leurs pensées et actions négatives ne puissent pas m'atteindre, soient les détourner de moi, jusqu'à ce que j'arrive à m'en fiche total, de ce qu'ils peuvent bien penser, soit renvoyer à l'expéditeur. Et j'ai appris avec les années à laisser passer, à ne plus alimenter énergétiquement un échange négatif, même pour me défendre.

De temps en temps, très rarement, je menaçais les plus crédules de les maudire, mais j'ai arrêté car certains me prenaient au sérieux et ça foutait encore plus la merde. Et donc pendant un certain temps, aussi, je renvoyais les énergies télépathiques négatives à leurs expéditeurs et je me prenais une nouvelle attaque, très rapide et plus forte derrière. Le seul fait de penser négatif a une influence sur les choses et les personnes.

J'ai analysé le phénomène et j'ai alors compris qu'en faisant cela je ne faisais qu'attiser leur courroux. Quand je détectais une accumulation de pensées négatives me venant d'une personne, je les lui renvoyais. Imaginons que la personne m'envoie l'équivalent d'un verre d'eau de pensée négative par jour, le temps que cela me gêne, il y avait l'équivalent d'une bassine. Je renvoyais la bassine en une fois. Du coup l'autre personne reçoit une bassine, et quand elle cherche à savoir d'où ça vient, elle me ressentait moi ! Alors que moi j'ai bien fait attention de ne rien rajouter, de lui rendre juste que ce qu'elle m'a envoyé, ça vient quand même de chez moi. Donc rebelotte, elle cogite à nouveau des pensées négatives sur moi et augmente la dose. Elle m'envoie cette fois-ci un pot à eau chaque jour, vu qu'elle s'est pris une bassine. J'appelle cela l'effet boomerang. Car même si la personne en face n'a pas de capacités, les formes pensées ont une trace et nous savons les décoder, sans même le savoir.

J'ai fricoté dans l'astral avec certains hommes au moins 3 d'entre eux m'ont fait la réflexion ensuite. Oups !

J'ai donc arrêté de renvoyer à l'expéditeur car cela ne fait qu'aggraver les choses. J'ai monté mes énergies, pour ne plus recevoir leurs pensées négatives, ce qui me permettait à moi de rester positive aussi. En restant positif et en se foutant bien de ce que peuvent penser les personnes de moi, leurs pensées négatives se désagrègent sans pouvoir m'atteindre, et altérer mon espace personnel. Les pensées négatives des autres n'ont d'impact sur vous que selon l'importance que vous leur donnez. Si vous prenez suffisamment de recul sur la situation cela ne vous atteindra plus jamais.

C'est avec ce phénomène que les systèmes contrôlants favorisent la ségrégation de toute sorte raciale, économique, contagions et autres... provoquant des pensées de haine dans tous les sens dans toutes les directions. Il est même arrivé que l'on me traite de raciste, fin des années 90, j'ai répondu : « Oui en quelque sorte je le suis. »
Définition du racisme : nom masculin, discrimination hostile violente envers un groupe humain.
Continuant sur : « Être raciste, c'est ne pas supporter une certaine catégorie de personne, et je ne supporte pas les cons, donc on peut dire que je suis raciste envers les cons. »
La personne m'a regardée sans savoir quoi répondre. Certes elle était algérienne et le propos était que je lui refusais une place à l'examen de code, auquel elle n'était pas prête, et comme pour certain tout refus, ne peut être que la résultante de notre propension à rejeter leur ethnie. Il ne lui est jamais venu à l'idée qu'en fait mon refus était motivé par son niveau insuffisant. Ce qui était rigolo, c'est que quand je refusais une place pour manque de niveau à quelqu'un qui était bien franchouillard, on m'accusait alors de favoriser les étrangers. Les personnes cherchent une raison extérieure à leur propre échec, sans jamais se remettre en question eux même sur leurs propres compétences ou capacités à obtenir ou pas ce qu'ils demandent.

Encore notre cher striatum, le tout, tout de suite avec le moindre effort.

*****

Deux choses m'ont motivées dans ma vie à trouver des solutions et des réponses, au-delà de ce qu'on nous raconte comme mensonge dans la matrice. Car il est bien question de cela, arrêter de s'apitoyer sur son sort et se donner les moyens de se sortir de cette chienlit.

En premier ce fut le décès de ma cousine Pascale, en suite de couche, en 1996. Comment à l'aube des années 2000, peut-on encore mourir en donnant naissance à son enfant.

En deuxième, comment donner les moyens à mes enfants de s'en sortir mieux que moi, quoi qu'il leur arrive. Pour qu'ils n'aient jamais à vivre ce que moi j'ai vécu. Même si sur certains points j'ai déjà échoué, car j'ai trouvé la solution un peu trop tard. Ils sont, malgré tout, devenus des adultes qui font leurs choix en pleine conscience. Malheureusement comme nous tous, ils sont dans une matrice pervertie. Et qui se calibre et crée notre réalité quotidienne en fonction des pensées du plus grand nombre. Donc ce n'est pas jojo tous les jours. Mais j'ai toute confiance en eux.

*****

Aujourd'hui, en 2022, le plus grand nombre pense être réellement quelqu'un de bien, tout en se faisant manipuler chaque jour par les entités et leur plan machiavélique. Pensant que tout ce qui leur arrive c'est la faute de la crise économique, ou sanitaire, ou des juifs, des arabes, des migrants, des non vaccinés, du conflit en Ukraine, c'est la réalité qui se fait jour et que nous subissons de plein fouet.

Ce sont certes des personnes bien, je n'en doute pas une seconde.

- Personne, mais personne n'a jamais gardé pour lui, ce qu'il trouve par terre.
- Tout le monde dit à un commerçant qu'il se trompe en lui rendant la monnaie, quand il en rend trop.
- Personne n'accepte de bon plan pour gruger et obtenir une faveur qu'il sait ne pas avoir droit. Personne ne gruge dans les files d'attente.
- Personne ne se gare sur une place handicapée ou au milieu n'importe comment, en disant qu'il en a pour 2 min alors qu'il sait très bien que ce n'est pas vrai.
- Personne ne râle quand il se fait prendre la main dans le sac, et jure au grand Dieu que c'est la 1ère fois et qu'il ne le refera jamais.
- Personne ne profite d'un distributeur en panne pour se servir gratuitement.
- Personne ne ment pour obtenir quelque chose qu'il sait ne pas avoir droit.

- Tout le monde refuserait un job bien payé, même si celui-ci porte atteinte à la bonne santé des personnes, de la planète ou des animaux...

Personne ne ferait tout cela. Tout le monde est quelqu'un de bien.

Je suis même sûre qu'à un certain moment, certains pourraient même se défendre, d'un délit ou autre, en disant : « Ce n'est pas moi, c'est l'entité négative qui est sur moi qui m'a obligé à le faire... ». Vous allez me dire que je pousse la réflexion un peu loin, mais jusqu'où les pseudo personnes bien sont-elles prêtes à aller pour se dédouaner de leurs actes néfastes. Quand on voit comment s'est dégradée l'attitude des personnes dans la vie au quotidien, même plus capables de dire bonjour, en rentrant dans un commerce, ni au revoir quand ils en sortent. Il n'y a qu'à voir les rayons des magasins au moment des soldes, et comment ils sont prêts à se battre pour un pot de pâte à tartiner en promotion. Des bêtes sauvages en rut. Les personnes laissaient leur chien pisser sur nos meubles en zone touristique, et laisse la merde de leur chien devant notre porte. Ce ne sont pas les chiens le problème, ce sont bien les hommes.

Dans notre société, les personnes gobent sans rien remettre en question que c'est un pangolin, ou un singe ou un canard qui sont à l'origine des pandémies des 10 dernières années. Ils pensent que ce sont les autres religions qui justifient tous ces morts, ces souffrances, ces massacres... que ce sont les guerres qui justifient les pénuries, ces crises économiques à répétitions, l'augmentation des prix pour créer une inflation fictive, pour démonter une monnaie trop forte par rapport à la suprématie du sacro-saint dollar, qui est normalement indexé sur la valeur de l'or détenu par les USA. Mais ce sont les agences de notation américaines qui décident de la pluie et du beau temps et de la valeur intrinsèque de toutes les monnaies sur terre.

Les personnes pensent que tout cela est du complotisme, alors quand on parle entités négatives contrôlantes du bas astral, ils pensent qu'on délire grave. Il est très difficile de faire émerger la vérité sur notre condition d'esclaves énergétiques, enfermés sur une planète prison, subissant des attaques quotidiennes des entités dans l'énergétique. Se faisant sucer jusqu'à la moelle, grâce aux implants, les énergies négatives préalablement produites par leurs actions malfaisantes dans cette même matrice.

Quand je suis sortie du film « Matrix », je me suis arrêtée dans la rue, et je me suis dit : « Ho, merde on est dedans, ce n'est pas un film, c'est ce que nous sommes en train de vivre. » mon esprit rationnel a essayé de me dire : « Mais non, t'inquiète ce n'est qu'un film ! ». Oui bien sûr et la marmotte, elle met le chocolat dans le papier d'aluminium.

*****

Depuis le jour où je suis tombée dans la baignoire de mon ex, début des années 2000, je me battais pour créer une réalité différente. Nous voulions aménager un endroit en autosuffisance, où tout le monde saurait ce qu'il a à faire pour son bien et le bien des autres, où le respect de chacun ne sera pas édicté par une loi, mais vécu comme quelque chose de normal. Où personne ne prendra pas les affaires des autres parce qu'elles sont disponibles et qu'on les trouve à notre goût. On considèrera non pas les choses comme des corvées mais comme utiles à la communauté. Rien et tout nous appartiendra à tous. Et surtout chacun sera libre de se réaliser dans ce qu'il est fondamentalement. On ne le conditionnera pas à être ce dont nous avons besoin pour nous enrichir. Et tous ceux qui arriveront chez nous par envie ou par intérêt personnel, seront inclus dans le système en woofing. Et ils pourront à leur tour transmettre et propager cet état d'être ensuite dans leur propre création. Je rêve d'un environnement, à majorité rurale, dans la production uniquement de nos besoins respectifs, qui, quand on vit dans le « ici et maintenant », ne sont plus du tous les mêmes.

Mais tout n'est qu'une douce utopie pour le moment à cause des entités, qui activent les peurs chez les gens qui détiennent l'argent nécessaire à ce projet d'ashram. Ce qu'ils ne savent pas c'est que très bientôt tout ce qu'ils ont ne servira plus à rien. Car c'est maintenant avant que le système économique ne s'effondre par l'action volontaire des contrôlants, au profit de la cryptomonnaie, qu'il faut utiliser les moyens existants, aujourd'hui pas demain. Profiter de la plus-value immobilière créée par la crise sanitaire pour vendre un bien en ville pour créer ce lieu autonome à la campagne. Pour que ce lieu soit efficace et fonctionnel au moment de l'effondrement.

Le procès est déjà enclenché et le conflit en Ukraine n'est là que pour l'accélérer, il y a déjà des lois au niveau Européen qui sont passées en juillet 2021, dans ce but. Et la pseudo pénurie de matière première pour faire monter les prix en vue de dévaluer l'euro, et e remplacer par cette cryptomonnaie.

Quand ils vont nous affamer, faire en sorte qu'on n'arrive plus à payer l'eau, l'électricité, les crédits. Quand on va nous isoler et nous renvoyer au moyen âge comme cela se passe déjà au Liban. L'humain bassement zombie, consommateur de masse et devenu incapable de s'auto suffire, incapable de s'alimenter par lui-même, et de se satisfaire du minimum. Ils ne savent même pas où vivent les raviolis, je rigole, mais je l'adore cette blague.

Les entités ont tellement peur de perdre leur pitance, qu'ils vont créer des conflits, pour séparer les personnes nettoyées et ceux qui ne le sont pas, quel que soit leur lien affectif. Conjoints, parents, enfants, amis de longue date… c'est en cela qu'on sait qu'on est plus fort qu'eux, sinon pourquoi les éloigner ? S'ils n'avaient vraiment pas peur de nous, ils laisseraient faire sans broncher, ils laisseraient les non nettoyés côtoyer les nettoyés.

C'est exactement le même problème avec leur pass vaccinal, faire croire que les non vaccinés en bonne santé sont un danger pour les vaccinés. Ce qu'ils veulent surtout c'est qu'on ne se fréquentent plus dans la société, pour pas que la masse zombie voie qu'on va bien, qu'on ne craint rien, que tout cela n'est qu'une mascarade. Qu'on a la capacité de créer notre propre réalité, sans peur et que cela marche. Et que nous le vivons bien, très bien.

Du point de vue visuel, les zombies ont un aspect extérieur correct. Mais du point de vue énergétique, ils sont vidés de toute substance existentielle. Et dernièrement, je vois même des morts vivants, quand je regarde les personnes, je vois des squelettes, des momies égyptiennes. Prêtes à s'effondrer sur elles-mêmes à chaque pas.

Si toutes les personnes pouvaient se fréquenter, nos systèmes énergétiques pourraient communiquer entre eux, de système énergétique libre doublé de système immunitaire sain à système énergétique et immunitaire pollué et redonner l'information juste. Tant qu'un seul système énergétique et immunitaire sain reste libre, leur plan est voué à l'échec. C'est pour cela qu'ils nous traquent, sur tous les plans physiques et ésotériques.

Les entités contrôlantes s'en prennent aux personnes qui ont pris rendez-vous, jusqu'au bout ils ne lâchent rien. On les prévient que cela risque d'être pire entre le moment où ils prennent rendez-vous et le moment où ils ont rendez-vous.

Les entités, qu'ils ont sur eux dans leur espace énergétique, vont leur créer des problèmes financiers qui va leur voler le budget de la séance. Ou une panne de voiture, juste au moment du rendez-vous, problème de santé les obligeant à aller aux urgences, un rendez-vous qu'ils attendait depuis des semaines qui tombe juste au même moment, une entorse... la liste et tellement longue. Sans oublier de les harceler télépathiquement pour nous faire passer pour des fous ou des marabouts, pour les faire douter. Tout et n'importe quoi pour les faire renoncer à venir nous voir. Même se faire passer pour leur guide arrivé comme ça, par simple providence, en leur disant « T'inquiète, je suis là, je vais faire le nécessaire, tu n'as pas besoin d'eux pour aller mieux, je suis là !».

J'ai été menacée de mort, de subir les foudres de Dieu et de Jésus, par une personne voulant à tout prix annuler son rendez-vous et récupérer son acompte. J'ai juste monté mon énergie et j'ai avancé sur elle, la faisant reculer hors du magasin. Une fois qu'elle était dehors, j'ai dit à haute voix, mais pas à elle, aux entités : « Personne ne me menace de mort chez moi ! », et à la dame : « Vous faites bien ce que vous voulez, si vous ne voulez plus venir, ne venez pas, mais si vous avez pris rendez-vous c'est bien que vous saviez en avoir besoin ». Elle était perdue abasourdie, les yeux dans le vague ne sachant pas ce qu'elle faisait dehors, les entités avaient pris possession d'elle pour me menacer, peu importe, car ils ne peuvent rien me faire. Cette personne d'origine réunionnaise était sous très forte emprise. À elle de décider, si elle veut les garder ou s'en débarrasser. Mais on ne me menace pas de mort chez moi.

Toutes les demandes de remboursement d'acompte ne vont pas aussi loin. Ce que j'explique aux personnes, c'est que je serais en droit de leur réclamer le solde de la prestation. Mais que je ne le fais pas, car je n'ai pas mis un acompte pour les voler, mais bien pour créer un frein à l'annulation. Car mon but est de les aider à rompre leurs pactes et non à encaisser de l'argent sans rien faire. Mon but est de faire la séance pour les libérer, le but des contrôlants est de tout faire pour les garder sous leur emprise. Il faut donc développer des stratégies pour que le rendez-vous tienne.

Nous avons mis une fréquence énergétique spéciale dans nos lieux de travail, une fois que les personnes sont dedans les entités ne peuvent pas les bloquer. On interdit d'interdire. La personne est alors libre de faire ces choix. Malheureusement une fois qu'ils sont rentrés chez eux, le harcèlement psychologique recommence. Certains sont suffisamment déterminés pour y résister et ont compris que les entités sont à l'origine des blocages qu'ils subissent, car l'information a raisonné très fort à l'intérieur d'eux. Mais d'autres sont encore trop fragiles émotionnellement et psychologiquement et cèdent à leur pression. Avec le temps, ils finiront par revenir vers nous, un jour. Je peux le comprendre car je sais à quel point ils peuvent être insistant.

Ils ne peuvent vous faire que ce que vous les laissez faire. Le plus gros problème à l'heure actuelle, c'est l'ignorance de leur présence et la méconnaissance de leurs actions, qui fait que les entités négatives sont libres de vous interférer à leur guise. C'est pour cela que je ne peux passer tout cela sous silence.

Vous avez pris un auto-stoppeur, à qui vous avez laissé le volant de votre voiture. On fait en sorte que vous le mettiez dehors et que vous repreniez les commandes. Mais si cela fait 43 vies, comme Patrice, que vous n'aviez plus la maitrise de votre espace énergétique, vous ne savez plus le conduire. Il faut réapprendre à gérer vos émotions, vos ressentis, des fois attendre que le corps élimine les toxines, que le système hormonal se remette en marche et que le striatum intègre votre évolution spirituelle. Il faut lutter contre les mémoires cellulaires, et mettre à jour les informations. Cela peut prendre plusieurs semaines, mois, voire plusieurs années. Cela va dépendre de votre attitude en post séance, comme dans tout autre technique. Quand je disais à mon père de ne pas aller faire son jardin avant une semaine après une séance d'ostéo et qu'il y retournait 3 jours après tant pis pour lui si la correction ne tient pas.

Quand la séance ne se métabolise pas correctement, souvent, c'est que les personnes ne changent rien. Là est la limite de tout travail énergétique et autre. On ne peut pas se substituer à la personne et lui imposer une bonne attitude. Nous nous les informons mais cela ne suffit pas à tout régler. Il y a plus d'énergie à l'intérieure de vous que toutes les centrales nucléaires de la planète, à vous de vous en servir. C'est d'ailleurs pour cela que les systèmes contrôlants nous détournent d'elle. C'est pour l'exploiter à leur unique profit.

Certains pensent que les soins énergétiques sont une solution miracle, un but, mais en fait ce n'est qu'un moyen de vous permettre d'atteindre votre but, par vous-même.

Il existait une émission où des personnes venaient faire le ménage chez les personnes, quand c'était devenu invivable. Quand c'était demandé par une tierce personne, peu de chance que cela reste propre. Quand ils repartaient l'appartement était pourtant nickel. Mais pour autant va-t-il le rester ? Si c'est la personne, qui habite l'appartement, qui en fait la demande ça a beaucoup plus de chance de tenir dans le temp. Mais si rien n'est fait en ce sens, par son occupant, à plus ou moins long terme l'appartement sera dans le même état. C'est pareil pour votre espace énergétique, personne ne peut l'entretenir à votre place, c'est votre jardin intérieur.

Certes souvent les mémoires cellulaires résiduelles des traumatismes énergétiques, physiques, émotionnels que nous avons subi nous freinent, dans la métabolisation, ou un mental trop fort, ou la peur que cela recommence, qui fait qu'on n'y arrive pas. C'est le cas de Patrice en ce moment. Je ne lui en veux pas, c'est un travail qui n'est pas simple.

C'est pour cela que nous utilisons la « Méthode JMV® » crée par Jean-Marc VERGNIOL, en complément, il est aussi en préparation d'un livre. Cette technique permet d'effacer les traumatismes, physiques et émotionnels, d'effacer les dommages qu'ils ont pu créer dans cette vie. Rééquilibrer le système hormonal, redonner au corps un fonctionnement limpide. Cela facilite l'intégration des nouvelles énergies, car après la mise à jour des mémoires cellulaires et de l'inconscient, elles peuvent s'intégrer dans un physique et psychique plus fonctionnel.

Une intolérance à la vitamine B augmente l'empathie ; une carence en calcium empêche la restructuration intérieure ; le manganèse permet de mieux gérer les émotions. Si vous manquez de zinc votre système immunitaire sera faiblard et cela peut aussi empêcher d'avoir un bébé.
Dernièrement j'ai constaté que les gens en dépression et qui n'arrivent pas à reprendre le dessus il y avait 3 choses qui pouvait les y aider. Les 5 saveurs, car chacune d'elles sont liées à une émotion, le calcium pour renforcer la structure intérieure ou l'assouplir, et le fer pour le faire, trop de rigidité immobilise, trop de mollesse aussi. Trop ou pas assez même problématique on ne peut pas faire (fer). J'ai testé sur 5 ou 6 personnes ce protocole et pour le moment il a un très bon résultat.

Cette technique est formidable pour agir sur les intolérances, car chaque élément à une action dans le corps, et si on est en manque ou en excès c'est que le corps à perdu la capacité de le gérer.

Car oui si vous êtes en carence, c'est que vous êtes intolérants et si vous prenez un complément pour résoudre la carence, vous agressez votre corps, qui n'aime pas la substance. Il crée une carence car il rejette l'information, donc si vous lui apportez en grande quantité d'information sans lever l'intolérance, il ne va pas aimer du tout. Il va prendre cela pour une agression. Et dès que vous cessez le traitement, il va de nouveau tout mettre dehors et vous serez de nouveau en carence. Si vous effacez l'intolérance, le corps se régulera de lui-même sans avoir besoin de prendre un complément.

J'ai effacé beaucoup des stress émotionnels subis à cause des entités négatives dans ma vie. Quand je relis le livre pour la correction, je fais ah oui c'est vrai, comme si cela ne m'appartenait plus, comme si cela ne m'était jamais arrivé, car j'ai testé et effacé les mémoires cellulaires de stress relatifs à ces évènements qui restait. J'ai compris également en écrivant que certains évènements étaient encore actifs dans mon quotidien, quand ils me provoquaient des remontés émotionnelles en l'écrivant, et donc je les effaçais au fu et à mesure. Mais, on peut aussi intervenir sur les évènements qui ont provoqué des paramnésies.

Ce qui est intéressant avec ces méthodes « Méthode JMV® » et « Hypnose régressive ésotérique », c'est qu'elles sont très complémentaires, et d'une efficacité incroyable, sur le court terme, comme sur le long terme. Après vous pouvez aller voir d'autres thérapeutes pour finir le travail. Car l'annulation des pactes n'est pas le bout du chemin, c'est un peu comme une deuxième chance, c'est le moyen d'enfin atteindre votre but et c'est donc que le début d'une nouvelle potentialité créatrice. Il ne faut pas prendre cela comme la ligne d'arrivée, mais comme celle d'un nouveau départ.

Ce n'est pas la solution à tous vos problèmes, c'est une opportunité de mieux pouvoir gérer votre espace énergétique et d'être votre seul maitre à bord. J'ai à titre personnel mieux gérer ce phénomène que Patrice car ayant déjà mis en action ma propre volonté depuis des années, j'ai toujours cette dynamique présente. Patrice n'ayant jamais existé que par la volonté de satisfaire l'autre il a du mal à rebondir car cela fait trop longtemps qu'il ne s'est pas demandé ce qui le motivait lui. Je lui pose pourtant la question depuis 10 ans mais cela n'a pas suffi. Je sais qu'il est bien dans ce qu'il fait mais lui n'a pas l'impression d'être compétant, car il se compare à moi, et il ne faut jamais se comparer à qui que ce soit, chacun ces compétences, chacun ces qualités, chacun sa façon d'exprimer son être profond.

Il est impliqué dans notre aventure commune depuis le 1er jour de notre collaboration, il y a 10 ans, mais penses qu'il y a uniquement mon énergie dans le projet. Il ne serait pas venu à moi s'il n'en avait pas la capacité et les moyens justement, il pense que tout repose sur moi. Mais là ou on en est, est aussi grâce à lui, et à ces qualités morales et son écoute de l'autre, il faut qu'il arrive à transmuter cela et il sera meilleurs que moi car beaucoup plus zen. Il a un pot en ciel de fou qu'il n'arrive pas à voir ni à entendre en ce moment car trop atteint par ce manque de confiance qu'ils lui ont imposé et dont j'ai également été l'instrument involontaire. Cela me désole mais il est le seul à pouvoir reprendre le dessus.

*****

Notre dossier était refusé, dans des salons du bien-être, car nous étions trop bizarres. Lol, trop bizarre, mais ce sont les entités qui sont sur les organisateurs ou les personnes du secrétariat qui savent très bien qui nous sommes et ce que nous faisons, qui ne voulaient pas de nous. Du coup maintenant avant d'envoyer notre dossier de candidature, nous interdisons d'interdire. Nous rendons ainsi notre dossier invisible aux entités qui sont sur les personnes qui vont le traiter.

Il m'est arrivé d'occulter certaines informations pour arriver à passer.

*****

Les pensées négatives, insufflées par les entités, m'ont pourri la vie tous les jours, en me faisant penser à mes soucis en permanence. Comme je suis télépathe, vous aussi d'ailleurs ; on l'est tous plus ou moins, j'entendais mes propres pensées, ainsi que les leurs. Quand je captais une bonne idée, cela venait de ma conscience qui se sert de mon intuition pour m'informer, voire pour me sauver la vie. Libre à moi ensuite de l'écouter ou non. Mais combien de fois je me suis dit : « Je le savais ! », après un évènement dont je connais l'issue, sans pour autant en avoir tenu compte.

Après l'intuition, dans un second temps presque immédiatement après, j'avais tout un tas de pensées négatives, qui m'assaillaient. Là ce sont les entités, qui tentaient de me dissuader de passer à l'action.
« Non, mais tu ne vas pas faire ça »,
« Tu n'y arriveras jamais »,
« Tu es trop nulle pour y arriver »,
« Tu vas te planter comme d'habitude… »,
« Tu es moche »,
« Tu es nulle »,
« Tu es incapable », etc… vous entendez de quoi je parle !

C'est leur discours préféré et ils me faisaient remonter en mémoire tous les échecs, dus à leurs interventions négatives. Toutes les fois où j'avais tenté l'aventure malgré tout et qu'ils m'ont mis des bâtons dans les roues et fait échouer, mais en occultant bien évidement que c'était leur intervention négative et bloquante qui est à l'origine de mes multiples échecs.

Ils adoraient me mettre en tête que quelqu'un de mon entourage qui me veut du mal qui me « maraboute, comme cela en plus ça met de la tension dans la famille ou avec la belle famille ou avec les amis ». Faisant croire que je n'en veux qu'à votre argent par exemple, ou que de dire non et de demander de débarrasser la table et participer à la vie de famille, c'est de la maltraitance.

Combien de personnes sans me connaitre m'ont accusée d'en vouloir à eux, les maris de mes amis leur interdisant de me fréquenter… mes propres amis m'accusant d'avoir profité de leur bienveillance, alors que même si je n'ai pas beaucoup participé financièrement je donnais de mon temps et de ma personne, pas par stratégie ni en attendant quoi que ce soit en retour, mais parce que je trouvais cela normal de mettre mes compétences au service de notre amitié, car pour moi cela était fait avec le cœur et non dans l'attente d'une rétribution monétaire de leur part. un peu comme on fait des échanges dans les communautés à sel. Mais au final tous finissaient par me rendre redevable de leur aide et considérait la mienne comme stratégie manipulatoire.

Comme j'ai eu à faire à cela toute ma vie, plus rien ne m'étonne. Et j'ai appris à me démerder seule. Quand j'ai rencontré Patrice, il m'a été très dur d'arrêter de travailler à côté du cabinet. Il a fallu qu'il me le demande pendant des mois. J'ai arrêté contrainte et forcée par la maladie, provoquée par l'implantation des essures.

Ils sont en train de tenter de remettre en place les mêmes stratagèmes en ce moment avec mes nouveaux amis, je botte en touche, je fais le mort et je mets en place des nouvelles stratégies sans me prendre la tête avec personne. Je les connais à force je ne rentre plus dans leurs jeux malsains. Et je continue à suivre mon intuition je ne me laisse pas distraire par les tracas qu'ils sèment sur ma route. La ma voiture est au garage et les pannes s'accumulent me laissant sans véhicule pour aller au travail, c'est dommage pour eux je n'avais mis aucun rendez-vous cette semaine-là et du coup je suis restée à la maison pour relire mes corrections.

La plus grande peur actuellement des contrôlants, c'est que l'humanité toute entière découvre leur existence et voient leurs stratagèmes. Car une fois qu'on sait, on est déjà presque libre. On peut mieux les détecter et identifier les attaques, les blocages et par notre seule volonté on peut les ralentir à votre tour et déjouer leurs stratégies. C'est pour cela que certaines techniques énergétiques, quand elles sont bien faites, sont alors efficaces. Elles les ralentissent et arrivent même des fois à faire sauter certains implants. C'est ce qui m'a permis de reprendre le dessus régulièrement dans ma vie.

Voici un texte que vous pouvez lire autant de fois que nécessaire pour commencer à reprendre un peu d'autonomie dans votre espace énergétique. Autrement commencé à dire tout simplement : « stop ».

> « Que toutes énergies négatives, esprits, entités, personnes décédées, et autres quittent définitivement mon espace énergétique multidimensionnel ;
> MAINTENANT ! »

« J'annule tous les pactes, les accords, les prières, les invocations, les rituels et autres que j'ai pu faire avec vous ;
MAINTENANT ! »

« Je me connecte exclusivement à ma conscience infinie ou âme ;
MAINTENANT ! »

« Avec ma conscience je monte mes fréquences d'autant qu'il le faut pour aller bien ;
MAINTENANT ! »

Dans votre tête, vous n'êtes pas obligé de le faire à voix haute. Par contre avec le plus de fermeté possible, et de bien appuyer sur le MAINTENANT ! et si vous pouvez claquer des doigts aussi sur ce mot ça donnera de la force à votre demande.

Vous pouvez dire le texte 15 fois par jour si besoin, vous pouvez ressentir des bouffées de chaleur ou des angoisses en le lisant, bien souvent c'est eux qui paniquent. « Ho merde ! Elle ou il sait qu'on est là ! ». J'adore ressentir cette impression de panique chez eux quand les personnes lisent ce petit texte devant moi.
Les sbires qui sont les plus proches de vous ont peur de leurs chefs, ils n'aiment pas quand vous commencez à vous rebeller, car ils savent qu'ils vont prendre cher, si leurs chefs doivent se déplacer pour maintenir l'emprise en place.

Après ma 1ère session, avant tout, quand je me rendais compte que je subissais une attaque la 1ère chose à penser c'est **STOP !** je rajoutais « Arrêtez tout de suite, je vous interdis de faire ça ! ». Cela les surprend et ça les étonne et les stoppe un instant, suffisamment pour me permettre de retrouver mes esprits et de reprendre le dessus. Ça fait un peu comme le « Stupéfix » d'Harry Potter. Je trouve que la stupéfaction est très rigolote mais aussi très efficace. Il y en a aussi qui essaient de ne pas parler pendant que je cherche s'il y a quelqu'un dans l'énergétique qui cherche à me déstabiliser. Je fais silence dans mon espace, et au bout de quelques secondes : « Il y a quelqu'un ? » et dans 90 % des cas j'entends : « Non il n'y a personne ! » avec une toute petite voix chuchotée. Que la plupart vont prendre pour une pensée. Et moi : « HA ! je le savais ». Et là j'entends généralement un juron, ou une insulte ou quelqu'un qui peste, ou encore un : « Chut tout le monde se tait ». Ça me faisait toujours beaucoup rire. Mais dans tous les cas, j'avais confirmation de mon intuition. Maintenant il ne reste plus que des fantômes. Mais pour autant je me fais vérifier à chaque fois que j'ai un coup dur, pour être sûre que rien n'est repassé pendant que j'étais émotionnellement affaiblie.

J'ai eu ce genre d'attaque encore pendant 6 ans. J'avais l'intuition que quelque chose n'allait pas. Nous avons été voir de nombreuses fois, nous avons viré un nombre non moins incalculable de fantômes, et je subissais encore et toujours des attaques, malgré le fait que je fasse très attention à mes pratiques, que je calibre mon espace quand je rentrais dans les lieux à risques, que je respecte scrupuleusement tous les bons conseils que je prodigue. C'était infernal, j'avais cette intuition de ce problème au niveau de ma conscience, qu'elle n'était pas calibrée correctement, j'ai tenté à maintes reprises de passer, de discuter avec elle en passant par plusieurs personnes. Mais rien n'y faisait, jusqu'à juin 2021 et l'aide apportée par Barbara et Nathalie. Même Patrice désespérait pour moi de ce que je subissais encore et toujours, énergétiquement et physiquement, c'est ce qui a contribué à le mettre en doute sur ces compétences. En bon taureau qu'il est le bien être de ceux qu'il aime passe avant le sien. Mais, même lui finissait par ne plus me croire quand je lui disais : « j'en sens encore un ».
Nathalie et Barbara qui sont rodés depuis de nombreuses années à la négociation avec les entités, ont mis 45 mn à arriver à faire comprendre à ma conscience qu'il y avait un problème. Ce n'était pas les entités le problème, c'était ma conscience elle-même, car pour elle tout était normal, vu qu'elle était programmée comme cela tout allait bien pour elle, elle gérait.

*****

Patrice a également eu son lot de perturbation, il avait des petits soucis mécaniques sexuels, suite à des implants sur son chakra sacré, qui lui détériorait ses relations intimes. Les entités qui étaient sur lui se nourrissaient de l'humiliation que cela provoquait. Certaines femmes de sa vie avaient amplifié le phénomène, en augmentant cette énergie d'humiliation par leur propos rabaissant, à leur insu de leur plein gré.

Personnellement je ne l'ai jamais rabaissé, bien au contraire, même au début de notre relation que son problème était encore largement présent. De mon point de vue ses qualités d'âme et personnelles méritaient qu'on lui vienne en aide, plutôt que de l'enfoncer encore plus. C'était déjà assez dur à vivre pour lui, sans en rajouter. En plus dans cette société patriarcale qui te juge sur tes performances physiques pas toujours simple de lui faire comprendre qu'il vaut beaucoup mieux que tous les super héros à gonflette.

Quand nous nous sommes rencontrés, il m'a parlé dès le 1er rendez-vous, de son problème je lui ai alors répondu : « Ce n'était pas grave, il y a beaucoup de choses plus importantes dans un couple que cela ». Et c'était vrai, car j'ai scanné son énergie et j'ai vu que c'était mécanique, sans savoir encore d'où venait le problème. Mais j'avais reçu l'intuition que le problème était résolvable et que cela ne durerait pas. Il ne parlait pas beaucoup non plus à l'époque. Donc qu'il se confit sur le sujet rapidement était pour moi un signe de confiance. Pour lui c'était sûrement un moyen de se protéger, pour ne pas en souffrir durablement au cas où j'agisse comme ses ex.

Les choses s'amélioraient largement et rapidement mais il restait toujours des peurs et du stress chez lui, ainsi que de la honte. Je l'ai toujours encouragé et rassuré sur ses performances. Je n'allais pas lui reprocher de ressentir trop d'excitation en ma présence, c'était pour moi un réel compliment qu'il me faisait, donc je lui en faisais aussi.

L'acceptation de l'autre et le non jugement est indispensable et quand on est comme moi thérapeute, c'est même une question d'éthique (pas toujours facile surtout quand ça vient toucher nos propres failles). À partir du moment où la personne manifeste son intention d'avancer il faut faire ce que l'on peut pour l'y aider.

Malgré une très grosse amélioration du point de vue physique, les émotions négatives et cette dévalorisation restaient fortement présentes, nous poussant à faire une séance sur le sujet, car personnellement je ne les trouvais aucunement justifiées. Nous sommes tombés sur une vie où il était une femme, qui avait une jumelle. À leurs 16 ans, elles se sont faites violées par plusieurs chasseurs, qui leur imposèrent de se taire sinon ils reviendraient les tuer.

En fin de vie, elles moururent d'une maladie en même temps vers 40 ans, plusieurs moines les attendaient à la sortie du corps dans l'ésotérique. Pour les sortir de cet enfer et avoir une incarnation toujours ensemble et meilleure dans la prochaine vie, ils leur demandèrent de leur faire une fellation. Pardon, une pipe ! Je suis choquée ! Pour les aider à sortir d'une vie où elles ont été violées, il faut faire une pipe à un moine !

Mais incrédules et comme c'était des moines, et que c'était à une époque où l'église avait encore une forte influence sur les personnes, elles avaient accepté. Résultat, Patrice est en France et sa sœur jumelle en Afrique et lui avec de gros problèmes sexuels et continuant à se taire plutôt que d'exprimer son mal être.

On a vu quand même que depuis que Patrice était avec moi les implants énergétiques, qu'ils avaient posés sur son chakra sacré, et ses organes sexuels avaient sauté et qu'ils n'arrivaient plus à en poser d'autre. L'amour est une fréquence haute à laquelle les implants n'ont pas résisté, ils ont grillé. C'est pour cela qu'ils essayaient, régulièrement, de le rabaisser juste après l'acte, lui faisant croire à une piètre performance, pour faire baisser ses énergies et le réimplanter. Sans succès, vu que moi je lui soutenais le contraire.

Patrice a donc fait en sorte qu'ils n'aient plus jamais accès à son espace énergétique et il y eu encore une amélioration d'au moins 30%, et une résolution totale du problème physique et il a pu reprendre confiance en lui sur ce sujet. Si j'avais eu une attitude castratrice et humiliante, ils auraient pu replacer les implants. On peut donc les affaiblir en attendant de les faire déménager. Mais à long terme si on ne les dégage pas ils vont continuer à saboter le travail.

*****

Dans ma vie à chaque fois que je me suis rendue compte que je me trompais, j'ai redressé la barre et j'ai tenté de ne pas recommencer. Ce qui m'a permis de faire un long chemin de transformation intérieur et de découvrir que tout ce qui m'arrivait et que tout ce que je vivais et que tous ce que je ressentais n'était pas toujours juste et en cohérence.

Même si, parfois, les seules options que j'avais étaient les mauvaises, il faut quand même faire un choix. Et le meilleur choix c'est de toujours essayer de faire mieux en attendant d'y arriver. De reporter la problématique sur les autres fait partie des choses qui nous ralentissent, tout autant que de demander de l'aide à l'extérieur. J'ai souvent accusé les autres de mes malheurs, jusqu'à ce que je fasse en sorte que les autres ne soient plus un problème pour moi.

De travailler sur soi pour ne plus être impactée par le comportement des autres, quelle que soit leur attitude, fait partie du chemin. Plus on se connait, plus on maitrise notre énergie personnelle, moins les autres humains peuvent nous déstabiliser et moins les systèmes contrôlants peuvent nous manipuler. Nous ne sommes pas toujours obligés d'éjecter les personnes de nos vies, si on n'en a pas envie, on peut les garder dans notre entourage proche, mais ils n'auront plus aucune influence néfaste. La force intérieure et la stabilité émotionnelle acquise nous permettront de rester émotionnellement apaisé quelle que soit leur attitude.

Il y a de nombreuses perturbations extérieures, alimentaires, environnementales, sociétales, mais ce n'est pas une excuse. Car avec tout ce que j'ai vécu j'aurais pu abandonner des centaines de fois dans ma vie, j'aurais pu renoncer et me laisser sombrer. La force intérieure même au plus bas peut se reconstruire. J'ai vu des personnes changer juste avec une phrase, un mot de soutien, 2 minutes de conversation. Tout est possible.

Une dame sur un salon, qui passait devant mon stand, je l'ai vu harassée, épuisée, démoralisée. J'ai été la voir je lui ai dit une phrase, je ne saurais plus dire les mots exacts, mais en gros : qu'elle était une belle personne et que c'est pour cela qu'on l'embêtait autant, qu'il fallait rester positive malgré tout et continuer à essayer, ne plus lutter inutilement, faire son chemin sans s'occuper des autres. L'année suivante, elle est repassée à mon stand. Je ne l'ai pas reconnue tellement elle avait changé. Elle venait me remercier. J'étais bluffée et tellement heureuse pour elle. Je n'ai rien fait, elle a tout fait. Elle ne les avait plus écoutés, elle s'était écoutée elle et ça avait tout changé. Sa fille était tout aussi heureuse et reconnaissante que sa maman, car elle se faisait tellement de soucis pour sa maman, qu'elle aussi souffrait de la voir autant souffrir. Chaque année elles passaient nous faire un petit coucou au stand. C'est ça notre récompense, de voir les personnes reprendre confiance en elles et changer elles-mêmes leur vie.

Au fur et à mesure que j'ai progressé, et que je me suis formée, j'ai réintégré mes mémoires d'âme et de mieux en mieux maitrisé les capacités énergétiques de mon véhicule humain, et par ce fait j'ai monté mon taux vibratoire, ce qui a eu pour effet de me libérer imperceptiblement tout au long des années. Jusqu'à me permettre de trouver la solution.

*****

Les systèmes contrôlants font en sorte que nous n'ayons plus la main sur nos propres existences. Nous faisons des choix conditionnés à leur bon vouloir. Et nous maintenir dans l'ignorance, nous effacer nos mémoires nous passer toujours les mêmes films à la télévision, nous proposer un éternel recommencement au niveau vestimentaire. Nous matraquant des informations catastrophiques chaque jour, en boucle.

Et faire passer les personnes qui développent leur capacité, comme moi, pour des fous, des bonimenteurs, des sorcières, des gourous, ou des complotistes est leur arme pour nous empêcher de transmettre la vérité. Nous diaboliser est une stratégie parmi tant d'autres.

Pour mieux comprendre, quand l'humain fonctionne sur du 110 volts, il est en mode zombie décérébré. Bien qu'il soit fait pour fonctionner sur du 220, mais à ce niveau-là, c'est les contrôlants qui beuguent et leurs implants sautent comme les vieux appareils électriques de nos grand-mères. Donc le but est de nous maintenir en mode zombie décérébrés, en énergie basse, avec des émotions négatives.

Toute la connaissance acquise m'a permis d'avoir une certaine maitrise de mes énergies. J'ai donc résisté, de mieux en mieux, à toutes leurs tentatives de me faire chuter. Et surtout, toutes ces connaissances et protocoles m'ont permis de me réaligner régulièrement, et de plus en plus rapidement derrière. De ce fait, j'ai de mieux en mieux maitrisé mes émotions dans les périodes de dépression. Je me suis servie de la lithothérapie, avec la kunzite qui est composée de lithium, pour apaiser ces émotions qui m'empêchaient de reprendre le dessus. Cette pierre m'a sauvé la vie.

J'ai culpabilisé pendant des années, j'ai eu des doutes sur moi-même. Ils m'ont harcelé pour que je ne puisse pas atteindre mes 220 volts. Tous ceux qui sont dans l'action consciente et la révélation de ces informations sont un réel problème pour les contrôlants. C'est pour cela que je comprends ce que vit Patrice en ce moment et que je suis présente pour lui, car je suis passée par cette phase de doute injustifié.

La pression économique et énergétique actuelle est tellement forte que les personnes commencent à se révolter depuis quelques années, et même si les manifestions ne sont pas la solution, que le boycott est beaucoup plus efficace, il y a de plus en plus de personnes en prise de conscience depuis le début de la pandémie. Des personnes conscientes d'eux même et de leur capacité naturelle à résister. Et le houlalaïsme ne fonctionne pas sur nous.

Tout ce qui va à l'encontre du plan d'annihilation des masses par esclave énergétique, est considéré comme hérétique. Ils font en sorte que les zombies agressent les personnes éveillées, car ils leurs font croire que c'est les personnes libres le problème. Je serais pour eux un danger.

Plus la situation empire, plus cela est difficile de laisser les personnes qu'on aime se faire happer par le système. En tant qu'empathique cela me demande de faire le deuil de mes proches de leur vivant. Même si je sais que cela arrivera un jour, le fait que le temps s'accélère fait que cette constatation s'accélère aussi. C'est comme si on m'annonçait qu'ils sont atteints d'une maladie grave incurable, la houlalaïte. Et cette crise sanitaire fait faire un choix concret de rester zombie ou de s'extraire du plan, la pilule bleue ou la pilule rouge.

Dans beaucoup de films, il y a cette notion d'annihilation de masse, mais jamais proposée par les gentils, que par les méchants et par la force. Il suffit d'ouvrir les yeux pour le voir, les personnes avec des capacités sont traquées comme des délinquants. Comme si c'était nous les méchants qui veulent du mal au gentil moutons obéissants. Mais le mouton est rarement mangé par le loup c'est le Bergé qui le mène à l'abattoir pour son propre intérêt financier.

Il y a déjà eu plusieurs gros effondrements de civilisations : Babylone, l'empire grecque, l'empire égyptien, l'Atlantide, nous sommes en train d'en vivre un autre. Et nous pouvons, cette fois-ci, y survivre. Le grand déluge était également une tentative de destruction de masse.

Les entités contrôlantes nous disent qu'elles cherchent à comprendre pourquoi ils perdent autant de monde. Moi je le leur dis car je sais que 2 min plus tard ils auront oublié, car ils ne m'auront jamais vu. Nous avons déjà les outils pour les vaincre, et pour nous réparer ensuite. Nous avons déjà commencé à faire le travail. C'est pour cela qu'ils augmentent la pression depuis des années et qu'ils essayent d'encore plus précipiter les choses. Ils sont en train de paniquer, de faire en quelques mois ce qu'ils avaient prévus de faire ces 5 prochaines années car nous sommes déjà trop réveillés. Ils ont peur qu'on leur échappe encore, mais c'est déjà fait.

Le seuil critique de notre libération énergétique n'est pas loin d'être atteint. Ce n'est pas la première fois que cela arrive, ils en connaissent les signes avant-coureurs, ainsi que le processus. C'est pour cela qu'ils nous mettent une telle pression pour qu'ils restent les plus nombreux après le crash. Sans quoi il en sera fini de leur suprématie oligarchique.

Depuis toujours j'ai conscience d'une catastrophe mondiale et que j'y survivrai et que je ferai partie des personnes qui devront reconstruire. La phrase c'est : « Je suis assez conne pour y survivre ». Je sais maintenant que c'est ma capacité de réflexion et mes connaissances qui me permettront de survivre. J'ai ce projet de lieu autonome, mais depuis toujours on m'empêche d'accéder aux moyens financiers de le réaliser. Depuis le lendemain du tremblement de terre du 24 février 2004, j'ai reçu ce qu'il faut que je mette en place et cela fait bientôt 20 ans que toutes mes décisions sont prises en ce sens. La survie de l'humain. Et cela fait depuis que je suis née qu'ils essayent de m'en empêcher. Je reste persuadée que j'arriverais à la créer cet ashram.

Les implants

Les implants qu'est-ce que c'est ? Ce sont des objets : barres, cages, bottes, gants, casques, boites, tubes, mousse, filtres... énergétiques, que les entités négatives posent sur vous, sur vos corps énergétiques, pour vous voler votre énergie, ou encore bloquer la communication avec votre conscience, altérer vos capacités. Ils les posent en fonction de leurs besoins. Certains provoquant des émotions négatives, blocages et même douleurs physiques. Pour le plus grand nombre récupérant les énergies physiques, émotionnelles, mentales, sur vos différents corps, vers leurs points de stockage. Énergies créées par l'action des entités dans votre espace énergétique, ou développer par vous pour lutter contre leur action. Certains implants sont actionnés pour altérer votre énergie et créer cette énergie de lutte, puis ensuite pompe cette énergie dégagée pour l'exploiter.

Je ne vais pas vous faire ici un cours d'anatomie physique et énergétique, il existe de très nombreux ouvrages sur le sujet. Pour résumer très, très succinctement, nous avons au minimum 7 corps énergétiques différents, qui vibrent sur au moins 7 fréquences différentes. Chaque corps, qu'il soit physique, émotionnel, mental, causal… vibre à son tour sur 7 fréquences différentes : physique, émotionnel, mental, 4ème éther, 3ème éther, 2ème éther et 1er éther. Et leur bon fonctionnement dépend de la fréquence à laquelle ils vibrent, en corrélation avec votre conscience, qui vous envoie les informations. Si le corps physique vibre sur la fréquence de l'émotionnel bas, et sans aucune conscience de votre capacité à modifier cette fréquence, vous allez somatiser toutes vos émotions négatives dans le physique. Nous avons la capacité de nous débarrasser d'une émotion aussi négative soit elle afin que celle-ci ne vienne pas altérer notre fonctionnement physique. C'est ce que font les médecins en médecine traditionnelle chinoise. Ils cherchent les sacs énergétiques et les libèrent avant qu'ils ne viennent s'inscrire dans le corps physique.

L'information est énergétique, elle vient de notre partie supérieure depuis la partie subliminale de notre conscience. Elle est captée par le chakra coronal et le 3ème œil. Ces 2 chakras distribuent les informations via le chakra de la gorge aux autres chakras. Tous produisent les hormones nécessaires pour diffuser l'informations aux organes creux puis aux organes pleins.

Il y a donc 49 couches et nous ne nous occupons que de 3 et encore pas complètement. Le corps physique dense, nous prenons des informations dans les liquides et très peu dans le gazeux. Nous nous occupons encore que très marginalement du corps émotionnel, trop souvent seulement pour le faire taire avec des antis dépresseurs, sans chercher à comprendre pourquoi il est en déséquilibre.

Et que dire des personnes qui ont des capacités psychiques, mais qui sont malheureusement branchées sur une fréquence trop basse, radio entités qui balance des informations merdiques, via le striatum, que l'on met sous camisole chimique pour les éteindre. Que les troubles psychiques soient dues aux interférences télépathiques des entités négatives ou d'un mauvais fonctionnement du striatum, on les met sous camisole chimique et on les enferme, en aggravant le phénomène, il nous est quasiment impossible d'intervenir sur des personnes mis sous camisole chimique, car cela leur enlève toute capacité de réflexion.

Idem pour un membre coupé qui fait encore mal, on nous parle de douleurs fantômes, alors qu'il suffirait d'informer les différents corps énergétiques, qui tentent de communiquer avec la partie manquante que justement, elle n'existe plus.

Il y a donc minimum 49 couches sur lesquelles les entités peuvent intervenir en toute impunité, et ils vont principalement le faire sur des corps dont nous ne nous occupons pas, car nous n'avons pas conscience de leur existence. Cela leur en donne, du coup, un libre accès. Comment protéger et entretenir quelque chose dont nous n'avons jamais eu conscience et dont nous n'avons aucune connaissance du fonctionnement ? C'est pour cela que leur intérêt est de diaboliser les thérapeutes énergétiques qui vont vous donner les clés de votre propre fonctionnement.

Car même si nous avons perdu le mode d'emploi des capacités de notre véhicule humain, il suffit, des fois, juste d'y penser et de l'avoir en conscience pour que l'énergie y recircule ; lui redonnant de la puissance. Et donc pouvoir en monter la fréquence et cramer leurs implants.

Ma fille avait la mâchoire qui craquait. Pendant son hypnose, on lui a trouvé une barre dans la mâchoire, elle a été enlevée et sa mâchoire n'a plus jamais craqué. Elle n'en avait même pas fait mention pendant l'anamnèse. Une de mes belles filles avait mal au genou, pareil, un implant y était installé. Une cliente, asthmatique, avait des filtres à l'entrée des poumons. J'avais des cerceaux métalliques du plexus aux genoux et mal aux hanches quand je faisais de la marche. Je n'arrivais pas non plus à comprendre comment les personnes faisaient pour supporter une armure, en médiévale, je ressentais quelque chose de très désagréable en voyant ceux qui en était affublé d'une, me disant que jamais je ne pourrais porter un tel truc sur moi. En fait, pour moi c'était inconcevable car j'en portais déjà une dans l'énergétique, donc cela en aurait fait deux.

Quand on a éliminé toutes les possibilités physiques du système médical traditionnel occidental, il serait bien de faire un scan énergétique du point de vue ésotérique sous hypnose régressive ésotérique, vous seriez surpris du résultat.

Nous travaillons en aveugle, sans que l'opérateur soit au courant de ce pourquoi vous venez. On pourrait faire toutes les sessions en double aveugle sans informations au préalable que l'on trouverait tout quand même. Nous demandons aux personnes de nous remplir un questionnaire, nom, âge, profession, ascendants et descendants sur 2 générations, croyance, phobies et 5 principales problématiques. Non pour nous orienter pendant notre session, mais pour pouvoir vérifier les dires des entités sans avoir à demander confirmation à la personne pour ne pas alourdir inutilement le travail.

Il nous est indispensable de garder un rythme soutenu avec le moins de coupure possible, et dialogue extérieur, car dans l'ambiance hypnotique toute suggestion est créatrice. Et comme les personnes ont tendance à en rajouter et à rentrer dans des détails inutiles à notre travail, on préfère ne pas avoir à leur poser des questions durant la session. 3 secondes ici, peuvent se déployer en 1h dans l'ambiance hypnotique, voir une semaine. Il est donc indispensable que l'on reste connecté avec notre opérateur de support en permanence. Cela demande beaucoup de concentration et il n'est pas question d'aller papoter avec le client pendant que notre opérateur est sous hypnose, tant que les entités sont encore là. Et même, une fois que le nettoyage est fait, nous sommes considérés par la conscience comme une interférence, donc dès qu'elle reprend ses pleins pouvoirs dans son espace, nous sommes priés d'aller voir ailleurs rapidement.

Les implants que les entités nous posent sont des interférences dans notre espace énergétique. Ils nous posent les implants le plus tôt possible dans notre vie, dès l'enfance, pour qu'ils grandissent avec nous. Comme cela, nous finissons par les accepter et ne plus les considérer comme des interférences. Et donc plus ils grandissent avec nous, plus ils gagnent en efficacité et en puissance. C'est pour cela qu'ils n'ont jamais pu réimplanter Patrice au niveau sexuel quand les implants ont sauté et même s'ils avaient réussi, ils auraient été beaucoup moins efficace de toute façon, car beaucoup plus petits.

C'est pour cela que certaines techniques énergétiques bien pratiquées et sans invocation extérieure peuvent avoir une certaine efficacité sur des problématiques bassement physique. Car, de temps en temps, quand c'est bien fait, ça fait sauter un implant. Monter notre taux vibratoire de tous nos corps, ainsi que nos fréquences est la vraie solution. Cela m'est arrivé, en séance de voir sortir quelque chose du corps et partir. L'ombre très noire dont je vous ai déjà parlé, qui est sortie du ventre de ma cliente et qui faisait à peu près 20 cm de diamètre. Une autre fois pendant un stage de magnétisme, un brouillard de la taille de la personne est sorti de son corps pendant que nous la rechargions énergétiquement, repoussant nos mains au passage. Par contre, en réponse à certains soins énergétiques ou initiation, les entités peuvent suractiver un implant pour empêcher le travail et mettre la personne dans une détresse physique importante. Perte de souffle chez une cliente en stage reiki. Crispation totale du corps, buste fémur à un angle de 90°, idem pour les jambes pliées, en mode assise alors qu'elle ne reposait que sur son coccyx, et ce pendant plusieurs minutes, tétanisée. Je me suis moi-même arc-boutée sur la table de soin, lors d'un soin en transfert d'énergie de la « Méthode JMV® », l'entité tentant de pénétrer mon corps afin que je ne puisse pas faire la mise à jour énergétique sur laquelle il se nourrissait en principal. Et lorsque je recevais, pour moi, des soins en « reconnective Healing® » (La reconnexion), mes bras et mes jambes lévitaient. Les jambes bougeaient de haut en bas, à quelques centimètres au-dessus de la table sans que je ne fournisse aucun effort ni intention de le faire. J'ai d'ailleurs essayé de le faire par moi-même je n'ai pas tenue plus de quelques secondes dans cette position, alors que pendant les séances je pouvais faire cela plusieurs minutes.

Souvent aussi quand je me branchais sur la personne pendant un soin pour trouver l'origine de la problématique, le système affecté s'éclairait. Une cliente était venue me voir car elle avait reçu comme diagnostic, une polyarthrite rhumatoïde inflammatoire mobile. Quand elle me dit cela je ne trouve pas la résonnance énergétique de la maladie à l'intérieur d'elle. Je scanne et là son système sanguin s'allume, je lui dis donc d'aller voir son médecin et de faire des analyses de sang. En plus j'ai eu la sensation d'une piqûre, ma conclusion est donc qu'elle a donc un parasite dans le sang qui lui crée ces inflammations. Résultat des analyses de sang médicales : maladie de Lyme.

Une autre fois, après la rencontre avec Nathalie mais avant que je me forme à l'hypnose régressive ésotérique, il y eu 3 ans entre les 2, j'avais donc conscience de tout cela sans encore avoir l'outil parfait pour tout résoudre. Toutefois je partais de plus en plus en modification de conscience pendant mes séances d'énergétique, et mes clients aussi. Une fois, la cliente avait une boite autour du chakra cœur, je lui demande si elle veut la garder, elle me répond que non. Je lui demande de se concentrer sur son énergie de cœur et de visualiser un curseur qui monte pour en augmenter la puissance. Résultat la boite saute et disparait. Elle ressent en même temps un profond soulagement, m'en informe avant que j'aie le temps de lui dire que je venais de le voir. Pendant que je la laissais reprendre sa respiration, je vois un bonnet type lutin qui dépasse juste de la pointe du bord de la table de soin et s'approche d'elle. Le bout était replié et avait un petit rebond qui montrait que celui qui le portait avait une démarche bien marquée et déterminée. Je me penche et là je vois un nain, ressemblant fortement aux nains de jardin, mignon mais bougon, lol. Je lui demande ce qu'il fait là, il me dit venir remettre la boite au chakra du cœur de ma cliente, il la tenait d'ailleurs dans ses mains. C'était la même, taille forme couleur identique que celle que nous venions de faire sauter.

J'explique cela à la cliente, bien consciente qu'elle pouvait me prendre pour une folle, mais tant pis. Pour avoir suivi nombre de session avec Nathalie, je savais que c'était elle qui devait dire non et pas moi. Elle me croit et confirme qu'elle ne veut pas de cette nouvelle boite. Le nain me regarde encore plus ronchon repart avec sa boite et bougonne dans sa barbe en partant : que c'est elle qui l'avait demandé et que lui n'avait fait que répondre à sa propre demande.

J'en informe la cliente, elle me confirme qu'ayant beaucoup souffert de la méchanceté des gens, elle avait, il y a quelques années, demandé à ce qu'on protège son énergie de cœur pour que plus personne ne puisse abuser de sa gentillesse. Mais l'effet pervers de la boite c'était qu'elle n'avait plus accès pour elle-même à cette énergie. La boite isolait complétement son énergie du chakra du cœur.

Ce petit nain pensait lui rendre service, mais en fait il devait avoir un chef au-dessus de lui, plus belliqueux, qui avait profité de l'opportunité pour interférer l'énergie de cœur de cette personne. Nous n'avons pas ce jour-là rompu l'accord, mais elle est repartie avec un implant en moins. Il est donc important de faire attention aux demandes que l'on fait, car certes elle était moins impactée par les personnes, mais elle n'avait plus non plus accès à son énergie de cœur pour elle-même. Il y a toujours un prix à payer avec les entités, et même si le petit nain était en bonne foi et avait répondu à sa demande, il avait complètement occulté les énergies de cœur de la personne, ne lui laissant rien pour elle, l'empêchant ainsi de les rayonner et de se protéger elle-même des personnes belliqueuses. C'est tout à fait possible et pas si compliqué que cela de ne pas se faire vampiriser par tous les spécialistes du genre. Mais encore trop de techniques disponibles à ce jour vous font invoquer tout un tas de truc extérieur, pour toutes les problématiques possibles, au lieu de vous redonner le plein pouvoir (je peux) sur votre véhicule humain.

Si vous vous demandez si vous pouvez faire ceci ou cela, la réponse est oui, car si vous en avez eu l'intuition, c'est que vous en avez la capacité. Et si quiconque vous dit le contraire, c'est un menteur. C'est soit quelqu'un qui n'a aucun intérêt à ce que vous deveniez autonome, soit qu'il répond sous l'influence de ses propres pactes.

Personne n'a le droit de vous interdire de faire quelque travail énergétique qui se présente à vous. Même si vous êtes néophyte en la matière vous avez de toute évidence la capacité de le faire. Et la personne qui vous limitera peut elle-même avoir mis 20 ans pour y arriver mais elle n'est pas vous.

En une journée de magnétisme, je donne aux personnes les clés que j'ai moi-même mis des années à maitriser. Et en fin de stage les personnes sont capables de faire un scan d'une personne à travers un mur, ou à longue distance, alors que le matin-même, ils ne savaient pas prendre la mesure de leur propre énergie. Que ce soit des débutants ou des personnes déjà pratiquantes d'une autre technique, tous repartent avec la capacité de pratiquer sans se faire interférer, ni prendre sur eux les scories de leurs clients. Cela demande malgré tout à la personne de pratiquer les exercices de façon quotidienne, jusqu'à ce que le corps garde mémoire du nouveau protocole. Rien n'est jamais définitif c'est comme notre jardin, il faut l'entretenir régulièrement pour ne pas que cela redevienne une forêt vierge emplie de ronces et de parasites.

*****

Donc grâce aux soins énergétiques, on se sent mieux, mais avant que l'on se stabilise et que l'on fasse griller le ou les implants, les entités négatives les réactivent fortement pour nous faire redescendre au 110 volts, par des suggestions télépathiques, impulsions... Si cela ne suffit pas, ils créent un nouveau traumatisme, pour nous faire redescendre encore plus bas pour renforcer les implants qui commencent à ne plus être assez efficaces, ou en placer des nouveaux. C'est cela que j'appelle du sabotage de séances : l'effet yoyo. Ça vous cause ? Normal !

Si vous avez déjà entamé un parcours thérapeutique assidu, pour sortir du stress, des angoisses, de la colère, des émotions négatives, vous avez déjà eu à faire ce phénomène de yoyo. Vous allez mieux pendant un certain temps et le cumul des blocages administratifs, financiers, travail, familiaux finissent par avoir raison de votre mieux être. C'est grâce à cela que j'ai compris qu'il y avait quelque chose d'autre que ma propre volonté, en jeu. Que je subissais des attaques volontaires et ciblées contre moi pour me ramener en bas.

Les implants sont donc des objets, de toute forme, posés sur vous par les entités négatives, agissant comme des aiguillons pour stimuler la production des énergies négatives qui les intéressent et les récolter, ou pour vous isoler de votre conscience et donc de l'information juste. Car en plus de vous implanter au niveau de tous les corps énergétiques du véhicule terrestre, ils peuvent vous enfermer dans un cocon ou une nasse. Ou alors ils peuvent emprisonner votre conscience dans un bunker grouillant d'insectes, une boite de nuit où elle perd la mémoire de ce qu'elle est, ou à faire des rituels pour eux dans un euphorisme délirant.

Dans l'ésotérique tout est créable à volonté, c'est pour cela que le praticien en hypnose régressive ne doit surtout pas faire de suggestions créatives comme pendant une séance d'hypnose Ericksonienne cela peut être catastrophique. Et que nous nous positionnons en simple observateur.

Lors de contrôles post hypnose, il nous est arrivé de trouver des implants fait en cocréations avec la conscience qui freinait la métabolisation. C'est pour cela qu'il faut bien faire attention à ce que l'on demande depuis la matière pour se protéger car on en crée l'opportunité d'une interférence. Comme le cube sur l'énergie du chakra cœur.

Bien souvent je dis aux personnes, faites la liste de ce que vous voulez, pas de ce que vous ne voulez pas. Je veux gagner au loto pour acheter... et pour payer mes factures...
Vous allez vous mettre dans une énergie de consommation excessive, dans la vibration de surconsommation, induite par l'hypnose collective. Et vous allez créer toujours plus de factures à payer. En plus les entités vont se repaitre de vos espoirs.

Si vous pensez ne jamais pouvoir trouver de solutions à vos problèmes, vous n'en trouverez jamais. Je disais à mes élèves à l'auto-école, que s'ils partaient défaitistes, ils n'auraient jamais leur permis. J'avais une élève qui répétais à chaque cours qu'elle n'aurait jamais son permis. Je ne l'ai pas vu pendant un bon mois et elle est arrivée avec une nouvelle coupe de cheveux, ce qui dénote déjà un changement, elle avait les cheveux au milieu du dos et là il était au-dessus des épaules. Elle me dit que son petit frère s'était inscrit au permis de conduire et qu'il était meilleur qu'elle. Rajoutant : « Si ça se trouve, il va l'avoir avant moi ! ». Moi j'ai éclaté de rire et je lui ai dit que j'étais super contente de ce qu'elle venait de dire. Elle m'a regardé vexée : « Tu es contente que mon frère puisse avoir son permis avant moi, ce n'est pas cool. ». Je lui ai alors dit ce que moi j'avais entendu, qu'elle allait avoir son permis, même si elle pensait l'avoir après son frère, elle l'aurait. Il était là, le changement. Elle ne disait plus qu'elle ne l'aurait jamais et c'était très positif pour moi. « Ah oui ! » me dit-elle avec le sourire, elle était contente, elle aussi, du coup. Elle avait enfin décidé qu'elle allait le réussir et c'était le premier pas vers sa victoire.

Le fait de verbaliser qu'on peut y arriver peu des fois suffire pour y arriver. C'est pour cela qu'ils cherchent en permanences à vous décourager, car la simple volonté suffit à la réalisation. Il faut y croire et l'opportunité se crée. Et ça marche, regardez les cons ils osent n'importe quoi et ne doutent jamais d'eux et ça passe comme une lettre à la poste, juste parce qu'ils ne doutent pas.

C'est ce qui m'a motivé à croire en moi, pourquoi pas moi au final. Let's go, j'y vais advienne que pourra et ça passe. J'ai été bluffée un nombre incalculable de fois et Patrice aussi. Il se demande comment j'y arrive, bin c'est juste parce que je mets tout ma volonté positive et que j'y crois.

Méthode testée et approuvée, alors que les gentils, comme moi à la base, pensent tellement aux conséquences négatives d'un éventuel échec, déjà la plupart du temps n'essaient même pas et quand ils essaient ils flippent tellement de ne pas réussir qu'ils ratent.

Une fois que j'ai compris ça mon taux de réussite a explosé de façon exponentiel, agaçant bien sur les entités qui après coup faisaient tout pour me faire chuter, mais au culot j'ai obtenu plein de choses qui au départ n'étaient pas prévues pour moi.

Le Karma

Peut-être la plus grande illusion de notre temps actuel. Avec l'émergence du bouddhisme dans le monde occidental, c'est un concept qui a conquis toute la planète, mais qui n'est pas toujours vu comme il devrait l'être, et surtout tel que les bouddhistes le conçoivent. Mais étant de toute façon issu d'une religion, il fait partie des leurres. Et s'ils laissent passer ce genre de croyances c'est que cela les arrange.

Tu reçois ce que tu sèmes, dans cette vie ou dans les suivantes.

Le principe de réincarnation est présent dans les textes de nombreuses religions. Les chrétiens l'ont enlevé des textes au 11ème siècle de notre ère, mais il y était inscrit aussi.

Dans cette vie si tu veux du bon, il faut être bon. Tu récoltes ce que tu sèmes. Et si on a fait quelque chose de mal dans une vie, on le paiera dans une autre, on épure son karma. Jusqu'à ce que la leçon soit apprise et acquise. Ok, mais comme je ne me rappelle pas ce qui m'est arrivé dans les autres vies, qui tient les comptes ?

Ce sont les entités négatives, dis donc ! Hé oui, vu que nous sommes sous leur emprise, que les entités choisissent nos vies, de préférences merdiques. Ils nous font vivre les pires choses, nous poussant toujours plus vers les extrêmes pour nous en sortir, vu qu'on s'adapte à la négativité et qu'on est moins productif, ils augmentent la pression en permanence. Et au final, ce sont ces mêmes entités qui tiennent les comptes et décident s'ils considèrent cela comme une dette à payer. Et c'en est toujours une, nous ne pourrons donc jamais rembourser notre dette karmique. Tiens cela me rappelle le système bancaire. Ah oui c'est vrai que c'est aussi un système contrôlant tenus par les mêmes odieuses entités.

Mon propre karma. J'ai vécu une vie relativement aisée dans les années 1500, dans une famille d'armateurs espagnols. Je meurs vers mes 80 ans, ce qui est beau pour cette époque. Vêtue d'une robe noire, avec le voile en dentelle noire sur la tête et un chapelet dans les mains. Oups, c'est quoi ce chapelet, aie, 1er choc, je suis très croyante dans cette vie-là. Je meurs, je sors du corps, je me retrouve dehors, habillée pareil toujours avec le chapelet dans les mains. Je vois alors une main avec juste un avant-bras, le reste n'était pas visible, m'attraper le bras droit et me tirer.

En une seconde je me retrouve dans une salle d'audience d'un tribunal, la chaire du juge immense de plusieurs mètres de haut, en bois. En pyramide avec 4 niveaux, le juge habillé de rouge avec un col en fourrure blanche et une perruque à la lord britannique blanche lui tombant sur les épaules. Les juges puinés de chaque côté de lui, sur trois niveaux. Le juge principal tapait et tapait avec son marteau à chaque fois qu'il prononçait un mot et je me recroquevillais sur mon prie dieu en velours rouge à chaque coup de maillet, mon chapelet en main, il me couvrait de reproche et de honte.

Ce que ce juge me disait alors, c'est que j'avais été riche (cool enfin une vie aisée me dis-je), que j'avais aidé (cool pas pingre, dans mon inconscient les riches sont cons et pingres, je l'ai effacé celui-là aussi depuis), mais pas assez (Quoi ?!). Et que donc je devais me réincarner dans des vies de misère. Pendant qu'il dit cela, je me vois une fillette de 10 ans, en guenille, couchée sur les pavés gelés, des nobles, en chapeau haut de forme et queue de pie, canne à la main, passer devant moi sans même me jeter un regard, du genre la petite fille aux allumettes. Il rajoute sans aide, isolée, (*oui c'était bien la vision que j'avais eu*) pour me faire comprendre ce que c'était de ne rien avoir, comme cela la prochaine fois que je serais riche (*cool ça va changer*) j'aiderai davantage.

Au début de l'énoncé de la sentence, je me recroquevillais sur moi-même, par contre à un moment, je n'y pus plus. Je me suis redressée pour leur faire face me mettant debout face à eux. Je ne supportais plus cette énergie de honte qui m'envahissait alors. Dans ma vie actuelle, on a essayé à maintes reprises de me faire avoir honte de choses absurdes et j'y avais déjà largement renoncé, refusant cette émotion et étant fière de moi et de ce que je faisais. Il était hors de question que cette énergie me contraigne à nouveau à baisser la tête.

Quand le juge eut fini de parler, Fabienne (l'opérateur principal) me demanda de toucher ce que je voyais. Enfer et damnation, c'est quoi ce truc ? Le tribunal se transforma en 3 tas de boue, dégoulinants, puants me donnant envie de vomir. Ça puait la mort comme 15 vaches mortes et 20 boucs qui les gardent, j'avais des hauts le cœur. Le juge se retrouvant au centre, plus gros et plus haut que les deux autres, un peu le même aspect que Hutt dans « Star Wars » mais en boue dégoulinante, comme un des méchants dans « Jungle Cruise » le film Disney avec Dwayne Johnson.

J'avais déjà senti cette odeur, quelques mois auparavant. Dans le parking souterrain du super marché en bas de chez moi, ce jour-là bien que nous ayons été 5, je fus la seule à la sentir. Chaque inspiration me donnant également envie de vomir. Je ne remis plus jamais les pieds dans ce parking souterrain, de peur de la sentir à nouveau et la revoilà.

Donc cette odeur était la leur, les hauts le cœur m'envahissaient. Je me rappelais alors qu'on était en vie moins 5, par rapport à celle d'aujourd'hui. Cela fait donc 5 vies que je paie pour 1 ! Ça commence un peu à faire. Je leur dis donc que je ne suis pas d'accord et donc que je refuse leur condamnation. Je n'avais pas d'avocat, je n'étais même pas sensée me défendre, juste accepter leur sentence sans appel. Il me regarde méchamment avec ses 3 yeux, je sens de la boue remonter sur mes jambes et se solidifier au fur et à mesure. Je tape des pieds et dit : « NON ! » fermement. L'opérateur me dit d'ouvrir un portail pour les faire sortir de mon espace énergétique. Mais quel genre de portail puis-je ouvrir pour de telles créatures. J'ai ouvert une grille d'égout sous eux et ils n'eurent d'autre choix que de couler dedans. On a scanné les autres vies, je les ai retrouvés 2 vies avant aujourd'hui. Une vie dont j'avais déjà vu la fin en rebirth lors de mon autosoin reiki. J'étais alors morte dans les tranchées, guerre de 14-18.

Cette fois je me retrouvais juste après, fantôme, dans une fille indienne, nous portions tous la même cape de boue dégoulinante (beurk), qui nous obligeait, par son poids à regarder le bout de nos pieds et donc les talons de celui qui se trouvait devant nous. Nous nous touchions presque tous. Et toujours ce discours culpabilisant : « Vous avez tué des personnes, vous êtes des meurtriers, vous devez avoir honte de vous. ». Toujours ce mot de honte qui revient, là c'en est trop. J'enlève la cape je la jette au sol. Je leur dis : « Je vous ai déjà jeté dehors, hors de question que vous recommenciez avec moi ici. » et là je vois et je reçois l'information qu'ils sont sur tous les conflits de guerre où il y a de la boue, celle qui me saute aux yeux, c'est la guerre de Corée et celle du Vietnam. Et tout autre lieu boueux. On les dégage à nouveau.

Cette puanteur nauséabonde ne m'approchera plus jamais. Et quand je vois toute la détresse que j'ai vécu dans cette vie et cette solitude que j'ai vécue toutes ses années. Les personnes qui ne voyaient pas les difficultés que j'étais en train de vivre. Ma famille me laissant seule, chez moi alors qu'ils mangeaient tous ensemble à moins de 500m. Les amis qui me disaient, « Mais on ne se fait pas de soucis pour toi, parce qu'on sait que tu vas arriver à t'en sortir ». Et d'autres qui me présentaient la facture de notre amitié, estimant en avoir fait plus pour moi, que moi pour eux. Ce karma m'isolait, me faisait me fâcher avec des amis de plus de 10 ans, sur des malentendus. Pour que je ne reçoive plus aucune aide. Et quand j'en recevais, elle était, du coup, conditionnée. Les personnes finissaient toujours par ne plus me contacter, me trouvant rabat-joie. Car toujours fatigué et pleine de problèmes. Très peu résistèrent, en fait les empathiques sont restés, 4, sur tout une vie c'est peu.

Dans l'inconscient collectif, les thérapeutes ne doivent pas avoir de problèmes, je répondrais à cela que nous sommes humains. Dans l'inconscient collectif, une thérapeute qui aide ne doit pas avoir de soucis, et que comme nous aidons les gens à s'en sortir que nous devenons des cibles à abattre. Ma vie doit être limpide, parfaite. Les thérapeutes me fuyaient aussi du coup. Une amie, cherchant même à m'imposer son fonctionnement et me limiter par ses peurs dans mon entreprise, finissant par mettre à disposition mon cabinet pour des stages auquel elle s'octroyait le bénéfice d'y participer avant moi.

Une autre thérapeute m'imposant les dates et heures de sa venue à mon cabinet pour nos échanges de soin. Ne tenant aucunement compte de ma fatigue et de mon refus. Toutes ces personnes ont fini par me tourner le dos et ne plus jamais me parler, quand je leur ai demandé de me respecter. J'étais donc seule, isolée, comme ils le voulaient. Même dans mon 1er couple, je me sentais seule, j'avais une hantise perpétuelle de cette solitude. Jusqu'à ma rencontre avec Patrice. Mais mon karma était si puissant que je l'embarquais avec moi dans ma solitude.

Depuis que nous avons nettoyé tout ça, notre vie a changé, nous avons des amis, du soutien moral, partout en France. Moins d'amitié par calcul, des amitiés par sympathie, par concomitance de croyance, de niveau de respect, d'action. Nous ne nous voyons pas souvent mais nous savons qu'ils sont là.

On m'a dit qu'on attire ce qu'on est, ce que l'on vibre, que c'est notre faute si on tombe systématiquement sur des cons. Des personnes qui nous humilient, qui nous rabaissent, qui nous considèrent mal. Je n'ai jamais entendu de qui que ce soit, même des soi-disant excellents thérapeutes, qui estimaient être bien meilleurs que moi, qu'on avait des entités sur nous, qui squattaient notre espace énergétique et qui foutaient un joyeux bordel dans notre vie, pour se nourrir des effets secondaires négatifs.

Jamais personne avant Nathalie. Nous nous sommes formés à la technique de Calogero Grifasi la même année. 3 ans après notre rencontre. Elle fait partie du team maintenant, moi je préfère rester en dehors. Comme cela je peux pratiquer les autres techniques et pouvoir intervenir également en post session. Car souvent le travail est rude après. Il faut reprendre possession de son espace énergétique et ce n'est pas toujours facile avec les mémoires cellulaires de ce qu'ils nous ont fait vivre qui sont toujours active. Il faut des fois lutter contre longtemps, c'est pour cela que nous avons d'autres techniques en plus de l'hypnose, pour un suivit post hypnose. Et accélérer la mise à jour dans le physique.

*****

Avant tout ça, quand je n'y arrivais pas malgré tous mes efforts, c'était toujours et encore : « tu as dû faire quelque chose de pas bien dans une autre vie et tu épures ton karma ». Certes j'avais des résurgences de vies antérieures, on m'avait aussi fait croire que j'avais été Cléopâtre et la grande Catherine, que j'avais assassiné mon mari et que donc je devais payer, payer, payer, payer !!! Pour épurer ce pétard de karma de m..de que je m'étais soi-disant, moi-même, créé.

C'est plus facile de nous leurrer en nous faisant croire qu'on a été quelqu'un d'important. Ça nous arrive de tomber sur des consciences qui ont incarné des prince, roi ou souveraines… mais cela reste marginal. Et généralement il faut faire très attention sur ces sessions là car les systèmes de marquages sont pernicieux.

*****

Je n'en veux à personne, de tous ces mensonges pendant les séances que j'ai faites. Ils sont tous, eux aussi, sous le coup de leur propres accords et pactes. Le pire c'est qu'ils disent et font cela en toute bonne fois. Ils reçoivent leurs infos de leurs soi-disant guides. Ils sont tout simplement victimes de l'illusion de la matrice. Leurs guides sont des entités qui jouent avec eux aussi, depuis leur enfance, comme ils ont joué avec moi. Les thérapeutes ont des capacités, c'est indéniable, mais ils les mettent au service involontaire des entités contrôlantes. À leur insu de leur plein gré.

Quand quelqu'un veut rentrer dans notre vie, il se comporte de façon adorable, il nous flatte, il est gentil, attentionné, tant qu'il ou elle obtient ce qu'il veut. Et il nous déroule le tapis rouge, tout devient plus facile d'un coup, alors que d'habitude on rame à mort. Et quand il a obtenu notre amitié, là commence la manipulation, pour obtenir de nous des choses qu'il n'aurait jamais obtenues s'il n'avait pas acquis notre confiance. Les systèmes contrôlants agissent pareil, nous redonnant espoir par moment, et nous faisant chuter à nouveau, chuter deux fois plus bas, en se transformant à nouveau en démon qu'ils ont toujours été et nous pourrissent la vie.

Je me suis fait une amie, quelques mois avant de me mettre avec Patrice début 2012, on se voyait uniquement chez elle, et à chaque fois elle m'offrait à manger quelque chose, qu'elle ne mangeait pas. J'ai trouvé des implants sur elle et sur moi que nous avons retirés. J'étais dans un état bizarre à chaque fois. Et quand je rentrais chez moi, cette intuition, qu'y a-t-il dans la nourriture ? Quand j'ai rencontré Patrice, elle a voulu jouer la carte de l'exclusivité, et m'empêcher de voir Patrice. Elle avait aussi beaucoup de capacités et avait eu une vie assez particulière. Amitié contrôlante.

*****

Pourquoi sur cette terre, il est si difficile de ne croire en aucun Dieu ? Il y en a tellement qu'il semble obligatoire que l'on en choisisse au moins un. Et certains me poussent à pratiquer leurs rituels, pour sortir de la misère dans laquelle les entités m'ont mise. Je vous rappelle que j'ai arrêté de croire en Dieu, mais pas en la vie après la mort. Je crois en une continuité de l'âme.

Je crois au respect de chacun et en la liberté possible de tous. Je crois en ma pleine capacité de cocréation positive avec la conscience. Mais bien que je fasse tout, pour rester positive, toujours tout partait quand même en vrille. Donc le « Si tu sèmes le bon, tu récoltes le bon », ça ne marche pas au final. Je n'en attendais pas une récompense mais tout du moins un répit dans ces emmerdes perpétuelles, rien, nib, que dalle, nada, que tchi. Même plus des bâtons dans les roues, mais des baobabs. Une augmentation des problèmes inversement proportionnelle à ma volonté de bien agir.

C'est quoi au final cette information de karma ?
Maintenant que je sais que tout cela c'est du chiqué, des mensonges, des belles histoires pour nous faire espérer une meilleure vie dans la prochaine, pas ici. Trop facile parce qu'on ne s'en rappellera pas et donc ils pourront recommencer

indéfiniment, 5 vies pour 1. Et dans chaque vie surement le même discourt, ce sera mieux dans la suivante.

5 vies de misère, de galère, de solitude, pour 1 où j'ai aidé. Certes pas en donnant de l'argent, car en 1500 et des patates, ce n'est pas les femmes qui tiennent les cordons de la bourse, ce sont les hommes. Les femmes aisées ne travaillent pas, elles gèrent la maison, les domestiques. Moi j'ai aidé, j'ai donné de mon temps et de ma personne aux pauvres. Soupe populaire, soins dans les hospices, soutien moral, c'est ça que j'ai fait et ils ont estimé que ce n'était pas assez. C'est pour cela que j'ai été condamnée à être pauvre pour comprendre la misère. Mais je la comprenais déjà. Cela ne les a pas empêchés de me condamner en me culpabilisant de ne pas avoir assez fait, facile de faire culpabiliser un empathique.

Je sais maintenant pourquoi j'ai été autant attaquée, parce que j'avais la capacité de faire du bien aux personnes et qu'eux, ça, ils n'en veulent pas. Ce n'est pas en donnant de l'argent qu'on aide le plus, c'est en soutenant moralement. Bon, l'argent, il en faut quand même un minimum, pour ne pas se retrouver à la rue. J'en sais quelque chose. Car à notre époque, se retrouver à la rue alors qu'autour de soi il y a plus de 50% des maisons qui sont fermées 10 mois sur 12, car cela rapporte plus de louer aux touristes qu'aux travailleurs locaux, c'est une hérésie. Sur certaines iles, de Bretagne, les locaux sont obligés de partir car ils n'arrivent pas à maintenir les services publics et commerces de base en place, en hiver. Il y a trop peu de personnes qui habitent là à l'année. Le dictat de l'argent est une plaie bien pire que tout autre dans ce monde. Et nous sommes étiquetés et classifiés par rapport à ce critère. Ceux qui en ont plus que de nécessaire pour vivre décemment, ont tous les droits, même de vie ou de mort sur ceux qui n'en ont pas. Et tout est de la faute des pauvres qui coûtent cher à la société. Et si tu es pauvre tu es obligatoirement bête et tu n'as rien d'intelligent à dire, ni à faire. Car il est bien reconnu que si, tu es intelligent, tu fais de hautes études et tu gagnes bien ta vie. Donc mettre volontairement les personnes à capacités dans la misère pour les priver de tous les droits fondamentaux, cela te décrédibilisera et te mettra au banc de la société, une ostracisation programmée pour autarciser les pauvres. Pourquoi m'imposer un karma de misère si ce n'est pour me limiter dans l'expression de mes capacités à aider les autres.

Dans cette vie de riche, où j'aurais dû avoir du dédain pour les pauvres, j'ai eu de la pitié pour eux et je les ai aidés, soulageant autant que je pouvais les effets négatifs des systèmes contrôlants. Il fallait donc me dégager du système et faire en sorte que je n'aie plus les moyens de le faire.

Mais en faisant cela de vies en vies, et en me harcelant toujours plus car je résiste encore et toujours, une vieille âme indigo de surcroit, malgré toutes les interférences, je conservais la capacité de les ressentir de les entendre, de les voir, de les démasquer et de leur faire face. Et à me relever quelle que soit la misère dans laquelle ils ont tenté de me mettre dans cette vie. Les gens finissent toujours par croire que je le fais exprès de ne jamais avoir un sou devant moi, que je dilapide le peu que j'ai en frivolités. J'ai reçu 50 euros à noël cette année de ma maman, le seul cadeau que j'ai eu, même si je ne fête plus noël ça fait plaisir que quelqu'un pense à moi. Plusieurs personnes avant de connaitre les sommes m'ont suggéré de payer mes dettes avec. Sérieux mais c'es 10% du montant de mon loyer et il faudrait que je renonce à cette somme pour ne même pas couvrir 10% de mon loyer... j'ai pas du tout aimé cela. De quel droit les gens transfèrent leurs propres convictions sur moi et veulent me priver du seul cadeau que l'on me fait. Plusieurs années que j'ai dégommé ce karma et il vient encore et toujours me hanter. Pas encore réussit à effacer toutes les mémoires cellulaires. Une très glauque faisait que je m'étais mis un programme inconscient de ne pas mourir riche.

*****

Mais maintenant que j'ai compris cela, j'aide les personnes à leur échapper, donc je deviens une cible à abattre. Toutes les personnes avec un fort potentiel d'aide aux autres sont submergées, harcelées.

Car tel est mon but pour moi, atteindre une autonomie par rapport au système, pour pouvoir faire ce que bon me semble pour faire éclater cette vérité rangée dans les théories du complot.

Le karma c'est fait pour ça ! Pour vous pourrir la vie et en plus vous faire croire que c'est de votre faute. Pour vous faire culpabiliser, et vous rendre responsable de toute la misère du monde. La culpabilité, c'est une émotion uniquement inventée pour embêter les gentils. Vous avez déjà vu un méchant culpabiliser ? Jamais !

Du coup, la position sociale d'une personne ne détermine jamais ma façon de la respecter. Je me base uniquement sur l'attitude d'une personne. Sa façon de traiter les autres et surtout les indigents. S'ils ont du mépris pour les pauvres, j'aurais que du mépris pour eux.

Je respecte les gentils, jusqu'à un certain point. Ceux qui se maintiennent en position de victime perpétuelle, non, ça m'exaspère. Les pleurnichards, c'est comme une craie qui grince sur le tableau. Les menteurs, pareil, ça me hérisse les poils.

Ceux que je respecte le plus, c'est ceux qui essaient malgré tout, ceux qui ont la volonté de faire différemment, même si c'est difficile. Même si ce n'est pas gagné d'avance mais qui tentent le coup quand même.

Je comprends tous les autres, il est devenu plus facile dans notre société de se laisser faire que de lutter, la carotte parait tellement belle. Leur espoir désuet m'émeut parfois. Et il y a tellement de blocages, de ruses de traquenards mis en place que de décider de se battre tient plus des « Hunger Games » que de la vie tranquille, dans un petit cottage, avec une barrière blanche à faire son petit barbecue entre amis. Les stéréotypes que l'on nous vend depuis les années 50. La prison dorée à crédit, la voiture à crédit, le steak haché au déchet de viande et à l'araignée rouge, plein d'Escherichia Coli, qui handicapera notre gosse à vie ou qui nous tuera tous. Profitant de tous les petits plaisirs malsains, destructeurs de la planète, en attendant désespérément que tout cela soit, de toute façon, balayé par une guerre nucléaire.

Et quand, en plus, on a une tonne d'emmerdes de toutes sortes, on ose nous dire que c'est de notre faute, à cause de ce qu'on a fait dans une autre vie, on a tué des enfants, alors dans celle-ci on doit perdre le nôtre pour comprendre le mal qu'on a fait aux autres comme ça. On doit supporter le harcèlement de notre patron parce qu'on l'a nous-même torturé dans une autre vie. Ma petite sœur aurait été l'abbé cochon, excommunicateur de Jeanne d'Arc, c'est pour cela qu'elle n'arrivait pas à garder le moindre job, en plus de 20 ans. C'est surtout qu'elle a aussi comme moi des capacités, qu'elle est éducatrice sportive pour handicapés, et qu'elle ne considère pas les enfants handicapés comme des déchets à amuser en attendant. En attendant quoi d'ailleurs ? Les handicapés l'ont toujours adorée, car elle les considère comme des vraies personnes, elles les motivent à être, à exister. Et ses collègues pendant des années, au lieu de reconsidérer leur façon d'être, ont préféré la faire virer que de se bouger le popotin. Comme moi, elle a été virée pour des prétextes atteignant des summums de ridicule. Et quand on regarde pourquoi par des procédés classiques, c'est parce qu'elle a excommunié Jeanne la pucelle, qu'elle est elle-même rejetée. Le pire c'est, qu'à ce moment-là, on y a cru, maintenant cela me fait beaucoup rire, par contre, tellement je sais que c'est un mensonge abracadabrantesque.

Vous me direz, alors au final, on peut faire ce que l'on veut, on ne paie jamais ! Je vous répondrais, oui, que si la justice terrestre, humaine ne fait pas le nécessaire, il n'y aura pas de justice divine. Ni de rédemption, non plus. C'est dur mais c'est vrai, pas de karma, pas d'enfer, pas de purgatoire. Rien de tout cela n'existe. Donc à quoi bon au final, pourquoi se donner autant de mal ? Si, il y aura les entités qui vont vous faire votre procès et vous prendrez surement un pacte et ils vous tortureront, pour des vies et des vies, amen. Ha des fois je me fais rigoler toute seule…. Mais je ne pouvais pas ne pas la faire celle-là.

En fait, dès qu'il y a mission il y contrôle, mais on ne peut pas s'en empêcher de venir pour faire basculer la terre dans les énergies positives d'amour, et en bannir ces pourritures ambulantes définitivement. Que ce que tous les gentils rêvent comme utopie, d'un monde parfait se réalise enfin. D'un monde sans guerre, sans meurtre, sans consommation de masse, sans capitalistes, sans profiteurs, sans voleurs... Il n'y aura plus besoin de voler ce qui sera offert et partagé de bon cœur.

Cette planète est un cœur qui vibre, qui accueille la vie sous toutes ses formes. Et les entités négatives contrôlantes veulent éteindre son énergie d'amour. Car ils ne résisteront pas à cette fréquence. Qui se diffusera dans tout l'univers.

Il n'y aura plus besoin de guerre pour conquérir des territoires riches en matières premières, car nous ne serons plus dans la surconsommation de masse, mais en auto suffisance, nous nous contenterons d'une vie simple basée sur l'échange. Il n'y aura plus de guerres de religion, car nous croirons en nous avant toute chose, et n'auront nul besoin d'un hypothétique sauveur extérieur. Car le sauveur extérieur est un programme contrôlant de la matrice terrestre. Et nous nous satisferons de peu, car la course perpétuelle à la modernité sera finie, l'évolution sera dans la plein conscience pas le formatage de masse. Désolé Mr Musk. Si tout cela est fait pour avoir le temps de regarder les matchs de football à la télévision en mangeant des pizzas qu'on ne prépare même plus nous-même et en se gavant de bière, moi cela ne m'intéresse pas du tout.

Bon on en est encore loin, parce qu'en novembre 2022, j'étais exposante sur un salon de bien-être et le samedi après-midi, les gens ont quitté le salon pour aller voir un match de l'équipe de France. Si vous venez dans un salon de bien être pour aller mieux, pourquoi le quitter pour aller voir un match de foot de la coupe du monde, faite dans un pays qui ne respecte pas ni la planète, ni ses habitants. Qui construit des stades climatisés alors qu'on est en pleine crise climatique et qui ont couté la vie à des milliers d'esclaves. Pas besoin de vous demander pourquoi vous allez mal. Si vous préférez aller voir le match au lieu de rester avec nous au salon !

Le jour où il y aura suffisamment de gens dépactés, libres, en pleine conscience de ce qu'ils font et pourquoi ils le font, tout basculera en quelques jours. Les personnes boycotteront en masse les sociétés irrespectueuses de la vie, sous toutes ses formes. Et les entités ne pourront alors plus avoir aucune emprise sur nous. Et elles ne pourront plus nous obliger à souffrir dans l'attente d'une rédemption future, car nous serons dans le « ici et maintenant », présent en pleine conscience de chacun de nos actes, et nous ne tolérerons plus aucune manipulation perverse.

Ce n'est pas une utopie, c'est ce que nous pouvons vivre sur cette planète et c'est ce qu'ils ne veulent pas qui arrive, car ils ne se nourriront alors plus sur personne.

Et une question me taraude souvent, il faudra que je demande à Calogero si ça l'intéresse de faire une session d'investigation dessus.
Pourquoi ils sont tant acharnés à conserver la terre ? Qu'y a-t-il ici qui les intéressent autant, pour qu'ils soient aussi vindicatifs contre nous les humains terrestres. Car souvent ils nous disent « On s'en fiche. On en a plein d'autres », mais pourtant ils se battent bec et ongle pour ne pas nous perdre comme esclave. Quitte à nous enfermer dans ces boucles temporelles amnésiantes, et à nous harceler quand on veut trouver la porte de sortie, un Escape Game XXL, au final. Si ce n'est qu'un jeu, je le trouve très pernicieux. Si ce n'en est pas un, qu'est-ce que cela cache vraiment ?

C'est comme mettre des souris dans un labyrinthe gardé par des chats. Les alimentant de nourriture contenant suffisamment de mort au rat, pour les rendre malades sans les tuer, mais en trop petite quantité pour les obliger à se battre entre elles pour en avoir. En mettant des trappes à souris partout et en inventant tout un tas de distractions pour les distraire de sortir du labyrinthe. Les obligeant à faire des sacrifices aux chats pour qu'ils ne mangent pas tout le monde. Et quand elles trouvent une sortie qui ne les mène pas directement dans la gueule du chat, on les poursuit inexorablement pour les remettre dans le labyrinthe.

Qu'y a-t-il sur terre qui leur fait tellement peur. Et qui peut les griller en une seconde ? Pas besoin de demander à Calogero, j'ai eu la réponse : l'amour. Si la terre venait à rayonner cette fréquence dans son système solaire puis dans sa galaxie puis dans son univers, ils poperaient tous en très peu de temps, l'amour c'est de l'acide pour eux, ça les brule, ça dévore leur chair. Et ils ne veulent pas que l'on puisse le faire rayonner. Et le véhicule humain est lui contrairement à eux capable d'atteindre cet état d'être.

Les fantômes

Qu'est-ce qu'un fantôme ? Définition du Larousse : apparition d'un défunt sous l'aspect d'un être réel.

Moi je dirais esprit qui n'a pas retrouvé sa pleine mémoire d'âme et qui se balade dans le costume de sa dernière vie. L'esprit est la partie la plus haute du véhicule humain terrestre. À la mort, il est sensé rejoindre l'âme pour ne faire plus qu'un. Mais, comme sur terre on nous raconte des contes de vieilles bonnes femmes, on a oublié le processus. Et cet esprit se prend pour le khalife à la place du khalife. Il ne pense même pas d'ailleurs, la plupart du temps il reste empreint des façons de penser et des émotions qu'était en train de vivre l'humain qu'il vient de quitter. Donc mémé a toujours le même sale fichu caractère après qu'avant. Et je ne vous parle même pas des suicidés dépressifs.

J'en ai tellement attrapé que j'aurais pu remplir 2 bus. Je sais quand j'en ai un, parce qu'il me fatigue instantanément, en 24h je suis HS. Et comme je ne peux plus manger beaucoup de choses, à cause de mon syndrome du côlon irritable, je sais que, quand il me prend l'envie d'un bon morceau de pain et de fromage, qui me tuerait, cette envie ne vient pas de moi. Car avec une miette de produits laitiers ingérée, je me vide en diarrhée pendant 3h, à en perdre connaissance avec la violence de spasmes et des sueurs. Donc c'est une évidence que cette envie ne vient pas de moi. Ou alors de la charcuterie, je ne mange plus de porc depuis 7 ans, pas par conviction religieuse, parce que je ne le digère plus non plus. En plus il y a du lactose, donc du lait dans 90% des recettes de charcuterie. Donc, quand j'ai envie de manger un truc qui me tuerait, je sais que cette envie n'est pas la mienne. Et comme j'ai fait du channeling dans ma jeunesse et que j'ai donc une forte capacité à les entendre, ils ne se gênent pas. Enfin vous vous ne vous en rendez pas compte qu'ils vous suggèrent de manger vu que vous n'avez pas d'allergies. Je vais vous parler des plus marquants parce qu'il y en a eu tellement.

Il y a eu la guirlande, alors elle, elle m'a sucé mon énergie pire qu'un vampire. Nous avons eu du mal à la déloger. Elle était entourée autour de moi comme sur un sapin de noël. Plus aucune mémoire, limite une larve, nous avons dû forcer la dose énergétique pour qu'elle se regonfle et qu'elle retrouve de la mémoire, elle était en mode larve amnésique. Ce mode larve leur donne un comportement de sangsue. Quand elle a récupéré sa mémoire terrestre, elle s'est rappelée être morte en faisant son ménage, elle s'est défenestrée. J'ai toujours dit que le ménage était une activité dangereuse. Elle cherchait après ses enfants, bichette, elle m'a fait pitié. On n'a pas regardé depuis quand elle était morte mais ça devait faire un petit moment déjà. Nous avons continué à lui donner de l'énergie et elle a fini par popper et retrouver sa pleine mémoire d'âme et elle est partie. Mon énergie est remontée instantanément. Nathalie se moquait un peu de moi avant la session, me disant tu n'arrives pas à te débarrasser d'un fantôme, tu crains. Après elle m'a dit ok, coriace celle-là. J'étais tellement HS que nous n'avions pas attendu qu'elle repasse par chez nous, nous l'avions rejointe dans un autre endroit où elle était en train de travailler. À 100 kilomètres de chez nous, j'en pouvait plus et rien n'avait marché, c'était avant que je me forme en hypnose régressive ésotérique, sinon je l'aurais fait moi-même.

Il y a eu le prêtre pédophile, sur un salon de la voyance, Patrice a eu l'amabilité de me ramener un fantôme. Je commence à faire des rêves pédophiles avec mes filles dedans, qui ont à nouveau 10 ans, alors qu'elles avaient la vingtaine à cette époque. Horrible, ayant été moi-même agressée par un pédophile, c'était des cauchemars. Trois nuits de suite, c'en était trop ! On fait un checke, on tombe sur ce fantôme d'un prêtre pédophile, ce qui explique la teneur de mes rêves. Je vous avoue que celui-là, s'il n'avait pas déjà été mort, je lui aurais bien fait sa fête. Bien que très dégoutée des rêves qu'il m'avait fait faire, je l'ai tout de même interrogé. Nous avons appris qu'il avait violé 700 enfants, femmes et animaux, sous les conseils de son dieu. Après vérification c'était une entité négative contrôlante type draconis, bien évidemment ce n'était pas un dieu. Celui-ci lui disant que la souffrance faisait évoluer l'âme, à vomir. Nous lui avons donné de l'énergie pour le faire popper, et quand nous nous sommes enquéri auprès de l'âme de l'intérêt d'une telle incarnation, sa réponse a été : « Ce n'est qu'une expérience parmi tant d'autres. » et elle est partie faire des expériences ailleurs. Quand on entend cela, on a juste envie de tout casser. Bon cette conscience était bien évidement sous contrôle, une âme ne parle pas comme cela, mais là on se dit qu'il va y avoir du boulot pour réinitialiser tout cela.

Il y a les suicidés des ponts, quand je passais sur un pont, je me prenais tous les suicidés du secteur. Pareil, pendant le 1er confinement surtout, dès que je mettais les pieds dehors, Bam je m'en prenais 3 ou 4, comme il n'y avait personne dehors ils me sautaient dessus comme des puces affamées sur un chien. J'ai fini par jouer les troglodytes.

Il y a quelques années ma grand tante décède, je passe chez elle avec mon oncle pour prendre un petit souvenir, et sur la route du retour, une envie de manger tout ce qu'il y avait dans la voiture. Je cherchais frénétiquement, alors que je n'avais pas faim. Et que tout ce que je trouvais ne me convenait pas, et bim une envie de pizza. Ho, ho, fantôme !
Un jeune homme, la trentaine, qui avait squatté l'appartement de ma grand-tatan parce qu'il était pratique, pas loin du travail, il pouvait y aller à pied. Moi : « Allo mec, tu es mort et tu continues d'aller au travail ? », lui : « Je suis mort ? », « et oui petit père ». Il ne savait même pas qu'il était mort et il continuait d'aller au taf, il continuait sa vie comme avant. Nous lui avons donné de l'énergie pour qu'il pope et il est parti. Hé oui certains fantômes ne savent même pas qu'ils sont morts. En l'occurrence, celui-ci était mort dans un accident de voiture, et il a continué sa vie.

Les fantômes de Locronan. Nous avons, pendant notre périple de 3 ans, passé du temps à Locronan, petit village pittoresque breton, celui où a été tourné le film « Les chouans ». Ils se targue de rester dans l'état ancestral du lieu. Ils ne se doutent même pas à quel point. Notre logement donnant sur le cimetière, et même si ce n'est pas le lieu où il y en a le plus, on fait ce qu'il faut pour que je ne passe pas mon temps à me trainer tous les fantômes du village. Ha bin, on n'a pas été déçus du voyage, 2500 fantômes squattaient le village. Je vous rassure, ou pas peut être, ce n'est pas exceptionnel, beaucoup de lieux touristiques anciens, pittoresques ou énergétiques sont blindés de fantômes, ce n'en est qu'un parmi tant d'autres, du monde tous les jours, c'est open bar, pour eux pas besoin de se fixer sur un, ils mangent sur tous. Patrice repérant alors des costumes assez anciens, nous avons été à la pêche aux informations de leur mort. Certaines remontaient à la grande peste noire. Hip, hip, hip houra, c'était la grande fantôme parade. Nous avons fait le vide. Mais c'est comme quand on fait le ménage, on passe le balais, l'aspirateur, on lave… une fois qu'on a tout remis dans le placard, on se retourne et paf il y a une boule de poussière qui est là juste devant nous, sortie d'on ne sait où !

Un soir je me rends compte que j'ai oublié la caisse dans mon chalet. Il est minuit, l'heure du crime. Avant de savoir tout ce que je sais, tu ne m'aurais jamais pu sortir de chez moi surtout dans un lieu aussi lugubre. Quand j'étais petite, rien que pour descendre à la cave, qui était dehors, pour aller chercher les pêches au sirop, j'emmenais le chien avec moi, et je battais Usain Bolt à la remontée des escaliers. J'ai toujours eu une sainte trouille du noir, car leur présence était encore plus forte et les rendaient palpables. Et là j'y vais. Je descends dans les rues désertes quand même éclairées par les décorations de Noël. Sinon c'aurait été tout noir. Le vent, whouuuu, et une canette qui roule en mode tumbleweed des westerns, je sursaute un peu et je rigole parce qu'avant, j'aurais pris mes jambes à mon cou en hurlant pour rentrer me planquer sous ma couette. Mais là non, par contre je sens un truc qui me suit, je ne suis pas sortie depuis 1 min et mon chalet est à l'autre bout du village, bien sûr. Je me le fais en mode touristique, au retour je fais des vidéos que je poste sur Facebook, en rigolant. L'autre me talonnait et patientait, cela m'amusait encore plus du coup de faire mon petit tour de la place. En plus, Patrice n'était pas là, il était à Annecy. C'est ce jour-là que j'ai vraiment pris acte de ma nouvelle faculté à les narguer dans une situation ou avant j'aurais été mortifiée, c'était jouissif. Je finis par rentrer. Il me suit dans la maison au 2ème étage un peu comme le mec à Lyon qui était monté dans l'ascenseur avec moi, sans gêne le truc. J'ouvre ma porte cette fois ci, et juste avant de la fermer et qu'il tente de rentre derrière moi, je dis : « Ah non, toi, tu restes dehors, tu n'as pas le droit de rentrer chez moi » bim et je ferme la porte. Morte de rire à la tête qu'il a fait. Je rouvre et je lui dis encore : « Tu croyais que je ne t'avais pas vu ? Sérieux ! » et je ferme à nouveau la porte. J'avais fait très attention de cacher mes pensées le concernant pendant toute la promenade pour pas qu'il sache que je l'avais repéré depuis le coup de la canette. Il est resté sur le palier pendant 48h et a fini par partir.

*****

Je n'ai pas eu que des fantômes qui m'ont fait des trucs chelou, une fois à Annecy, je vais aux toilettes, je fais ma petite affaire, et là en haut au coin à gauche un truc poilu se met à grogner en montant des dents pointues et bavant, Rhoooooo. Je fais comme si de rien. Il recommence plus fort. RRRHHHOOOOOO !!! et là je le regarde : « Bon tu n'as pas fini de faire ton cirque là, je suis en train de faire pipi et j'aimerais bien être tranquille. » si vous aviez vu sa tête ! En fait le but était de me créer une émotion négative, même pour les personnes qui ne les voient pas, leur présence se ressent. Ça colle la chair de poule et on a un sursaut qui sort d'on ne sait où. Mais là il est reparti bredouille. Et moi je rigolais toute seule.

Après j'ai vécu de choses extraordinaires en accompagnant mes ancêtres, jusqu'à mes arrière-grands-parents, pour qu'ils puissent retrouver leur pleine mémoire et continuer leur route. Ce sont des moments intenses d'amour et de joie de les voir reprendre toute leur puissance et de se rappeler qui ils sont vraiment, en dehors de ce dernier costume et de pouvoir continuer leur route librement. La dernière en date a été ma tatan Josette, la maman de Pascale. Nous avons eu toutes les deux une histoire particulière, nous étions les deux folles de la famille, les deux à avoir accepté cette vie après la mort et à avoir partagé cette réalité commune. Elle a été d'un très grand soutien dans les années où j'ai commencé le channeling. Elle a pleuré en reconnaissant l'écriture de son père sortir de ma main. Et là, c'est elle qui a fini sa route sur cette bonne vieille terre. J'habite à 900 kilomètres de là, mais les circonstances ont fait que j'étais auprès d'elle dans ses derniers instants. Je ne vais pas dire que cela m'a fait plaisir, mais c'est un peu cela, et elle m'a permis de prendre ma mère dans mes bras alors que ce n'était plus possible depuis 2 ans à cause de sa peur du covid. Deux cadeaux le même jour. Nous avions déjà procédé à sa libération, vu qu'elle était pour moi quelqu'un de très important, et qu'elle était en perte d'autonomie et de mémoire, je ne voulais pas la leur laisser en pâture. Nous l'avons discrètement accompagnée des 2 côtés. Et mis en sécurité son esprit, le temps qu'elle se décide à vouloir quitter son costume. Nous faisons souvent cela pour les proches de nos amis. Il y a eu plus d'une semaine entre son décès et son enterrement. J'ai dû rentrer en Bretagne avant de revenir en Isère pour l'accompagner jusqu'au bout de son chemin avec nous.

Dans ce laps de temps nous avons reçu une invitation à faire un week-end de méditation chez une amie en Charente-Maritime. Un week-end d'échange et de méditation, qui tombait à point nommé pour que je sois dans un état d'esprit idéal pour faire ce que nous avions à faire toutes les deux. Nous sommes partis du Jura le jeudi, descendu en Charente-Maritime le vendredi, médité pendant 2 jours, Patrice est remonté en Bretagne et moi je suis repartie en Isère. J'étais encore pleine de la vibration du OM MANI PADME HUM que nous avions chanté tout le week-end, je vous rappelle que ce mantra nous permet d'activer notre lumière intérieure. Sur la route, je l'écoutais et je l'ai chanté dans la cathédrale, pendant toute la cérémonie. Je me suis habillée en clair, elle était très coquette et aimait s'habiller en couleur, j'ai donc fait cela pour elle, et pour moi aussi. Pendant que je chantais le mantra, elle est venue me prendre la main et chanter avec moi. Je l'ai eu à mes côtés toute la journée, en faisant bien attention de ne pas me faire trop vampiriser, mais elle le savait et n'a pas abusé vu qu'elle savait qu'elle allait partir dans pas longtemps. Une belle journée ensoleillée avec un magnifique couché de soleil.

Je suis repartie dans le Jura dormir chez une amie qui est comme nous et qui n'allait pas plomber l'ambiance et me laisser vivre cela comme un moment de joie. Et sur la route, la nuit tombée, elle m'a dit « Ok je suis prête pour partir maintenant ». Il était 21h, j'étais dans la pampa, en train de rouler. Au village suivant, je me suis garée et j'ai appelé Patrice, pour procéder. Patrice, quand il s'est connecté à elle, a eu du mal à la reconnaitre vu qu'elle n'avait plus ses cicatrices au visage, grande brûlée à 3 ans, elle portait ses cicatrices avec beaucoup de douleurs psychologiques depuis toujours. Elle avait tenté une greffe dans les années 90 qui avait échoué, alourdissant encore le phénomène. Patrice l'a touché 2 fois pour être sûre. J'aurais tellement aimé la voir comme ça. Et nous avons fait le nécessaire pour qu'elle retrouve sa pleine mémoire d'âme. C'est à ce moment-là que j'ai pleuré car c'est là que je l'ai vraiment perdue. Mais à la fois tellement heureuse de l'avoir accompagnée jusqu'au bout. L'œil gauche, c'était des larmes de peine ; l'œil droit, des larmes de joie.

Les fantômes sont une large pollution sur notre planète et je suppose ailleurs aussi. Ils nous volent tellement d'énergie, et en plus ils sont utilisés par les entités comme portails organiques. Comme les fantômes ne sont pas connecté à leur conscience cela reste une part d'elle mais tellement loin, et qui reste dans son état d'esprit d'incarnation que souvent ils continuent à vivre comme avant la mort du corps physique.

J'ai tellement hâte que tout le monde comprenne et puisse enfin voir et faire la différence entre tous ces êtres contrôlants incarnés ou non incarnés.

Et est-ce que vous avez envie de passer le reste de votre existence comme un ballon de baudruche se dégonflant inexorablement, scotché à un humain zombi, vous pleurant encore et encore, ou que vous ne connaissez même pas. Est-ce que cela vous plairait de rester scotché à quelqu'un a qui vous allez transmettre vos peurs, vos colères, vos doutes... parce que c'est ça un fantôme une sangsue qui pour soi-disant vous aider va vous voler votre énergie, en garder pour lui ou elle au passage, polluer le reste avec ses émotions et vous les rendre amoindries. Que l'intention soit bonne ou pas c'est c qui se passe.

Au mieux c'est mémé avec qui vous vous entendiez bien, mais même elle ne peut rien pour vous. Ni même les êtres canonisés ou élevés au rang de saint bidule ou saint machin, ce ne sont que des fantômes qui sont en plus incapable de partir parce que vous les retenez. Avec toutes les personnes qui les prient sur cette maudite planète certains ne sont pas près d'arriver à rentrer chez eux, ils sont là pour encore belle lurette.

Si on prend Sainte Rita cette femme a déjà eu une vie de merde, passez-moi l'expression, et maintenant elle doit se coltiner tous les cas désespérés de la planète. Même dans la mort on ne lui fiche pas la paix, on vient lui demander de résoudre tout un tas de trucs, qui en plus ne la regarde pas, la pauvre.

Et Elvis, Mickael Jackson, Johnny, tous ses pauvres humains à qui on voue une passion dévorante et qui ne pourront pas partir, ou alors s'ils partent, s'ils y arrivent malgré tout, vu que les gens sont encore accroc les entités négatives contrôlantes vont se faire un plaisir de les remplacer et de vous interférer avec leurs copies. Pas besoin d'être une ichnographie religieuse pour servir de leurre, et d'avoir un égrégore de soi. Je suis sûre que ce sera un jour à la mode d'avoir un égrégore de soi. Moi j'espère sincèrement que le jour où je mourrai, personne ne voudra me garder en ballon de baudruche. Déjà le jour de mes obsèques on me brule, et on me jette dans la pampa, enfin dans l'eau je préfère être jetée dans un fleuve ou dans l'océan… et après orchestre Bollywood, et je veux que les gens fassent la fête, qu'ils dansent, rient, jouent, qu'ils soient heureux que je rentre enfin chez moi. Aucune prière pour me souhaiter bonne route, et si vous voulez offrir des fleurs offrez les à des vivants des gens qui vous manque, des gens qui en ont besoin, moi j'en aurais plus besoin je serais partie, si au moment de ma mort vous voyez une étoile filante ce sera moi qui pars à toute vitesse pour sortir de la matrice, avec tous les petits bouts de moi, personne ne garde rien, et avec ma pleine mémoire.

La conscience ou âme

Nous sommes incarnés dans un véhicule dense type humanoïde terrestre, clones créés par les reptiliens, comme esclaves et nourriture. Nous n'en sommes pas à notre 1ère rébellion. Nombre de grandes civilisations ont chuté à cause de nous. Ce sont toujours les mêmes qui dirigent et qui décident de notre devenir depuis la nuit des temps, la grande Babylone est une des premières chutes.

Il suffit de lire entre les lignes de l'histoire pour le voir. Nous avons partagé la terre avec de nombreuses races autre que celles que nous connaissons aujourd'hui. Nos contes et légendes en sont truffés, ce ne sont pas des légendes, ce sont des histoires vraies. Les dragons, les lycanthropes, les krakens, les faux dieux à tête d'animaux, les avatars, les battards tel que Perse, les pégases et compagnie, les sirènes….

Pendant les hypnoses de nos clients, lorsqu'on retourne à l'origine de l'interférence, nous sommes arrivés sur des fermes d'élevage d'humains. Le véhicule, alors incarné par cette conscience, était emballé dans un cocon, encore vivant maintenu dans un état végétatif et rangé au garde-manger. Certaines entités nous disent que l'humain a trop évolué, que nous leur avons déjà échappé, qu'ils n'arrivent plus à nous maitriser. D'où le contexte sanitaire et socio professionnel créé volontairement actuellement pour nous maintenir dans des émotions basses, en tant qu'esclave.

Mais nous ne sommes pas que des enveloppes vides. Nous avons une conscience incarnée. Cette énergie omnisciente, qui a plus d'énergie que toutes les centrales nucléaires de la planète réunies. Et qui émane de la source une, de laquelle toutes les consciences sont issues. Les consciences des entités comme les nôtres, nous avons les mêmes âmes. Nous pouvons, dans une autre temporalité incarner un reptilien ou une mantide ou encore vivre sur une planète où les corps physiques ne sont qu'énergie pure. Dans une session pour un jeune homme, l'origine de l'interférence était une vie de reptilienne. Par cette vie qui était beaucoup plus longue que toutes les autres, elle donnait l'accès à son mari à ces autres temporalités. Et lui intervenait à sa guise par la vie de sa femme. Et c'était deux temporalités de la même conscience que nous avions en session, une de ses existences polluait consciemment et volontairement toutes les autres.

Notre conscience n'est pas terrestre, loin de là, elle voyage dans tous les univers, dans toutes les dimensions, dans tous les états vibratoires possibles. Car en même temps qu'elle est incarnée ici et maintenant dans votre existence, elle vit toutes ses autres existences, de façon autonome mais non moins réelle que la vôtre. Dans sa partie subliminale, elle est dans un espace et dans un temps, bien au-delà de la compréhension que nous pouvons avoir de la vie depuis le plan matriciel terrestre. Elle n'est que vibration et fréquences. Comme si dans « Code quantum » Scott Bakula avait accès à ses propres incarnations finalement. Ou dans « Slider », à d'autres temporalités de la même terre. Vous croyez que ça leur vient d'où toutes ces idées aux scénaristes, de leurs propres mémoires. Rien n'est inventé tout à sur certain plan une réalité.

Du point de vue de la matière elle est plus lente, moins évaporée. C'est comme si nous avions à faire à nous même dans des états différents, comme l'eau, entre l'état de glace et l'humidité dans l'air. La vapeur, la pluie, ou encore sa chaleur et son volume, sont différents suivant ses différents états d'être, ainsi que son utilité. Dans tous ses états, elle est eau, mais elle ne réagit pas pareil, elle n'agit pas pareil, sa capacité de déplacement et infiltration dans son environnement n'est pas la même. Elle est indispensable à la vie, mais elle n'est pas toujours visible, elle transporte des informations et elle peut même ne pas être audible, et peut brûler autant froide que chaude... Imaginez que c'est l'humidité dans l'air qui doit transmettre l'information au cœur du glacier et quelle se set de tous ces différents états d'être pour y arriver.

C'est un peu pareil pour notre conscience. À un détail près, c'est qu'elle a sa propre autonomie dans le tout et elle a capacité d'agir et d'interagir consciemment dans le véhicule qu'elle incarne, dans un but commun mais aussi en toute individualité. Certaines races primitives ont une âme commune. Tout ce qui est en vie, quel que soit la forme de vie, en a une de conscience.

Dès que le véhicule meurt, elle le quitte. Elle ne peut rester dans un véhicule mort. Elle part juste avant la fin. Et toutes les souffrances vécues dans le véhicule humain ne sont plus qu'expériences, aucune trace de douleur physique ne persiste. Par contre quand elle reste dans une vibration basse en temps qu'esprit désincarné trop identifié à la partie matière et qu'elle ne réintègre pas sa pleine mémoire, elle conserve les émotions qu'elle incarnait au moment de la mort et l'état de réflexion également. Ce qu'on appelle communément un fantôme. Elle conserve le dernier costume de leur dernière vie et s'identifie à lui, oubliant qu'elle existe autrement. Comme un glaçon d'eau sorti d'un verre de grenadine et qui penserait n'être que grenadine et qui fondrait inexorablement.

Certaines sont des boules d'amour, d'autres des scientifiques, d'autres sont hautaines et lointaines, certaines aiment créer, d'autres comprendre. Elles ont des qualités différentes et nous ne pouvons pas vraiment comprendre ce qu'elles vivent dans leur partie subliminale. Nous apprenons chaque jour de nouvelles choses en échangeant avec elles pendant les sessions.

Le but étant de leur redonner la pleine possession de leur espace énergétique. Ensuite c'est-elle qui gèrent et il n'est pas question de leur imposer notre vision étroite du système d'incarnation putride. Quand elles ont retrouvé leur pleine mémoire et leur plein pouvoir dans leur espace, elles sont présentes ici et maintenant et plus rien ne peut les limiter. Il n'est pas question de disparaitre à leur dépend, mais de fusionner pour exister pleinement. L'union sacrée en pleine mémoire de ce que nous sommes en dehors de la matrice. Nul n'est besoin de percevoir tous ces états et de la comprendre de notre point de vue, mais d'accepter que nous ne sommes pas que ce bout de viande dans la matière.

La conscience sera toujours plus forte que toutes les entités présentes dans son espace énergétique, car elle ne vibre pas à la même fréquence, elle n'a pas de limite contrairement à un véhicule. Chaque véhicule a ses limites, la conscience n'en a pas. Elle existe dans chacun de ses espaces.

Hors incarnation, elle a accès à tous les multivers, à tous les espaces temps. Même le plus érudit des êtres incarnés ne peut imaginer à quel point elle est exponentielle. Nous sommes tous des « docteur Strange », mais nous ne nous en rappelons pas. L'humain terrestre ne s'est pas volontairement coupé d'elle comme la plupart des entités négatives. L'humain terrestre est détourné d'elle, au profit des intérêts de ces entités contrôlantes.

Elle reste en lien avec son véhicule, de façon lointaine, tentant plus ou moins de communiquer avec nous. Et nous sommes en train d'en prendre conscience et de vouloir nous y reconnecter également. Et ça met ces entités qui nous exploitent en mauvaise posture. D'où l'augmentation de la pression que nous subissons actuellement. Nous sommes dans l'effondrement d'une civilisation, 5 ,6 ,8ème effondrement, difficile de le dire moi j'ai assisté à 4 déjà et me voilà dans mon cinquième sur terre. Et les contrôlants essaient, avec l'aide des humains collaborant, de faire en sorte de rester les plus nombreux pour pouvoir remettre une société contrôlante en place en post effondrement.

J'ai fait une méditation sur le chakra coronal extraordinaire : je me mets en état de méditation, et je suis projetée dans un être en train de marcher difficilement, je suffoque, m'appuie contre les bâtiments à côté de moi. J'observe, il y a de la fumée, beaucoup de fumée, ça pique les yeux et la gorge, la ville est en train de brûler, mais ce n'est pas le feu que je suis en train de fuir. Les bâtiments sont grands, plusieurs étages, mais trop petits pour moi. À mes pieds, des êtres courent dans le même sens où je marche difficilement. Ces petits êtres m'arrivent aux genoux. À un moment où je reprends son souffle, j'y regarde de plus près, ce sont des humains, je suis un géant, cinq fois plus grand qu'eux. Je me demande où je suis, réponse Babylone. Et l'eau arrive, emportant d'abord les humains à mes pieds, puis moi, je tombe et meurs. (Je viens de revivre ma mort en tant que géant à la chute de Babylone, pas le temps d'y penser la vision continue)

L'eau m'emporte, dans un tourbillon. Je change de visuel, je me retrouve dans une cité qui coule cette fois-ci. Comme si me noyer à Babylone avait réactivé un lien avec une autre existence où je m'étais aussi noyée. Où suis-je ? Réponse : l'Atlantide… (La vision est plus courte mais non moins intense, je meurs noyée, engloutie par la ville qui s'effondre sur elle-même) Je quitte ce deuxième corps, je pars en vol très rapide au raz de l'eau, j'arrive dans des iles, en pleine révolte, cette fois-ci j'observe depuis le ciel, des villes à feu et à sang. Toujours la même question : où suis-je ? vu la direction prise depuis l'Atlantide je m'en doute, au nord-est de La Méditerranée, mais je demande quand même : « la Grèce » … je repars plein sud, pareille révolte, les pyramides, là pas besoin de demander, l'Égypte… à chaque fois des combats, du feu, des morts, le peuple qui se soulève… on me dit effondrement de civilisations, tu as vécu chacun deux…

Un passage vide puis j'arrive, toujours en volant, vers des montagnes flottantes. Sur chaque pierre, un arbre, avec les 2 branches principales qui sortent du tronc en Y. Les feuilles formant comme une arche de verdure au-dessus d'une habitation construite au creux du Y. Une sérénité qui contraste complètement avec les tableaux précédents. Et au moment où je me rapproche des arbres en vol plané, ding, méditation terminée.

Cette dernière destination était « Pandora », certes elle ne porte pas ce nom mais c'était elle, les arbres maison, les montagnes flottantes, cette quiétude, je sais où je vais retourner dans ma vie suivante... Pandora ou Mule (la planète du début du film de Besson : Valérien).

Sur la route du retour j'ai dû mettre de la musique 432 hertz pour rentrer un peu plus dans mon corps, pour pouvoir être présente pour conduire. Je raconte la méditation à Patrice en rentrant, je lui dis j'ai vu 5 chutes de civilisations terrestres, et... je m'arrête, je compte, Babylone, l'Atlantide, les grecs, les égyptiens, à non 4... je m'apprête à reprendre mon récit et là j'entends : « Tu es dans la 5ème ». Moi « Hein, allo, quoi ? Je suis dans la 5ème » et là Patrice de me regarder en me disant : « Bin oui ! Logique ». Pfff, l'information finit de me faire redescendre. J'ai cette information depuis toujours, que s'il y a une catastrophe, je serais assez bête pour survivre et devoir me démerder, pardonnez-moi pour le : me démerder, mais c'est comme cela que je le reçois et ressent, avec une vision de gravas et de destruction. Je pensais à une catastrophe naturelle, ou à un astéroïde, ou encore une guerre nucléaire, enfin tous les scénarios qu'on nous vend depuis des décennies. Pas la chute de notre civilisation. Pfffffff...

Le but avec les techniques que nous pratiquons, c'est de libérer le plus de consciences incarnées possible avant, pendant et après, cet effondrement. Pour qu'ils ne puissent plus jamais avoir d'emprise, sur les incarnations humanoïdes terrestre et que la planète terre leur échappe définitivement et à tout jamais.

Une âme libre est une âme qui va pouvoir créer une réalité différente, non contrôlée, non limitée, avec un véhicule en pleine conscience de ce qu'il est et de ses multiples capacités.

Quand on atteint ce niveau de conscience et de réflexion, on ne fait plus d'excès. On vit les petits moments comme des merveilles et l'on n'a plus besoin d'adrénaline, de noradrénaline ou d'endorphines dans des proportions exagérées pour nous stimuler et nous sentir vivant. La dose des hormones de réalisation de soi se régule d'elle-même et nous n'avons plus besoin de nous trouver dans des situations extrêmes pour les avoir. On se contente de peu et on prend les choses beaucoup moins à cœur, l'équilibre entre sérotonine, la dopamine, endorphine et ocytocine se suffisent à une vie paisible et créatrice de vie. Et quand une émotion nous rattrape, on s'en remet beaucoup plus rapidement.

Quand on sait d'où vient le réel problème, on sait que les autres sont également victimes des mêmes supercheries, qui les éloignent d'eux-mêmes. On prend beaucoup de recul sur cette société infestée et malade. On se construit une autre vie, une vie plus simple. On vit une vie la plus éloignée possible des affres de la matrice entretenue par les entités négatives contrôlantes. Et surtout et avant tout on ne demande plus d'aide extérieure. On met en marche notre propre capacité à créer une réalité alternative au scénario catastrophe qu'ils veulent nous faire vivre.

Demandez-vous si votre âme a décidé de venir s'incarner sur terre pour faire ce que vous êtes en train de faire. Demandez-vous si le métier que vous faites, vous le faites pour les bonnes raisons. Demandez-vous si vous êtes libre d'exprimer votre for intérieur, votre personnalité, votre envie. Si ce n'est pas le cas, ayez le courage, oui je dis bien courage de vérifier votre espace ésotérique. Pour voir si ce que vous vivez ne vous est pas imposé par ces être sans scrupules que sont les entités négatives contrôlantes.

Et même si, comme moi, vous faites enfin ce que vous avez envie de faire, mais que vous vous sentez limité, ou que vous luttez en permanence, que vous avez l'impression d'être en permanence à contrecourant et que rien n'est fluide, c'est pareil, vérifiez votre connexion wifi personnelle pour savoir si vous êtes sur votre propre réseau ou sur le réseau de la matrice...

La vie sur terre devrait être fluide, il ne devrait pas y avoir autant de conflits, de peurs, de stress et d'angoisses. Nous devrions tous vivre en harmonie et dans la bienveillance. Vous allez dire que je vire dans le love, love. Pas vraiment, parce que cela demande de la volonté ainsi que de la détermination pour arriver à se réaliser. Si on attend que ça tombe tout cuit en contemplant les petites fleurs, rien ne se réalisera.

Votre conscience est créatrice, vous êtes créateur, mais dans la matière rien ne se passera si vous ne le décidez pas. Vous continuerez à subir la création matérialiste des autres, de ceux qui veulent vous maintenir dans ce système d'esclavagisme, dans la matière, si vous attendez que ça vous tombe tout cuit dans le bec.

Depuis maintenant 6 ou 7 ans, il y a un boom du bien être des salons et des conférences, et des possibilités de se réaliser. Mais tout ceci est tellement pollué que nous n'arrivons pas à vraiment être nous-même. Pendant la crise sanitaire, avec Patrice nous avons décidé de ne plus faire de salons. Déjà se faire vacciner pour aller parler de bien-être nous considérons cela comme une hérésie, et ensuite nous avons fait quelques salons, mais pour au final, avoir des personnes zombies qui cherchent des bobologues. Cela commence juste à évoluer, mais quand on voit les gens partir pour aller voir un match de foot on se dit que c'est encore loin d'être gagné.

Les personnes ne veulent pas entendre la vérité, ils veulent qu'on les aide à supporter ce marasme. Nous, ce n'est pas notre but. Notre but c'est de vous libérer de ce marasme et de vous donner l'opportunité de vous réaliser, quelle que soit votre réalisation. De faire les choses en pleine conscience, de faire ce que vous êtes venus faire à votre façon. Nous ne sommes pas là pour mettre un pensement sur une jambe de bois. Nous ne nous trouvons pas toujours à notre place dans ces salons où quasi tout le monde invoque, propose de la bobo thérapie, et vous induit en erreur. On n'arrive pas à la pleine conscience en utilisant des grigris.

Cela peut paraitre dure ce que je dis, il y a des personnes charmantes sur ces salons, que j'apprécie de rencontrer. J'y mange des macarons extraordinaires, sans être malade, mais je ne m'y sens pas toujours à ma place. Malgré la bonne foi de chacun de vous apporter du mieux-être. C'est infesté d'entités négatives contrôlantes et le taux vibratoire des visiteurs est descendu depuis l'obligation vaccinale. C'est énergétiquement compliqué pour moi de passer le week-end dans ces énergies-là.

Qui que vous soyez, vérifiez si c'est bien vous qui décidez, si ce ne sont pas ces êtres vils et abjectes qui décident pour vous, de vos incarnations et de ce que vous avez le droit de faire, et de comment vous avez le droit de le faire.

Déjà arrêtez de demander à trucmuche, machin et bidule, même s'ils brillent de mille feux de faire les choses à votre place, comme un gosse qui apprend à marcher. Ayez confiance en vous et en votre pot-en-ciel ou conscience.

Faites les choses en pleine conscience de vous m'aime.

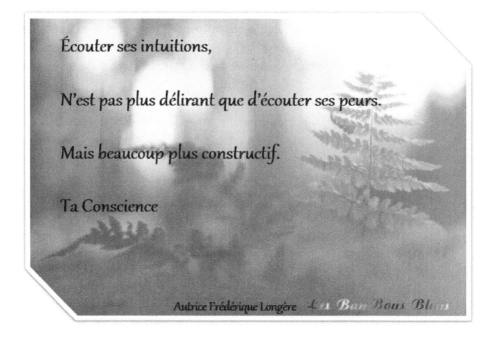

Ce sont 2 messages que j'ai canalisés sur 36, les personnes choisissent un chiffre, et le message leur appartient et cela leur correspond toujours.

*****

J'ai choisi ces deux-là, car quand je reçois une intuition, je ne me dis pas : « Ce n'est pas possible », « C'est complètement délirant », « Pourquoi moi ? », je me dis : « Comment vais-je faire pour la réaliser ? »

Et je vais alimenter énergétiquement cette intuition, jusqu'à ce qu'elle se réalise, qu'elle se matérialise, même si des fois ce n'est pas moi qui la réalise au final, le plus important c'est qu'elle finisse par exister. Prenons l'exemple tout bête d'un contrat de travail. Quand j'ai réalisé en 2002, que je devrais un jour avoir des employés, hors de question que je doive les licencier, ou que je les pousse à la démission si nous finissons par ne plus s'entendre. Nous travaillons dans l'énergétique, hors de question que je vive ou que mes employés vivent chez moi, ce que j'ai vécu avec tous mes jobs. Si je ne suis pas satisfaite d'eux, que je puisse m'en séparer à l'amiable et pareil pour eux. J'ai alimenté cette idée qui me paraissait primordiale, comme je n'étais pas à même d'édicter une loi, j'ai envoyé des énergies positives sur un espace amiable entre la démission et le licenciement. Sans savoir ni pourquoi, ni comment le faire, mais cela manquait. La loi est arrivée en juin 2008, par la rupture conventionnelle. Dont j'ai bénéficié dès 2009. Je ne pensais pas avoir à en faire usage personnellement en tant qu'employée mais voilà, elle était là, bien concrète et descendue jusque dans la matière.

Pendant les cours de psychosophie, en 2007, où nous parlions beaucoup de l'âme, le professeur nous a demandé de réfléchir à une utopie que l'on aimerait voir se réaliser dans les 50 ans. Mon utopie fut : que tout le monde soit un télépathe actif. Il m'a répondu que là j'y allais un peu fort. Plus de mensonges, plus de programmes cachés, nous ne pourrons que dire ce que nous pensons, car les autres nous auront entendus avant qu'on ait à ouvrir la bouche. Plus de stratégies manipulatrices et contrôlantes. Plus d'abus de confiance, les personnes seront obligées de penser positif. Ils ne pourront plus dire que ça va, alors que ce n'est pas vrai. J'adore les films où les personnes entendent les pensées des autres, c'est très rigolo mais aussi très déprimant en même temps. Parce qu'on se dit qu'on n'est pas rendu au final.

Une utopie : déf. Nom féminin, signifiant pour moi : « Quelque chose qui se réalisera un jour quelque part ».

Quelles sont vos utopies ?

Nourrissez-les chaque jour pour les aider à exister.

Il n'est pas besoin d'être spécialiste de la conscience pour agir en pleine conscience. Il n'y a aucune nécessité de faire des choses extraordinaires, ni de se prendre pour le nouveau Messi incarné, c'est aussi un programme contrôlant.

De prendre la grosse tête, ou de s'auto proclamer le meilleur dans ce que l'on fait, n'est aucunement un but, on voit maintenant les limites de ce que ce système patriarcal de compétition « au toujours plus » a donné.

Il faut avant tout virer de notre espace énergétique tous ceux qui se sont permis d'y rentrer sous des prétextes fallacieux et ensuite faire de notre mieux. Ne pas s'attribuer le mérite de quoi que ce soit, dans les domaines de l'énergétique, car si on a pu en arriver là, c'est grâce à ce que nous avons vécu et à l'interaction avec les autres que cela a pu être possible. Et ce n'est pas parce qu'on est le 1er qu'on est le meilleur. Bien souvent les personnes cristallisent dans leur découverte et n'arrivent pas à sortir de leur propre protocole pour le faire évoluer.

Faire les choses en conscience, c'est être présent dans tout ce que nous faisons : boire, manger, dormir, pas seulement méditer ou jeûner ou être 100% bio. Nul besoin de nouveaux extrémistes de la bonne conscience, du bien agir et du contrôle du lâcher prise. Être ici et maintenant, présent à ce que nous sommes en train de faire et pourquoi nous le faisons.

C'est ma propre vision de la pleine conscience pas une obligation. Des petites choses chaque jour, par des petites personnes pour faire se rencontrer les montagnes. Traverser dans les clous, mais penser librement.

Et si vous venez de découvrir tout cela et que cela provoque en vous de la colère, de la tristesse ou de la peur c'est normal, nous sommes humains. Et on nous ment depuis tellement longtemps. Pour sortir de ces émotions basses et retrouver une meilleure connexion à vous-même, en attendant de faire le ménage, trouvez votre idée agréable, celle qui permet à Peter Pan de voler. Une prairie ensoleillée assis sous un arbre, ou en train de rouler dans l'herbe, une plage, un transat, un bon livre, le mien par exemple, je rigole… trouvez votre endroit intérieur à vous, où vous vous sentez bien. Moi, un de mes moments agréables, c'est quand je revenais du ski de fond avec l'école en primaire et que je m'arrêtais chez ma grand-mère, qu'on mettait les chaussettes à sécher sur la porte de sa cuisinière à bois ouverte pour mieux réchauffer la pièce. Qu'on enfilait la grosse charlotte sur laquelle était accroché le sèche-cheveux et qu'elle gonflait en mode montgolfière, j'adorais ça. J'ai toujours détesté le ski de fond, mais ce moment-là chez ma grand-mère je l'ai toujours adoré. Et d'y repenser me met en joie, et permet à mes émotions négatives de partir, rien n'est plus fort que l'amour de sa mémé. Aucune attaque d'entité négative contrôlante n'est plus forte qu'elle.

Aujourd'hui c'est aller taper du tambour sur la plage, même par grand vent ou sous la pluie. La nature à l'état brut, des ions négatifs à volonté.

Le chant d'un oiseau, le bruit d'un ruisseau… un levé de soleil dans la brume un jour de gel.

Chapitre 3 : Les systèmes contrôlants

Les systèmes ésotériques, sont réservés à un petit nombre d'initiés, ce sont des enseignements cachés au plus grand nombre. Pourquoi ? Pour le contrôle.

Nous sommes sur une planète contrôlée. Tous les systèmes d'incarnations sont contrôlants, même au niveau minéral il y a du contrôle. Certains éléments dégradent d'autres éléments, juste par leur mise en présence. Le phosphore, le magnésium, le silicium et le potassium inhibent le calcium. Le zinc et le vanadium dégradent le chrome. Le mercure dévore l'or.

L'orchidée est une plante parasite. Donc certains végétaux sont également des parasites ou des hémiparasites. Ils envahissent les espaces des autres, se nourrissent dessus, des fois, jusqu'à tuer l'hôte. Il y a plus de 4400 plantes parasites connues à ce jour, regroupées dans 270 genres. Le gui est une plante hémiparasite, qui ne fait pas mourir son hôte mais qui se nourrit dessus, comme l'orchidée.

Dans le règne animal, il y a plein de parasites, les puces, les tiques, les poux... qui se nourrissent de leur hôte. Des fois même des plantes poussent sur les animaux, la gale est un champignon. Le lichen parasite les plantes, minéraux, voitures, mobiliers.... Et si on restait suffisamment dehors il prolifèrerait sur nous aussi ?

L'humain n'est pas exsangue de parasites, le ténia, la gale également comme les animaux, les amibes, les protozoaires.... Mais aussi les virus et les bactéries, certains nous provoquent de petits désagréments et d'autres nous tuant.

Certains sont visibles, d'autres invisibles à l'œil humain. Enfin pas pour tous. Il existe des machines, microscopes qui permettent de voir, des produits qui réagissent à leur présence, des symptômes révélateurs d'une certaine infestation, et d'un certain déséquilibre que l'on va appeler maladie.

Mais il y a des systèmes parasites dans le fonctionnement intrinsèque de notre planète. Les réseaux Hartmann, Curry, les cheminées énergétiques, et les puits, les vortex et les champs de torsion, qui s'il se trouvent à un endroit où vous passez beaucoup de temps, peuvent aussi provoquer des maladies graves, voir mortelles. Par exemple, un tourbillon d'eau ne tournera pas dans le même sens dans l'hémisphère nord que dans l'hémisphère sud. Donc quelqu'un qui est né et a vécu de nombreuses années dans un hémisphère et qui décide de passer dans l'autre, ne sera pas calibré par ce dernier et pourra perdre beaucoup d'énergie.

Et que dire des décalages horaires, le jet lag, combien de temps met-on à s'en remettre ? Des fois jamais.

Il y a beaucoup de systèmes et de machines pour tester, observer, analyser avec des moyens scientifiques, médicaux et qui nous disent par quoi ou qui nous sommes parasités. Il est même de notoriété publique que l'on peut être en somatisation d'une émotion, la psychologie est une science. Nous pouvons être perturbés par nos voisins, par nos collègues, par notre famille. Tout ceci est connu, mais pas toujours reconnu.

Et quand on a fait le tour de tout cela et qu'il reste encore des choses, qui se passent, dans le subtil, les choses qu'on entend depuis son enfance, des choses que l'on voit, mais pas les autres. Quelle explication on nous donne ?

Sorcellerie, folie... et le maraboutage, ah non, c'est vrai : escroquerie. Les systèmes contrôlants décident de ce qui est vrai ou pas, de ce qui existe ou pas, de ce qu'on a le droit de dire, de faire ou d'écrire.

Cela fait 48 ans que je cherche à comprendre ce qui se passe sur cette planète, pourquoi ce n'est pas comme cela devrait être. Depuis mon enfance j'ai l'intuition qu'il y a un truc qui ne va pas. Je me suis soignée, formée, pour comprendre. J'ai fait un travail personnel titanesque, j'ai enfin trouvé une vraie réponse et je n'ai pas le droit de tout vous dire.

Là, cela fait. 20 ans que j'ébauche un livre, mais à chaque fois que je passe un niveau de compréhension, et que tout est remis en question, je recommence à zéro. Cela fait 2 ½ ans que je travaille sur cette mouture, car là, j'ai enfin une version cohérente avec ce que je ressens depuis mon enfance et hier soir on m'a dit que je n'avais pas le droit d'en parler. J'ai le droit de parler de ce qui m'est arrivé, du chemin que j'ai parcouru pour arriver à la compréhension de ce qui m'arrive depuis toujours, que j'ai enfin réussi à me débarrasser des parasites contrôlants ma vie, et je n'ai pas le droit d'en parler.

Tout ce que je fais à présent appartiendrait à celui qui a mis au point cette technique. Je n'ai pas le droit de parler de la technique à proprement dite. Et même si je faisais partie de son team, je devrais payer, verser une redevance pour passer sur leur chaine, en tout cas quand j'ai essayé c'était comme cela. Si j'écris quelque chose sur cette technique et ce que j'ai appris, tout au long des sessions, en la pratiquant, je suis soi-disant attaquable et condamnable.

Avant, ma vie était sous contrôle des entités négatives ce dont j'ai réussi à me débarrasser, grâce à cette technique et maintenant je suis sous contrôle de celui qui a mis au point cette technique.

Ce n'est pas la première fois que j'ai à faire à ce type de comportement dans le domaine de l'énergétique. Je me suis formée au reiki en 1998 niveau 1 et j'ai fini le niveau 4 en 2007, où il est normalement interdit d'écrire les symboles. La transmission est normalement uniquement orale et donc ésotérique, cachée aux non-initiés. Tu dois te souvenir de symboles japonais en moins d'une heure, alors que tu n'en as jamais vu avant. Et tu dois, donner ton pédigrée, pardon ta lignée d'enseignants pour être adoubé par la ligue du reiki et faire partie des personnes reconnues comme pouvant enseigner. Pour obtenir le saint graal, le certificat, celui qui va valider ta compétence à faire ou ne pas faire. Il existe même une école officielle de Reiki qui se fait sur 3 ans. Grand bien leur en fasse. J'ai arrêté le reiki, la pratique et l'enseignement, car les symboles ne sont pas sûrs. Et il y a une forte probabilité de se faire implanter.

Mais ces systèmes dit énergétiques utilisent les codes des systèmes non énergétiques pour te contrôler eux aussi, te donner le droit ou pas de faire quelque chose. Pour être reconnus par le système contrôlant ils deviennent contrôlants.

Pareil pour tout enseignement bouddhiste, il faut la lignée, passer par un lama, dans la pure tradition de Tchenrézi, pour pouvoir se relier ou être relié à ses énergies intérieures personnelles par le mantra : OM MANI PADME HUM (mars 2012). Une amie bouddhiste pratiquante a eu les poils qui se sont hérissés sur le dos quand je lui ai dit que j'avais reçu cette initiation. N'empêche que j'en ai reçu les bienfaits quand même. Je pense pour ma part que c'est la moins pire de toutes, comme religion, car ce sont les seules à dire que tout est à l'intérieur de nous. Mais leur pratique est polluée de tout un tas de dogmes, contritions et de bouddhas pour chaque chose, par lesquels il faut passer pour accéder à l'éveil spirituel. OM MANI PADME HUM, signifie « Le joyau dans le cœur du lotus », traduction le joyau est en toi, au cœur de ton énergie, les chakras sont généralement représentés par des roues, la fréquence de vibration de la lumière et donc de sa fragmentation dans ces roues a donné des ondes, qui ont été représentées par des pétales. Et donc le lotus, c'est la représentation imagée des plexus énergétiques du corps dit chakras. Le chakra du plexus solaire est une redondance, car chakra et plexus veulent dire la même chose.

Ces chakras ou plexus ont une vibration et quand on atteint l'équilibre on atteint une circulation optimale de l'énergie du chakra, il est ouvert est rayonne harmonieusement. Et il est là 'Le joyau dans le cœur du lotus'. Et la couleur de chaque syllabe lui donne une vibration particulière. Il n'est pas besoin d'avoir une pratique poussée dans les arts bouddhistes pour appréhender ces notions d'énergétique. Par contre une approche dogmatique, en totale dévotion à son Rinpotché ou au lama, est l'obligation de passer par eux pour atteindre l'illumination détourne le disciple de son chemin intérieur.

Dans ma vibration d'indigo, impossible de m'identifier à quelque dogme que ce soit. Par contre, il est vrai que j'ai préféré à un moment donné cette religion non violente, aux autres. Mais ce côté non violent et cette acceptation de la douleur comme faisant partie du chemin d'apprentissage ne me convenait pas plus que cela. Je commençais donc, dès lors, à prendre mes distances avec cette religion aussi, courant 2012. Restant tout de même attachée aux iconographies associées, encore pendant quelques années, jusqu'à me séparer définitivement de tout objet en boutique et de ma collection personnelle dans les années qui ont suivi. Les iconographies de tout ordre que ce soit sont des portes, quelle que soit la confession à laquelle elle appartient. Nous devrions au mieux faire nos dévotions devant une photo de nous-même ou devant un miroir.

En 2013, la « Reconnective Healing® » (La reconnexion), pas mal, j'ai eu de grosses améliorations, voire une disparition quasi totale de mon vertige. Une formation jusqu'au niveau 3 en quelques jours, à un séminaire au CNIT à la défense. Précédée d'une obligation de faire pratiquer au moins 4 soins préalables ainsi qu'une reconnexion avec un thérapeute adoubé par le grand sachem. Nous étions 700 à assister à la grand-messe. Je fus choquée pendant cette formation par les personnes qui profitaient que tu ailles faire pipi, pour te voler ta place dans l'amphithéâtre pour être plus près du grand maitre, et qui refusaient de te la rendre bien que ton sac avec tes notes se trouvaient encore sous le siège.

Les personnes étaient d'un sans gêne innommable. Je me suis fait la réflexion : « Ces personnes se forment pour être thérapeutes, alors qu'elles ne sont même pas capables de respecter une simple place dans un amphi, waouh mais c'est effrayant ». Un peu comme dans la cour de l'école en primaire, « c'est quoi ce bordel ?!? Ce n'est pas comme cela que ça devrait marcher ». Et Eric Pearl, oh le personnage vaut le détour, quelle grandiloquence, quelle majestitude, que ce personnage est pédant et il faisait preuve d'une grande condescendance envers ses assistants. Son assistante number 1 souffrait d'ailleurs d'un très douloureux problème de genou en sa présence.

Nous n'avons pas gardé longtemps cette pratique, car dès 2014, il nous a été imposé un recyclage annuel payant de plusieurs centaines d'euros, pour pouvoir continuer à être référencés sur le site officiel. Et nous étions déjà sous la contrainte d'un tarif imposé pour les soins, et en plus on nous interdisait de pratiquer une autre technique dans notre cabinet. Le contrôle du système pyramidal, le même que chez Tupperware. Nous avons donc décidé de renoncer sans trop de remords à cette pratique.

J'en ai fait d'autres, avant cela, d'autres formations, non accessible normalement au tout venant, comme l'ostéopathie. Si nous n'avons pas un diplôme d'état, nous n'avons normalement pas le droit de dire que nous en faisons, et nous ne sommes, bien évidemment, pas pris en charge par les organismes d'état contrôlants. Ah part que si, en Suisse qui est sous sécu privée, deux organismes validaient notre formation et les frontaliers pouvaient se faire rembourser, nous devions payer 300 euros par an, pour l'un et 500 pour l'autre, pour apparaitre sur les listes fournies aux adhérents, et justifier d'un minimum de temps de recyclage annuel, payant bien sûr. Bime 1000 euros par an, pour être référencés, alors que les adhérents payaient déjà leurs cotisations…. Jamais fait bien sûr, c'était à l'époque où j'avais 3 jobs pour survivre, donc les moyens de payer une telle cotisation. Et en plus pareil il fallait justifier d'un recyclage annuel de plusieurs dizaines d'heures, payantes toujours pour conserver son agrément.

J'ai poursuivi 10 ans plus tard avec l'ostéopathie énergétique. Où le nom avait été changé, car dévié de la Méthode Poyet ®, déviée de l'ostéopathie fluidique, déviée de l'ostéopathie structurelle. La méthode Poyet ® est une marque déposée, dans un système non reconnu. Et là, je me suis de nouveau heurtée à la malveillance des stagiaires. Étant déjà atteinte de mes problèmes de santé dû à l'intoxication au nickel, je tombais en narcolepsie après 3h, suite à la mise en contact olfactif avec les produits laitiers, précédé par des troubles neurologiques de la mémoire. Les futurs thérapeutes me traitant d'emmerdeuse quand je demande qu'il n'y ait aucun aliment type pizza de laissé dans la salle ou de viennoiseries laissées à trainer dans la salle de cours. Car pour ma part je savais que je ne tiendrais pas jusqu'au soir pour les cours, bien que, je prenais alors des antihistaminiques plusieurs fois par jour. Je me dopais au café à cette époque alors que je n'aimais pas vraiment cela. La caféine me permettant de résister une ou deux heures de plus. Toujours et encore des futurs thérapeutes qui trouvent une personne malade emmerdante.

Je pense sincèrement que ces personnes s'étaient trompées de vocation. Heureusement que j'avais de bonnes bases qui me permettaient de combler les vides dus à la perte de capacités neurologiques provoquée par l'allergie. Mais, là encore, un problème financier, nous n'avions pas le cursus viscéral de compris dans le programme de formation, le professeur l'intégrant pour la session suivante, pour le même prix, nous demandait tout de même de repayer pour le faire. Genre la prochaine session ne va pas payer plus cher mais nous, nous devons payer pour l'avoir. Comment vous dire qu'on ne l'a pas fait. Nous étions alors 3, tout de même.

Patrice avait commencé une formation en Médecine traditionnelle chinoise, reconnue depuis la nuit des temps en chine, mais non valable en France. Il a arrêté au bout d'un an car le cursus était trop barbant. Enfin non la façon de l'enseigné était barbante.

Bien souvent, pour ma part je n'apprends pas grand-chose de nouveau dans les formations, que je fais. Je constate au fur et à mesure que cela ne fait que confirmer ce que j'ai déjà constaté dans ma pratique. Cela met des mots et des modes d'emploi de quelque chose qui est déjà présent dans mes soins. Je n'apprends qu'un protocole, pas vraiment de pratique énergétique. Cela me donne un outil pour exprimer mes capacités.

J'ai fait du reiki pour comprendre mon magnétisme. Après le niveau 1, j'ai pu pratiquer plus facilement des soins à distance, alors que le protocole n'est enseigné qu'au niveau 2, j'ai donc travaillé à distance pendant 7 ans avant d'en recevoir la possibilité. Et cela a été comme ça toute ma vie. Les formations venant valider mes acquis personnels.

Quand j'ai fait l'ostéopathie fluidique en 2005, enseignement qui m'a été très facile à comprendre, j'ai, pour la première fois, fini 1ère de ma promo, alors qu'il y avait un médecin légiste dans le groupe, lui était vénère moi simplement contente, enfin un domaine où je me plaisais et qui était à ma portée. Il faut dire qu'avec le sport et Maestro, dans « Il était une fois la vie », j'avais déjà connaissance de beaucoup de choses, physiques et physiologiques, et il ne me manquait plus que la technique pure de reboutage. Non pas que je cherchais à être la meilleure, mais que je faisais quelque chose qui me correspondait et du coup qui ne nécessitait aucun effort pour être compris et retenu. J'étais au bon endroit, je faisais quelque chose de juste pour moi.

J'avais tellement bien compris comment cela marchait, que j'arrivais à me provoquer la lésion surtout au niveau crânien, pour que mes collègues qui ramaient la sente. Quand le professeur nous a parlé du MRP au 1er cours (mouvement respiratoire primaire), j'ai compris instantanément car je l'avais déjà senti en moi lors de moment de relaxation, debout ou assise. Il insistait lourdement sur le fait que l'on ne pouvait pas le sentir derechef, car c'était tellement subtil que sa perception était un réel apprentissage.

Je l'ai senti dès la première fois que j'ai posé mes mains sur le cobaye. Je ne l'ai pas dit car je savais qu'il allait me dire que ce n'était pas possible. M'en fous, moi, je le sens. Et pour imager le mouvement des os entre eux, il se servait de la mécanique auto, trop facile pour moi. Je vous rappelle, j'ai été monitrice auto-école et la mécanique nous y est enseignée. Et quand j'acquiesçais avoir compris, les autres me regardaient en disant : « Ce n'est pas juste, tu es déjà la meilleure et en plus tu connais aussi la mécanique, alors que pas nous non ». Des fois, les élèves de l'auto-école me demandaient de leur prêter mon cerveau juste le temps de passer leur permis, ce à quoi je répondais : « Non, tu refuserais de me le rendre après, à cause de tout ce que je sais ». On rigolait bien. Mais ils n'avaient pas idée où cela pouvait les mener vraiment.

J'ai toujours eu soif de comprendre et d'apprendre. À plusieurs reprises, j'ai dit « c'est bon là j'arrête de faire des formations, je sais assez de trucs », et Bam une autre encore plus intéressante. Comme l'hypnose régressive ésotérique Méthode Calogero Grifasi et la méthode JMV ®.

Puis j'ai poursuivi pendant 3 ans, de 2007 à 2009, les enseignements d'un homme qui avait étudié les écrits d'Alice A Bailey. Cet homme a une mémoire eidétique, ou dit mémoire absolue ou mémoire photographique de tout ce qu'il lit. L'inverse complet de moi. Moi c'est de ce que j'entends et de ce que je vois. Pour moi cette capacité tient de l'extraordinaire, vu en plus que la lecture des livres de Alice A Bailey est très ardue. Et il avait donc la capacité de nous les retranscrire.

J'ai appris beaucoup sur le fonctionnement du véhicule humanoïde terrestre, qui faisait le lien entre ce que j'avais appris jusqu'à lors du fonctionnement du corps physique, et ce que j'avais perçu pendant mes séances de channeling du fonctionnement des énergies. Cela affina ma perception intellectuelle des différents corps, ainsi que de leurs différentes vibrations. Et du développement des qualités d'écoute et de perception de nos différents sens en fonction de notre niveau d'évolution personnelle. J'y ai appris beaucoup sur l'âme, cela m'a permis de beaucoup progresser sur les énergies qui agissent sur terre, les rayons, les chakras de la terre, les influences des constellations zodiacales sur notre vie de tous les jours. « Les 12 travaux d'Hercule », « Les Yoga sūtra, de Patañjali ». Les méditations irréligieuses, le mental était tellement nourri que cela m'apportait un certain lâcher prise. Tout ceci m'a permis de comprendre que j'étais déjà assez bien lotie à l'époque, que je percevais déjà les choses d'un point de vue plus élevé que la moyenne.

Je me sentais comme jouer à un jeu de mon enfance, où j'avais un fils électrique à quand je mettais le capteur sur le point de la question, et ensuite sur celui de la bonne réponse une petite lumière s'allumait. Même si cela restait encore un point de vue intra matrice, cela faisait enfin le lien entre ma vie de tous les jours et l'énergétique que je percevais de façon différente des autres. Cela me donnait un 1er mode d'emploi reliant les 2. Le corp et l'âme.

J'ai malheureusement dû quitter les cours avant la fin, car en grosses difficultés financières à l'époque, mais surtout qu'au fur et à mesure je me rendais compte que je n'apprenais rien de nouveau, en 3ème année, que 10 min de nouveau par 4h de cours tous les 15 jours, par rapport aux 2 années précédentes. Faire 80 kilomètres, rentrer à 23h, pour 10 min de nouveau, le rapport d'intérêt était faible. Cet enseignement m'a toutefois quand même permis de survivre à mon Burn out, et m'a apporté un bol d'air salvateur tous les 15 jours, au moment du décès d'Étienne. Sans cela je ne pense pas que j'aurais pu me remettre aussi vite. À cette période je faisais également une formation en étiopathie, que j'ai dû arrêter, car les autres stagiaires, finissaient tous par tomber sur mon envie de mourir, due à ma peine suite au décès d'Étienne, et du coup, ils essayaient de me faire une psychanalyse non demandée. Je leur demandais de me laisser le temps de faire mon deuil, mais chacun y allant de son couplet et me sommant de reprendre pied, cela ne faisait que 2 mois qu'il était parti, j'ai mis en tout plus de 3 ans pour m'en remettre. J'ai fini par ne plus y aller. J'y suis restée pourtant suffisamment longtemps pour comprendre les bases de la mémoire cellulaire et du rac du pouls sanguin.

Je ne conservais que l'enseignement relatif à Alice A. Bailey. Toutefois un an plus tard, je commençais, comme dans toutes les autres formations suivies, à me heurter à l'égo de l'enseignant. Cet enseignement était basé sur l'appréhension des personnes et des choses en fonction du niveau de conscience, de leur qualité d'âme et de leur propension à mettre tout cela en application, ce qui me plaisait énormément. Étant donné que j'avais toujours trouvé le système de valeur de la société actuel injuste et sans fondement, que celui de savoir régurgiter ce qu'on nous imposait d'apprendre et de comprendre, sans une once de réflexion personnelle. Et de notre propension à faire ce qui était rentable pour les riches sans jamais remettre aucun système dévalorisant en question. Où il nous faut aborder les choses de la vie en suivant les codes imposés par de énarques, ou de personnes mortes depuis des siècles.

Donc de se faire notre propre opinion sur les choses, n'intéressait personne et de nous donner les moyens de les appréhender par nos propres filtres, encore moins. Sa gentille théorie était intéressante, enfin bon jusqu'à un certain point, car étant très gourmande de tout cela je posais beaucoup de questions, en corrélation avec ce que j'avais déjà vu ou ressenti dans mes diverses recherches ésotériques précédentes, quand une petite lumière s'allumait cela me projetais sur une autre compréhension de mon aventure terrestre. J'anticipais parfois l'explication érudite de notre enseignant, et me faisait alors systématiquement botter en touche. Pour qu'il finisse par l'expliquer lui dans le même cours. Je restais très perplexe de ce comportement.

En fait il n'apprécia pas vraiment que je puisse dire les choses avant qu'il ne nous les explique lui-même. Nous devions rester à notre place d'élève. Les enseignants sont toujours partis du principe et beaucoup de mes connaissances aussi que je suis incompétente, ou veulent e faire passer pour incompétente pour garder un certain ascendant sur le groupe. Et comme je tiens un magasin de minéraux, ils pensent que je suis une vendeuse, ou à l'époque une monitrice auto-école et que je n'ai donc aucune compétence à comprendre facilement et à mettre en application directe ce qu'ils m'enseignaient. Et que je pose beaucoup de questions les dérangent énormément. Car cela dénote si je pose des questions sur un sujet non encore abordé que je suis en capacité de dépasser leur enseignement ou alors que je n'en ai pas vraiment besoin, et ils n'aiment pas cela.

Lors de mes propres stages et de mes séminaires, quand j'ai quelqu'un qui pose beaucoup de questions, je l'écoute, je le prends en considération et j'apprécie qu'il m'oblige, des fois à pousser le sujet et la réflexion plus loin. Quand c'est quelque chose que je vais traiter plus loin dans la journée, je lui dis qu'il aura sa réponse plus tard, qu'il lui faut un peu de patience. Et si ce n'est pas traité dans le programme, je me penche sur la question, si elle est pertinente. Et j'engage même les autres personnes présentes à réfléchir sur le sujet pour avoir d'autres points de vue.

Ce n'est pas parce que je suis en avance que je suis la meilleure, il peut très bien y avoir des personnes dans mon stage qui sont vouées à aller plus loin que moi. Mais bien souvent, j'ai eu à faire à des attitudes beaucoup plus fermées de la part des enseignants que j'ai côtoyés.

Mais la chose que j'ai appris de plus important dans cet enseignement c'est que dans l'astral, ou énergétique ou ésotérique, il y a tellement de mots différents pour qualifier cette sphère énergétique, que tout y est créable à volonté. Hologrammes, égrégores, envies, désirs, et qu'il y a des êtres qui y vivent, les fantômes et d'autres choses qui se moquent de nous, sans toutefois encore les nommer. Cet enseignement restait bien que plus poussé que les autres, encore très emprunt de la hiérarchie matricielle.

Passage obligatoire pour atteindre les plus hautes sphères qui nous dominait et qui nous en conditionnait l'accès. Et pendant certaines méditations, je partais sur du multivers, voyant la spirale des univers, se reprêtant à chaque boucle quantique, et aussi me retrouvant à Shambhala. Et quand j'en parlais, lors du débriefing, je me faisais tacler, « Qu'est-ce tu es allée faire là-bas, tu n'as rien à y faire, ce n'est pas de ton niveau de compréhension ou de capacités ».

Maintenant je sais que si, que je vais où j'ai la capacité d'aller et que je fais ce que j'ai la capacité de faire. Et que ce n'est surtout pas l'égo de la personne qui est en face de moi qui à l'autorité pour m'en interdire l'accès. Cela m'est arrivée aussi en méditation en stage de lithothérapie, qu'on me limite certains accès, très frustrant.

Contrôle, contrôle. Ces personnes oublient, que même si je suis obligée de faire des jobs alimentaires en attendant de, je suis avant tout magnétiseuse thérapeute et je pratique des séances énergétiques depuis l'âge de 15 ans, à savoir 1983 et nous étions fin 2009. Je n'en parle pas lors de ma présentation en début de stage ou de formation. Je reste volontairement discrète sur mon cursus, car quand il m'arrivait de sortir mon cv complet, c'était encore pire. Je préférais donc et je préfère toujours rester discrète sur mes divers domaines de compétences, quand je suis une formation autre, quitte à me faire passer pour une cruche, afin d'être tranquille et de recevoir la totalité des informations sur le sujet concerné, même si j'en sais déjà beaucoup. Je reste maintenant observatrice, et je prends ce dont j'ai besoin. J'ai eu aussi remarqué que certains me soupçonnaient d'être une espionne du coup. Beaucoup n'appréciant pas, que je puisse devenir meilleure qu'eux et pratiquer sur le même secteur. J'étais estampillée comme la concurrente à ne pas former. Alors que moi je pars du principe que les gens sont libres de leur choix, et que s'ils viennent chez moi, c'est que c'est de moi qu'ils ont besoin et pas de la voisine. Personne n'est réellement en concurrence, c'est encore un programme de la matrice. On essaie de nous faire croire que la diversité est un problème. Sur les salons de bien être certains s'octroient donc des exclusivités. Et même certains organisateurs nous imposent de ne présenter qu'une seule thérapie par stand. Moi je pratique 3 thérapies et personne n'a le droit de m'interdire d'en parler. Je fais mon dossier avec une et je sors mon flyer et mes affiches de tout ce que je fais, non mais des fois, même dans le bien-être on nous limite et on tente de nous contrôler, c'est un comble tout de même.

Dernièrement, en 2022, j'ai fait un stage de lithothérapie pour débutant, alors que je suis pratiquante depuis 20 ans, car j'avais besoin de la partie chimie des pierres, qui me manquait. Je n'ai parlé d'aucunes autres de mes pratiques à part en aparté avec certaines personnes, mais je restais relativement isolée du groupe, ne fumant pas et ne picolant pas, et ne mangeant pas pareil, cela limite grandement certaines interactions sociales. Toujours cet ostracisme existant dans tous les niveaux de conscience finalement. Et comme les entités contrôlantes ont tout intérêt à ce que je n'en parle pas trop ça les arrange de me faire passer pour quelqu'un de louche et bizarre.

Cela me permet aussi de prendre du recul sur les combats de coq, de ceux qui veulent se faire bien voir du prof. Je m'assoie toujours au fond de la salle. Ce qui est d'autant plus jouissif, car cela permet de voir tout le monde et de mieux analyser les comportements de chacun. J'adore faire cela, ça m'éclate, en plus j'ai des capacités de psycho morphologie donc trop facile.

Donc déjà en 2009, Je quittais donc le groupe de psychosophie. Non sans mal, mais quelques évènements me confirmèrent que s'en était trop. En été, il y avait eu un stage, une semaine de méditation, sur un sujet. Je demandais discrètement à la pause au professeur, s'il était possible de réduire les frais en ne dormant pas sur place j'habitais à 20 min et si je pouvais également me prendre mes repas à part. je reçu comme réponse, haut et fort pour que tout le monde entende : « Non mais ce n'est pas la peine d'y penser tu n'as pas le niveau ». Waouh la douche froide. À la rentrée les stagiaires à la pause se regroupent, je viens voir, et là je me prends : « Non mais, ce n'est pas pour toi, tu ne comprendrais rien c'est le stage de cet été ! ». J'entrevis juste une merkaba.

Hé oui ! Je n'avais pas le niveau, pour méditer une semaine sur la merkaba. Puisque je savais déjà à quoi cela servait, mdr, et payer 700 euros pour cela était une dépense totalement inutile au final. Mais mon niveau n'était pas trop bas comme le professeur l'avait énoncé, c'était le contraire. Je ne suis pas frileuse, mais ce jour-là, j'avais pourtant mis une écharpe. Sans savoir pourquoi, je compris alors, car mon foulard cachait le tatouage que je m'étais fait sur la nuque dans l'été, je vous le donne en mille : une merkaba ! Je pensais de prima bord que c'était parce que le prof critiquait sans cesse mes tatouages, disant que j'étais dans une expression trop égotique. Mais je cachais ce dernier tatouage car il était le sujet de leur stage.

Je n'avais donc pas besoin de faire ce stage. Et j'ai reçu la semaine suivante un mail groupé de l'équipe, avec le résumé du stage envoyé à tort, je l'ai lu et je n'y ai rien appris que je ne savais déjà. J'allais donc au cours suivant à reculons, cela ne faisant que me confirmer que ma place n'était plus là-bas. J'arrivais en retard, et ne put me mettre au plus loin du professeur, il ne restait que la chaise à côté de lui. Et nous étions plus nombreux.

Avant de nous expliquer pourquoi nous étions plus nombreux, il me regarda, et me dit : « Tu es plus grande que moi, ce n'est pas normal ! ». Oh si j'avais pu, j'aurais éclaté de rire, mais c'était tellement pathétique. J'étais juste assise sur une chaise plus haute, et même s'il l'a dit sur un ton qui se voulait être de l'humour cela révélait enfin son for intérieur. Puis il nous expliqua que nous étions plus nombreux car il regroupait les 2 jeudis, car l'autre groupe s'étant fortement réduit, et qu'il ne leur restait plus que quelques mois avant la fin. Il se libérait ainsi un jeudi pour passer plus de temps avec sa nouvelle idylle. Et nous commencions donc la session, sur notre niveau 3ème année, alors que les autres étaient en fin de 4ème année.

À la pause, excédée, une personne, en 4ème année, quitta le cours en disant tchao, bye, bye, je ne suis pas là pour revenir un an en arrière. Ah tiens, il n'y avait pas que moi qui avait remarqué l'incongruité d'une telle décision. Et je trouvais son geste d'une justesse, faisant raisonnance à ma propre envie de partir. Le professeur ensuite n'a eu de cesse de critiquer son attitude pendant la pause, j'observais cela avec amusement, la façon dont il passa son temps à se justifier et à critiquer la décision de ce monsieur, en disant qu'il manquait là une opportunité de pouvoir partager avec nous. Allo tu viens de les rétrograder d'une année pour fleurter avec ta meuf, gars ! Et son attitude est juste, pas la tienne.

Je cherchais donc pendant plusieurs jours, une vraie bonne excuse pour continuer à recevoir les cours malgré mon absence volontaire, il restait 3 mois de cours, donc 6 cours. Je finis par me servir de mon père pour cela. Je fais un mail larmoyant sur la tumeur de mon père dans la tête (je savais qu'elle était bénigne, mais j'omis de le préciser), par contre je brodais sur le fait que ma maman avait besoin de moi et que du coup je ne pourrais plus venir. J'ai reçu les cours, jusqu'à la fin comme prévu. La vie m'a appris à être stratégique, pour contourner les obstacles. Et cela me permis de partir certes par la petite porte, mais me soulageât de cette pression sous-jacente. Ce que je trouvais fort dommage étant donné que son cours au demeurant était très intéressant mais fini par devenir étroit pour moi.

Je suis de nouveau allée le voir quelques années plus tard quand je préparais mon salon de bien être début 2015, pour lui proposer de faire une conférence, car bien que cela se soit terminer en eau de boudin, son enseignement m'avait beaucoup appris et c'était le plus important. Je lui expliquais donc que je préparais un salon et que je sélectionnais comme exposants des personnes avec une réelle éthique, qu'il n'y aurait pas de brique à braque pour remplir les stands. Que nous allions avoir un entretien avec chaque exposant. Et que j'aurais du coup aimé qu'il vienne y faire une conférence.

J'eu alors comme réponse : « Non, je ne viendrais pas, cela part d'un bon sentiment de vouloir faire cela mais c'est d'une utopie totale et je ne pense pas que tu puisses réellement y arriver ! » bam, bim, badaboum !

Patrice était avec moi, il est resté estomaqué de la réponse. Et nous y sommes arrivés, nous avons fait 2 éditions, les visiteurs nous en parlent encore, 7 ans plus tard, nous avons été dans les 1ers à proposer un salon bien être à Annecy. Ensuite ça a été l'explosion et une prolifération démesurée de salon bio, bien être et compagnie, rempli de brique à braque. Comme du fromage, du vin et tout un tas de grigris. Nous nous avions été très éprouvés financièrement par les blocages des entités négatives contrôlantes, étant donné justement le niveau éthique que nous y imposions, ne connaissant pas encore l'HRE (Hypnose Régressive Ésotérique de Calogero Grifasi), nous n'avions pas ou nous prémunir, nous avons rencontré Nathalie quelques mois après. Faisant le choix ensuite de participer aux salons des autres devenus plus nombreux. Nous avions ouvert la brèche, le filon a été repris.

Nous aurions eu plus d'exposants et mieux réussit notre coup, si j'avais peut-être été un peu moins exigeante mais avoir du vin et des produits laitiers dans un salon de bien être quand on sait les dégâts que cela fait sur la santé, bio ou pas ! Cela me choque de voir cela encore plus que les stands affichant les iconographies religieuses des égrégores de la matrice.
C'est comme les produits laitiers dans les sushis ça m'hérisse les poils, quand on sait que les japonais sont intolérant à 100% aux produits laitiers, et que cela a été rajouté ici, pour se mettre au gout du palais dévastés des bouffeurs de fromages, du fromage avec du poisson, vous avez vu jouer ça où, dans quel film d'horreur. Enfin bon, la pollution est présente de partout.

Je reçu donc un refus de cet homme, qui donnait des enseignements pour aborder les choses en pleine conscience. Et qui ne croyait pas en l'aboutissement d'un projet en ce sens. Waouh, nous avions groupé ce salon avec un salon de minéraux consacré à la lithothérapie, 1er du genre en France. Les exposants comme les visiteurs ont été tous très contents d'y avoir participé. Mais il aurait fallu avoir une trésorerie plus conséquente. Car demander du sponsoring était également exclu vu que cela amène des énergies commerciales encore pire que les grigris.

J'ai eu aussi confirmation pendant ses 3 ans de psychosophie, qu'il y avait de fausses lumières. Et surtout des fantômes qui disaient avoir fait leur ascension mais qui étaient encore là ! Car je me posais déjà beaucoup de questions sur eux, cela ne me paraissait pas cohérant du tout. Pour moi un fantôme qui était rentré dans la lumière, ne devait plus trainer ses guêtres ici, certaines choses apprises en channeling que je pratiquais depuis 1999 en fil rouge, ne me convenais pas vraiment, toujours cette logique ou pas.

J'eu à faire à de nombreuses reprises, pendant les cours sur Alice Bailey, au fantôme de l'ex-femme du professeur. Qui était décédée quelques années plus tôt d'un cancer. Elle essayait de me maquer avec lui. Il y avait une certaine résonnance, mais son caractère et le mien était complétement incompatible. Et je ne le voyais pas du tout apte à se mettre en couple avec une femme ayant 3 enfants. Elle insistait presque à chaque cours. J'étais dans une solitude extrême depuis mon divorce, et je ne cherchais pas spécialement à ce moment-là quelqu'un.

À un moment, excédée par son attitude, je finis par lui poser la question, de pourquoi elle insistait tant pour que je me rapproche de lui ? Elle m'expliquait que depuis son décès il n'était plus en évolution, mais en involution, et qu'il avait besoin de quelqu'un pour le tirer vers le haut. Lol le mec qui me considérait comme n'ayant pas le niveau, elle voulait que je me mette avec lui pour le stimuler ésotériquement et énergétiquement car j'étais de son niveau à elle et que cela lui ferait du bien. Très risible.

Je me voyais tout à fait lui expliquant cela, morte de rire, lui qui avait des réactions égotiques face à moi. Et m'est venu alors une question. Si tu es montée dans la lumière comme tu le dis, pourquoi es-tu encore autant attachée au bien être de ton ex-mari. Tu devrais t'en fiche. Non mais si, si, je suis passée dans la lumière et je fais le bien ici, maintenant. « Oui hé bien à ta place, j'irais vérifier si c'est une vraie lumière que tu as traversée. ». Elle a dû vérifier et cette fois bien partir car je n'entendis plus jamais parler d'elle.

Quelques mois plus tard, il se mit en couple avec une Frédérique, et moi quelques années plus tard avec un Patrice, qui était son prénom aussi. Son ex jouait sur ce quiproquo pour me leurrer, et arriver à ses fins. Était-ce vraiment son ex-femme ou une entité qui cherchait à me leurrer et se servir de cette résonnance pour se nourrir ? Je ne suis jamais allé vérifier.

Pour ce qui de la fausse lumière, j'ai eu confirmation de cela trois ans plus tard en 2011. Une cliente, m'avait amené une photo d'une amie à elle. Quand j'ai regardé la photo, un truc noir de chez noir sur elle, m'a sauté dessus. Ni une ni deux, je n'ai pu m'empêcher de le balayer de la main et de l'expédier dans la lumière. Je n'avais pas encore de protocoles propres et sur pour faire cela mais ce fantôme était tellement dark (noir), que ce fut comme chasser une vilaine grosse mouche à m... d'une belle tarte aux fraises, oups trop tard, c'est fait. J'expliquais, malgré tout, à la cliente que oui, elle aurait besoin d'aide et mais que je ne travaillais pas sans l'autorisation préalable de la personne. Sans lui dire que je venais d'expédier un truc qui m'avait sauté dessus.

Quelques minutes après le départ de la cliente, est arrivé un groupe de personnages type humanoïdes, tout aussi noir que celui que je venais de balayer. Trois sont entrés dans mon cabinet, et une quinzaine sont restés sur le parking. Ils venaient me demander des comptes, sur le fait que je venais de dégager l'un d'entre eux et qu'ils ne le retrouvaient pas. Re oups, je m'excusais auprès d'eux, leur expliquant qu'il était tellement noir que le geste était parti tout seul, mais que je l'avais envoyé dans la lumière et que donc il ne lui était arrivé rien de mal. (J'ai vérifié plus tard la qualité de lumière que j'utilisais alors et elle était juste, ouf, car ce n'est pas toujours le cas au final beaucoup de passeur d'âmes travaillent avec de fausses lumières). Je leur ai demandé ce qu'il faisait sur cette personne. Pour eux il était là pour l'aider, que cette personne avait demandé de l'aide et qu'il lui en apportait. Je leur fis comprendre que pour moi c'était le contraire, qu'il la vampirisait et la tirait vers le bas. Et pourquoi s'en prendre à moi au final si c'était un gentil ?

Ils objectèrent car pour eux ils travaillaient pour la lumière et qu'ils l'avaient tous traversé et que donc je racontais n'importe quoi. Qu'ils étaient là pour l'aider et rien d'autre. Je ne me suis pas démontée. Un s'est mis plus en avant pour me parler.

Moi : « Ah, bon vous avez traversé la lumière et vous êtes noirs comme ça, (on aurait dit des mange mort) vous êtes sûr que c'était une vraie lumière ? » je savais qu'il y avait ces fausses lumières qui trainait dans l'astral.

Lui : « Oui, on est sûr ! » se mettant légèrement en colère, confirmation de plus, pourquoi il se met en colère, pas cohérant, s'il est vraiment au service de la vraie lumière. Il avait au moins le discours et l'émotion cohérente avec son apparence, pas comme celui de ma grand-mère.

Moi : « Alors je vous propose un deal, si vous avez déjà traversé la lumière et que vous êtes sûrs de vous, touchez la mienne »

Lui : « Non, pourquoi ferait-on cela ? On est déjà passés dedans, on est sûrs de nous. »

Moi : « Bin juste pour vérifier, au mieux cela confirme que vous êtes bien dans la bonne lumière, au pire vous si vous n'avez pas touché la bonne lumière, vous en aurez le cœur net de toucher celle-là »

Je les sens dubitatifs j'ajoute : « Vous êtes gagnants dans les deux cas au final, désignez un volontaire pour toucher la lumière que je mettrais »

Lui : « Non, hors de question, je suis sûr de moi ! » de plus en plus fâché et là au fond du groupe de la cours, il y en a un qui lève la main, et qui dit : « Moi je suis volontaire, je trouve ses arguments cohérents, et c'est vrai qu'on n'a rien à perdre à vérifier. »

Les autres finissent par lui dire : « Ok si tu veux essayer vas-y. »

Il a touché et a poppé, perdant instantanément toute sa noirceur. Et tous les autres l'ont suivi directement sans rechigner et sans me dire au revoir. Et je ne les ai jamais revus. Je savais que certains se faisaient passer pour d'autres, qu'il y avait de fausses lumières, et des imposteurs comme Hibo en spirit au lycée qui se faisait passer pour Daniel. Mais je n'arrivais toujours pas à déterminer ceux qui me pourrissaient la vie. Pour moi ce n'était pas des fantômes en tout cas. Et comme ceux qui pour le moment en savait plus que moi finissaient toujours par me snober, j'avançais mais pas aussi vite que j'en avais envie et j'avais toujours et encore ces attaques et ces blocages. J'étais en post Burn out suite au décès d'Etienne et toujours avec des embrouilles financières sans fin.

Je continuais mon petit train-train, mes soins devenant de plus en plus pertinents et performants, je m'adaptais en fonction de la problématique, je faisais principalement de l'ostéopathie à cette époque, tout en mettant en conscience aux personnes les origines réelles de leurs problématiques. J'avais le « Nouveau dictionnaire des malaises et des maladies » de Jacques MARTEL sur le bureau, que je faisais lire aux clients, quand ils ne me croyaient pas. Les informations que je captais chez eux par mes capacités étaient en total adéquation avec ce qui était relaté dans le livre, elles le sont toujours d'ailleurs.

J'adaptais ma pratique au client et non le contraire. Hors de question que j'impose une façon de faire calibrée sur mes envies sans écouter ce dont il avait besoin, je ne voulais aucunement prendre le contrôle mais bien faire ce qui était le plus juste pour eux. Je ne vais pas leur faire ce que je n'aime pas qu'on me fasse.

Je ne faisais même pas passer systématiquement les clients sur la table, pour de l'ostéopathie, quand la discussion avait suffi à lever le sac énergétique. Une fois Lucette, est repartie très contrariée car je ne lui avais pas fait de manipulation physique ou énergétique sur la table.
La fois suivante, Lucette m'a dit « La dernière fois je suis partie contrariée, de ne pas être passée sur la table »
Moi :   « Oui je sais, j'ai vu, mais il n'y en avait pas besoin »
Lucette : « Oui bin je l'ai bien compris le lendemain, j'ai eu les mêmes libérations et courbatures que quand je passe sur la table »
Moi j'ai souri car j'avais vu la libération énergétique se faire pendant notre conversation. Mais du coup après, j'ai compris que les personnes avaient besoin de passer sur la table. Pour valider la séance, ils considéraient la conversation comme accessoire et pas le contraire. Donc je faisais une petite passe énergétique en fin de discussion, même si cela n'était pas toujours utile à mon soin. C'était tout du moins utile à ne pas les contrarier, et quand on connait la propension qu'à le mental à empêcher la métabolisation s'il n'est pas satisfait, vaut mieux le leurrer en prenant 5mn de plus.

Mes séances duraient 3 heures, il était hors de question que je mette fin à une séance en disant à la semaine prochaine. La libération énergétique du travail enclenché à chaque séance devait se faire.

Dans ces années-là, ma pratique prenait de la puissance, mais je n'avais pourtant pas assez de clients pour ne pas retourner à un travail standard. Je décidais de faire les deux, mes 2 années de répit post démission se terminaient, nous étions fin 2011. J'avais fait une grave infection urinaire, passé en pyélonéphrite en 36h, et depuis j'étais sujette aux vertiges. Et j'avais eu des problèmes familiaux assez lourd à gérer, seule, dans l'été. Rien ne s'améliorait donc vraiment.

Je suis retournée travailler en auto-école, en pleurant toutes les larmes de mon corps. Nous étions 2 ans après le Burn out. En plus je devais retourner en voiture, beurk. Mais comme je l'ai déjà dit, cette fois-ci impossible de lâcher mon rêve. Plus j'avançais dans ma pratique plus les contraintes augmentaient. Et les gens finissent toujours par penser que c'est de ma faute. Ceux qui m'aidaient finissaient par me claquer la porte en ma traitant de menteuse et profiteuse, car je ne cédais pas à leur chantage aide domination, et à ce qu'ils m'imposent leur fonctionnement dans ma pratique.

Je n'avais pas fait tout cela pour abandonner encore une fois. Toutes ces formations, toutes ces connaissances, toutes ces heures de travail. Toutes ces galères surmontées, tout ce mal à aller jusqu'au bout car financièrement c'était galère, mais si je n'avais pas eu toutes ces connaissances en énergétique et compris que quelque chose cherchait à me faire céder, j'aurais abandonné plus tôt.

Avec le channeling commencé au lycée à 18 ans, en 1986 et continué en 99 par l'écriture spontanée, ou channeling, j'obtiens beaucoup de connaissances. Même si je ne le conseil pas car très polluant, au milieu du monceau de mensonges, ils m'ont apporté une très grande connaissance des affres de la matrice et de son fonctionnement. Au milieu des promesses non tenues, et des prédictions vaseuses, j'arrivais malgré tout à finir par tirer quelques marrons non vérolés du feu. Mon intuition passant quand même au milieu de tout cela, il faut dire que ma conscience avait une détermination farouche et m'assénait les choses sans ménagement. Le canal était certes pollué mais elle arrivait quand même à me guider.

Je percevais de plus en plus d'informations sur les personnes qui se révélaient être juste. Mais cette manne financière qui vérole notre société, vérole aussi le monde de l'énergétique. Combien de fois je me suis faite insultée par les gens parce que je me faisais payer ? Les magnétiseurs doivent travailler gratuitement sinon, ils perdent leurs dons. Mais qui a décidé ça ? Pourquoi certaines capacités sont monnayables et d'autres pas. Et quand quelqu'un met un nom commerciale ® sur une pratique, tout le monde doit lui verser des royalties pour utiliser ledit nom. D'où une multiplication des méthodes et technique pour une même chose, qui ne fait que perdre les gens. Si tu ne paies pas directement, tu te fais attaquer pour usurpation ou pour dommages et intérêts ou pour usage illégale... Contrôle, contrôle, contrôle.

Sans compter sur les mots que l'on nous interdit d'utiliser, ou la tendance quand quelque chose commence à marcher et regroupe un certain nombre d'adeptes, fini par être classifié comme secte.

Je fais ce métier de thérapeute dans un seul objectif depuis toujours, c'est rendre les personnes autonomes le plus rapidement possible. J'en parle assez souvent la bobologie ne m'intéresse pas et ne m'a jamais intéressé. Dès la 1ère formation que j'ai faite en 1998, le reiki, j'ai refusé d'imposer aux personnes les 4 séances de base obligatoire, que l'on retrouve dans la « reconnective Healing® » (La reconnexion). Je considère que les personnes sont responsables d'eux-mêmes et que s'ils veulent aller mieux, c'est à eux de le décider, ce n'est pas à moi de leur imposer un rythme de traitement. Certaines personnes aiment être prise en charge par le thérapeute, moi je n'aime pas être une solution, je préfère être une passerelle. On n'a pas toujours conscience de ce qui nous bloque et de ce qui nous freine, il faut des fois aller voir quelqu'un pour en prendre conscience, mais une fois qu'on le sait c'est de notre propre responsabilité de faire en sorte que ça change.

Je ne suis pas là pour rendre un système, que je considère libérateur, contrôlant. J'ai toujours cherché à comprendre comment ça marche, pour le transmettre aux autres, pour les informer. Du coup, à un certain moment, j'ai dépassé les limites de l'ingérence, en essayant de prévenir, entre mes 30 et 40 ans. Je voyais donc les disfonctionnements de chacun, vierge ascendant scorpion, perfectionniste ascendant je vois tous les défauts du système avec la lune et mars en lion. Je voyais les zones erronées des personnes, et l'échéance plus ou moins proche du clache.

J'essayais de les prévenir, de la bombe à retardement qui couvait en eux. « Po, po, po, non mais n'importe quoi, moi tout va bien ». Conseil gratuit en plus. Et quand ils finissaient par trouver les limites de leur système et que leur arrivait, ce en quoi je les avais mis en garde, ils me traitaient d'oiseau de mauvais augure. « Pst, pst, pst Vade Retro Satanas », je devenais une sorcière, un marabout et ils me rendaient responsable de ce qui leur arrivait. J'ai mis quelques années à comprendre qu'il fallait que je les laisse faire. Quel que soit mon degré d'affection pour eux, plus on est proche plus c'est compliqué de s'en foutre, bien évidemment. J'ai eu du mal à lâcher prise avec Patrice, car je l'aime. Il est et restera l'homme de ma vie, il m'a permis d'arriver là où je suis. Je sais que c'est mon travail qui a fait ce que je suis mais son soutien son amour et ça seule présence on permis de me dépasser et cela me fend le cœur de le voir aussi. Mais je ne peux rien pour lui malheureusement. Un Burn out c'est des fois compliquées à surmonter mais surtout ça prend du temps de reprendre confiance en soi et de comprendre qu'on n'est pas toujours obligé de tout réussir du 1er coup et c'est justement quand on accepte ça qu'on peu se reconstruire.

Et quand les gens finissent par se mettre le nez dans le mur, et qu'ils viennent s'en plaindre, je leur dis normal, c'est à cause de ça, ça, ça… et eux : « non mais tu n'aurais pas pu me le dire avant ? » « Bin non tu ne me l'as pas demandé. »

Ce n'est pas facile quand on voit, de se rendre aveugle. Quelque fois mon Patrice m'appelle en visio pour des clients au magasin, avec qui il a du mal à déterminer la problématique et donc à conseiller la bonne pierre. Je dis bonjour et je fais le profil de la personne, en quelques secondes, mais pas les problématiques de surface, les problématiques de base, profondes, qui déséquilibre tout le fonctionnement de la personne et amène un nombre indéterminé de compensations. Il est rare que je propose une pierre pour traiter les symptômes secondaires, sauf quand la personne est en réelle souffrance profonde et qu'il faut là, soulager la compensation, afin de permettre d'atteindre la problématique de base.

C'est pour cela qu'il faut consulter quand tout va bien, pour voir si tout va vraiment bien, parce que quand on en arrive aux crises aiguës de la problématique de compensation il est long et compliqué de remonter jusqu'à la source.

Sachant qu'en plus, toutes les entités négatives contrôlantes qui nous pourrissent la vie dans notre sphère énergétique, eux continuent à mettre le feu à la baraque dans votre dos. Et que les humains qui exploitent nos défaillances ne veulent pas non plus perdre le contrôle sur nous.

Donc je suis pour libérer tous les systèmes contrôlants, même dans les mondes du paranormal. Nous sommes déjà, limités juridiquement par rapport à la possibilité d'exercer, on nous enlève le moyen de nous faire connaitre, la publicité pour les activités libérales est interdite. Et nous ne sommes pas alimentés en clientèle par le système bien au contraire, nous sommes même déconseillés.

Donc nous gravitons dans un monde parallèle, alimenté par la bouche à oreille, donc je comprends que certain, imposent par soucis de subsistance un nombre et un rythme de séances. Ou pratique les techniques à la mode. Un tient vaut mieux que deux tu l'auras. Et quand on parle de nous dans les médias, c'est principalement pour relater les faits d'abus de confiance. Par contre omerta totale sur le monde des erreurs médicales.

J'ai été victime des essures, maintenant interdites, je n'ai pas suivi le parcours du combattant pour faire reconnaître mon état de santé, j'aurais pu me faire reconnaître comme handicapée. Mais quand on est à son compte ; pas de congés maladie, pas de vacances, pas de reconnaissance du problème, le médecin m'a dit, a mais une fois qu'on vous les aura enlevés ça ira mieux. Je lui ai demandé qui allait me rendre mes 4 ans de lumbago perpétuels, je me levais à 45 degré penchée à droite tous les matins, certains jours je devais mettre une chaussure plate à gauche et une à semelle compensée à droite et aller ouvrir mon magasin. Et cela fait 10 ans que je souffre d'un syndrome du colon irritable XXL qu'aucun médecin n'a jamais su prendre en charge, je me sis même faite traitée de folle par un allergologue à l'énoncé de mes symptômes.

J'ai été opéré en février 2017 pour les enlever et ma santé n'est toujours pas rétablie en février 2023, et je ne peux même pas avoir le bon anti histaminique à la pharmacie, sans en faire l'avance des frais, car ce n'est pas un générique. Alors j'ai dû chercher de mon côté dans la jungle des thérapies énergétiques, celle qui serait la plus rapide et efficace. La Méthode JMV ® m'a bien aidée et là je me fais faire des massages en médecine traditionnelle tibétaine, ho putain la vache ça fait mal, mais en 2 séances j'ai retrouvé une dynamique que j'avais perdue depuis plus de 10 ans. Et il a su m'expliquer pourquoi j'avais pris 15 kilos en 15 jours en novembre 1997.

Pour ne plus perdre de temps je cherche en permanence la technique la plus pertinente, afin d'avoir le plus d'énergie possible pour avancer et créer. Et je finis toujours par trouver. Et de trouver ceux qui me pourrissaient la vie, ceux qui me mettaient des bâtons dans les roues, et aussi le moyen de réparer les dommages collatéraux. À changer ma vie.

Mais, le sur ou sous système contrôlant, voudrait m'empêcher d'en parler. Alors que ce sont des systèmes énergétiques libérateurs, ils utilisent les mêmes procédés que ceux qui m'ont pourri la vie jusqu'à maintenant pour m'empêcher de vous informer, j'ai interdiction d'utiliser certains noms car c'est déposé en tant que marque à l'INPI, et j'ai interdiction de décrire le processus de leurs protocoles même dans les grandes lignes. Sans quoi je suis attaquable.

Il n'y a que le détenteur de la marque qui a le droit d'écrire un livre sur le sujet, un monopole de royalties sur ce protocole énergétique. Le but 1er de ces protocoles c'est de nous libérer des systèmes contrôlants et qui altèrent le bon fonctionnement du véhicule humain terrestre dans toutes ses couches, et les détenteurs de la marque verrouillent l'accès et la diffusion à l'information.

Personnellement, je n'ai jamais eu la volonté de voler ou de détourner ou d'appeler cela autrement, pour pouvoir le pratiquer dans mon coin en louzdé, mon but est de mettre au courant le maximum de personnes, sur les systèmes contrôlants. Et du coup, ces humains qui trouvent des moyens de nous libérer deviennent à leur insu de leur plein gré des outils du système contrôlant au final.

J'ai personnellement eu à réfléchir sur le sujet, car en 2013, j'ai reçu un protocole que j'ai nommé « Le Lemniscus Incandescent », processus qui permet d'activer à l'intérieur de nous l'énergie et la géométrie sacrée personnelle. Recalibrer notre boussole et du coup être plus aligné. J'ai travaillé pendant 2 ans, à la compréhension et la libération des parties détournées du protocole. J'ai fait les mises à jour gratuitement, pour les personnes déjà initiées, car je trouvais cela normal. J'ai réfléchi à verrouiller le système, à déposer le nom et à limiter l'accès et l'enseignement de ce protocole. J'ai mis sous enveloppe le processus en attendant de prendre une décision, motivée par la peur de me faire voler mon travail. Et j'ai finalement compris que cela n'avait pas d'importance que quelqu'un trouve ma technique suffisamment intéressante pour la propager à son tour. C'était même un compliment.

Et que l'information devait circuler le plus possible, qu'il fallait arrêter de rendre les processus ésotériques, mais qu'il fallait les rendre exotériques. Il fallait arrêter de se comporter comme ceux qui nous contrôlent. Cela ne sert à rien, tout au plus à nous rendre comme eux au final. Et à limiter la capacité de chacun à pouvoir faire rayonner la bonne santé, et la pleine conscience.

Il y a certaines techniques que je connais très bien, que je pratique, mais je ne suis pas référencée sur le site officiel de la technique car je ne cherche pas à être adoubée par le grand maitre. Attention cela ne veut pas dire que je ne les respecte pas, bien au contraire, je suis admirative de ce qu'ils ont réussi à faire. Mais comme moi ils se sont servis de leur connaissance de l'expérience acquise dans le pratique de plusieurs techniques, ils ont testé, remanié, mélangé, remodelé leurs pratiques, leurs connaissances, leur expérience pour en faire sortir une mouture plus fine, plus efficace. Mais comme ce sont les premiers dans cette réalité, sur cette ligne temporelle et dans cette dimension à avoir eu la capacité de le faire, cela rend tous les autres incapables d'en parler. Je comprends, mais si quelqu'un un jour fait évoluer « Le Lemniscus Incandescent » et le rend plus performant, je dirais bravo, et je féliciterais cette personne, mais je ne lui demanderais pas rétribution en échange, juste de le partager.

Qu'est-ce qui est le plus important sur cette terre, le savoir, le financier, la possession, ou l'être ? Libre à eux de savoir s'ils veulent me mettre la misère ou pas. Mais je tiens à les informer qui je ne possède déjà plus rien que les entités m'ont déjà tout pris, que j'ai déjà plusieurs huissiers qui font la queue, et qu'ils ne me feront pas un trou où j'en ai déjà un. Donc à votre bon cœur messieurs dames.

Je ne cherche pas à m'enrichir, on ne s'enrichit pas avec ce genre d'ouvrage. Enfin si cela était toutefois le cas, ça tiendrait du domaine du miracle. On ne s'enrichit pas sur la connaissance, pardon financièrement sur la connaissance, on s'enrichit énergétiquement. Je me suis formée à ces techniques, j'ai donné de ma personne pour intégrer l'éthique de chacune, je donne encore de ma personne pour pratiquer ces techniques. Mais je ne m'en plains pas, j'aime cela et ce qui me nourrit, c'est les belles rencontres, de voir les personnes heureuses, libres et créatrices d'un monde différent de celui que les oligarques veulent nous imposer.

C'est pour cela que je suis venue sur terre, pour monter le chi de la terre, dixit ma conscience via Barbara. Je pourrais le faire très égoïstement dans mon coin en étant une Hermite, ascète, dans ma tiny house au fond des bois. Je le dis parfois, mais je ne le ferais surement jamais, car ce système veut ostraciser les personnes comme moi. Je vous rappelle le karma qu'ils ont voulu me faire vivre :

seule, isolée, dans la misère, je ne vais quand même pas me l'imposer toute seule. Je ne ferais que continuer à concrétiser leur plan pour me limiter, et m'empêcher de faire ce que j'ai la capacité de faire. La peur ne guide jamais mes décisions, jamais et ce n'est pas aujourd'hui que je vais commencer.

Merci à la personne qui m'a prévenue, je comprends qu'elle me dise de faire attention. C'est elle qui a contribué, par les informations que nous avons partagées, à ma libération et donc je la remercie de cette charmante attention. Mais je vais quand même informer les personnes car c'est pour moi, ce qu'il faut faire. Si l'on veut que la masse bascule, il faut l'informer. Car l'information qui circule actuellement dans les mondes énergétiques via le new âge est un système perverti par les contrôlants. Donc il serait dommage de ne pas se servir de cette capacité que l'on de partager notre savoir.

> Si deux personnes arrivent avec un objet et se l'échange,
> Chacun repartira avec un seul objet.
> Si deux personnes arrivent avec une idée et se l'échange,
> Chacun repartira avec deux idées.

Une personne éveillée en éveillera 100, c'est ce qui se dit. Et c'est un crime de laisser les personnes dans l'ignorance de ce qui peut les sauver. À vous tous, les humains de tous poils, à vous de savoir si vous voulez contrôler ou libérer, si vous voulez vous laisser contrôler ou si vous voulez être libre. Il y a 0.01% de personnes vraiment libres sur cette terre : en faites-vous partie ou pas ?

Et si réellement je fais fortune avec ce livre, je m'engage à créer un ashram ou un lieu énergétique gratuit pour offrir des séances aux indigents. Le jour où je n'aurais plus besoin de me faire payer pour vivre décemment, je travaillerais gratuitement, pour le moment, ce n'est pas le cas loin de là, vu que je ne fais toujours pas de bobologie, et que je ne capitalise pas sur la mauvaise santé des personnes.

Et s'ils décident de me mettre la misère et que je finisse en prison, cela ne m'empêchera pas d'écrire et de faire des soins énergétiques à tous ceux et celles qui seront là, j'aurais également plus de temps pour méditer…

> « Je suis le maitre de mon destin, je suis le capitaine de mon âme. »
> Rudyard Kipling

Chapitre 4 : Les stratégies contrôlantes de masse

Comment cela se fait-il, que les personnes ne sont pas plus au courant que ça, de toutes ces manipulations et du plan ?

La population mondiale est sous contrôle mental. En dehors des conflits actuels, du covid, tout le monde pense être au top de son existence. Que là où ils se trouvent, et l'époque dans laquelle on vit est au top par rapport aux autres époques et aux autres endroits. La modernité, il n'y a rien de mieux, on est de plus en plus en sécurité, on peut tchatter avec toute la planète, pas grave si on ne dit pas bonjour à la caissière pendant qu'elle scanne nos courses, après tout c'est son job, elle est payée pour cela. Toute façon bientôt elle sera remplacée par une machine donc à quoi bon faire l'effort.
On passera sous un portique qui va scanner tous les produits de notre chariot (Exemple magasin de sport : Dé…….on), et prendre une photo et taxer le prix directement sur notre compte bancaire. C'est déjà un petit robot qui m'amène ma limonade au restaurant, avec une tête de chat qui cligne des yeux.

Et je vous rappelle que nous nous habituons aux pires douleurs et atrocités avec le temps. Nous sommes en train de désapprendre.

Mais qui nous raconte l'histoire ? On nous raconte une histoire montée de toute pièce depuis notre naissance. Que ce soit dans l'éducation scolaire, religieuse et même parentale, car nos parents nous transmettent ce qu'ils ont eux-mêmes reçu. C'est un système sans fin, sans but autre que de nous maintenir dans l'illusion collective de la matrice. Comme je l'ai dit, à titre personnel j'ai détecté des anomalies dès la primaire, le point culminant de cette incohérence c'était à l'âge de 13 ans. Mais pourquoi les autres ne les voient pas ces incohérences ?

Car en plus du fait que ce soit les vainqueurs qui racontent l'histoire (juste ou fausse), nous sommes sous un système de contrôle. Êtes-vous systématiquement objectifs quand vous racontez ce qui vous est arrivé ? En combien de fois vous devenez soit la super victime, soit le super héros, qui a soi-disant sauvé tout le monde.

Quand il y a un accident avec beaucoup de témoins. Il va y avoir autant de façon de raconter l'événement qu'il y a de témoins. Car chacun va raconter l'histoire en fonction de ses filtres personnels. Âge, taille, poids ne seront jamais les mêmes. Certains vont être visuels, d'autres auditifs, de toute façon chacun va interpréter les choses avec le prisme de ces propres traumatismes et de l'éducation qu'il a reçu. On ne voit et entend que ce que nous sommes capables de voir et d'entendre, ce que les limites de notre esprit et de notre compréhension des choses sont capable d'enregistrer.

Quels sont les outils utilisés pour limiter de notre réflexion, qui facilite la manipulation de masse ?

Tout d'abord c'est énergétique.
Chakra coronal : violet - blanc - doré
Chakra du 3ème œil : indigo - violet - jaune
Chakra du plexus : jaune.
Il y a une couleur commune à tous : le jaune et ça, ils savent bien s'en servir. Le plexus solaire ou petit moi, je vis les choses par mes émotions. Colère, angoisse, peur, tristesse, toutes ces émotions envahissent mon plexus et au lieu de renforcer le moi, cela le fait virer dans la neurasthénie.
Quand le plexus solaire vit des émotions exacerbées, cela va suractiver l'action du jaune dans le 3ème œil, jaune qui est relié au cerveau gauche et donc à la réflexion, au mental. Le mental se met alors à pédaler dans la choucroute et l'on a tendance à avoir des réactions égotiques, ou de disparition totale de la personnalité. Trop, pas assez, même problème : déséquilibre. Si le bleu indigo est écrasé, c'est le cerveau droit qui ne peut se mettre en action, et par conséquent la connexion à l'intuition est altérée et donc pas d'accès à la bonne réponse, la conscience qui tente de vous la transmettre ne peut pas arriver jusqu'à vous. Il y a aussi du violet dans ce chakra qui nous connecte à nos capacités extrasensorielles, donc à la conscience. L'intuition et les capacités extrasensorielles ne peuvent donc plus communiquer avec vous, car ce jaune qui

gère les capacités d'analyse et de synthèse le fait en collaboration avec l'émotionnel perturbé, l'émotionnel négatif. Dans ces conditions, impossible de prendre une décision empreinte de discernement.

Ce qui mène à l'étape suivante, le doré du chakra coronal qui au lieu d'être tourné vers la lumière intérieure, va chercher une lumière extérieure, la lumière du sauveur rédempteur, que l'analyse de l'intellect aura déterminé comme notre plus grande chance de nous en sortir. Faire appel à ce sauveur dont on nous parle depuis toujours. Ce jaune-là est en charge du mysticisme et de la dévotion. Donc quand on est dans une chaine de commandement menée par le plexus, le petit moi, on cherche un sauveur extérieur.

Si on prenait juste la peine d'apaiser nos émotions, de se débarrasser de nos peurs, de nos angoisses, de notre tristesse, de notre colère : on aurait un plexus solaire équilibré. Je vis l'émotion, je la reconnais, je la gère, je la digère, avec le circuit de digestion haute qui se trouve être composé des organes sous bonne garde du plexus solaire. Mais dit donc comme les choses sont bien faites !

Ce jaune ne vient plus suractiver le mental, et l'intuition peut se faire jour, par l'interaction de l'indigo et du violet, qui se relie au violet du chakra coronal et qui lui est en relation étroite avec le blanc de la lumière de la pleine conscience et la dévotion se fait à nous même dans l'union sacrée des deux chakras de la tête. Les deux symboles de géométrie sacré qui gèrent ces 2 chakras s'imbriquent l'un dans l'autre, et la forme de celui du plexus est l'un des composants de celui du coronal. C'est comme cela que l'alchimie se produit en transformant le plomb en or. La noirceur en lumière. Et le mental au lieu de nous faire peur, via le striatum, il va jouer son rôle de bibliothécaire et va vous trouver le meilleur mode d'emploi pour gérer la situation.

Chacun a un petit bout du puzzle, tout le monde à raison mais rien n'est vraiment complet pris séparément. Il y a quelques temps j'ai eu en session une entité qui vampirisait complètement le plexus solaire de la personne pour atteindre la 7ème dimension. Je lui ai fait ce petit pitch et je lui ai donc expliqué que la 7ème dimension ne s'accédait pas par le 3ème chakra mais bien par le 7ème

ce qui paraît logique au demeurant. Je lui ai donc proposé de le reconnecter à son 7ème chakra. Et de lui faire comprendre au passage qu'il était lui-même sous contrôle de quelqu'un qui lui coupait cet accès et que du coup il n'était pas libre de se connecter à cause de cela. Mon discours a été suffisamment cohérant pour qu'il accepte que je me connecte à lui pour regarder. Bingo et en le libérant lui, il n'a jamais été sous influence et n'a jamais cherché à récupérer les énergies par le jaune du plexus solaire de personne.

Les contrôlants sont contrôlés, tout est imbriqué, et comme on nous coupe du réel enseignement utile celui de l'énergétique libre hors matrice, que ces enseignements sont ésotériques donc réservés à une certaine élite et qu'on les accède que si on paye des fois des sommes exorbitantes, ou alors qu'on est adoubé dans la caste secrète. En plus quand on y a accès la plupart des enseignants ne sont pas pédagogues pour deux sous, comprendra qui pourra. Très peu de thérapeutes sont compétant dans la transmission de leur art. Je n'ai rencontré qu'un seul dans toutes les formations dont le but est que l'on se mette le plus rapidement à notre compte et qui pendant la formation nous aide à effacer les fichiers erronés pour que l'on se débarrasse de tous les stress qui nous frêne. J'ai adoré cette formation. Les autres sont pour la plupart très brouillons voir soporifiques, ou gardent une part de mystère pour garder le monopole.

Mais même celui qui cherchait à ce que l'on s'installe à notre compte en pré covid, envisageait de mettre en place un système à la Eric Pearl de contrôle annuel obligatoire. Et si nous ne pouvions pas venir, nous serions retirés du site. Le truc c'est que le fameux séminaire se trouvait être le week-end de la plus grande bourse aux minéraux de France, où nous faisons nos achats annuels. Même ça ce n'était pas une excuse valable, donc pour pouvoir continuer à avoir le Saint-Graal, nous devions nous passer de faire nos achats annuels pour notre boutique. Cela n'en finira donc jamais. Bon tout est passé à la trappe à cause de la crise sanitaire, tant mieux, après je n'ai jamais compté sur ça pour exister. Mais bon quoi faire ? Après, cela partait d'un bon sentiment, c'était pour nous enseigner les nouveautés de la méthode, mais sous une forme contrôlante.

Nous les humanoïdes terrestres qui passons dans l'énergétique, nous avons un gros travail à faire du point de vue de la libération des stéréotype capitalistes. Et si on y regarde bien de plus près, toutes ses techniques qu'ils veulent mettre sous cloche, sont toutes issues ou une amélioration ou un mélange de connaissances acquises par eux aux longs des années. Je ne condamne pas cela, je trouve très bien qu'ils aient réussi à intégrer tout un tas d'information et qu'ils les aient poussées plus loin, et mis un processus plus efficace en place. Mais qu'ils essaient après de nous empêcher de faire pareil est une hérésie totale pour moi.

C'est dans le domaine de l'énergétique que j'ai vu les egos les plus écœurants. Une fois invitée chez une amie pour un repas j'ai croisé la route d'un monsieur, celui-ci avait le pompon, il avait décroché la timbale, le cocotier, la totale. Il nous a répété pendant des heures : « Je suis la réincarnation de Ganesh, ni Dieu, ni maitre ne me contraignent, et en affaire j'ai fait plier les juifs ». Sur une dizaine de personnes, nous n'étions que trois à avoir le recul nécessaire pour ne pas rester béat devant lui. Alors déjà Ganesh, c'est Hercule, ou Héraclès, un demi Dieu, hybride entre les humains et les entités négatives contrôlantes qui ont violés les femelles de notre race à tour de bras et fait des bâtards. Et que ce personnage de notre mythologie était un gros lourdaud qui dû passer par 12 travaux, pour se sortir de sa condition humaine et prouver qu'il pouvait atteindre le Panthéon. Et il a surtout appris par l'échec. Je vous conseille « Les douze travaux d'Hercules » par Alice A Bailey.

Je n'avais pas encore toute cette connaissance mais cela sonnait tellement faut que je n'ai pas marché une seconde dans sa mythomanie galopante. Ce qu'il remarqua et me prit en grippe toute la journée, je n'ai pourtant fait que penser : « Ben voyons ! »
Mes chiffres fétiches étaient le 3, le 7 et le 21. Ce sont les chiffres du bouddhisme, le 3 fin de la dualité, le 7 l'univers, le 21 je n'en connais pas la signification profonde mais je sais qu'on le retrouve dans la position des perles sur un mala, et que 3x7 =21.
Il a harcelé la sœur de notre hôte toute la journée en lui affirmant que c'était la femme de sa vie et qu'elle devait sur le champ lâcher tout ce qu'elle faisait pour

le suivre chez lui. La pauvre ne savait plus où se mettre et se cachait dans la maison pour lui échapper.

Dans l'après-midi, il a sorti tout un tas de parfums, vous savez les copies que l'on trouve bon marché sur les foires. Il nous dit alors en grand seigneur de nous servir à volonté. Je décidais de tester le « à volonté ». Un pour moi, un pour mes sœurs, un pour untel, un pour unetelle, il grinçait des dents à chaque fois que je prenais un nouveau parfum, je décidais sans aucune arrière-pensée de m'arrêter à 7. Les autres du coup en prirent 2 ou 3 contre un au départ. Il rageait et me regardait de plus en plus mauvais tout en essayant de garder son calme pour continuer à charmer la donzelle.

Certains avant de prendre un parfum de plus s'enquièrent auprès de lui si cela ne le dérangeait pas, il répondit que non, il lui revenait à 3 euros donc pas de soucis…. Attendez, 3 euros pièce, multipliées par 7 cela faisait 21 ! lol j'aurais voulu le faire exprès je n'y serais pas arrivée. Ces chiffres fétiches il aurait du prendre cela pour un signe, lol.

La journée continua complètement obnubilée par ce personnage. Le lendemain, je recevais un appel de mon amie, s'excusant de la journée et craignant que je ne veuille plus la fréquenter après ce fiasco. Je lui répondais qu'au contraire j'avais adoré cette journée, et que j'y avais beaucoup appris. Et surtout je l'en remerciais grandement. Elle avait été consternée par l'attitude de ce personnage qu'elle n'avait pas vu depuis 2 ans. Je peux vous dire que celui-là n'est surement pas plus infesté qu'un autre mais qu'ils doivent se nourrir de l'orgueil sur lui et surement pas la culpabilité.

Cela m'a fait comprendre qu'il est très désagréable de subir l'ego démesuré de quelqu'un qui est en plus dans une croyance complétement erronée. Mais j'appris aussi dans d'autres circonstances que bien qu'on aite des choses intéressantes à dire et que les personnes en face de nous soient en demande, qu'il n'est pas nécessaire d'approfondir le sujet outre mesure. Car ils finissent toujours par se plaindre de mon excès de parole. J'ai appris à me taire, pas toujours facile.

Je décidais donc d'organiser des réunions : « Nous ne sommes pas fous » une fois par mois à l'époque, pour que les personnes viennent y parler de leurs aventures extraordinaires, sans peur du jugement de la folie. Je profitais de ces moments pour échanger sur mes connaissances de ces phénomènes, que j'avais déjà grandement visités. Mais difficile de ne pas tout dire par rapport au manque de temps que je ressentais. Je ressens d'ailleurs toujours ce manque de temps, avec l'accélération qui a été mise en place depuis plusieurs années par le système contrôlant, pour nous mettre dans une précipitation perpétuelle, pour générer du stress et empêcher la métabolisation de la victoire déjà efficiente dans des sphères plus subtiles. Nous enlevant du temps pour faire les choses essentielles nous obligeant à abandonner le non essentiel, pour eux. Le non essentiel étant tout ce qui n'est pas rentable pour eux.

Quand on voit comme moi les travers du système, qu'on a fini par force d'acharnement à en trouver l'origine, il est très mais alors très compliqué, voir même impossible de ne pas le dénoncer.

Voici quelques outils à leur disposition pour nous contrôler. Car le but est de trouver dans la masse de la plèbe, les personnes incrédules à mettre sous télécommande. Pour cela ils mettent les gens à bout, ou les déconnectent, supprimant ainsi toute capacité de discernement. Les entités s'en servent pour faire faire tout et n'importe quoi aux gens. Ils poussent les gens à abandonner leur existence ou à commettre les pires atrocités aux services du plan, tueries de masse, attentats en mode martyre de la cause, ou tout simplement abandonner leurs proches les persuadant qu'ils sont néfastes pour eux... les faisant souffrir émotionnellement jusqu'au moment où pour ne plus souffrir ils acceptent l'inacceptable. Promettant le paradis ou une vie meilleure, la prochaine fois, tout le tralala. Ces personnes, manquant de discernement, sont une vraie aubaine pour eux. Mais des fois la torture morale est telle que les gens perdent toutes capacités de réflexion et s'abandonne à eux juste pour avoir la paix, qu'ils n'auront jamais d'ailleurs.

Tous autant qu'ils sont s'ils y réfléchissaient 5 min, ils ne feraient jamais ce qu'ils font. Tout ne va pas toujours dans les extrêmes, mais combien de personnes estiment être des personnes bien, alors qu'ils pourrissent la vie des autres. Ghandi a dit : « Il n'y a pas pire voisin que le vertueux ». Ou encore une que j'adore qui n'est pas de Ghandi mais qui est tellement juste « L'enfer est pavé de bonnes intentions ». Certains zombis arrivent encore à me déstabiliser quelques minutes, tout au plus 1 heure et ensuite je me recentre et je repars de plus belle à la conquête de la vérité.

Quelques options à leur disposition...

L'éducation

Elle regroupe les influences du pays dans lequel vous avez grandi, sa religion principalement. Il y a aussi les sous influences dues aux régions et des fois aussi de la région ou du pays dans lequel vos parents ont grandi. Pour la France si vous êtes bretons, savoyards ou corses une forte énergie d'indépendance vous habitera, ou de forte soumission, car quand on a le recto, on a aussi le verso. En Belgique de la dualité...

En Morbihan, nous serions un des départements les plus vacciné de France. Mais déjà moi je ne suis pas référencée en Bretagne, ni Patrice. Et combien de personnes venant d'autres régions françaises ou ayant migrés ici ou ailleurs, ont fait les démarches administratives permettant de les référencer là où ils se trouvent vraiment maintenant.

Autre critère d'éducation, la catégorie socio professionnelle de vos parents : si vous venez d'une zup vous êtes systématiquement catalogués comme étant à multiples problèmes, même si ce n'est pas vrai. Je monte souvent à Paris pour le travail et me déplaçant en métro, je vois bien les clivages sociaux suivant les quartiers. J'ai eu la chance de vivre dans une région prospère économiquement, Haute Savoie. Mais mise dans une case qui ne m'a jamais convenue, les pauvres. Depuis mon enfance j'ai toujours refusé le jugement des autres, par rapport à l'argent, car plus les personnes en avaient plus ils étaient odieux avec moi. Ce 1er classement socio professionnel nous limite l'accès à certains jobs. Sans compter sur le pass Baccalauréat. Il faut avoir le BAC ! Comme si d'avoir un CAP ou un BEP ne suffisait pas, à être acceptable socialement, par les élites.

Il y a quelques années avant la crise covid, les commerçants passaient pour des nababs, depuis début 2020, on est classé dans les personnes à risque, toutes les portes se ferment. On n'est plus crédible financièrement. Impossible de passer par une agence, même avec des garants pour louer un logement. Après la crise du logement et complètement imbriqué dans le problème du financier.

La catégorie sociale professionnelle dans laquelle on te met : prédétermine ta capacité à gagner plus ou moins d'argent et à en dépenser, c'est ça le critère de notre société actuelle. Cela détermine le logement, le véhicule, les vêtements, les loisirs, etc... J'aime à dire que le niveau de base exigé pour être dans la norme est le Simpsonisme : marié, une maison à crédit, une voiture pourave à crédit, 3 enfants, le mari au travail, la femme à la maison. Le job est naze et ne suffit pas à pourvoir financièrement au minimum syndical des objets indispensables, listés et imposés par la société, pour une vie soi-disant harmonieuse et équilibrée. Laissant également dans l'incapacité de payer des études supérieures à leurs enfants. Des esclaves produisant de futurs esclaves. Ils n'ont jamais fait grandir les enfants dans cette série, mais que serait devenue Lisa en grandissant ? Dans leur stéréotype, mère au foyer...

J'ai été mise de force dans cette catégorie des travailleurs pauvres. Quand mon fils était au collège je suis allée à la rencontre parents professeurs (une seule fois pas deux), son professeur de technologie me dit alors : « Votre fils a du mal avec la manipulation de l'ordinateur, il faudrait lui laisser l'accès à celui de la maison pour qu'il progresse plus facilement. ». Je lui ai alors répondu : « Mais bien sûr monsieur, ce sera avec plaisir, vous m'en offrez un ! Parce que je n'en ai pas ! ». Il m'a regardé stupéfait, je n'avais pas d'ordinateur à la maison. Pour lui cela n'était même pas possible dans sa petite tête. Mon fils fait à l'heure actuelle des études pour devenir programmeur informatique. Il avait donc les capacités mais pas le bon professeur pour les faire émerger.

Mais pourquoi faut-il avoir un ordinateur, car c'est un des outils de la manipulation de masse. Et que donc dans le système de formatage on oblige les parents à avoir certains outils qui coutent très chère, sinon on n'est pas de bons parents. On ne donne pas toutes les chances à nos enfants de réussir leurs études. Pendant la pandémie les personnes ont dû travailler depuis chez eux en télétravail, en moins de 15 ans, nous nous retrouvons otages des outils modernes de communication. Nous nous retrouvons cloisonnés, tenus à distance les uns des autres grâce à la modernité. Et tout le monde trouve cela très pratique au final, déplorable pour moi. Et pourquoi avec la montée inexorable du prix de l'essence nous ne nous mettrions pas de nouveau au télétravail ? Pour leur faire voir que nous aussi on sait maitriser leur outil. Mais non là maintenant c'est interdit le télétravail.

Mes 3 enfants ont le BAC, deux n'avaient pour autant pas de métier avec leur BAC. Ma grande a dû passer un CAP pour avoir un métier, car elle voulait faire sage-femme, pour cela il faut aller se faire formater en 1ère année de médecine. Mais elle n'a pas réussi, car comme elle le dit souvent, « Maman pourquoi tu nous as fait avec un cerveau qui réfléchit ».

La dernière, elle a eu son BAC, dans un lycée privé sous contrat public, ça a été un peu dure de payer mais j'y suis quand même arrivée, heureusement que je n'étais plus seule, ce n'est même pas son père c'est son beau-père qui a payé. Ensuite elle a voulu faire une spécialisation en massages en école privé, elle a dû se la financer, nous avons fait ce que nous pouvions pour l'aider. En fin de compte certains métiers ne sont réellement accessibles qu'en privé pourtant ce ne sont pas des études hors du commun, l'esthétique.

En fin de ce cursus elle devait faire un stage, elle a manifesté son intention de le faire sur les bateaux de croisière. À l'école privée où elle était à Nice, ils ont tenté de l'en dissuader. Mais comme elle est au moins aussi têtue que sa mère, voire plus, elle y est arrivée. À titre personnel même si je savais que ce serait très dure pour elle, et que je n'étais pas d'accord, je l'ai laissé faire. Son 1er poste fut en Australie, elle a dû traverser toute la planète seule avec sa valise mais j'avais totalement confiance en elle. Elle a travaillé dans un SPA 4 étoiles à Monaco, son expérience et sa volonté ont été déterminantes pour l'obtention de ce job. Payée au salaire minimum, alors qu'elle faisait des soins à des prix indécents, dépassant la capacité financière du commun des mortels, elle en a démissionné. Faire un soin à 300 euros, pour une heure, pour quelqu'un qui la fait prendre par son chauffeur à l'institut, et être payée au salaire minimum de base, je la comprends, j'aurais fait pareil. J'ai démissionné de nombre de travail, car ils n'apportaient aucun intérêt, même pas financier.

Je me suis faite insulter, harceler, accuser à tort, j'ai fait le travail de 3 personnes, j'étais en dessous du smic alors que nous avions des horaires de présence obligatoire. J'ai dû me battre dans tous mes jobs, pour faire valoir mes droits, et à chaque fois c'était bien évidement direction la porte. Et les collègues qui n'avaient même pas levé le petit doigt pour me soutenir, concevraient leur job et bénéficiaient des avantages que j'avais fini par obtenir pour tous sauf pour moi.

Mes 3 enfants font leur choix en conscience, je me suis battue pour qu'ils puissent choisir. Ma grande déménage beaucoup par rapport au job de son mari, elle reconnait que cela a été une chance pour eux de grandir à Annecy. Elle a compris pourquoi, je me suis tant battue pour y être. Et dans un quartier sans risque pour eux, même si trop chère pour moi. Me mettant en difficulté financière consciemment pour les mettre hors de danger. J'aurais pu avoir une vie moins compliquée financièrement dans un autre logement moitié moins cher. Mais dans un quartier avec des dealeurs. Hors de question pour moi. Quand on n'a pas les moyens, on ne peut pas quitter sa condition et nos enfants sont soumis à la même sentence. Bon maintenant qu'elle a atteint un niveau de vie supérieur au mien elle pense que je suis jalouse d'elle mais bon à chacun sa vision des choses. Je ne suis jalouse de personne et je n'envie personne non plus chacun sa vie, le plus important c'est qu'ils soient heureux dans leurs choix.

J'avoue j'ai longtemps été jalouse de ceux qui avait les moyens d'avoir tout ce dont je manquais. Mais j'ai compris il y a bien longtemps que ces personnes ne sont pas toujours ni heureuses, ni satisfaites. Je ne juge pas les personnes en fonction de leur niveau d'éducation non plus, je juge les personnes en fonction de leur niveau d'action. Car on peut très bien avoir un niveau scolaire très élevé et être une personne odieuse, et inversement. Ce n'est pas ce que tu as appris qui fait de toi quelqu'un de bien, c'est ta capacité à en faire quelque chose, se reposer sur ses lauriers comme on me disait quand j'étais jeunes, n'a jamais fait avancer les choses. Je tiens également compte la capacité des gens à se respecter et à respecter l'autre. Ainsi que la positivité !

Mais trop souvent, même avec de fortes capacités, issus des esclaves, on reste esclave du système. J'ai poussé mes enfants à faire des choix conscients, et essayé de faire en sort qu'ils ne soient pas ostracisés avec moi. Et je pense malgré qu'ils m'en veuillent beaucoup, avoir réussi, ils sont encore jeunes, ils ont également le droit de se tromper. Cela m'a couté beaucoup d'énergie et de galères, sans aucuns regrets. Je n'ai jamais pu vivre une vie de Simpson, toujours cette pression pour dénoncer la fausse vérité qu'on vous infiltre depuis votre tendre enfance. Le 1+1=2, qui chez moi peut faire 5, moi plus mon 1er mari, et nos trois enfants, certains principes fondamentaux des mathématiques ne résistent pas à certaines choses de la vie.

Je n'ai pas toujours parlé comme cela quand j'étais totalement happée par le mirage, j'en ai eu beaucoup de regrets, mais maintenant du point de vue où je suis je n'en ai plus, car je sais que j'ai fait les bons choix. Certes il y a eu quels dérapages. Sans attendre des autres ma rédemption, j'ai avancé seule contre vents et marées. Pour moi, il m'a fallu attendre qu'ils ne soient plus à ma charge pour pouvoir mettre en place mes projets personnels. J'ai eu envie d'avoir des enfants dès mes 16 ans, je les ai eu, je les ai assumés, pas toujours facile mais je l'ai fait en râlant beaucoup, maintenant j'ai ma vie de thérapeute à vivre.

Nous ne sommes pas que ce que les autres veulent faire de nous par le formatage qui nous est imposé. Nous sommes ce que nous choisissons d'être. Mais une fois libérée, nous devons nous déformater et ce n'est pas le plus simple.

Tellement de personnes se contentent d'être ce qu'on leur impose d'être et oublient leurs projets et leurs rêves au profit du plan mondialiste global. Où ils n'ont tout simplement pas de rêves. Parce qu'on ne leur a pas appris à rêver. Se refermant sur eux-mêmes, hypnotisés derrière l'écran de leur smartphone, partageant des photos de leur assiette, de ce qu'ils sont en train de faire, comme s'ils mangeaient quelque chose d'extraordinaire. C'est vrai qu'on nous a bien fait comprendre que d'aller au restaurant n'est pas un droit mais un privilège. Les personnes se sont faits vacciner avec un produit expérimental, en renonçant à toute possibilité de recours en cas de problèmes de santé futur, pour continuer à pouvoir aller au restaurant et prendre en photo leur assiette. Et ils osent appeler cela une liberté.

Mon père m'a éduqué en me faisant réfléchir à la portée de mes actes, à leurs conséquences. Me freinant du coup à certains moments, car je prenais trop de paramètres en compte. La perfection était un frein, en étant vierge, le 2ème signe le plus perfectionniste du zodiac, après et capricorne. Ascendante scorpion, qui fait voir tous les défauts du système. Comment voulez-vous que je réussisse à me sentir satisfaite de moi et que je résiste à mettre un grand coup de pied dans la fourmilière. Rien n'était jamais assez parfait, cela a bouffé ma vie jusqu'à ce que je comprenne, il n'y a pas si longtemps que cela tout au plus quelques années, que tout était parfait. Et que les personnes ne font que subir les conséquences de leurs propres choix et surtout de leur non choix.

Quand on est conscient de la manipulation mentale de masse, qui conduit les personnes à commettre des actes inconsidérés pour accéder à des choses normalement inaliénables du quotidien, qui devrait faire parties des libertés de base, cela donne juste envie de pleurer. Mais nous ne pouvons pas sauver les personnes contre leur gré.

Il est très difficile de garder de la distance émotionnelle avec ces événements. Surtout vis-à-vis de nos proches. Nous passons pour des illuminés, parce que nous voyons autre chose qu'eux, c'est compliqué. J'ai longtemps été dans la colère par rapport à leur incapacité de comprendre ce qui pour moi était d'une évidence implacable. J'ai lutté pour ne pas les laisser sur le quai de la gare alors que moi je prenais le train de l'éveil. Mais comme ça a été le cas depuis ma petite enfance, je vais finir par accepter de les perdre au profit du plan, en espérant simplement que quand l'illusion s'effondrera je ne les aurais pas tous perdus. Même Patrice qui est une personne extraordinaire a fini par abandonner face au harcèlement moral et au stress du contexte économique, même si c'est très dur de l'accepter, je ne peux que continuer d'avancer, j'ai tenté de l'attendre et cela m'a détruit la santé. J'ai été très dure avec lui à certains moments car quand on voit le pot-en-ciel d'une personne on ne peut qu'avoir envie de le voir s'exprimer, et plus il y a de sentiments plus c'est difficile d'y renoncer. J'ai toujours été très dure avec les gens que j'aime car cela m'arrache le cœur de les voir renoncer, mais c'est leur choix.

Très difficile de se défaire des fausses informations dont on nous gave toute la journée dès notre naissance nous sommes conditionnés, puis dès 3 ans à l'école, puis au travail, espérant enfin pouvoir profiter un jour de pouvoir faire ce qu'on veut à notre retraite. Mais la ligne d'arrivée s'éloigne de plus en plus. On nous hypnotise devant nos écrans comme des papillons se scratchant sur les parebrises de nos voitures. On nous impose ce que l'on doit manger, boire, lire, dormir, acheter pour être un bon esclave dépensant 2 fois plus que la pauvre misère que l'on nous paie pour produire tout cela… Vous savez les canards à foie gras viennent volontairement se faire gaver, eux aussi.

Tellement fatigués, zombifiés, qu'on n'arrive plus à remettre aucune idée en question, juste capable de faire métro, boulot, dodo, surbookant les parents avec les activités extrascolaires des enfants, indispensables à leur bon équilibre. Nous imposant de leur payer tous les derniers accessoires à la mode. Et s'ils ne les ont pas, ils vont être harcelés et moqués et ce sera de notre faute. Et ils vont vous traiter de mauvais parents, si vous n'avez pas les moyens, ils vont vous accuser de maltraitance comme ma belle-fille quand elle a commencé à entendre le « non » sortir de la bouche de son père à 12 ans. Ils vont bientôt leur offrir un smartphone à la naissance en cadeau en échange de la vaccination suprême. Tout cela en vous faisant croire que c'est pour votre bien.

Ils ont même commencé à essayer de retirer des enfants à leurs parents parce que la naissance s'est faite à la maison, il faut qu'ils passent dans le système dès leur venue au monde. En 2022, en France sérieux, on a plus le droit d'accoucher à la maison ! Ils ont récupéré leurs enfants et ont été contraints de retirer tous ce qu'il y avait que les réseaux sociaux sur l'affaire. Et sous prétexte de sectarisme religieux extrémiste vous n'avez plus le droit non plus de leur faire l'école à la maison, vous devez les laisser dans la broyeuse à esprit libre.

En plus, tout est espionné, il faut les envoyer se faire formater dans un enseignement commun à tous de 3 à 15 ans, 12 ans de harcèlement pour soi-disant nous apprendre à lire, à écrire et à compter, et nous gaver d'une histoire trafiquée. Mais au passage ils calibrent la limite de nos pensées, ils nous obligent à ingurgiter tout un tas de principes archaïques, datant des concepts moyenâgeux, de l'annihilation du peuple par l'oligarchie des rois de droit divin soumis à l'autorité divine et conseillé par des cardinaux aussi pourrit qu'eux. L'état et la religion ont pris acte de leur séparation en 1907, nous n'avons donc à faire maintenant qu'aux oligarques égocentrés sur la taille de leur porte-monnaie, inversement proportionnel à celle de leur empathie. Ou directement proportionnel à leur obéissance au plan d'annihilation des masses. On vous impose quoi penser, quoi acheter, quoi vivre en fonction de la classe sociale dans laquelle les entités négatives contrôlantes vous ont obligé à vous incarner.

Comme je me documente beaucoup et que je suis beaucoup sur mes supports professionnels, je vois très bien leur schéma d'infiltration dans votre tête, j'ai fait un peu de programmation informatique ce qui aide aussi. Je fais une recherche sur mon ordinateur, souvent pour me documenter et non en vue d'acquérir l'objet, pouf je reçois la publicité qui correspond à ma recherche sur un jeu sur mon téléphone ou ma tablette. Alors que je bloque systématiquement les cookies. On vous conditionne par la répétition systématique à céder à vos envies.

Jusqu'à il y a encore quelques semaines j'avais un projet d'achat de maison pour m'installer définitivement en Bretagne. Je l'ai toujours mais il a pris un gros coup dans l'aile, mais j'en ai tellement parlé que les personnes ne comprennent pas que je puisse pour un temps y renoncer. J'en ai déjà eu une maison que je n'ai pas pu habiter, j'ai dû la revendre, cette frustration a été une grande souffrance, mais maintenant je me dis que j'aurais été enfermée dans cette foutue vie de Simpson et que c'est beaucoup mieux comme ça. C'était une maison en ossature bois sur pilotis, construite sur un terrain très en pente que personne ne voulait. Et mes voisins s'en sont pris à nous verbalement car les personnes qu'ils invitaient pour leur faire visiter leur propre maison, n'avait rien à cure ils regardaient la nôtre. Ils étaient en colère contre notre maison, contre nous aussi car elle attirait l'œil. J'ai vécu un enfer avec tout cela les personnes disant également dès sa construction que nous étions en difficulté financière et que nous l'avions mise en vente. Alors que c'était faux. Mais à force de maraboutage collectif c'est arrivé. Nous sommes mis en compétition dès la maternelle et n'en sortent qu'à notre mort. Incapable de se réjouir de la réussite des autres, toujours à regarder ce qu'on n'a pas au lieu d'apprécié ce qu'on a. et on devient méchant avec les autres qui sont enfermé dans la même illusion. Quand on comprend et qu'on sort de cela, c'est comme quand on arrête de fumer si on avait su on l'aurait fait avant. Mais voilà on le fait quand on en à la capacité.

Et que dire de l'autre éducation, celle qui détenait le pouvoir avec les rois.
On vous parle de Jésus, Dieu et toute la clique depuis que vous êtes bébé. On vous baptise pour enlever le péché de chair qu'on commit vos parents. Comme si avoir un enfant était péché mortel pour l'enfant. Le nombre de phrase incluant dieu est exponentiel dans notre langage, « Non de dieu, ce n'est pas dieu possible, que Dieu m'en soi témoin, adieu… » « God save the Queen ». Ils nous infiltrent jusqu'à la moelle, nous culpabilisant à mort et nous obligeant ainsi à attendre un sauveur extérieur qui ne viendra jamais.

Et les personnes pensent maintenant dans l'énergétique que quand ils parlent de leur part divine, ils sont irréligieux. Alors que même le mot âme est issue des religions. Personnellement je préfère le mot conscience. Ce dernier est plus proche de l'action réalisée en pleine conscience des choses. Prendre conscience des tenants et des aboutissants. Plus en relation également avec les études psychologiques sur le conscient et l'inconscient. Des actes commis avec notre pleine présence. Avec Patrice, nous avons éliminé de notre quotidien toutes les expressions contenant le mot Dieu, ça nous a pris plusieurs mois. Nous essayons d'être dans une neutralité d'expressions relative aux enseignements irréligieux que nous transmettons, hé bien même lui qui n'a jamais été sous ce formatage, pour avoir zappé le catéchisme dès le 2ème cours en utilisait beaucoup. Nous avons retiré tous les objets de culte ou se rapportant à un culte, quel qu'il soit dans notre boutique de minéraux. Les gens nous regardent bizarre quand ils nous demandent des anges et qu'on leur dit qu'on n'a rien se rapportant aux religions ! Mais ! bin si !

Définition, Divin : qui appartient à Dieu, aux dieux. Donc quand les personnes utilisent l'expression la part de divin en nous dans des techniques irréligieuses, elles pervertissent le chemin intérieur de l'énergie de leur propre conscience en lui en attribuant l'origine et donc l'existence. Je préfère pour dire ma part de lumière, ma conscience. Au pire mon moi supérieur… même s'il n'est pas supérieur juste sur d'autres vibrations d'autres fréquences.

Dans les enseignements que nous recevons à l'école, c'est la même chose, on nous apprend que les rois, sont des rois de droit divin. Que c'est donc la volonté de Dieu de les avoir mis là. Même des présidents, comme Georges Bush junior, ont revendiqué leur action comme une demande divine. La guerre du golfe comme une volonté de Dieu. Et combien de conflits dans l'histoire de l'humanité sont dus aux croyances religieuses. Même dans les subdivisions d'une même religion cela nous a provoqué nombre de guerre. Protestants contre catholiques, Écosse-Angleterre, je ne parle pas de rugby mais de la soumission d'un peuple à un autre et éradication de sa pratique religieuse. Les écossais procédant aux mariages dans le secret, se baptisant aussi dans le secret, conflit qui s'est reporté sur le continent américain, lors de la déclaration d'indépendance vis-à-vis de l'Angleterre, bataille toujours menée par les mêmes belligérants. Que dire également de la disparité entre les sépharades et les ashkénazes. Les conflits entre l'hindouisme et le sikhisme, qui lui-même est à mi-chemin de la religion musulmane. Et l'éradication pure et simple des 1ères nations lors de la découverte de nouvelles contrées par les européens. Non seulement toutes ces religions qui se battent les uns contre les autres laissant des millions de morts derrières elles comme pour la prise d'indépendance du Pakistan musulman et de l'inde en 1947. Mais ils arrivent à se mépriser et à s'entretuer dans des sous divisions d'une même croyance. Où est l'amour la tolérance et l'ouverture d'esprit de tous ?

Les éradications de masse des aborigènes australiens, relégués au rang d'animal, par les colons catholiques principalement hollandais, en vue de les spolier de leurs terres et de leur culture.

Quand nous sommes allés au Canada, nous avons visité une église que nous trouvions disproportionnée par rapport à la taille du village, bien que irréligieux tous les deux cela nous a intrigué nous sommes donc rentrés dedans. Une jeune étudiante blonde aux yeux bleus nous en a fait faire la visite. Elle nous a décrit les calvaires subis par les 8 martyres catholiques du Québec. Martyre : la mort, le tourment qu'un martyre endure pour sa religion, pour une cause. Je l'ai laissé finir et je lui ai alors posé une question : « Mais qu'ont-ils fait aux autochtones pour qu'ils leur fassent cela ? » la jeune fille m'a regardé et a répondu : « C'est vrai je ne me suis jamais posée la question en ce sens ! ».

On nous raconte et oblige à apprendre par cœur l'histoire du côté des vainqueurs, sans jamais voir l'autre côté. Et l'on justifie l'intervention des pays soi-disant civilisés contre les sauvages, qui osent se défendre de la conquête de leur propre territoire ancestral.

L'accès à la connaissance est limité pour le peuple, car la connaissance conduite à la libération de l'être. L'église à garder les enseignements ésotériques pour maintenir volontairement le peuple dans l'ignorance.

Maintenant quand on a accès à la vérité, on nous traite de complotistes. Et si à l'école, tu remets en question l'autorité parentale et scolaire, tu es considéré comme un cancre, perturbateur, incapable d'apprendre. Mais comment apprendre l'injustice comme quelque chose de normale et d'établie. On nous impose d'ingurgiter les protocoles de notre maintien en esclavagisme en nous disant que nous avons de la chance, notre condition s'est améliorée avec l'air industriel.

Il y a quelques temps une personne me demandait des preuves de ce que j'avançais et quand je les lui ai donnés, elle a répondu avoir la flemme de me lire. Et notre conversation a été retirée. La vérité dérange les esclaves.

Ils donnent l'éducation qui va exacerber la peur de l'autre, pour augmenter le racisme et l'antisémitisme de tout poil. Je me rappelle, il y a quelques années, de la tuerie de mars 2012, en France, toutes les pistes étaient envisagées, car les victimes étaient de confessions et origines diverses, jusqu'à l'assassinat d'un juif, qui fit basculer l'affaire sur une piste à connotation religieuse de l'acte, les deux musulmans précédemment tués n'ayant pas déclenché cette piste auparavant. C'était un acte terroriste, mais la mémoire collective mondiale interdit de penser du mal et de faire du mal aux juifs. Certains détournent, même maintenant, des propos anodins comme écrit contre eux. Aucun assassinat ne devrait être commis contre personne, et aucun meurtre n'est plus grave ou plus important qu'un autre une vie est une vie quel que soit la confession que vit la personne. Moi je suis souvent stigmatisée par les croyants car irréligieuse. Ils veulent à tout prix que je crois en quelque chose, maintenant je dis que je crois en moi et que c'est déjà pas mal. Aucune vie ne devrait être prise au nom d'une idéologie.

Pendant la crise sanitaire, nous avons versé au comble de l'absurdité, des infirmières ont été tuées parce qu'elles pouvaient éventuellement être porteuse du microbe. Et l'amener chez elles. Certaines ont été harcelées pour les faire déménager, ou leurs voitures ont été détériorées parce qu'elles se déplaçaient chez les personnes pour les soigner. Tout est bon pour nous monter les uns contre les autres. C'est devenu n'importe quoi.

*****

Nous avons avec la scission de l'état et l'église, depuis basculé dans un nouveau mode d'asservissement à l'autorité, non plus divine mais monétaire. Gouvernés par un banquier, qui obéit aux oligarques. Et on nous oblige à croire que c'est pour notre bien à tous. Il est où le bien dans ce que nous vivons actuellement ? Obligés comme le bétail de se faire vacciner pour accéder aux loisirs de base.

Pour pouvoir partir en vacances, ou tout simplement travailler. Et beaucoup ont acceptés à cause de l'égrégore de peur qu'ils ont mis en place grâce aux médias. Et nous inventes des trucs mais sérieux, la variole du singe, alors qu'il n'y a que 125 cas en France (juin 2022), principalement chez des hommes homosexuels à partenaires multiples, qui ont beaucoup voyagé et les personnes galopent. Ils vont nous faire suer pendant encore combien de temps avec ça ? Hé bien tant que cela marche.

C'est ça la manipulation mental, vous faire croire que vous êtes en insécurité permanente. Ils sont en train de limiter vos libertés par la peur, l'angoisse, le stress. Le pouvoir à basculer de clan.

L'information

La télévision, la radio, l'internet, les journaux, tout est parasité et parasitant. On le voit bien depuis le début de la crise du covid, les médias sont de plus en plus partiaux envers le pouvoir. Ils l'étaient déjà depuis bien longtemps, j'ai mis ma TV au placard il y a plusieurs années déjà, cela ne date pas d'hier. Cela fait des décennies que le travail de sape s'est mis en place. Cela fait des années que l'on nous dit quoi penser, quoi regarder, quoi faire, quoi acheter, quoi manger... que la boite magique est entrée dans chaque foyer, dans chaque pièce. J'adore dans retour vers le futur quand la grand-mère de Marty dit : « Non mais personne n'a deux télés il plaisante... »

Combien avez-vous de TV chez vous ? Avec de plus en plus de chaines d'infos et de plus en plus de publicités. Je n'avais pas regardé la TV depuis 2 ans, j'ai été choquée quand je l'ai revue. Les publicités plus souvent, plus longues, avant ils mettaient la pub à des moments de transition, maintenant elle démarre au milieu d'une phrase. Cela nous martèle, maintenant on vous vend des « trucs bons pour votre santé », vous pouvez continuer à venir chez nous. Du bio, du bon ! On dirait Skaar quand il demande de lui faire confiance.

Allez voir dans les rayons bio, 80% de féculents et de légumineuses par rapport aux légumes, du lactose dans tous les plats préparés, même dans les sauces tomates. Du sucre de partout, un rayon entier de vin, des tonnes de produits laitiers, aucun produit de substitution sans lait au rayon frais bio des supermarchés. Les galettes de riz, vous savez le polystyrène, le riz est une des céréales à plus fort taux glycémique, on en trouve maintenant au chocolat.

<u>Le marketing</u> : créer un besoin chez le consommateur afin de vendre un produit inutile ou mauvais. Tous ces produits ont besoin de publicité pour être vendu tellement ils sont nocifs ou inutiles.

Ils font des lois pour nous obliger à changer de voiture, interdisant le gasoil alors qu'il y a 20 ans c'était là solution pour remplacer l'essence. Et nous martèlent, quinze mille fois par jour que les hybrides sont la solution. Alors qu'on sait qu'il y a déjà pénurie de matière première pour produire les batteries et que leur recyclage est encore plus nocif que la pollution au diésel.
Il y a des moteurs non polluants mais tout est fait pour en retarder la production, ils veulent nous vendre une voiture neuve tous les 10 ans. Il s'en foute ou non que cela pollue, ils veulent qu'on change de voiture c'est tout. En nous interdisant l'accès aux technologie durable, cela faisait un petit moment que je me demandais quelle serait la remplaçante de la voiture électrique, il y a de forte chance que ce soit la voiture à hydrogène. Ils ne veulent pas d'un système durable, ils veulent un système rentable, dont l'obsolescence est déjà programmée.

On formate nos enfants dès leur plus tendre enfance à accepter ce système par l'éducation et la scolarité. On nous interdit de leur dire non. « Vous allez enfin pouvoir leur dire OUI (Disney) » mais oui à quoi ?

Le formatage par le bas, avec l'avènement de la téléréalité, incité par le quart d'heure de gloire suivant le concept d'Andy Warhol. Les personnes espérant passer à la télévision au moins une fois dans leur vie. Même les manifestants antisystèmes espèrent se voir le soir, via les manifestations anti pass sanitaire ou autre, ils scrutent BFM et autres chaines d'informations pour voir si on parle d'eux. Moi je rigole, sérieux, attendre des outils de propagande gouvernemental détournés pour nous annihiler, qu'ils fassent état de notre révolte. Vous avez le chakra du 3 œil encore plus altéré que je le pensais. J'étais sur des groupes pendant la virée des camionneurs canadiens et ensuite de celle des Français, c'était un échec assuré. Déjà ils ne montaient pas à Paris pour les bonnes raisons, et ensuite il y avait trop de colère, ça nourrit la matrice donc c'est mort. Et ensuite one ne fait pas quelque chose parce que les autres le font ou pour voir si on passe au journal tv du soir, on fait quelque chose parce ça vient de l'intérieur c'est un état d'être et ce n'est aucunement les manifestations qui fonctionneront c'est le boycotte.

Mon intolérance aux métaux lourds donc au fluor, m'a permis de rester objective et j'ai toujours eu un regard critique sur tout cela. J'ai été pourtant pendant 45 ans happée par le système. Car mise en difficulté financière par les blocages des entités. Quand on est un tant soit peu capable de faire du bien au autres et en qu'on a une très grande possibilité d'être hors système, on fait face à tout un tas de blocages énergétiques qui nous perdent dans les méandres bien ficelés des administrations et nous font perdre beaucoup, beaucoup, beaucoup de temps, d'énergie et nous mettent dans des états émotionnels débordants. Pour que le plexus déstabilise le 3ème œil. Et continuer à nourrir le plan malgré tout.

Tout est bien rodé, mais j'ai cherché, cherché sans cesse, sans relâche. Pour comprendre pourquoi ! Merci mon 3ème œil qui n'était jamais satisfait des réponses que l'on me donnait. J'ai ainsi constaté la dégradation de la qualité de l'information, je me suis ennuyée devant cette télévision qui tournait h 24. Essayant de regarder les programmes intéressants et en en trouvant de moins en moins. Jusqu'à ce que je finisse par la débrancher.

Je me sers des réseaux sociaux pour partager ma façon de penser, beaucoup de personnes me disent : « Je n'ai pas de F……k car c'est de la m..de. ». Moi je dis qu'il faut communiquer quel que soit le réseau et que les zombis y sont et qu'il faut aussi se servir de ces réseaux pour faire passer de bonnes choses. Pour que les personnes qui se réveillent nous trouvent. Même s'il y a une forte censure, ils n'aiment pas qu'on utilise leur outil de propagande pour informer. Il est important d'utiliser le système contre lui, il est indispensable d'en connaitre le fonctionnement pour le détourner. C'est de l'intérieur qu'on peut le faire chuter. Je peux communiquer avec le monde entier grâce à ces réseaux. J'adore discuter en direct avec mes clients qui vivent sur un autre continent. Je m'éclate total, et avec le confinement et le télétravail ils ont développé des nouveaux outils de communication à distance qui facilite mon travail.

Construire un système de communication autonome et indépendant nous demanderait des moyens que nous n'avons pas. Il faut donc infiltrer et polluer positivement ceux qui existent. Mettre en évidence les incohérences, que les personnes constatent la censure. Nous avons quitté la ville pour la campagne, juste avant la crise sanitaire et nous en sommes très contents. Nous avons quitté le système, mais ne sommes pas encore autonome, mais c'est notre but et nous y arriverons. Le nous n'existe plus mais je continue à nourrir l'idée de la pleine autonomie dans le système.

Les films, les séries, beaucoup, nous préparent à cette annihilation. Nous conditionnant à accepter l'inacceptable, la science-fiction au bout d'un certain temps devenant réalité. Je vous rappelle que j'ai accepté mes capacités comme normales, car j'avais vu l'émission « Mystères ». En l'occurrence ce fut bénéfique 10% de vérité au milieu de 90% de mensonge. Actuellement c'est 99,99% de mensonges. Quand je suis en exposition et que les gens me demandent quelque chose pour calmer les angoisses, je demande si les gens regardent souvent les infos, et la réponse et oui à 90%. C'est anxiogène.

Même dans les récompenses au cinéma en 2009 le film « Avatar » n'a reçu aucunes récompenses, c'est le film « Démineurs » de son ex-femme qui a tout raflé. Dans « Avatar », un soldat remet en question l'autorité pour libérer un peuple indigène de l'oppression capitaliste, en vue d'extraction d'un minerai rare et hors de prix. Contre un film qui valorise le patriotisme et l'obéissance au système annihilateur. Vous comprenez ou pas ?

Et c'est comme cela pour tellement de choses. Quand je suis sorti du film « Matrix », la question a été : « Et moi, je suis dedans ou en dehors de la matrice ? », malheureusement je suis dedans, nous sommes tous dedans. Et tant que je serais incarnée sur terre, je serais dedans. Même si je suis le chien dans le jeu de quille, je suis incarné dedans. On peut marcher à contre-courant dans la matrice, on peut altérer la réalité de la matrice. Cela demande de la détermination et de l'objectivité et de choisir quelle idée, quelle réalité on veut alimenter énergétiquement parlant.

*****

Je ne vote plus depuis 2012. Pourquoi, parce que je refuse d'alimenter énergétiquement ce système. En France, on vote sur papier et l'on connait le résultat de l'élection à 20h pile, le jour même. Aux États-Unis, ils votent électroniquement et il leur faut pourtant 3 mois pour donner un résultat fiable. Il n'y a rien qui vous choque ? L'un comme l'autre, sont de toute façon truqués. On est en train de passer au vote électronique avec beaucoup de scepticisme pour certains, mais la plupart pensent que maintenant le vote va être plus juste, laissez-moi rire.

Il y avait encore des publications sur Facebook qui disent que Trump aurait gagné les élections, 9 mois après sa non réélection. Ils disent que Trump est le sauveur, certes il n'a pas déclenché de guerre pendant tout son mandat. Mais il est comme les autres, ils l'ont éjecté parce qu'il voulait tout diriger mais ce n'est pas aux États-Unis de tout régenter, ni à l'Europe d'ailleurs, c'est au peuple. Les USA sont un groupement d'état, alors que l'Europe est un groupement de nations, et que son histoire est beaucoup plus ancienne pas plus intelligente pour autant. La France a une grande importance dans le système mondiale. Nous sommes à l'origine de beaucoup de découverte scientifique. Cela a son importance, c'est principalement de la France qu'émane les idées, nous avons à notre actif un nombre incalculables de découvertes et d'inventions, nous sommes à l'origine de la déclaration universelle des droits de l'homme et c'est en libérant la France qu'on a mis fin à la 2ème guerre mondiale. La révolution française a failli faire chuter la royauté européenne dans sa totalité. Les 1ères villes éclairées, les vaccins(pardon personne n'est parfait, à l'origine cela avait une réelle intention de protéger l'autre), le cinéma... maintenant nos scientifiques s'expatrient dans des pays plus libéralistes, et allouant de meilleurs budgets.

Il y a une énergie particulière en France qui aide à la matérialisation du plan et tous les grands conquérants ont essayés de l'envahir. Mais personne n'y est arrivé, les gaulois ont une force particulière, dans les deux sens, c'est aussi pour cela que les obligations vaccinales sont plus fortes chez nous, que le peuple français est autant sous pression, parce que si nous arrivons à faire échouer un plan au niveau français, il échouera de partout. C'est un territoire plein d'espoir et de renouveau, nous avons été à l'origine de tellement de bonnes choses. On nous limite de plus en plus nos libertés car cela peu très mal tourner pour leur plan de contrôle.

Beaucoup me disent que c'est un devoir de voter que des personnes sont mortes pour acquérir ce droit. Moi je pense que plus nous serons nombreux à ne plus y aller, moins ils seront crédibles et moins ils auront notre énergie pour nourrir leur plan. Pour les législatives 2022, que 3 députés élus directement au 1er tour, pourtant beaucoup ont eu plus de 50 % des votes, mais ils doivent aussi avoir un minimum de 25% des inscrits pour passer direct. À un moment pour retrouver leur crédibilité, il faudra qu'ils rendent le vote obligatoire. Comme en Belgique et cela a pris des mois pour reformer un gouvernement car ils n'arrivaient pas à obtenir la majorité. Car 50.1% de 25% de la population ayant voté ne donne pas la majorité, cela donne 12.75% de la population totale, en âge de voter. C'est ce qui se passe en ce moment. Bien qu'ayant eu plus de 50% de suffrages exprimés ils n'ont pas obtenu les 25% de inscrits.

Mais en plus ils s'en moquent de ce que vous avez mis dans l'enveloppe car ils mettent à la tête du pays celui qu'ils ont sponsorisé via les sondages, même si ce n'est pas pour lui que vous avez voté. Et pour vous obliger à accepter celui qu'ils ont choisi. Ils vous mettent en face au second tour le spectre de l'extrême droite et réactivent ainsi votre peur d'une nouvelle guerre mondiale. Et en exacerbant un conflit qu'ils vont nommer guerre, 3 mois avant les élections cela ancre encore plus la peur. Alors que cela fait 8 ans qu'il y a des affrontements dans ce secteur. Tout cela pour vous obliger à donner votre énergie à la personne qu'ils ont choisi, voter pour celui qu'ils veulent, comme pour Chirac qui a obtenu 82.21% des voix avec une participation à 79.71% des votants. Alors qu'il n'avait eu que 19% des suffrages au 1er tour, il y a donc 60% de personnes qui ont changé d'avis juste par peur. Les 79.71 % des votants ont cédé leur pouvoir décisionnaire à cet homme et à ceux à qui il obéit. Là ils n'ont pas pu mettre un tel score car il avait déjà très mauvaise presse, ils ont mis des chiffres acceptables.

Ces personnes élues sont volontairement ou involontairement aux services des entités qui se nourrissent sur nous et sur eux. Le système de contrôle à leur niveau est bien au-delà de votre compréhension. Ils ont renoncé à leur libre arbitre, ils ont tellement été formaté qu'ils ont abandonné leur corps aux entités négatives contrôlantes. Des pantins et des marionnettes qui leurs obéissent au doigt et à l'œil pour faire passer les lois et les infos qui vont nous maintenir sous pression et nourrir le plan d'annihilation. Ils sont bien souvent formatés depuis l'enfance. Choisit dans des castes prédestinées à l'obéissance totale. Et en votant pour eux vous donnez aussi votre énergie aux entités négatives contrôlantes qui les tiennent sous leur emprise. C'est comme un pacte, un accord, vous cédez votre liberté et vos convictions, à ceux qui les tiennent déjà.

Et tous ceux qui travaillent pour eux sont choisis par leur génétique et leur capacité d'obéissance. Ils sont choisis parce qu'ils ne remettent pas en question le système. Les plus formatables, les plus malléables, les plus contrôlables, sont mis aux postes les plus importants. Ils ne sont pas choisis pour leur capacité de réflexion, mais pour leur propension à subir un formatage et à ne pas réfléchir par eux même, juste à obéir, ne jamais remettre en cause le plan, les ordres, mais juste à l'appliquer. Plus le niveau d'étude est élevé, plus on est facilement manipulable.

Ce constat a déjà été fait au niveau des sectes, beaucoup de personnes avec un niveau d'étude élevé tombent sous leur coupe. Ils ont besoin de leur argent, les pauvres ne sont pas rentables, tout au plus des esclaves sexuels.

C'est également comme cela qu'ils font pour les attentats, les tueries de masse. Les guerres et les assassinats ciblés. Je sais qu'en écrivant ces mots je mets ma vie en danger. Pour certains je vais passer pour une folle de complotiste et pour d'autres je vais devenir une cible à abattre. C'est pour cela que je vis très simplement, le plus hors système possible. Mais je sais qu'ils peuvent m'effacer.

Les terroristes sont recrutés parmi les extrémistes intégristes et soumis à la même torture mentale de la part des entités, ils exacerbent leur haine, leur colère leur souffrance jusqu'à ce qu'il renonce à une vie normale, et laisser la place au control mental et agir uniquement dans le but de favoriser le plan. Et ils sont sacrifiés ensuite. Ils ne peuvent pas survivre à l'acte car le choc émotionnel de la réalité de l'acte commis pourrait les réveiller et mettre au jour le contrôle mental.

Certains soldats sont également soumis à ce traitement. En cession d'exploration, je me suis retrouvée projetée dans l'esprit d'un militaire américain sur le terrain des opérations. Un sniper qui a abattu un civil, un homme, qui était dans la rue avec sa femme et ses deux enfants. On lui a dit de faire feu sur l'homme, il a fait feu sur l'homme, zéro émotion, zéro réflexion. Et dans la seconde qui a suivi, je l'ai entendu dire : « Next ! », « Suivant ! ». Des meurtres de sang-froid (j'ai eu la définition de ce mot ce jour-là) sans aucune autre motivation que d'exacerber les conflits locaux. Et la base d'où opérait les belligérants, militaires et entités se trouvait en Europe. Et le terrain des opérations était au moyen orient.

Dans certaines émissions et certains films, il y a la vérité, toujours les fameux 10%. Heureusement que tout le monde n'est pas manipulable, il reste toujours une petite quantité de personnes qui sont hors système, qui ne se laissent pas duper, mais quand ils l'ouvrent on ne les voit plus. Il suffit de se renseigner pour trouver l'info, mais vous ne l'entendrez jamais sur BFM. Les journalistes les plus crédules et qui sont totalement intégrés au système arrivent même à tenir tête aux médecins et aux avocats dénonçant la supercherie. Les journalistes arrivent à accuser les médecins ou avocats de mentir quand ils n'abondent pas dans leur sens. Dans le sens de ce qu'ils reçoivent comme information de l'AFP, leur coupant la parole et essayant désespérément de les faire taire. Alors qu'ils n'ont aucune compétence en la matière, ils jugent pourtant le discours du spécialiste en face d'eux faux et indigne d'être énoncé. J'ai eu une discussion sur le sujet des angoisses avec une cliente de 92 ans, je lui ai demandé si elle regardait beaucoup la tv elle m'a dit que oui en permanence et que cela la stressait beaucoup et que cela l'énervait mais qu'elle ne pouvait pas s'en passer. Son striatum a pris le dessus vu que c'est lui qui gèrent les addictions ainsi que la qualité de l'information, et comme cela en plus nourrit les entités elle est dans un engrenage stressant et énergivore.

L'AFP crée en 1835, qui sélectionne et distribue les infos pour les agences de presses et à la tv, est financée par l'état et les recettes commerciales. Cette agence est chargée de collecter, vérifier et diffuser une information neutre, fiable et utilisable par tous types de médias. Du coup, toutes les agences de presse reçoivent toutes les mêmes informations par dépêches en même temps, si vous aviez la capacité de voir tous les journaux en même temps, ils disent tous la même chose le même jour, tout est uniformisé, plus rien n'est objectif. Un organisme rémunéré par l'état qui est chargé de traiter ce qui va être diffusé ou pas ! Vous voyez le truc ou pas ?

Quand les personnes se réveillent, ils sont en colère, cette colère continue à alimenter le plan d'annihilation. C'est pour ça que les manifestations des gilets jaunes ont foiré, parce que l'énergie était trop négative. Il faut mettre des solutions pacifiques en place, ne pas leur laisser l'opportunité de se nourrir de notre réveil. Mais comme les personnes continuent à alimenter les manifestations avec la colère, certes un peu plus canalisée, la fréquence énergétique de la révolte des manifestations nourrit encore le plan, malgré une amélioration rien ne change. Les manifestations parisiennes ont même été réappropriées par les politiques et servaient de meeting aux candidats. Ils manifestent toutes les semaines et rien ne changent car ils nourrissent un autre pion du même système. L'un d'eux est l'ancien chargé de relation d'un des groupe politique extrémiste de notre pays. Il sait quoi dire et quoi faire pour hypnotiser les masses, et même s'il venait à se présenter il ne serait qu'un point sacrifiable sur l'échiquier.

Ce sont nos émotions qui nourrissent l'égrégore actuel, et le nourrir de colère contre la politique actuelle ne fait que le renforcer, tous vos posts sur FB ou autre réseaux sociaux qui critiquent le système en place ne fera que le renforcer. Toutes les caricatures, les méchancetés sur ses préférences sexuelles ou son « mauvais » travail nourrit le plan que vous cherchez à faire chuter. Ils le savent et du coup se foutent bien de tout ce que vous mettez tant que vous parlez d'eux vous les alimentez. Ils savent comment cela marche et cela le arrange, il faut arriver à s'en détacher et créer un monde sans eux, ne jamais rien dire de négatif sur eux, et même si possible avoir beaucoup de compassion pour eux car ils ne sont nullement maître de leur vie. Donc pour nourrir un égrégore de renouveau alimentez le avec une énergie positive, avec de la joie, de la liberté, de la vie harmonieuse dans le partage et la convivialité, de la solidarité. Visualisez le monde idéal dans lequel vous aimeriez vivre au lieu de critiquer et d'attendre que cela change juste parce que vous manifestez votre mécontentement. Car plus vous allez être critique vis-à-vis du système plus vous vous retrancherez sur votre colère et votre propre vision étriquée et non solidaire plus vous allez créer une réalité où vous-même un jour vous allez être exclus et vous retrouverez là où ils veulent vous emmener. Il serait bien de ne pas donner votre énergie et votre pouvoir décisionnaire au 1er venu parce qu'il dit ce que vous avez envie d'entendre. Utilisez votre pouvoir créateur pour alimenter une existence sereine et solidaire, où chacun prend acte de ses propres responsabilités par rapport à la qualité des pensées et des actes qu'il commet.

J'utilise souvent l'humour pour faire passer la vérité, qui pourtant n'est pas très joyeuse, car cela fait remonter les fréquences. Et il n'est pas facile de parler de ce sujet en restant positif. Je sais que l'effet d'annonce va créer de la peur, de l'angoisse, du stress. Il faut donc toujours rester positifs, optimistes, joyeux, car les entités n'aiment pas cela, ce sont des fréquences hautes. C'est pour cela que les médias nous abreuvent d'informations négatives… ce sont des énergies basses, qui facilitent le travail des entités contrôlantes. Après il est vrai que je n'ai jamais ressenti cet effet de stupeur, et de peur, car je sais qu'ils ne peuvent me faire que ce que je les autorise à faire et je ne leur autorise rien.

*****

Toute cette information nauséabonde est en plus transmise maintenant par des ondes qui nous altèrent également physiquement nos capacités cognitives et énergétiques, la TV, les téléphones, les ordinateurs sont tous reliés par le wifi, la 4G et la 5G. Patrice aime à dire tu mettras toujours 1h30 à regarder un film que tu auras téléchargé en 1 min, au lieu de 30 min.

Ces ondes altèrent nos capacités énergétiques et notre capacité de réflexion toujours les mêmes, certaines sont là juste pour altérer nos capacités télépathiques. Nous sommes tous télépathes, nous avons tous la capacité de communiquer sans ces appareils. C'est comme cela que les entités vous harcèlent le plus. C'est par notre capacité de télépathe, qu'ils nous saturent d'informations stressantes, pour que nous ne puissions pas capter les bonnes informations. Car elles sont, là aussi, accessibles à tous. Ils font cela pour suractiver du mental en mode survit et rumination, par pédalage dans le vide sur de faux problèmes, enfermés dans un temps qui s'accélère, et qui nous laisse en perpétuelle course après le manque de temps. Quand je suis arrivée à Lyon j'ai vu les gens courir dans le métro, j'ai halluciné, je me suis dit jamais je ne courrais jamais dans le métro il y en a un toutes les 2 mn. Hé bien un jour, j'ai percuté que je courrais comme tout le monde, et je me suis arrêtée immédiatement de courir, et celui derrière moi m'a percuté, car je me suis carrément arrêté là, stupéfaite par moi-même. Et je n'ai plus jamais couru dans le métro. Nous sommes des moutons de panurges qui sautent alors qu'il n'y a plus d'obstacle.

Il n'y a pas eu de crise économique en 2008, c'est une façon de nous obliger à accepter la réduction de nos acquis sociaux, d'être content de trouver un travail sous payé, nous acceptons ainsi l'inacceptable. Des économistes me diront le contraire, tous les critères étaient là. Ce qu'il faut regarder, est-ce que les riches ont gagné moins, non, donc pas de crise, ils ont coupé le robinet d'alimentation aux pauvres c'est différent, fausse crise.

*****

C'est pareil pour nos systèmes immunitaires, ils communiquent tous entre eux, c'est pour cela qu'ils nous ont confinés. Des personnes ont des systèmes immunitaires forts qui ont résisté au virus, il y en a toujours, moi la 1ère je l'ai eu début février 2020, en 10 jours, fini et pas de fatigue résiduelle, pourtant je suis sensée être dans une catégorie de personne à fort risque. Enfin si j'ai eu une très grosse chute énergétique, mais comme cette semaine-là ma fille était en formation « Méthode JMV® », je les ai rejoints pour me faire faire une séance et tout s'est ensuite bien passé. En 24h tout est redevenu normal, une séance à suffit à stopper les effets secondaires.

Nous nous transmettons l'information les uns aux autres via les corps énergétiques de chacun. Ils ont également interdit les médicaments efficaces et laissé les personnes sans soins seuls chez eux, n'arrivant alors dans les services hospitaliers quand l'état était critique et bien souvent c'était trop tard. Pour créer une forte morbidité, pour nous imposer les confinements, puis le vaccin. Ils ont fait en sorte que l'information énergétique de guérison véhiculée par les systèmes immunitaires sain et ayant résistés ne circule pas. Car ils voulaient un maximum de morts pour valider la suite du plan. Les pays qui n'ont pas confinés ont eu moins de cas et moins de morts, en voilà l'explication. Par contre après vaccination, ils ont eu plein de cas, étrange non !

Tout ceci avec un harcèlement médiatique, pour nous faire accepter l'inacceptable, une des techniques de manipulation mentale est l'infantilisation. Nous parler comme à des demeurés et nous faire croire qu'on est incapable de décider par nous même ce qui est bon pour nous. Les vaccins ne sont pas expérimentaux, ils existent depuis plus de 10 ans, ils les font passer pour expérimentaux, parce qu'ils en connaissent les effets secondaires, mais qu'ils ne veulent que personne ne puisse se retourner contre eux quand ça va virer au cauchemar. Mais comme s-les gens meurent de tout autre chose de de maladie diverses et variées c'est encore compliqué, mais l'information émerge (2023, on peut aussi travailler sur les effets secondaires des vaccins de tous les vaccins avec La méthode JMV ®).

En session, nous avons eu l'information de la part d'entités qui travaillent avec les laboratoires pharmaceutiques. Les entités nous ont dit, qu'ils n'arrivaient plus à nous altérer suffisamment par la nourriture, car les goûts internationaux étaient trop différents, pour pouvoir calibrer uniformément et altérer plus notre santé sans que cela soit trop évident. Qu'il leur fallait un moyen d'atteindre le plus de population possible, dans le monde entier par le même processus : « Un vaccin » (automne 2020). Tous ces systèmes sont interdépendants et interpénétrez les uns par les autres, géré par les mêmes entités contrôlantes. Tous complémentaires et orientés dans le même but, garder le maximum d'humains en esclavagisme énergétique. Et l'information est une arme. Il l'a dit nous sommes en guerre, mot utiliser pour réactiver en nous les mémoires cellulaires des périodes de guerres transmissent par nos ancêtres. Et qui justifie ensuite les restrictions et les limitations de mouvement les pass et les contrôles d'identité et d'autorisation de sortie comme quand il fallait passer en zone libre pendant les guerres mondiales, mettre également un couvre-feu.

*****

Ils ont procédé de la même manière pour justifier la guerre du golfe en Irak, les États-Unis ont mis Saddam Hussein au pouvoir, ils ont exacerbé les conflits dans le Golfe et l'ont laissé ou l'ont poussé à prendre les mauvaises décisions, ils ont créé des vagues d'attentat sur le territoire américain, et tout le monde a trouvé cela normal d'aller faire la guerre du Golfe. Et tout le monde a sauté à pieds joints dans le piège. Et les médias ont relayé l'information pour servir le plan. Pour la grande majorité ils n'en ont pas conscience. Les journalistes sont également pris dans l'illusion. En fait il fallait aller récupérer des artéfacts dans des sites de fouilles sans avoir à justifier de laisser passer, pour pas que l'information fuite. On braque les projecteurs à droite pendant qu'on pille à gauche.

Quand nous procédons à une séance, dans l'espace ésotérique du client, nous avons souvent 2 ou 3, voir 4 couches de commandement, dans les entités qui l'interfèrent. Et certains ne savent même pas qu'ils ont un chef au-dessus d'eux et sont très surpris, quand la conscience du client demande à parler au chef de trucmuche, et qu'une entité souvent très contrariée arrive. Trucmuche ne savait même pas qu'il avait un chef, il en prend conscience pendant la séance, et du coup il est très contrarié aussi. Et quand il n'y a personne au-dessus, il y a du monde dedans. Ce schéma se répète à l'infini, ils sont eux-mêmes sous contrôle d'autres entités dans leur propre espace énergétique.

Il nous arrive de reconnecter les entités à leur propre conscience pendant une session. Dernièrement nous avons nettoyé uniquement le plan ésotérique matière de l'entité que nous allons nommer « Ornia » type reptiloïde, ne faisant pas le subliminal. Nous avons fait en sorte en cela que Ornia n'interfère plus la cliente, et revienne à de meilleures dispositions.

Nous finissons la session, je fais ma petite pause technique et je me sens suivie, par Ornia, je reconnais sa fréquence. Je rappelle immédiatement mon opérateur pour vérification, nous avons peut-être mal fait notre travail et avons été interférées, fort peu de chance que ce soit cela nos protocoles sont très précis, mais je préfère vérifier. C'est une technique très précise, il n'est pas question de la pratiquer sans une formation, adéquate, j'ai suivi Nathalie pendant 3 ans, et j'ai fait les 2 niveaux de formation de Calogero Grifasi, et cela fait 30 ans que je gravite et apprend comment fonctionne l'humain terrestre et les mondes de l'énergétique, j'ai une bonne maitrise de mon propre espace énergétique. Je ne suis plus leurrée par les belles histoires de la matrice, et surtout et avant tout je vérifie tout, tout le temps. Aucune place pour le doute dans notre pratique. Nous y allons, nous retombons bien sur Ornia qui n'était pas dans notre espace, qui est en extérieur, qui ne cherche pas à rentrer mais plutôt à comprendre. Il ne savait pas pourquoi il était là, mais il savait que nous pouvions l'aider à comprendre ce qui se passait.

Donc comme nous avions déjà nettoyé l'ésotérique matière nous passons au subliminal, et là nous tombons sur les entités qui interfèrent Ornia depuis ce plan et qui cherchaient à comprendre ce qui vient de se passer et qui ont maintenu l'entité proche de moi pour savoir pourquoi Ornia n'était plus interféré dans la matière et qu'il avait donc perdu toute possibilité immédiate de l'influencer. La conscience d'Ornia a bien compris le système donc accepte de faire le travail pour se débarrasser d'eux.

Les entités cherchent à comprendre pourquoi ils perdent autant de monde, mais comme on fait en sorte que l'interférence n'aie jamais existé, une fois le travail terminé, ils ne peuvent se rappeler de rien.

En nettoyant une entité qui avait emprisonné un milliard d'âmes pendant une session, dans une prison gardée par des androïdes, nous avons fait en sorte que ni la prison, ni les androïdes n'est jamais existé sur ce plan. Il y a donc 1 milliard d'âmes qui ont été libérées de cette emprise là ce jour-là. J'adore ce travail.

Il est compliqué de parler de tout cela sur les réseaux classiques de base, vous trouverez sur internet des podcasts de Nathalie, des vidéos de Calogero Grifasi, si vous cherchez vous trouverez de quoi vous former sur les mondes de l'ésotérique. Moi je ne suis là que pour vous informer que cela existe et vous relater mon expérience par rapport à ce phénomène. Ici je prends le parti d'informer et à vous de vous renseigner ensuite du process à suivre. De planter une graine qui vous poussera à vérifier ce qui se passe dans votre espace énergétique.

Les systèmes d'information de masse sont au service du plan, et calibré pour créer une dépendance via le striatum. Le houlalaïsme crée un appel à revenir en permanence sur ce type d'informations catastrophiques, nous nourrissant de stress, d'angoisses et de peurs, créant une dépendance médiatique. Et montant en épingles des faits anodin, en catastrophe mondiale, détournant notre attention des vraies catastrophes, n'en faisant aucune mention, le film « Don't look up » est une merveilleuse parodie de notre réalité, nous sommes restés très dubitatifs avec Patrice de ce film, qui reflète tellement ce que nous nous voyons et vivons chaque jour, sur bien d'autres sujets qu'un éventuel météore tueur de planète. Nous sommes comme Léonardo DiCaprio et Jenifer Lawrence complètement abasourdi par l'attitude des autres personnes. J'adore le pétage de plomb de Jenifer à la TV, j'ai tellement vécu cela pendant des années à essayer de prévenir les personnes et qu'eux me regardent comme une folle hystérique. J'ai vécu des années de souffrance morale dans cette colère qui m'a dévoré de l'intérieure.

Apprenez à regarder ailleurs qu'où les médias veulent vous obliger à regarder. C'est le principe du pickpocket, un vous demande sa route, pendant que l'autre vous vide les poches. Suite aux événements tragiques, regardez quelles lois sont promulguées, comment sous prétexte de vous protéger, ils limitent vos libertés fondamentales.

Sous prétexte de bien vérifier l'identité des terroristes, les passeports biométriques, pour avoir les empreintes de tout le monde.

Sécurisez votre téléphone avec votre scan de visage et votre bobinette est dans toutes les bases de données de la planète, les écrans publicitaires vous reconnaitront et vous mettront ce qu'ils veulent que vous achetiez, en fonction de votre âge, de votre sexe et de votre catégorie sociale.

À madame de 50 ans, proposons-lui une réduction pour les protections de fuites urinaires. Votre voiture a plus de 10 ans, une publicité pour en changer, en surpoids, une publicité pour des produits de régimes. Enfin pour le dernier ils n'ont même pas besoin de me solliciter par le système contrôlant, car les esclaves sont tellement bien calibrés, que je reçois plusieurs fois par mois des demandes d'ami sur FB de personnes qui proposent des produits amaigrissants. J'ai envie de vomir, les biens pensants qui estiment que vous devriez perdre du poids, pour votre bien… mais allez tous vous faire foutre, oui vous avez bien lu, je suis complètement écœurée par ce genre de pratique. Les personnes sont d'une ingérence extraordinaire, sous couvert de leur envie d'aider l'autre, ces personnes ne se rendent même pas compte qu'elles sont désobligeantes. Qu'elles nous insultent conditionnés qu'elles sont par les stéréotypes d'une société malade, où tout le monde voudrait qu'on soit des gazelles. Je suis et je revendique d'être un hippopotame ou une baleine, et arrêtez de juger les gens à leur apparence physique, est-ce que vous jugez le cadeau que l'on vous fait à l'emballage ? Malheureusement pour certain oui ! et quand on leur dit que ce n'est pas l'apparence physique qui compte le plus, que c'est l'être, ils nous répondent souvent que c'est parce qu'on est comme ça qu'on dit ça, que c'est pour les obliger à nous accepter comme on est, alors qu'eux savent dans leur for intérieur qu'on ne peut pas être bien dans un tel corps. Eh bien si, on peut ! Moi mon bien être ne dépend pas de mon poids il dépend de ma volonté.

*****

Mais cela va plus loin, vous aurez juste à regarder la petite caméra du distributeur pour payer votre snack, parce que les références de votre carte bleue sont aussi dans votre téléphone, et tout est centralisé. Vous me direz pratique. Vous trouverez cela beaucoup moins pratique quand une porte ne s'ouvrira pas parce que vous n'avez pas payé une amende de stationnement, ou que l'on changera la sonnerie de votre téléphone pour informer les personnes autour que vous êtes un mauvais citoyen, non vacciné, qui a une dette, ou qui n'a pas fait sa déclaration d'impôt en temps et en heure. Ah oui c'est vrai vous n'avez plus à la faire, c'est pris directement à la source, donc toute augmentation minime mais régulière ne sera plus visible, elle sera noyée dans la masse.

Ou encore on vous refusera même l'achat d'un billet de train ou d'avion, ou l'accès même à votre téléphone, parce que vous n'avez pas le QR code de la 25ème dose de vaccins anti rage de la puce congolaise.

On vous vend du progrès pour votre sécurité sans vous dire que ce sont les futurs objets de votre privation de libertés fondamentales. On vous fait voir le côté pratique de la modernité celle qui va vous faciliter la vie, qui va vous faire gagner du temps, on vous harcèle médiatiquement pour cela, vous êtes ostracisés si vous ne l'avez pas. Mais de toute façon vous serez ostracisés, quand vous l'aurez, sous n'importe quel prétexte décidé par des milliardaires mégalomanes.

Le financier

Ils ont recommencé depuis des mois à créer une fausse crise (févier 2023, je viens de décider de fermer le magasin que je tiens car c'est devenu impossible de bien travailler. 80% des gens ne prennent pas la pierre qu'il leur faut, ils prennent la pierre la moins chère et ce n'est plus du bien-être, c'est un choix biaisé).

En tant que dirigeante d'une SAS, je suis harcelée par les impôts pour payer les taxes alors que les grosses entreprises, qui gagnent des milliards sur le territoire Français n'en paient pas. Les « Panama Paper ». Plus tu es riche moins tu paies, plus tu es pauvre plus tu paies. Travailleurs indépendants ou salariés de base, on nous reprend tout ce que l'on gagne, on nous oblige à vivre à crédit.

Les banques gagnent leur vie avec les pauvres, pas avec les riches avec lesquels ils leurs font gagner de l'argent sur le dos des pauvres bien sûr. Si vous regardez le film « Ma part du gâteau » avec Gilles Lellouche et Karin Viard, tout est expliqué, la spéculation sur la faillite, des personnes arrivent à se faire de l'argent sur des faillites. Mettant des centaines de milliers de personnes au chômage.
Les banques gagnent, 10 euros mini de frais d'agio par mois avec 29 millions d'actifs en France, cela fait 290 millions d'euros par mois. Combien payez-vous de frais bancaires par mois sur votre découvert ? Multipliez ça par 29 millions et vous comprendrez, ils se font de l'argent sur votre misère.

Plus si on part sur un montant moyen de 1200 euros de payé en carte bleu par ces mêmes 29 millions de français actifs, à un taux de cotisations bancaires de 2% cela fait 696 millions engrangés par les banques chaque mois. Alors je les entends ceux qui vont dire oui mais moi je paie moins que 2% de frais de CB, à combien est ton abonnement de ton TPE, sur le TPE de base, qui est à 40 euros de location par mois le seuil de neutralité est à 2500 euros, mon TPE me coutait 72 euros par mois, donc pas loin de 5000 de chiffre pour arriver au même résultat, je ne suis pas en train de parler des gros qui eux sont hyper rentables, je parle des petits.

Donc ils gagnent presque un milliard par mois sans lever le petit doigt, juste parce qu'ils nous obligent à payer en CB.

Il serait bien d'arrêter de leur donner cet argent, d'arrêter de se servir de nos cartes bleues pour tout payer même une baguette de pain, uniquement retirer au guichet avec et payer en cash ensuite. Eric Cantona le disait il y a déjà bien longtemps, 2010, tout le monde se moquait alors de lui mais c'est vrai. Même Christine Lagarde, future directrice du FMI, a cherché à le discréditer en le traitant de joueur de Foot, dans son commentaire de la vidéo, si ça avait été faux, elle n'en aurait même pas parlé, elle n'aurait même pas donné son avis sur le sujet, le fait qu'elle cherche à décrédibiliser Cantona prouve s'il en est qu'il a raison. Elle a cherché à invalider l'information, non pas en prouvant que c'était faux ce qu'il a dit mais en le rabaissant de par sa condition sociale, comment si un joueur de foot peut savoir comment ça marche, et surtout vous donner les bons conseils. Elle n'a jamais prouvé qu'il avait tort par des faits concrets. Parce qu'il avait raison.

Ils ont tremblé dans leur culotte. Depuis ils ont créé la carte bancaire sans contact, et ils ont augmenté le plafond grâce au covid en 2020 de 20 € à 50 €, et cela correspond à plus de 50% du nombre de transaction au 1er semestre 2021. Demandez-vous pourquoi ils limitent les paiements en espèce, vous savez que vous n'avez plus le droit de payer plus de 1000 € en cash, vous n'avez plus le droit de disposer de votre argent liquide comme vous le voulez. Vous devez faire ce qu'ils vous autorisent à faire, acheter ce qu'ils vous autorisent à acheter. Et bientôt la cryptomonnaie qu'ils pourront désactiver à leur guise.

Imposant un minimum de 1000 euros par mois aux mauvais citoyens, le revenu universel unique. Et si vous faites des économies, et que vous ne dépensez pas ce qu'ils veulent que vous achetiez, ils vont faire disparaître vos économies en un clic. Il faudra acheter ce qu'ils auront décidé de vous vendre rien d'autre. Et si vous aidez une personne au revenu universel unique, dès que l'argent arrivera sur son compte il sera désactivé, vous vous ne l'aurez plus et l'autre personne non plus.

Nous avons beaucoup bougé ces 3 dernières années et travaillons par Skype (23 déménagements, emménagements). La 1ère chose que les personnes nous demandaient quand ils nous appelaient, c'est : « Vous êtes où ? ». En multipliant les lieux de résidence car étant SDF, un certain temps, cela nous a permis de survivre à la crise sanitaire. Et nous redémarrons tout petit pour ne pas se faire remarquer, le temps d'être autonomes. Mais à chaque fois que je travaille sur mon livre la situation se dégrade. Et en plus avec ce livre je ne vais pas me faire que des amis dans le monde de l'énergétique, tant pis, toute façon je n'ai déjà plus rien. Déjà avec le défaut de programmation les entités pouvaient rentrer à leur guise et me créer tout un tas de problèmes me prenant beaucoup de temps à réparer. Et jusqu'à ce mois-ci (février 2023) alors que j'avais décidé quoi qu'il en coute, je finis la relecture pour l'imprimer et l'avoir avec moi sur un salon du bien-être au moment de la pleine lune du verseau. Je me suis retrouvée sans voiture pendant 15 jours, il a fallu que je mette ma voiture dans 2 garages différents et prendre rendez-vous dans un troisième. Et passer toutes mes matinées et mes soirées sur la relecture et quel moment de joie quand j'ai eu fini l'impression et que j'ai mis la Jacquette autour, il est né dans la matière ce jour-là. J'ai réussi à récupérer ma voiture 2 jours avant le salon. Une victoire sans commune mesure, ils m'ont volé ma vie, ils ont découragé Patrice, je me retrouve seule alors que c'est une peur qui me suit depuis toujours. Et malgré tout j'y suis arrivée. Par contre j'ai dû le relier au fer à repasser, lol mdr, car la machine à relier que j'ai commandée le 9 janvier vient d'arriver le 29 mars 2023. Mais j'ai tellement l'habitude que cela ne m'étonne même plus.

Sortir du système peut être simple pour les personnes qui se réveillent, alors qu'ils ont été des bons moutons, avec des bons jobs et un bon salaire. Un ancien député avec l'argent public a réussi à créer un système autonome en Bretagne. Moi j'ai été une cible depuis mes 13 ans donc je n'ai jamais eu de bon job qui m'aurait permis de gagner le pécule nécessaire à l'acquisition d'un lieu autonome. Il y en a plein en Bretagne, mais hors de prix pour moi, même y passer une journée je n'en ai pas les moyens, je dois travailler 7 jours sur 7 pour m'en sortir. Et en plus en ce moment avec les pénuries à répétition les gens n'ont plus les moyens de venir chez nous. Du coup nous nous sommes retrouvés dans un petit appartement sombre, bon on est plus sdf c'est déjà ça. Comme vous avez pu le lire Je n'ai pas eu le droit non plus de faire les études que je voulais, comme mes 2 sœurs, j'ai toujours couté trop chère (faux karma). À ils ont bien ficelé leur coup. Plus tous ceux qui m'ont accusé d'en vouloir à leur argent, amis, belle famille, ex-mari…. En plus les consciences elles s'en tapent le coquillard comme de l'an 40 du financier.

Mon second mari Patrice lui avait pu accéder à une vie convenable, alimenté par son travail de zombi et aidé par ses parents. Cela nous a permis de financer et de soutenir notre société mais pas de nous accorder un lieu de vie autonome. Et comme ses parents anciens fonctionnaires agents du système (tous deux aux impôts), m'ont pris en grippe direct sous l'influence de leurs propres pactes, ils ont coupé le robinet et tourné le dos à leur fils unique. À en devenir parano ! Eux ou moi, bonne question ? Tout le monde vire parano en ma présence, finissant par m'accuser de tous les maux, de toutes les merdes, d'être jalouse, d'être croqueuse de diamant, d'avoir abusé de leur gentillesse, de mentir ou de les manipuler. Moi je cherche juste à m'en sortir et je dirais que je suis devenue stratégique. Je ne lâche jamais rien, je mobilise toute ma volonté pour créer ce que je ressens à l'intérieur de moi, pour prendre une décision je n'écoute pas mon mental j'écoute mon intuition. Et maintenant que ce livre existe je peux lâcher le magasin et déménager le cabinet dans un lieu plus tranquille qu'en ville. Moins énergivore où je pourrais vivre ma félicité.

*****

Une amie m'a aidé pendant la période de chômage ou j'ai ouvert mon cabinet en 2009, jusqu'à 2012. Elle m'a prêté 1000 euros, que je lui remboursais en lui faisant des soins et des formations, des fois même à domicile. Se plaignant quand elle avait des effets secondaires trop violent après et m'accusant d'avoir fait un mauvais soin quand il y en avait moins. C'est moi qui ai trouvé sa maladie de Lyme, alors qu'elle disait avoir de l'arthrose ankylosante rhumatoïde galopante. Donc un jour, je l'ai informé que j'avais fini de lui rembourser ce que je lui devais. Elle est partie dans une colère folle. Elle m'a dit que je lui serais redevable à vie, de ce qu'elle avait fait pour moi. Elle m'a dit que je lui étais redevable de beaucoup plus que 1000 euros. Que je lui étais redevable de toutes les fois où elle m'avait emmené chez les fournisseurs, que j'aurais dû lui acheter ces pierres au prix fort sur son stand si elle ne m'avait pas emmené, que donc je lui devais la différence.

À savoir qu'elle m'emmenait chez le fournisseur parce qu'elle avait besoin de moi pour conduire. Normalement c'était son mari qui le faisait, mais quand il ne pouvait pas elle m'appelait, pour moi c'était du donnant donnant, car si je ne conduisais pas elle ne pouvait pas non plus y aller. Pareil une fois pour Sainte-Marie Aux Mines, j'ai conduit de nuit pour y aller le 1er jour, j'ai servi de sherpa pendant 3 jours entiers. J'ai dormi sur un petit lit d'appoint mis dans la chambre, qu'elle avait au préalable loué pour elle et son mari qui n'avait pas pu l'accompagner à cause d'un nouveau job. Petit déjeuner et repas du soir compris, je payais donc les repas du midi pour toutes les deux, et toutes les boissons de la journée. Et nous sommes rentrées directement après le 3ème jour. Elle a refusé de prendre l'autoroute payante entre Genève et chez elle et m'a obligé à prendre les petites routes de campagnes à 3h du matin après 5h de route à conduire seule, pour ne pas dépenser 3.5€ qu'elle avait mais moi pas sinon je les aurais payés, j'étais épuisé. Elle n'a donc eu aucun frais supplémentaire par ma venue. Hé bien pour elle je lui étais à nouveau redevable. J'avais profité de sa gentillesse. Ce qu'elle ne sait pas c'est que moi j'avais un contrat de travail en CDD à cette époque qui devait se finir après tout cela normalement, que j'ai demandé à ma patronne de me libérer 3 jours avant la fin pour pouvoir, l'y conduire. Et que ma patronne a profité elle aussi de me rendre redevable de ce service demandé et qu'elle m'a submergée d'heures supplémentaires, me mettant en porte-à-faux ces trois jours pendant plus d'un mois. Me faisant sauter tous mes jours de repos du mois de juin, plus des heures supplémentaires le soir.

En plus quand cette « amie » a démarré dans le domaine des minéraux, grâce à une connaissance commune, nous avions discuté, elle m'avait demandé où j'achetais mes minéraux, comment tout se passait. J'étais certes naïve à cette époque, je lui ai tout dit. Et en fait, elle était en train de se mettre à son compte ce qu'elle avait bien omis de me dire, dans le même village que moi, avec son pilier de retraite suisse, me faisant directement concurrence, et du coup avec tout mon carnet d'adresse fournisseur. Mais pour elle, c'est moi qui lui suis redevable. Les personnes ont une vision des choses bien bizarre. Sur son propre principe, elle aurait dû me reverser tous les bénéfices réalisés avec son stand sur les plus de 10 ans qu'elle l'a pratiqué.

Et quand j'ai présenté Patrice à cette personne, elle m'a joué « la grande scène du 2 » en me pourrissant de tous les noms, et en disant à Patrice de se méfier de moi, que j'étais une profiteuse. Cela faisait moins de 3 semaines que nous étions ensemble. Je suis restée sans voix, Patrice aussi. J'ai compris ensuite que tout cela n'était pas bien grave même si sur le coup j'ai été très peinée pour la deuxième fois par cette personne. Ha, la, la, mon empathie et ma capacité à pardonner me perdra un jour. 10 ans d'amitié malsaine se sont achevés ce jour-là. Et elle ne m'a jamais payé ce qu'elle me devait réellement, vu qu'elle considérait ne rien me devoir. Ce n'était qu'une centaine d'euros vous me direz, mais c'était au moment de l'installation de mes deux enfants en fac, moment très critique financièrement pour moi et c'est Patrice qui a payé, alors que nous ne vivions même pas encore ensemble, le père de mes enfants refusant de participer financièrement.

Cela n'a pas dérangé Patrice, il a le cœur sur la main, il a fait les 2 entrées en Fac, y prenant un grand plaisir, partageant avec eux sa propre expérience et fierté. Et ce que nous ne savions pas encore, c'est qu'il ne ferait pas celle de sa propre fille, qui l'en priva parce qu'il n'avait pas cédé à sa demande de me quitter pour prendre un appartement seul avec elle. Sa fille ferait la sienne avec ses grands-parents, Patrice n'ayant plus les moyens, contrairement aux grands-parents.

Ce n'est pas pour rien qu'on dit que l'argent est le nerf de la guerre. Les gens dans le monde des zombis ne voient que ça. Une société capitaliste vous obnubilant sur votre portefeuille.

Au final étant donné que Patrice me venait en aide financièrement et que c'était comme cela que les entités me bloquaient depuis 5 vies, m'interdisant l'accès à une vie sereine pour m'épuiser dans une lutte sans fin, en mode survie. Patrice fut lui aussi éjecté du système financier, manu militari, dès qu'il m'est venu en aide. Mes beaux-parents me prennent surement pour une croqueuse de diamant ayant marabouté leur fils pour le spolier de son argent et par la même détourner l'héritage de leur petite fille. Et sa fille l'accusant de maltraitance car il ne pouvait plus subvenir à ses caprices d'enfant gâtée. Patrice est passé d'un budget de 3500 euros à 3, à un budget de 2000 euros à 5. Mais sa fille n'entendait pas devoir se priver de quoi que ce soit. L'année où elle nous a mis la misère elle a eu à 15 ans, 1000 euros de cadeau à Noël, par sa mère et ses grands-parents pour compenser sa grande détresse morale : un iPhone, un appareil photo gros modèle avec zoom, un sac Thierry Mugler et une paire de chaussure Caterpillar. Chaussures qui dépassaient à elle seule le budget que nous avions pour les 4 enfants. Elle s'est plainte auprès du juge que nous nous ne lui avions offert que du maquillage.

Patrice est pourtant en possession d'un nu-propriétaire en plein centre d'Annecy, avec lequel nous aurions pu acheter une maison pour être autonome et pouvoir travailler sans se demander comment on va faire pour se loger et manger. Sans que cela ne leur coute un centime. Ils sont tellement aveuglés par leurs peurs, qu'ils ont préféré nous voir finir à la rue que de lui tendre une main secourable, c'est pourtant leur fils unique. Je ne leurs en veut pas, Patrice non plus, ils vivent dans la peur de manquer. Je leur en ai voulu pendant longtemps, je ne leur en veux plus du tout, nous leur avons dit tout cela, tous les courriers que nous leur envoyons sont transmis à leur avocat ou notaire, comme preuve de notre véhémence. J'ai plutôt pitié d'eux, car ils y ont certes gagné une fille, qui est en fait leur petite fille, mais ils ont perdu leur fils unique dans cette bataille. Et cela à finit avec tout le reste à contribuer à sa perte total de confiance en lui. Quand on manque de l'amour et de la reconnaissance de ses parents c'est compliqué de croire en soi. Surtout qu'en fait pour faire plaisir à sa mère et lui donner une fille, il est passé en yin, énergie féminine, qui ne lui a pas permis au final de se réaliser. Et au jour d'aujourd'hui cela a fini par nous séparer, car il préfère rester dans cette énergie yin, que de devenir un yang comme il aurait toujours de l'être (le switch a eu lieu à ces 5 ans, difficile à rétablir). Moi j'avais la même problématique inversée, et d'avoir quitté mon yang (mis en place à 9 ans pour faire plaisir à mon père, pour ma part) et d'être revenu dans mon yin à complètement éclaté notre couple.

Patrice a eu beau essayer il n'a pas pu passer par-dessus ce manque, il venait à peine de prendre conscience qu'il existait autre chose, de s'éveiller à l'énergétique quand il m'a rencontré, il n'avait aucune connaissance énergétique, ou très peu. Je lui ai tout expliqué très rapidement, il était avide de connaissances sur le sujet. Nous avons fait un contrat de mariage à ma demande pour le protéger de mes dettes. Et au final cela m'a protégé moi et mes maigres biens matériels quand son ex a cherché à le dépouiller, par huissier interposé, par vengeance. À la séparation il a eu une dizaine de serviettes de bains, un buffet qui lui appartenait déjà et une table et 4 chaises et ses vêtements. Elle lui a tout pris, il ne s'est pas non plus défendu. Et elle a contribué à retourner ses parents contre lui. Ils ont menti, ils l'ont rabaissé, humilié, traité de mauvais fils, de mauvais père et quand nous avons été au pire de notre couple, il a cru être un mauvais mari, alors qu'il n'en était rien. Car la seule valeur qu'il lui ont apprise et que cette société apprend c'est que ta valeur dépend de la somme d'argent que tu as ou que tu peux générer. L'argent a remplacé l'amour !

Moi je ne lui ai jamais menti, je lui ai toujours dit très clairement ce qui était en train de se passer, et ce qu'ils allaient faire dans le but de nous séparer. Il ne me croyait pas et il est tombé des nus quand c'est arrivé. Il n'imaginait pas que ses propres parents allaient, se retourner contre lui, s'allier à son ex qui ne les fréquentait plus depuis des années parce qu'ils ne s'entendaient pas. Et que sa maman allait témoigner contre lui au tribunal pour lui faire perdre la garde de sa fille. Il ne me croyait pas, jusqu'à ce que tout ce que je lui disais arrive.

Il a appris, il a commencé à écouter mes intuitions et à leur faire confiance, car il avait en tant qu'ingénieur génie civil INSA, un mental de fou qui bloquait tout ressenti énergétique. La période covid a été dure à vivre ce qui l'a remis dans ses anciennes peurs, et c'est comme ça qu'ils l'ont repris, et qu'ils ont exacerbé nos anciens comportements aidés par le contexte économique déplorable, et qu'il a fait son Burn out. Il faudrait maintenant qu'il arrive à enclencher sa propre volonté, et qu'il arrive malgré tout à prendre confiance en lui. Ce n'est pas facile quand tout n'a été qu'humiliation dans sa vie, dans 43 vies même c'est une mémoire très ancienne inscrite dans son inconscient, et comme ils nous choisissent la famille idéale pour exacerber notre pire peur c'est d'autant plus compliqué d'y arriver. Je l'aime mais je ne peux pas faire ce travail à sa place. Et s'il finit par me freiner dans ma propre réalisation il restera comme les autres au bord du chemin. Je ne sacrifierais pas mon projet personnel parce qu'il n'arrive pas à mettre en œuvre sa propre volonté. Et c'est arrivé il a craqué et je continue mon chemin sans lui. Il pense être néfaste pour moi alors qu'il m'a guéri de tellement de choses. Le seul point positif de tout cela c'est que le choc émotionnel de son départ a fait comme un effet de souffle, comme une explosion sur un feu de puit de pétrole, ça a éteint la colère et activé le chakra du cœur en quelques jours, cela a permis d'achever la métabolisation de la mise à jour de ma conscience et je suis sortie de la lutte et du combat, moins de 10 jours après son départ. Et je lâche prise sur beaucoup de choses que je considérais comme importantes mais qui ne l'était pas au final. Et je l'ai laissé me freiner par codépendance amoureuse, cela m'a guéri de ça aussi, et de ma peur de la solitude. Je suis plus forte que jamais, j'ai encore des moments compliqués avec de vieilles émotions qui tente de revenir, mais je ne me laisse pas faire, je décide que l'angoisse et le stress n'ont plus leur place à l'intérieure de moi et quand une telle émotion se fait jour, je la transcende avec cette énergie d'amour enfin trouvée et la transforme en énergie positive pour avancer. Je sais que je n'ai plus peur, je sais que je peux y arriver, parce que je suis arrivée jusque là malgré tout ce qui m'est déjà arrivée et que je suis forte. Et ils le regrettent maintenant car les entités négatives contrôlantes en m'arrachant Patrice, ont fait de moi celle qu'ils voulaient empêcher d'exister. C'est grâce à leur acharnement à me faire abandonner qu'ils m'ont en fait libéré d'eux.

Pour sortir de l'illusion, il faut à un certain moment accepter de renoncer à un certain « confort » temporairement. Des fois accepter de tout perdre pour savoir qui on est et ce qui nous est vraiment essentiel, c'est en tout cas par-là que je suis passée. Et ne garder que ce qui va nous permettre de vivre différemment, de façon autonome. Ne plus être tributaire de ce que la société veut nous imposer. Ne plus être de bons con-sommateurs. Soit la vie qu'on mène est définie par le système, soit elle l'est par notre façon de défier le système. Je ne le défie plus dans la lutte et le combat car cela le nourrit, je le défie en vivant autrement dans l'amour, sans me laisser happer par les myriades de peurs, d'angoisses, regrets, culpabilité qu'ils cherchent à nous imposer.

Voilà pourquoi est faite la manipulation mentale de masse, nous garder en bon esclave énergétique, au service des entités négatives contrôlantes. Dans un système de plus en plus restreint, étroit, oppressant financièrement. Qui ruinent les personnes comme moi qui le remettent en question. Nous traitant comme les méchants, les perturbateurs, les responsables du problème actuel. Parce qu'on refuse d'obéir à leurs lois abusives, non pas faite pour nous protéger mais pour les nourrir et nous maintenir plus facilement en esclavage. Si l'on ne fait rien qu'attendre que cela passe, cela ne passera jamais. Si on ne passe pas en mode actif, déjà pour nous-même, nous sortir de ce marasme programmé, comment voulez-vous y arriver pour les autres. La réussite n'arrive pas le jour où l'on décide de commencer, elle est la résultante de notre motivation personnelle et de l'énergie positive que nous allons mettre à nous réaliser.

L'argent en est un outil de contrôle, à nous de le rendre un outil libérateur. D'ailleurs à l'heure actuelle notre président est l'ancien banquier des Rothschild. Si ce n'est pas une preuve que l'argent est la clé, expliquez-moi pourquoi ils ont mis un banquier à la tête de la France. Trump est un business man, Jimmy Carter était un entrepreneur producteur de cacahouètes. Poutine qui ne plie aujourd'hui devant personne, il est un self made man qui a gravit les échelons à la force de sa volonté, mais il y en a peu, très peu, et il tient tête au nouvel ordre mondial, et tout le monde le prend pour le méchant. Je ne dis pas pour autant qu'il est un gentil, attention, juste qu'il ne veut pas plier devant la pression USA, Europe. Il ne reconnait pas la suprématie du Dollar. Et heureusement, sinon on aurait déjà été écrasés tel des moucherons. Son pays est fort car grand et qu'il autoproduit beaucoup de choses, et si l'Europe et l'OTAN veulent à tout prit lui prendre l'Ukraine, c'est parce qu'il y a beaucoup de produits de 1ère nécessité sur ce territoire qui commence à manquer. Les pays coloniaux ont pillé le reste de la planète. Et donc l'Europe et les État Unis, les veulent pour être les plus fort économiquement parlant. Ils sont même en train au Canada de donner des autorisations de faire des forages miniers sous-marins, pour les matières premières et le profit, après avoir détruit l'éco système terrestre ils vont détruire le sous-marin en toute impunité car on ne va pas le voir. Déjà quand on voit les trous béants qu'il créé en surface au Canada, expropriant les gens, forant des fois même au cœur des villes et on ne fait rien alors maintenant qu'ils vont avoir accès aux sous-marins c'est ignoble. Des accords de pré-forage d'exploration ont déjà été accordés.

Vous savez seulement qui est actuellement le plus grand propriétaire de terre agricole sur le territoire Américain ? Bill Gates !
Ce qui nous mène à l'outil suivant.

L'alimentation

C'est un outil qui prend de plus en plus d'ampleur. Mais qui a une certaine limite, car les gouts de tous sont différents d'un pays à l'autre voir même d'une région à l'autre.

Avec l'avènement des grandes surfaces, est arrivé l'industrialisation de la fabrication de l'alimentation. La production de masse, sur un modèle capitaliste, coup de revient minimum, pour un bénéfice maximum.

L'utilisation de stratagèmes, de produits pour remettre le goût (un goût), ou donner un visuel de qualité alors qu'elle n'y est plus. Avec les colorants, les exhausteurs de goûts chimiques, majoritairement artificiels et cancérigènes, et les conservateurs... plus de 40 produits toxiques et cancérigènes sont utilisés dans les compositions des aliments ultra-transformés et autres. Tous ces produits ont été rajoutés de partout, même dans l'eau minérale. Ils ne se trouvent pas que dans les produits alimentaires, ils sont aussi dans les produits non alimentaire, esthétique, ménagers, dans tous les domaines. Il y a même des pesticides dans les tampons périodiques, peut-être pour éradiquer les « gazons maudits ».

Cette alimentation industrielle ou de production de masse, sous serres en Espagne ou au Maroc ou en France, qu'on nous propose n'a plus aucune qualité nutritive, ils sont juste faits pour nous remplir et altérer notre santé, pour être rentables. Quand ils ne laissent pas pourrir les tomates en plein soleil dans des camions bennes, pour les payer moins cher.

Ils rajoutent dans notre alimentation des produits toxiques, pour les faire pousser, pour les préparer et c'est fait exprès. Et pour les produits frais, il y a eu une grosse perte de goût car ils ont retiré le gène du pourrissement qui était à l'origine du goût également. Tout cela pour que le fruit ou le légume soit vendable plus longtemps, mais énergétiquement parlant et gustativement c'est beaucoup moins satisfaisant, ce qui contribue à une augmentation croissante d'insatisfaction et de remplissage sans apporter d'effet de satiété.
Ce sont des OGM normalement interdit en France, aux dernières nouvelles. Ils les rendent également stériles, pour qu'on soit obligé tous les ans d'acheter de nouvelles graines de plus en plus modifiées. De plus en plus stériles de plus en plus vide énergétiquement.

J'ai pu revoir les pub TV dans la famille l'année dernière, ce n'est que ça, on a retiré les produits toxiques ! Lol, ça fait 30 ans qu'ils nous intoxiquent volontairement et là ils nous font croire qu'ils font cela pour notre bien. C'est juste que les personnes sont en train par eux même de changer leur mode de consommation et qu'ils ne veulent pas les perdre. On le voit par la multiplication des commerces bio, mais le bio existe-il vraiment ? Pour ma part quand il est industriel : non ! Les recettes bio contiennent tout autant de cochonneries comme le lactose et les sulfites que les autres. Alors sous prétexte que c'est bio, on nous fait croire que c'est meilleur pour nous. Mais les produits laitiers bio ou non provoquent les mêmes dégâts. Je suis intolérante aux produits laitiers à 2 000%, bio ou pas, cela ne change rien mon corps a saturé et c'est tout. De toute façon le corps n'est pas fait pour consommer des produits laitiers après l'âge de 5 ans.

Et comme nous portons dans nos mémoires cellulaires les famines de nos ancêtres, qui datent pour les dernières de moins de 100 ans, la pseudo abondance créée par les supermarchés fut une aubaine pour nos geôliers. Trouver de tout, tout le temps, quel que soit la saison, la température, les conditions climatiques, leur a permis de nous gaver, bien au-delà de nos réels besoins. J'ai vécu ce phénomène en direct, car je suis née en 1968 et donc j'ai vécu cette révolution, le 1er carrefour ayant été créé en 1965 à Annecy, à 40 kilomètres de chez nous. A la base toutes les enseignes de la grosse distribution ont démarré comme des petits magasins de quartier. Des épiceries familiales... Carrefour est maintenant aux mains des fonds de pensions américains, où la rentabilité et les dividendes pour les actionnaires priment sur la qualité. Mais pour autant c'était déjà pas bien clean avant, le PDG de Carrefour est parti ou pas avec 4 millions d'euros de prime et 500.000 euros de retraite annuelle. Et qui a financé tout ça ? VOUS !!! mais c'est pareil dans toutes les grandes enseignes tous les gros groupes qui se gavent sur la base.

Nous avons pris cela pour un bienfait, mais ça nous a conduit à notre perte, à l'appauvrissement du choix, à la prolifération de la malbouffe, qui a contribué à détériorer notre santé. Trop de sel, trop de sucre, des aliments ultra-transformés qui n'ont plus aucun intérêt nutritif. Toute cette nourriture nous remplit, mais ne nous nourrit pas. Ils créent des dépendances, des carences, des altérations de notre système endocrinien, jusqu'au cancer. Et ensuite c'est les Lobis pharmaceutiques qui se remplissent les poches.

Je vous rappelle le fonctionnement du corps humain. Nos corps énergétiques, alimentés par la conscience, alimentent notre corps physique par l'intermédiaire des plexus énergétiques ou chakras.

Malgré une quantité beaucoup moins abondante de nourriture nos ancêtres ne sont pas tous mort de faim. Ils n'avaient pas de la viande à chaque repas, ni de produits laitiers en abondance. Cela restait des exceptions dans leur alimentation, et pourtant ils produisaient des efforts physiques beaucoup plus important que nous. Les dernières famines étant produites par les 2 grandes guerres. Certes c'était compliqué, mais nous ne passions pas notre temps à manger h24 comme maintenant. Pourquoi ? Parce qu'ils étaient en contact avec la nature, l'énergie vitale, le prana ou chi. Les villes étaient beaucoup moins grandes, moins polluées, moins peuplées. Il y avait beaucoup plus d'agriculteurs producteurs, que de tertiaires (con-sommateurs).

La mutation du notre mode de vie, devenu 1 - plus sédentaire et 2 - dépendant du système pour nous nourrir, nous vêtir et nous loger. Et comme il y avait plus de consommateur que de producteur, il a fallu produire en masse. Nous avons été les propres créateurs de notre codépendance au système. Notre société a subi une telle mutation en 2 générations, que nous avons été obligés de créer des salles de sport pour rester en bonne santé, avec tout ce que nous ingurgitons. Mais cela ne sert à rien. Aller faire des squattes en salle de sport, du stepp, ou de la zumba, ne nous reliera jamais à l'énergie de la terre, ni à celle de la conscience.

Certes notre santé s'est améliorée, mais ce qui a le plus amélioré notre santé c'est l'hygiène. Depuis le début du covid d'autres maladies sont beaucoup moins présentes, car nous nous lavons les mains plus souvent, pas parce qu'elles ne sont plus là et aussi ils ont mis en place la distanciation sociale : plus de contact humain. Personnellement plus de 10 ans que je n'attrape plus aucune maladie virale saisonnière, je me lave les mains très souvent. Et j'entretiens mon système immunitaire et j'ai complètement changé ma façon de me nourrir. Certes je suis en surpoids, ce qui fait que les personnes pensent que je mange trop. Mais mon système digestif poreux est tellement sensible à tous ces produits toxiques du coup mon corps est en perpétuel inflammation. L'intoxication au nickel que j'ai subit pendant 4 ans a mangé tout mon souffre et je n'arrive pas pour le moment remédier à cela mais j'ai bon espoir. Dernièrement j'ai travaillé sur une hormone qui était déficiente dans mon corps, la IGF-1, qui est produite par le foie et qui aide à détoxifier. En cas de disfonctionnement de cette dernière le foie produit perpétuellement des nouvelles cellules et n'élimine pas.

Et en plus les entités que nous avons retiré de ma partie subliminale, altéraient le fonctionnement de ma thyroïde dans l'énergétique et comme c'est l'énergétique qui alimente le physique cela créait une problématique physique. Qu'aucun médecin n'a su expliquer depuis 25 ans, car mes analyses physiques sont bonnes. En 2013, un allergologue, qui n'a fait faire aucune analyse sanguine ni de test cutané, m'a affirmé au bout de 20 min de consultation que je ne pouvais pas être allergique aux produits laitiers, me traitant de folle au passage, que mon celle-ci déjà ne pouvait pas exister à mon âge impossible de devenir intolérant aux produits laitiers à l'âge adulte. Et ensuite il a conclu que cela devait venir de mon surpoids et du fait que j'avais fumé pendant 24 ans. Bien que mes tests de capacité respiratoire, le seul fait ce jour-là, étaient au-dessus de la moyenne, à son grand étonnement d'ailleurs. Donc non seulement il ne tient pas compte des résultats des tests respiratoires effectués, il m'insulte en me traitant de folle, et fait un diagnostic complètement hors de propos, car mon surpoids vient d'une inflammation des tissus due à de nombreuses intolérances, que je découvrirais bien plus tard avec la « Méthode JMV® », dont une intolérance à l'eau. Mais comme il est médecin et moi juste magnétiseuse de toute façon, « je ne l'aime pas » c'est lui qui me l'a dit quand je me suis rebiffée et je ne peux donc à ces dires pas être satisfaite de son travail quoi qu'il en soit. Bin oui je ne suis pas satisfaite de son travail, car s'il avait vraiment cherché la cause de ma fatigue et de mes allergies j'aurais pu me faire enlever les essures au bout de 4 mois au lieu de 4 ans.

En fait, je m'étais fait implanter les « essures » dans les trompes, 4 mois plutôt et je faisais une énorme réaction au nickel, qui exacerbait toutes mes intolérances. Le corps se trouvant en saturation total à cause du nickel contenu dans l'acier chirurgical. Je suis donc restée pendant 4 ans avec le nickel dans le corps, je n'en suis toujours pas remise à ce jour, 10 ans plus tard, mon système digestif étant toujours altéré. Alors que j'avais dit au gynécologue avant qu'elle me les implante que j'étais allergique au nickel. Le nickel est interdit en bijouterie depuis 2009, par son action hautement toxique et ils continuent à le mettre dans le corps des personnes avec l'acier chirurgical tous les jours. Deux poids, deux mesures. Et aucune possibilité de prouver quoi que ce soit. L'omerta totale, la gynécologue m'a juste dit on va les enlever et ça va aller mieux.

*****

Pour en revenir à l'état de santé général des Hommes, sont apparues depuis une quarantaine d'années, tout un tas de maladies. Tout ce qui est cardio vasculaire, cholestérol, diabète, autisme, cancer. D'où viennent ces maladies ? Elles sont en augmentation exponentielles, pourquoi ?

Juste derrière les chakras qui doivent recevoir et traiter l'information énergétique, il y a les glandes hormonales, endocrines. On en a déjà parlé. Et que tous ces produits chimiques rajoutés dans la nourriture perturbent le système endocrinien. Et créent une altération de la traduction de l'information en hormone créant un disfonctionnement des organes creux puis des organes pleins.

Je vous ai déjà parlé de la glande pinéale et du fait qu'elle est le chef d'orchestre des autres glandes du corps. Elle se trouve derrière le 3ème œil, elle échange des informations avec la glande pituitaire (chakra coronal), qu'elle redistribue à toutes les glandes hormonales du corps, via la thyroïde au chakra de la gorge. La glande pituitaire si elle dysfonctionne altère l'effet de satiété. Plus on lui donne une alimentation saine et pleine d'énergie éthérique ou prana ou chi est important, plus elle est satisfaite et nous dit que c'est bon, on a eu notre dose de nourriture, la satiété s'installe.

Mais comme on est dans une qualité plus que médiocre, car tous les produits frais sont aussi modifiés génétiquement, les aliments industriels sont ultra-transformés donc morts énergétiquement, tous les plats préparés, bio ou non d'ailleurs, sont également saturés de sucre. Le lactose = sucre du lait, on en trouve partout dans la charcuterie, dans les sauces tomates, dans tous les plats industriels. La glande pituitaire n'est jamais satisfaite et réclame de la nourriture en espérant obtenir de l'énergie. Relayée par le striatum qui crée les dépendances.

Le sucre y compris le fructose crée du cholestérol et des triglycérides quand il y a intolérance et qu'il est mal métabolisé par le foie. L'hyper activité infantile c'est une intolérance au sucre dans 90% des cas. Tout ceci contribuant à faire monter notre glycémie, pour qu'on ait faim en permanence.

Tout ceci est fait pour que nous ayons envie de manger toutes les 4h. Sans compter tous les vidéos des recettes sur les réseaux sociaux qu'on n'a pas demandé à voir ou dans les publicités TV ou même dans les films et séries, qui nous font saliver et actionner le système digestif nous faisant croire qu'on a faim, alors que cela stimule uniquement l'envie de manger sans faim. J'ai remarqué que dans certaines séries, il y avait un repas ou de la nourriture en abondance dans tous les épisodes. Si vous vous rappelez dans « Dallas », c'était le Scotch, à chaque épisode ils se retrouvaient en famille réconciliés devant un verre de Scotch. Et tout le monde regardait. « Gilmore girl », un repas de famille à chaque épisode. « Legendes of Tomorrow », bière, chips et autres aliments créés à volonté par une machine tout au long des l'épisodes. Ils nous préparent à vivre sous perfusion permanente. « Friends » pareil, ils vont au café. « Lucifer », alcool, drogue, sexe, nourriture. « Les Simpson », l'apologie de notre société de zombie. Les soirées foots sont les meilleurs soirs de vente pour les pizzaiolos. « Flash » a besoin de manger pour compenser son super pouvoir.

Et du sucre de partout, dans le sucré, dans le salé, dans le jambon, dans les sauces tomates, dans la charcuterie, dans les plats préparés. Toutes ces informations 'sucre' altèrent le fonctionnement du striatum et nous met en mode dépendance pire que la cocaïne. Et la glande pituitaire ne peut plus nous apporter l'information de satiété, car jamais satisfaite énergétiquement parlant.

La sérotonine a une action primordiale dans ce processus, c'est un neurotransmetteur, elle joue un rôle essentiel dans la régulation de l'humeur, elle est associée à l'état de bonheur. Et elle nous met en sécurité, contrairement à la dopamine qui elle, nous fait prendre des risques pour obtenir la satisfaction et donc la récompense. La sérotonine est impliquée dans la régulation, des cycles des processus biologiques de l'humain, sur 24h et donc de notre rythme biologique. Elle régule l'hémostase, régulation du flux sanguin surtout le retour veineux, ainsi que la coagulation. Elle gère également la mobilité digestive. Elle gère donc le stress, l'anxiété, les phobies, la dépression. Si nous manquons de sérotonine nous développons des altérations de tous ces systèmes et nous nous tournons pour compenser ce manque vers les glucides : sucre. La boucle est bouclée…

Ce qui va avoir une incidence sur la dopamine, qui influe normalement sur alimentation saine, et actionne en réponse à cette alimentation saine la sensation de plaisir et qui active ainsi le système de récompense et de renforcement. Elle est donc indispensable à la survie de l'individu. Elle a un rôle primordial dans la motivation et la prise de risque. La confiance en soi et la réalisation. Le seul problème, c'est que la malbouffe n'apporte aucune satisfaction, et que donc il n'y a pas suffisamment de dopamine. Aboutissant sur un manque totale de satisfaction et de motivation dans nos actions.

La qualité et la quantité de ces deux neurotransmetteurs sont primordiales à la survie de l'espèce et ce sont les deux systèmes principalement altérés par la malbouffe.

Notre système digestif est trop saturé par la quantité astronomique de malbouffe, ce qui le sature physiquement, vous fatigue, ne vous apportant plus la quantité d'énergie nécessaire au fonctionnement général du corps. Il utilise plus d'énergie pour digérer que ce qu'il tente de digérer lui apporte pour fonctionner. Nous sommes dans une insatisfaction permanente ce qui ne lui permet plus de produire ces deux hormones qui sont des régulateurs émotionnels et qui donnent la motivation. C'est comme si vous cherchiez à faire fonctionner des panneaux solaires à la lumière d'un feu de bois.

Le plexus solaire se trouve alors déjà en difficulté, saturé par la malbouffe et quand une émotion un peu plus intense que les autres se produit, il est dans l'incapacité de la gérer et de la digérer. Le jaune du plexus solaire s'affole et va demander une solution au 3ème œil, qui va suractiver son jaune et donc le mental au lieu de chercher la réponse dans le violet (l'intuition) car la pituitaire va être elle-même en manque d'énergie car l'alimentation est pauvre voir totalement morte, ce que vous ingurgitez ne va pas lui donner l'énergie nécessaire pour lui permettre de se connecter à l'âme pour sortir de cette émotion. Et donc pour apaiser le plexus solaire vous aller manger quelque chose pour vous remplir et du coup apaiser l'émotion par l'alimentation.

Manger bio n'y changera rien, si vous continuer à manger des produits déjà préparés, ultra-transformés, ou génétiquement transformés, saturés en produits laitiers et de sucre caché.

La prolifération des conservateurs dans les aliments comme les sulfites, issus du soufre, est aussi un réel problème. Pourquoi ils mettent des conservateurs. Ils le font pour pérenniser un produit, qu'il ne pourrisse pas trop vite, il faut bien arriver à vendre la surproduction industrielle mondiale. Et en plus cela met toutes les personnes à terrain allergie en souffrance. Il faut savoir que quand on est allergique ou intolérant (la nuance est infime) à beaucoup de chose, on a une intolérance au soufre, et donc beaucoup de mal à digérer les produits soufrés créant des ballonnements, flatulences et des somnolences. Le soufre est un anti inflammatoire naturelle. S'il y en a trop dans le corps, on crée une saturation et donc une intolérance. Et les gens qui déclenchent des douleurs articulaires et musculaires généralisées on va appeler cela une fibromyalgie, alors que c'est un trop plein ou une insuffisance de soufre dans le corps. J'ai eu une cliente en séance de la « méthode jmv ® » qui était percluse de douleurs, impossible de trouver d'où cela venait, moi j'ai trouvé, pour être sûre de rester en bonne santé elle prenait tous les compléments alimentaires possibles et imaginables soi-disant bon à la santé. Elle a complètement saturé son corps d'information et à déclencher des douleurs infernales. Jean Marc Vergnolle devrait également sortir un livre sur sa « méthode JMV ® », ça va changer complétement votre vision de ce qui est bon ou pas à la santé.

Mais le deuxième effet Kiss cool de notre alimentation, il est encore bien pire que cela. Pourquoi un aliment pourrit, parce que son énergie ou corps éthérique qui le maintenait en vie après sa cueillette (fruits, légumes…) ou sa fin de vie par abatage (viande, poisson…) ne reste pas plus de quelques jours, et comme ce sont des aliments riches en eau celle-ci contribue à son pourrissement.

Nos ancêtres mettaient les aliments dans le sel pour les conserver, car le sel attire l'eau et sèche l'aliment. Donc l'aliment se conserve mieux. Il y a aussi la stérilisation qui tue les bactéries à l'origine de la dégradation, mais qui tue aussi les vitamines et plein d'autres choses. L'Homme n'a eu de cesse de chercher à conserver les aliments plus longtemps. Au détriment de l'information primordiale de l'aliment son corps énergétique éthérique. Le prana ou chi, nous pourrions nous nourrir uniquement de cela et le corps fonctionnerait toujours. Mais 99,99999999% de la population humaine ont perdu le mode d'emploi. Nous avons tellement négligé le fonctionnement et l'entretien du système énergétique qu'il n'est plus capable de s'auto régulé sans un travail de longue haleine, que nous faisons avec Patrice depuis plusieurs années. Vous pouvez vous intéresser à cela avec Gabriel Lesquoy. Nos routes se sont croisées, il y a quelques années nous n'avons pas encore fait de stage avec lui, car mon état physique ne me le permet pas. Ancien infirmier, Gabriel connait très bien les fonctionnements du corps humain physiologique, et sait accompagner les personnes en toute sécurité. Vous pouvez trouver nombre de ses vidéos sur YouTube.

*****

En tant que naturopraticiens de la « Méthode JMV® », nous demandons à chacun de nos clients, s'ils ont des ballonnements après les repas, ou et de la somnolence, car ce sont les 2 signes évident d'intolérance alimentaires. Mais aussi les carences ou excès de certains oligoéléments comme le fer, le calcium, le magnésium... Les personnes pensent qu'il faut avoir des symptômes beaucoup plus graves pour être intolérants, mais ces trois-là suffisent. Qui ensuite glissent sur d'autres symptômes toujours pas attribués aux intolérances alimentaires, comme le syndrome du côlon irritable, des mycoses vaginales [1], cystites et démangeaisons diverses type eczéma.

(1) je suis obligée d'utiliser des préservatifs à chaque rapport, car je fais des démangeaisons vaginales à cause du sperme, car Patrice mange des aliments que me rendent malade.

Vous a-t-on déjà dit que vous pouviez avoir des intolérances, plus ou moins prononcées, ou vous a-t-on prescrit des antis acides ou des anti inflammatoires ou des compléments alimentaires ou des cures avec eaux soufrées pour vos douleurs diverses et variées… obligeant votre corps à gérer une information supplémentaire.

Le soufre est certes un anti-inflammatoire naturel, mais si on y est intolérant, notre corps souffre à chaque ingestion d'un aliment mal digéré, car nous sommes en carence de soufre par l'intolérance et nous ne sommes plus capable d'auto gérer l'inflammation produite. Donc le soufre manquant dans l'organisme ne peut pas agir sur l'inflammation, provoquée par les autres aliments donc nous sommes intolérants. C'est le chat qui se mord la queue, et quand le médecin vous prescrit une cure dans un site où l'eau est soufrée, il aggrave le problème. Car dans cette cure avec eau soufré, vous obligez le corps à être en contact avec un élément qu'il n'arrive pas à gérer correctement, ce qui va provoquer de grandes fatigues.

Fatigue que le personnel, de la cure, va mettre sur le dos des soins reçus, alors que vous êtes fatigué parce que le corps lutte contre son intolérance au soufre. Il suffirait, tout simplement, de lever cette intolérance au soufre pour supprimer la carence et que le corps traite ses inflammations tout seul comme un grand. Et éventuellement les autres aussi, comme ça plus d'inflammations. Inflammations douloureuses de surcroit et qui peuvent devenir très fortes et généralisée. Mais personne ne va vous dire de vérifier si vous n'avez pas des intolérances. La maladie de céliaque : intolérance au gluten… Il y a beaucoup de nom donné au effets secondaire des intolérance-carences. La carence en calcium est appelée ostéoporose. La carence en vitamine D : le rachitisme. La carence d'iode : le crétinisme. La carence en vitamine C : le scorbut….

*****

En résumé :

Si on est triste, anxieux, dans la peur, pas de sérotonine et on compense par des glucides. Et les glucides, c'est du sucre. Je vous laisse deviner ce qui se passe si on sature le corps en sucre, on empêche la production de dopamine, donc on crée une boucle infernale d'insatisfaction permanente.

Et la glande pituitaire qui n'a plus aucune énergie ou prana ou chi continue à réclamer, via les hormones, de la nourriture physique, espérant en vain, avoir la **quantité d'énergie** nécessaire au bon fonctionnement du corps.

Le corps fonctionne déjà avec le prana ou chi, mais qu'à 10 ou 20%, dans l'action consciente et en méditation, nous captons déjà le prana de façon plus probante, mais encore pas assez par rapport à notre réelle capacité. Mais nous n'utilisons que le mode automatique du prana, ou minimum syndical du corps. Nous avons des capteurs de prana dans le haut de la cavité nasale, qui nous apportent ce minimum. Ce qui explique que nous sommes très fatigués en cas de rhume, car les mucosités les bouchent, nous n'avons alors plus accès au prana de l'air. Capter plus de prana et donc d'énergie vitale n'est possible que quand on fait un travail en ce sens, il n'y a malheureusement pas assez de personnes même ayant des pratiques énergétiques qui le savent.

Il y a certaines pratiques orientales qui utilisent la respiration consciente pour capter cette énergie pranique, comme le prana yoga, mais nul besoin d'aller jusque-là, cela commence tout d'abord d'avoir cette notion en conscience et de motiver une captation plus poussée, et si le courage vous en dit de suivre un processus sous surveillance. Nous le captons aussi par le chakra du plexus solaire, la rate est l'organe qui gère l'énergie acquise du corps et elle peut très bien fonctionner uniquement à l'énergie pranique.

Savez-vous que certaines personnes vivent pendant des décennies sans boire et sans manger, car elles ont une vie spirituelle intense qui leur apporte suffisamment d'énergie pranique, ce qui fait que la glande pituitaire n'a pas besoin de demander d'aliments physique pour fonctionner correctement, elle est nourrie énergétiquement. Je vous conseille le livre de Gabriel Lesquoy sur le sujet : « De la Nourriture Pranique à la Plénitude du Vide », édition Inspire. Cette pratique est souvent confondue avec le jeûne, mais il n'y a pas jeûne à proprement parler, car l'on se nourrit d'énergie vital du chi.

Je ne vous demande pas d'arrêter de manger, cela peut demander des mois de préparation de devenir pranique, mais seulement de faire attention à la quantité ainsi qu'à la qualité des aliments que vous mettez dans votre corps. Car plus la qualité de l'alimentation est basse, plus le corps réclame à manger. Et vous le nourrissez de perturbateurs endocriniens, de colorants, de conservateurs, d'exhausteurs de gout et de produits toxiques et de produits non adapté à son bon fonctionnement. Il suffit également de vérifier vos intolérances. Si le corps est intolérant à ce que vous lui donnez, cela lui demandera d'utiliser plus d'énergie pour le digérer, que ce qu'il va en retirer pour son bon fonctionnement. D'où la petite sieste, le coup de barre après le repas, il pompe dans votre énergie acquise pour pouvoir digérer l'intrus. Bénéfice pour le bon fonctionnement de celui-ci : nul.

En médecine traditionnelle chinoise, il est conseillé de macher au minimum 30 fois un aliment avant de l'avaler, même un aliment non solide. Depuis que nous travaillons en énergétique avec Patrice, nous mangeons de moins en moins. J'ai beaucoup plus de mal que lui car j'ai de base une intolérance au soufre, que j'ai beaucoup moins bien mangé que lui dans ma vie, faute de moyens. Et que je souffre de très nombreuses intolérances alimentaires, qui ont été exacerbées par l'intoxication au nickel. Et j'ai eu une vie beaucoup plus riche en émotions diverses et variées à cause des attaques des entités négatives contrôlantes qui m'ont aussi saturé le chakra du plexus solaire.

Quand le corps est intolérant à un nutriment comme la vitamine D, il la rejette et crée ainsi une carence. Mais il sait aussi qu'il lui en faut donc il va réclamer les aliments qu'il sait en contenir. Et si l'on vous complémente en vitamine D on agresse le corps, qui n'aura de cesse de la mettre dehors. C'est sans fin, c'est le tonneau des danaïdes.

*****

Pour pouvoir de nouveau être entièrement pranique je me traite avec la « Méthode JMV® », afin de lever les intolérances, et perturbations que mon corps a subi pendant toutes ces années où je n'avais que les moyens de mal me nourrir. Cette technique travaille aussi sur les besoins émotionnels.

En plus j'ai une génétique propice à un mauvais fonctionnement du système lymphatique, difficile de me remettre en bonne marche. Mais pas impossible ! On peut tous le faire avec de la persévérance, cela fait 3 ans que je me traite avec cette méthode et il y a déjà des symptologies qui ont disparues. Une amélioration de plus de 50% des effets secondaires négatif à l'intoxication. Je ne fais quasiment plus de diarrhées aigues avec perte connaissance. Tout au plus une tous les 2 mois, contre plusieurs par semaines.

*****

Revenons sur la glande pinéale, chakra du 3ème œil, qui nous permet d'avoir une vision claire des choses, d'avoir un résonnement objectif. Il doit être équilibré pour que le mental soit limpide et ne pédale pas dans la choucroute. Comme quoi les expressions de notre quotidien sont des perles de connaissance, le chou est un des aliments soufrés, je vous laisse réfléchir à la pertinence de cette expression. S'il reçoit des informations erronées de la glande pituitaire, il ne va pas pouvoir transmettre de bonnes informations à tous les autres glandes hormonales. Les perturbateurs endocriniens le font également dysfonctionner. Le fluor est son plus gros ennemi car il cristallise la glande pinéale.

C'est comme donner des instructions à un muet, pour qu'il les transmette à un sourd, qui va devoir gérer tout une équipe d'aveugles. Comment voulez-vous que l'information circule correctement ? Je ne me moque de personne, je fais juste une analogie. Les détracteurs dénigrent sur la forme non sur le fond, c'est ça le plus important dans tout cela. L'idée prime sur la bêtise. Quand j'écris, j'entends toutes les objections des titilleurs, nul besoin de venir me demander des preuves de tout ce que je vous dis. Ce serait contre mon étique, car je ne fais plus le travail à la place des autres, je les aide, à vous de cultiver votre connaissance. Moi qui aie été mise au ban de la société, qui ai été traité de cancre toute ma scolarité, et qui suis encore bien souvent traitée d'incapable, je suis en fait dyslexique, dysorthographique (quelle torture à écrire ce mot d'ailleurs), j'ai quand même réussi à trouver tout cela, donc pourquoi pas vous. Si vous manquez de motivation, venez me voir pour tester votre dopamine et mettre à jour votre striatum, qui prône le tout, tout de suite sans effort, et vous mettrez toutes les chances de votre côté. À titre personnel je n'ai jamais manqué de dopamine.

*****

Revenons sur le fluor, on nous fait croire que le fluor est bon pour nous, pour nos dents. Mais qu'est ce qui provoque les carries ? C'est le Candida Albican ! Et pourquoi le candida albican est en prolifération excessive dans le corps, parce que c'est le sucre qui le nourrit. Le sucre, le sucre, le sucre, il y en a partout et le candida albican est donc en prolifération excessive. Le sucre est présent dans toute l'alimentation industrielle sucrée ou salée, de partout, dans tout. C'est une intoxication au sucre organisée. Quand cette prolifération excessive du Candida Albican est dans la bouche il provoque des carries, et on nous conseille de prendre des dentifrices fluorés, pour renforcer l'émail des dents.

Alors que la quantité de fluor présent dans notre alimentation est suffisante pour apporter la dose quotidienne à notre organisme. Le fluor n'éradiquera pas le Candidat Albican qui est un champignon, ce n'est pas un antifongique. Le Candida Albican en excès dans le tube digestif et la bouche appelle à consommer du sucre et du coup en sur effectif il s'attaque aux dents ; en excès dans les voies vaginales, l'autre bout du système digestif ; il provoque des mycoses ; en excès sur la peau il provoque le psoriasis, les problèmes de peau sont dus à un problème de relation à l'autre et donc le psoriasis apparait après un stress émotionnel. Gestion des émotions la sérotonine, manque de sérotonine, compensation par le sucre. Si moi j'ai compris ça tout le monde peut comprendre comment ils nous altèrent volontairement la santé.

Et on nous fait croire qu'il faut du fluor, on nous le met dans le dentifrice, mais on nous le rajoute également dans l'eau, ce qui provoque un surdosage. En plus avec un produit, alors qu'on le trouve dans la nature cette fois-ci, il est chimique issus des déchets nucléaires. Nous servons de décharge à déchets nucléaires.

Mais la raison 1ère est bien évidemment de nous cristalliser la glande pinéale pour que nous n'ayons plus la capacité de remettre en question l'abus d'autorité malsaine des capitalistes. Le fluor nous abruti, il nous enlève notre capacité à nous révolter.

Et pendant ce temps, des personnes meurent de candidose. On n'a pas de bonnes ou de mauvaises dents, on a ou pas un excès de Candida Albican qui a proliféré au niveau de la bouche, perso maintenant mon dentifrice c'est Tea Tree. Mais le sucre cause de nombreuses autres maladies… Une des maladies les plus répandues actuellement à cause du sucre est une maladie du foie, la stéatohépatite non alcoolique, le foie gras, maladie silencieuse, qui quand elle est détectée il est trop tard. Comme les canards et les oies pour Noël, une cirrhose, silencieuse et mortelle. Les canards n'en meurent pas vraiment, on les tue avant pour les manger. Mais comment on provoque cette maladie chez eux ? Avec le dextrose ou sucre de maïs, qui est addictive également.

Deux canettes de soda par jour, équivaut à la même perte d'espérance de vie que deux paquets de cigarettes par jour.

Ils nous cachent la vraie origine du problème parce qu'ils veulent qu'on prenne le fluor, parce que l'effet secondaire du fluor c'est ce qu'ils veulent vraiment et avant tout. Ils veulent altérer votre capacité à remettre en question la propagande médiatique, l'information erronée qu'ils propagent depuis des lustres.

Ils cherchent à altérer votre capacité de réflexion, de traitement d'une information et sa remise en question. Les effets du fluor ont été testés dans les camps de concentration et validé ensuite par nos dirigeants. Et donc introduit volontairement dans notre vie quotidienne pour nous garder coucouche panier, papatte en rond.

Je suis intolérante au fluor, donc une dentition très altérée par les caries, mais surtout je ne peux plus boire d'eau sans la filtrer, je sens également quand le dosage du fluor est augmenté dans l'eau du robinet. Je connais très bien les symptologies du fluor sur mon corps quand j'en ingère. Et cela correspond étrangement aux périodes de fortes manifestations, nous sommes en train de nous révolter donc ils augmentent le dosage pour nous calmer, comme ils mettaient du bromure dans l'alimentation des militaires pour qu'ils n'aillent pas courir la gueuse.

Même avec l'essence à 2 euros (juin 2022) personne ne dit rien, car il y a pénurie alimentaire, on nous a resservit le spectre de la famine, augmentation de la consommation alimentaire par peur de manquer donc augmentation des effets secondaires néfastes et donc perte de volonté et de discernement. Vous êtes la grenouille qui ne savait pas qu'elle est cuite. Toute l'alimentation industrielle actuelle est toxique. Et c'est volontaire, calculé et organisé depuis des décennies. Tout cela facilite le travail sur les émotions négatives par les entités contrôlantes.

Et les animaux, quand on se plaint de l'attitude des entités sur nous, certaines consciences nous répondent et vous que faites-vous aux animaux. Ceux non utiles à notre alimentation, sont sacrifiés comme aphrodisiaques. Ou encore plus barbare pour le plaisir de la chasse par des monstres humains qui ne tuent pas pour manger mais pour le plaisir. Mais ils ne se satisferont jamais de rien, ils pensent que l'argent leur apportera la plénitude, l'argent ne leur paiera jamais la connexion à la conscience.

Ceux produits pour l'alimentation humaine, sont sous traitement antibiotiques dès la naissance. Ou encore, on donne du lait à manger au poulet pour que la viande soit plus tendre, mais malpropre à la consommation. On donne des farines animales aux vaches provoquant l'encéphalopathie spongiforme bovine, ou maladie dite de Creutzfeldt-Jakob, transmissible à l'homme. Les porcs, créés pour remplacer l'humain dans la chaine alimentaire des entités contrôlantes, quand ils vivaient sur le même plan que nous, sont gavés de pénicilline, se mangent entre eux, piétinent leurs bébés dans des stalles trop petites. Leur viande est impropre à la consommation, ils sont pleins de tumeurs cancéreuses et on nous les sert à manger. Animaux élevés en cage pour nourrir des humains sous contrôle, la bonne blague.

Ma grand-mère a été très malade une fois en mangeant du veau, acheté à la boucherie du village, au point d'être alitée plusieurs jours. En discutant quelques temps plus tard avec une de ses amies éleveuses, celle-ci lui raconte, très contente d'elle, qu'elle avait eu un veau très malade qui allait surement mourir, mais qu'elle avait réussi à le vendre au boucher avant ! Le boucher de ma grand-mère. Elle a manqué tuer son amie. Vendre de la viande impropre à la consommation, avant de perdre la bête, car si le petit veau était mort elle aurait été obligée de le jeter.

Je pourrais vous en mettre des pages et des pages…. Il suffit d'ouvrir les yeux, de lire les compositions des aliments. Le premier sur la liste c'est celui qui est en plus grosse quantité dans la préparation. Les confitures sont cessées être à 50/50 fruit sucre, hé bien maintenant c'est 60 % sucres 40% fruits. On nourrit les abeilles en sucre pour qu'elles produisent plus de miel, quand ils ne font pas du faux miel industriel. Et je zappe les édulcorants tous cancérigènes.

Exemple : pâte à tartinée bio sans lait : sucre 41.2%, matière grasse végétale 24%, noisette 13.5 %, noix de cajou 13.5 %, poudre de cacao 7.7 %, extrait de vanille. 65.2% c'est du sucre et du gras. Je fais ma propre pâte à tartiner, je n'y mets aucun sucre, je joue avec les mélanges de noisette, d'amande et de cajou pour le goût. Maintenant je n'en fais même plus, plus envie.
Cornichons aigre douce, les seuls cornichons du commerce que je digère : le sucre apparait avant le sel dans la composition, plus des sulfites et des colorants.

Il y a du lactose dans 80% des sauces tomates, dans 90% de la charcuterie, c'est du sucre directement ajouté aux recettes qui ne sont pas censées en contenir. Regardez les compositions du jambon, du saucisson, prenez le temps de lire toutes les étiquettes de ce que vous achetez. Ça prend du temps je le concède et il faut de bonnes lunettes, car c'est écrit tellement petit que c'est dés fois illisible, dans ces cas-là je n'achète pas. Mais même cela ne garantit rien, car il y a de nombreuse substance chimique utilisées, et non obligatoire à mentionner dans les compositions.

Les steaks hachés c'est le pompon, je n'en prenais plus depuis des années, avant de ne plus du tout manger de viande issue de mammifères. Je préférais prendre du bourguignon moins cher au kilo que les steaks surgelés et de le hacher à la maison, 100% viande du coup. Maintenant je fais mes steaks hachés aux magrets de canard, personne ne trouve rien à redire sur mes hamburgers, sans lait, sans bœuf et sans gluten quand je prends le temps de faire les petits pains.

Cela nous prend du temps avec Patrice pour tout lire quand nous faisons les courses, et il faut de bonnes lunettes, mais à long terme notre santé s'améliore. Je conserve ainsi ma pleine et entière capacité de réflexion. Je m'informe, je cherche en permanence à comprendre ce qui me fatigue et me rend malade et je l'élimine de mon alimentation. De façon temporaire pour commencer et si le confort de vie est réel je le banni totalement et définitivement.

Cela m'arrive de faire un petit craquage après plusieurs semaines voire mois d'éviction, je remange de cet aliment. Le lendemain je suis fatiguée, j'ai des douleurs dans tout le corps, je refais de l'eczéma et je traine ma vie pendant des fois plus de 72h. je vous passe la démangeaison vaginale, la crise d'hémorroïde et en cas extrême la diarrhée. J'ai alors la confirmation, que j'ai bien fait d'éliminer cet aliment, poivrons, ail, châtaigne, pomme... et Patrice aussi il ne va pas dans les mêmes extrêmes que moi, mais suite à un restaurant il a été fatigué 3 jours et moi j'ai eu les intestins en feu de l'entrée à la sortie pendant 8 jours.

Quand on a une intolérance au lait ou au gluten, pour avoir une information juste, il faut une suppression à 100% de l'information pendant 3 mois complets. Vous pourrez alors apprécier les effets positifs et si vous n'arrivez pas à apprécier la différence. Étape suivante vous les réintroduisez comme avant sur une journée, 3 repas et là j'en mets ma main à couper que vous sentirez la différence.

Si au jour d'aujourd'hui j'allais voir une nutritionniste et qu'elle voyait mon régime alimentaire du moment, elle me ferait remettre plein de produits dans mon alimentation. Elle ferait peur avec le spectre des carences, avant même de me faire faire une prise de sang, pour vérifier. Le spectre des carences, mais tout le monde est en carence à cause des intolérances, ce n'est pas de manger certains produits riches en cette substance qui va résoudre les carences, mais c'est de supprimer l'intolérance.

Le problème des intolérances et des allergies, c'est qu'aucun corps n'est égale face à tout cela. Pour chaque substance nous avons un vase dont nous ne connaissons ni la capacité, ni l'allure à laquelle il se remplit. Mais ce qui est sûre c'est que quand il est plein, il est plein et votre corps rejettera la substance inexorablement, en créant un foyer inflammatoire. Donc un aliment que vous avez mangé depuis toujours, avec juste des petits ballonnements, peut arriver à saturation du jour au lendemain sans crier gare. Et là vous passez en mode diarrhées intempestives ou en fibromyalgie, mais avez-vous fait le lien ?

Car si c'est les produits laitiers, vous allez faire une diarrhée le lendemain d'une bonne fondue, avant cela le soir même des ballonnements, que vous mettrez sur le vin blanc. Vous en avez trop bu, parce que pas d'eau avec la fondue, sinon le fromage fait la boule dans l'estomac, donc il faut boire du vin, lol. Mais d'habitude vous en buvez beaucoup moins parce que vous avez mal à la tête le lendemain. Oh mais pour une fois on se fait plaisir ! Et comme la fondue, vous la faites en hiver, quand vous avez mal à la tête, que vous êtes super fatigué et que vous faites une diarrhée le lendemain, là vous dites : « Oh là, la, hier j'ai pris froid et je me suis choppé la gastro, (virus). » et voilà comment on loupe l'information d'une intolérance aux produits laitiers et aux sulfites. Un doliprane et hop, on passe à autre chose, on cache la misère par un médicament.

Le gluten même combat que les produits laitiers, ils bouchent tous les deux les sinus provoquant des sinusites chroniques. Des douleurs articulaires par inflammation sur le reste du corps, voir des fibromyalgies, nouvelle maladie de siècle. Mais c'est une inflammation des tissus dans tout le corps, provoquant des douleurs. Vous me direz mais pourquoi toutes ces maladies arrivent maintenant alors que nos ancêtres mangeaient également du gluten et n'avait pas cela. Bin si cela existait mais ils se regardaient un peu moins le nombril, ma grand-mère avait la maladie de cœliaque depuis son enfance, elle est née en 1921, on la disait chétive et fragile, mais en fait fatiguée par son intolérance au gluten. Sa santé s'est améliorée dans les années 2000, quand le sans gluten est arrivé dans nos rayons, et à cette époque on avait plus l'impression de manger du polystyrène qu'autre chose. Mais les personnes mourraient de choc allergique depuis toujours, sans qu'on puisse mettre un nom dessus. L'asthme est une résultante d'allergie ou d'intolérance. Mais tout ceci est considéré comme marginal et nous sommes ostracisés. En plus on va vous dire, non mais franchement c'est le truc à la mode d'avoir des intolérances, genre c'est pour se rendre intéressant qu'on passe trois heures sur les toilettes à avoir des spasmes à en tomber dans les pommes. Quand je donne cette information les personnes font « Oui bon ok », mais quand cela leur arrive d'être là en pleine crise, j'ai droit à un : « Ah oui quand même ! ». La 1ère année j'ai fait 3 crises de nerfs, car mon corps continuait à me réclamer des produits laitiers, addiction totale. J'ai fini par soulevé mon décolleté, pour parler à mon estomac, en lui disant : « C'est toi qui n'arrives pas à les digérer, alors franchement arrête d'en réclamer ! », et cela s'est calmé.

Je me suis rendue compte de mon intolérance en rentrant du ski, nous sommes passé chez un affineur avec patrice, je faisais des animations commerciales en fromagerie j'avais donc une certaine connaissance en ce domaine. Je choisis 3 fromages non savoyards, pour les faire découvrir à Patrice. Depuis que nous étions ensemble je faisais beaucoup plus de gastro, ou chocs gastriques, comme je les appelais. Car j'avais quand même remarqué une certaine corrélation entre mes crises gastriques et mes crises émotionnelles. Mais là je ne comprenais pas l'accélération du phénomène vu que j'étais heureuse depuis que nous étions ensemble.

Je n'arrivais déjà plus à manger du comté ou du gruyère depuis quelques mois, cela me donnant des aphthes géants dans la bouche. Quand tu es haute savoyarde avec des origines dans l'Ain, c'est très frustrant de ne plus pouvoir manger des fromages à pâte cuite, car le beaufort faisait aussi partie du lot. Enfin bon, je me demandais d'où venait ce phénomène. Hé bien en fait Patrice passait régulièrement à la fruitière et nous ramenait du fromage, et nous en mangions beaucoup plus qu'avant, car au prix du kilo, je n'avais pas forcément les moyens de m'en acheter avant.

Donc augmentation des gastros, des aphtes à partir d'octobre 2012…. Et quand nous sommes sortis de chez l'affineur en mars 2013, je me suis mise à éternuer, oh bien une dizaine de fois dans la voiture. Faisant rire tout le monde, moi aussi d'ailleurs, je me suis dit, j'ai pris un coup de froid sur les pistes, enfin bon au bar après les pistes… On arrive à la maison je pose le paquet de fromages sur la table, boum rebelote, je me remets à éternuer une dizaine de fois… Nous mangeons, j'ouvre le sac de fromage, et bim direct de nouveau des éternuements… J'ai regardé Patrice et je lui ai dit : « Il y a un problème avec le fromage, je ne vais pas en manger ». J'ai deux enfants allergiques, un acariens et allergies croisées ; l'autre avec un nombre incalculable d'allergies alimentaires, et mêmes vestimentaires petite je ne pouvais l'habiller qu'en coton. Donc l'information d'éternuer 3 fois en moins d'une heure à chaque fois que je me trouvais en présence du fromage et mes symptômes précédents depuis 6 mois me suffirent à comprendre. De ce jour je ne pus plus ingurgiter, ni sentir aucuns produits laitiers sans être malade. L'intolérance préexistait, mais personne ni moi ni les médecins n'avaient envisager au je puis être intolérante aux produits laitiers. Je me savais sensible au nickel et aux parfums, mais c'est tout. Monitrice auto-école je passais des fois 1h à éternuer dans la voiture à cause du parfum des élèves.

Quelques jours plus tard nous allons à la patinoire pour la Saint-Patrick, je sens l'odeur d'un chocolat chaud : « **Oh ça** sent bon le chocolat chaud… » plus de voix ! Et ce pendant plusieurs minutes. On se regarde avec Patrice, un peu interloqués. Et ce n'était que le début, pendant les 4 ans qui ont suivi, les diarrhées violentes, même avec juste la présence de traces. Quand je dis trace c'est, vous faites cuire des nuggets avec du lait dedans dans la friteuse et ensuitwe des frites, si je les mange je suis malade, alors je ne vous dis pas les frites belges au gras de bœuf, l'agonie totale, car même la viande de bœuf finitos, ça me rend malade aussi. Ensuite à la présence olfactive, perte de la voix jusqu'à 4h. Pratique sur les salons pour faire des conférences et donner des explications aux personnes sur le stand, j'avais beau prévenir les voisins, ils s'en foutaient total et me prenaient pour une chieuse, jusqu'à ce que cela arrive, et là ils étaient consternés et s'excusaient mais c'était trop tard. Ensuite une narcolepsie de mini 3h, 3h après snifage accidentel. Troubles neurologiques, incapable d'additionner du chiffres, obligée de prendre la calculette pour faire 12 + 7. Ma vie a été un enfer pendant 4 ans. Et tout ce qui me ballonnait avant et qui me donnais des petits rototos, signes avant-coureurs qu'il y avait déjà un problème, impossible d'en manger.

Je ne pouvais plus faire de moto, car si je passais à proximité d'un restaurant savoyard, en habitant à Annecy impossible d'y échapper, les symptômes se mettaient en place jusqu'à la narcolepsie, mais j'étais bien incapable de conduire une moto au bout de 30 min après le contact olfactif.

Et quand je suis allée voir l'allergologue, il m'a traité de folle. S'il avait fait son travail et fait les tests comme celui que je suis allée voir 4 ans plus tard, nous en aurions su la provenance de cette aggravation subite, due à l'implantation des essures en décembre. Le nickel ayant mangé tout le soufre le corps n'arrivait à se défendre contre plus aucunes de ces intolérances. Et quand les personnes disent qu'ils n'en ont pas, je rigole car moi je sais que si mais les symptômes sont tellement habituels, ballonnement, fatigue chronique, douleurs articulaires qu'on ne s'en rend même pas compte, mais ma grand-mère a dû attendre d'avoir plus de 70 ans avant d'avoir le diagnostic de la maladie de cœliaque.
Liste des aliments que je ne peux plus manger :

Viandes : tous les mammifères, à cause du lait, ils sont nourris à cela et les traces restent dans le muscle à vie. Du coup, toute la charcuterie, car même dans les mousses de canard du lait, dans les rillettes d'oie du porc, dans tous les pâtés : lait et porc…. Poulet bressant et chapons de toutes origines car nourrit aux grains trempés dans du lait…

Produits laitiers : beurre, yaourt, lait (de tout animal), crème, fromages, lactose, caséine… jusqu'aux traces

Fruits : tous les agrumes à cause de la vitamine C, pommes, ananas, châtaignes, raisin, banane, kiwi, noisettes, le citron c'est le plus compliqué car souvent utilisé comme conservateur.

Légumes : salades exceptées la mache, champignons, poireaux, choux tous y compris brocolis, patates, betteraves rouges et autres, maïs, épinards, poivrons, pois chiches, olives (huile d'olive), ail… et quasi toutes les épices…

Divers : huiles essentielles de cajeput (un antiviral), de citron : logique et de toute autre substance faisant partie de la liste précédente, vu que cela se trouve en forte concentration c'est encore pire. Parfums, déodorants, produits vaisselles, produits ménagers, déodorants d'ambiance, champoings, gels douches contenant des parfums. Soude même liste que les parfums, j'y rajouterais savon et bicarbonate de soude ménager et alimentaire. Métaux lourds, je suis en train de me faire changer toutes mes couronnes dentaires ça me coûte un bras. Eau, oui vous avez bien lu, eau, j'ai réussi à la calmer celle-là, mais je ne peux boire que de l'eau filtrée à cause des métaux lourds, les salades, ça vient de leur arrosage en fait et tous les légumes à forte concentration d'eau. Et du coup je cuisine tout à l'eau filtrée. Tous les sodas, sirops, toutes les boissons industrielles, excepté le thé à la menthe, « Mytea » aucun autre, la menthe me facilite la digestion. Les bonbons car fait à la gélatine de bœuf ou de cochon. Toute la pâtisserie sauf fait maison, crêpes, gaufres, croissants, pain au chocolat, chocolatine comme ça pas de jaloux. Les vins, sulfites. Sauces salades contenant de l'huile d'olive et des sulfites. Certains animaux vivants, surtout mammifères, perte de la voix en leur présence. Toutes les pâtes, feuilletées, brisées et autres…
Je ne parle même pas du rayon traiteur : cassoulets, choucroutes, cannellonis, raviolis, taboulés, salades composées, barbecues, pizzas, chips, sushis, pains de mie, pains à hamburger, biscuits apéritifs….

Très peu de personnes font l'effort de nous inviter à manger à cause de tout cela. Même les repas de famille, Noël, Pâques, je n'en pouvais plus de m'entendre dire pendant tout le repas que je les empêchais de manger si, de manger cela, de manger du fromage à la fin d'un repas qui était déjà gargantuesque et qui ne nécessitait aucunement du fromage car il y avait déjà des produits laitiers dans tous les plats… Je ne fête plus ces événements là en partie par le fait que je sois irréligieuse, mais aussi à cause de cela.

Et pendant les stages que j'organise moi, nous faisons la liste de tout ce qu'il ne faut pas amener, hé bien systématiquement les personnes se pointaient avec des croissants, ou une pizza pour midi. Et finissaient par me traiter d'emmerdeuse. Dans des stages énergétiques, j'en ai encore la boule à la gorge de l'écrire.

Même si pour moi ça a pris des proportions exorbitantes à cause de l'intoxication au nickel, aucune intolérance n'a été créé par cette intoxication, elles ont été révélées. Merci à la « Méthode JMV® », grâce à laquelle je ne suis plus trop sensible aux traces et aux odeurs et encore. Je ne perds plus trop la voix, qu'une ou 2 fois par an, mais surtout je peux participer à des réunions sans tomber de fatigue au bout de 3h, et je peux refaire mes courses le matin ou le midi et finir ma journée correctement, mais très fatiguée. Au marché du lundi il y a un stand de fromage en face de mon magasin, l'après-midi je suis une loque.

Et les produits substitutifs aux produit laitiers, rangés en plein milieu du rayon fromage m'obligeant à rentrer dedans à bien tous les sentir pour arriver à mes produits substitutifs. Ha au passage, j'ai oublié le soja dans la liste. Il me rend malade, et c'est un très gros perturbateur endocrinien.

*****

Pour tous les produits chimiques, même problème, même intention, nous affaiblir. En ce moment le but est aussi de détruire notre système immunitaire, pour que l'on meure plus vite, pour ne pas avoir à payer des personnes non productives. L'espérance de vie ayant augmenté, le baby boum post seconde guerre mondiale coûte trop chère, maintenant qu'il a financé les trente glorieuses, il faut qu'ils partent. Maintenant qu'ils ont payé des cotisations toute leur vie, il ne faut pas le leur rendre.

Il leur faut donc mettre en place un système plus rentable, ils capitalisent sur notre mauvaise santé, sur le traitement des effets secondaires des maladies provoquées par tout cela. Mais pas sur l'origine, elle, ils l'entretiennent. Si on reste en vie, il faut qu'on soit malade pour continuer à payer, mais pas trop pour continuer à produire. C'est pour cela qu'ils sont en train de démanteler la sécurité sociale, et les services publics pour faire une médecine privée. Moins bien remboursée par les mutuelles privées et qui coute plus chère, les soins et les cotisations. Et si tu deviens inactif, il faut que tu sois quand même rentable pour eux.

Ils altèrent à ce point notre corps physique, d'une parce que cela leur rapporte de l'argent, mais aussi parce que cela nous coupe de la conscience et donc de la source principale d'énergie du corps et d'information sur ce que nous sommes réellement et nos capacités. Dans le but de nous garder en zombis esclavages décérébrés sous contrôle.

À titre personnel, j'ai tellement d'intolérances depuis tellement longtemps que j'ai supprimé autant que possible, de moi-même avec le temps, les produits qui me rendaient malade. Le fluor, la soude, le lait, le sucre, les métaux lourds…. Et au fur et à mesure que je supprimais ces produits, je continuais inexorablement a m'éveillé. Raison pour laquelle j'ai tant été bloquée, qu'ils ont dû me harceler encore et toujours plus, me faire agresser, pour me créer des traumatismes émotionnels et du stress, des angoisses, des peurs et beaucoup de colère, pour altérer mon plexus solaire afin d'altérer autrement que par une mauvaise digestion le 3ème œil via le plexus solaire. Pour que je ne puisse plus réfléchir à autre chose qu'à mon mal être. Mais j'ai encore et toujours gardé toute ma lucidité, ma capacité d'analyse et de réflexion et mon objectivité. Je n'ai eu de cesse de chercher ce qui se passait vraiment derrière tout cela et quel en était le but final.

Je me suis toujours demandé, pourquoi certains ont droit à tout et d'autres ont droit à rien ? Pourquoi je n'ai pas le droit, ni les moyens d'avoir tous ces biens de consommations que les autres peuvent s'offrir. Et pourquoi les personnes qui ont les moyens, eux ne suivent pas les règles, que les règles s'appliquent que pour les pauvres, les limites ne sont que pour les pauvres.

J'ai tellement boosté mon intuition et mon chakra du 3ème œil, face au jaune que mon bleu indigo était à 175% de fonctionnement, et je captais trop d'informations, ne sachant plus où donner de la tête, mais me donnant quand même matière à sortir de ce marasme dans lequel ils voulaient me maintenir. Ma volonté a été plus forte que la leur, elle l'est toujours d'ailleurs. Votre volonté sera toujours plus forte que la leur car vous êtes le seul est unique propriétaire de votre espace énergétique. Ils essaient de vous faire croire le contraire bien évidement.

Ceux qui travaillent pour les entités et font tout cela, sont en train de se tirer une balle dans le pied. Car s'ils accélèrent le plan en ce moment, et cette accélération nous pouvons aussi l'utiliser à notre avantage. C'est parce qu'ils ont déjà perdu, mais qu'ils veulent garder la main sur nous, qu'ils font cela. Donc comme tout bon tyran sur le déclin ils en font trop.

*****

Voulez-vous continuer à subir les voix négatives dans votre tête ou comme moi vous voulez vivre libre, en pleine conscience, en pleine expression de vos capacités sensorielles. Capable d'entendre les pensées des autres et donc de savoir s'ils vous mentent, pour obtenir de vous ce qu'ils savent ne pas être juste ? Que voulez-vous ?

Continuer à vivre dans la peur, l'angoisse et le stress, payés à coup de lance pierre, pour continuer à les nourrir. Libérez-vous de la plèvre financière. C'est comme ça qu'ils vous obligent à obéir, la peur de perdre un job de merde sous payé, qui ne suffit de toute façon même plus à vivre décemment. Ils ont plus besoin de nous, que nous d'eux.

Où voulez-vous être dans la joie, l'amour et le partage ? Je n'ai plus de salaire depuis 10 ans et je suis heureuse. Cela nous demande bien évidemment de casser tous les codes. L'autre jour, j'écoutais une émission où des personnes qui construisaient des lieux éco responsables de partage communautaires, en autosuffisance s'exprimaient. Une des personnes à l'origine du projet se plaignait que la tâche avait échoué dans sa 1ère mouture, car les réunions pour en déterminer les règles de fonctionnements avaient fini par prendre trop de place et ne permettaient plus de vivre sereinement.

Je répondrais que si on a besoin de mettre autant de règles c'est que les personnes ne sont pas prêtes à vivre en communauté. Le Communisme a imposé le travail obligatoire au service du tous, les kolkhozes, cela n'a pas marché car obligatoire. Tant que l'humain est dans la possession et le besoin de hiérarchiser et qu'on doit lui dire quoi faire et quand le faire pour que cela se passe bien, tant qu'il sera dans l'exploitation de l'autre et de la terre, il échouera. Cela part d'un bon sentiment d'essayer, c'est comme cela qu'on y arrivera. Mais si l'on passe son temps à édicter des lois c'est que les personnes ne sont pas prêtes.

Je n'ai pour autant pas la solution, j'y réfléchis depuis longtemps pourtant. Et je continuerais jusqu'à ma mort de chercher comment faire pour y arriver, cela prendra peut-être plusieurs générations pour se débarrasser des entités et pouvoir mettre en place un système sain. Car n'oubliez pas que le but des entités c'est de nous faire échouer.

Donc déjà un système autonome devra se faire sans eux, toutes les personnes intégrants cette nouvelle vie autonome devront être libre de tout pacte et tout accord et devront faire un travail actif pour effacer tous les traumas émotionnels et rééquilibrer leurs besoins.

Si nous avons un besoin de reconnaissance, cela fera échouer notre reconstruction. Car nous attendrons en permanence l'approbation de l'autre pour atteindre l'équilibre. Un besoin d'être aimé, altéré, nous amènera à faire les choses pour être sûre que l'autre nous aime et si l'autre ne nous le dit pas, cela nous effondrera intérieurement, créant à plus ou moins long terme une frustration qui demandera une compensation et une nécessité d'exiger une reconnaissance.

Des besoins équilibrés, réparés nous permettront de ne plus aller chercher chez l'autre réparation et nous nous accepterons tous comme nous sommes et pour ce que nous sommes. Nous pourrons alors faire ce qui nous plait. Ce qui nous plait moins, nous le ferons aussi, pour le bien de tous et pas pour compenser un manque. Et la cerise sur le gâteau c'est que les entités n'auront plus possibilité d'utiliser ces failles, en les exacerbant pour obtenir un pacte ou un accord, nous serons hors d'atteinte. Une belle Utopie que je nourris chaque jour.

Le modèle Amish me plait bien. J'ai regardé cela hier soir, les Amish sont originaires de Suisse avec une connotation allemande, catholique expatriés à la base en 1636 en France à Sainte-Marie-aux-Mines. Là où je vais depuis presque 20 ans acheter mes minéraux, une fois par an à la plus grosse bourse aux minéraux de France. Tiens donc ! Il faut que j'étudie cette communauté, son fonctionnement et surtout voire comment on peut le transposer sans croyances religieuse contrôlante, un modèle athée. Une belle utopie vous me direz.

Une Utopie est quelque chose qui arrivera un jour quelque part. Il faut nourrir d'amour, d'espoir et de joie nos utopies pour les aider à se réaliser. Et l'argent ne sera plus un problème, car tout sera mis en commun pour le bien de tous, et nous n'aurons plus besoin de tous ces biens de con-sommation pour nous sentir existés et aimés.

Il reste néanmoins que beaucoup encore estiment devoir avoir dans les nouveaux systèmes une place hiérarchiques équivalente à celle qu'ils avaient atteinte dans l'autre vie, celle de la matrice. La manipulation mentale étant tellement bien infiltrée dans tous les systèmes qu'il est difficile de lui échapper dès la 1ère tentative.

*****

Article 1er de la déclaration des droits de l'homme :

Les hommes naissent et demeurent libres et égaux en droit. Les distinctions sociales ne peuvent être fondées que sur l'utilité commune.

Texte modifié en 2021 l'ancien texte c'est :

Tous les humains naissent libres et égaux en dignité et en droit. Ils sont doués de raison et de conscience et doivent agir les uns envers les autres dans un esprit de fraternité.

*****

Ils ont modifié « La déclaration universelle des droits de l'homme » ! Qui détermine maintenant de l'utilité d'un individu ? De la valeur d'une personne en fonction de son utilité au système. Mais qui détermine la valeur d'une personne.

Chapitre 5 : Comment aborder une séance de soin énergétique.

La session

J'avais au préalable mis le déroulement d'une session, même si je ne l'ai jamais eu explicitement dans mes cours, je ne vous la donnerais pas ici, il suffit de regarder les sessions sur YouTube pour en déterminer le processus, Nathalie a commencé comme cela, avant d'être intégrée à la team. Et c'est 3 ans avant intégration à la team que j'ai assisté à ses hypnoses et à ses séminaires.

Et c'est aussi pendant cette période que sans rien faire de plus que d'habitude les personnes ont commencé à partir en modification de conscience sans réelle intention de ma part, cela se faisait tout seul, les personnes me racontaient ce qu'ils voyaient, je leur demandais juste de se détendre de fermer les yeux et de respirer profondément. Et cela me mettait également en légère modification de conscience, je me suis donc formée en 2018, pour me rassurer et mieux maitriser ce qu'il se passait.

Si vous allez sur YouTube, vous ne trouverez pas mes sessions j'en mets très peu des miennes, car je suis thérapeute et je respecte la confidentialité de mes séances. J'apprends des choses sur le fonctionnement des entités en leur posant beaucoup de questions, d'où ils viennent m'importe peu, contrairement à d'autres, moi c'est ce qu'ils font à la personne et pourquoi et comment, je trouve cela beaucoup plus utile pour les clients, cela leur parle d'eux.

En regardant les vidéos disponibles, vous pourrez voir, qu'on peut être sur terre, comme sur une autre planète. Dans un temps ou notre galaxie n'existe même pas encore. Ou à flotter dans un nuage rose, dans une béatitude complète, dans une illusion de plénitude. Et la conscience même pas au fait qu'elle a une incarnation, ou plusieurs incarnations en cours.

Majoritairement, nous arrivons sur des événements traumatiques, viol collectif, meurtre, décapitation pendant une guerre, noyade, famine. Avec des fois un enfant au fond d'un puit, roué de coups et jeté là vivant le laissant mourir de faim. Ou une personne tombée dans un trou avec des centaines de mygales, ou mangé par un animal sauvage...

Une fois, nous sommes tombés sur une incarnation reptilienne, elle-même à l'origine de l'interférence sur ses autres incarnations. Car oui nous pouvons avoir été une entité négative contrôlante sur une des autres incarnations de notre conscience. On est bien loin de Marie Madeleine et de Cléopâtre, ou autres célébrités que l'on vous énumère dans les séances de pseudo voyance.

Il nous arrive également de tomber dans des cérémonies chamaniques, en pleine transe de la personne. Patrice qui n'a jamais rien fumé de cette vie se retrouve parfois dans des états très rigolos. Dans un split total, incapable de prononcer un mot. Je mets alors la conscience en observation au-dessus de la scène, pour pouvoir travailler.

Une fois que nous avons les circonstances nous faisons en sorte que la conscience de la personne refuse l'accord, ou qu'il ne soit jamais passé.

Et nous recommençons autant de fois que nécessaire pour dégager de l'espace énergétique de la conscience et de son véhicule, toutes ces entités contrôlantes, jusqu'à ce qu'elle puisse fusionner avec son véhicule terrestre ici et maintenant en pleine possession et expressions de ces capacités.

Nous ne faisons rien, ni moi, la télépathe, c'est la conscience qui fait le boulot car si nous faisons quoi que ce soit à sa place c'est comme si rien n'avait été fait. C'est pour cela que quand un géobiologue ou un médium vous dit j'ai fait partir une entité, ce n'est pas possible, tout au plus il a dégagé un sbire, ou l'entité c'est poussé le temps de lui faire croire qu'elle était partie et quelques heures ou jours plus tard revient et continue le sabotage. Ou alors le possesseur du pacte va mettre un autre sbire à la place dès qu'il va s'en rendre compte. C'est la conscience qui doit reprendre en main son espace personnel, personne d'autre.

La partie subliminale

Cette partie subliminale est une partie beaucoup plus subtile et pas toujours très coopérative. Et dès que nous avons terminé avec elle, soit elle nous invite à quitter son espace énergétique, le plus rapidement possible, soit nous nous en trouvons éjecté sans plus de formalité.

Car nous sommes également une interférence. Nous sommes rentrés dans son espace énergétique et nous venons de lui en redonner les pleins pouvoir, donc c'est normal. Même si nous venons pour l'aider une fois qu'elle a retrouvé ses pleines capacités et sa pleine mémoire, c'est normal qu'elle ne veuille plus de nous. C'est pour cela que cette technique à des protocoles particuliers, et qu'il ne faut pas aller toquer à la porte d'une conscience toutes les 5 min en espérant qu'elle va nous dire quoi faire. Certains voudraient que nous fassions : « Allo madame la conscience qu'est ce qui va m'arriver ? », comme ils le font déjà avec Mme Irma. Mais va vous arriver ce que vous aurez décidé et mis en action, c'est à vous en bas là sur terre de vous sortir les doigts du … et de créer votre propre vie.

Le subliminal d'une conscience c'est comme le satellite qui est en orbite, la partie matière de l'âme l'antenne relais et vous le téléphone. Et certain en sont encore au cadran rotatif. Quand vous décidez de faire des soins ou de vous servir de vos capacités, vous cliquez sur les bandeaux d'annonces publicitaires qui polluent vos écrans plutôt que de chercher votre propre source d'information.

Vous savez quand on veut aller chercher une information sur un sujet et que l'on finit par se commander une paire de chaussure. Ou encore on va chercher l'information sur un serveur bassement terrestre qui brille, qu'a mis des jolis dessins d'égrégores soi-disant là pour nous aider, mais qui détourne notre attention de la vraie source d'information. On a tous notre propre source d'énergie et d'information et on reste au niveau radio raz les pâquerettes.

Et pendant que nous négligeons de nous y connecter, certains profite de la détourner de nous. Quand on est branché sur notre propre énergie de conscience et qu'elle est propre plus rien ne peut nous en détourner, à part si on reclique sur un bandeau publicitaire fait pour nous détourner.

Au retour au niveau matière, après avoir coacher la conscience dans tous ces niveaux d'existence, nous vérifions que plus aucunes traces émotionnelles ne soient présente sur le véhicule, car celles-ci peuvent servir de pont entre deux existences et permettre aux entités de revenir par elles. Il y a des émotions qui nous habitent, qui viennent de ce que nous avons vécu dans cette existence. Mais il peut aussi y avoir sur nous des traces des émotions vécues sur une autre ligne temporelle, ces traces sont souvent dues à des événements traumatiques violents. Elles servent de point d'ancrage et les entités savent les utiliser. Ils peuvent se suivre du trauma vécu sur cette autre vie pour obtenir un pacte et utiliser le pont énergétique émotionnel et ainsi remonter jusqu'à vous. D'où l'intérêt de vous maintenir dans un état de santé précaire et dans des difficultés permanentes qui vont générer ces émotions négatives.

Une fois que tout est propre, nous nous déconnectons de la conscience de la personne et nous vérifions nos propres espaces énergétiques. Comme le dit Nathalie dans ma session de vérification de mon propre subliminal, les personnes qui font ce travail sont des cibles. Ce n'est pas un job pour les personnes un peu naïves. Qui pensent que tout cela est facile, rien n'est facile, rien n'est acquis d'avance. Il m'a fallu 6 ans pour arriver à me libérer complètement malgré toutes les connaissances acquises en 30 ans. Donc ne vous improvisez jamais hypnologue dans ce type d'hypnose parce que cela vous a botté de regarder celles des autres, sachez que c'est un engagement énergétique au quotidien. Qui peut tout vous prendre, si vous n'êtes pas hyper vigilant.

Au jour d'aujourd'hui, seuls les enseignements du team Grifasi, peuvent vous amener vers une technique et une connaissance sure, personne d'autre même pas moi. Je fais des stages de magnétisme et de lithothérapie car j'ai plus de 20 d'expérience dans ce domaine. J'ai toujours été très autonome dans mes pratiques énergétiques et ne souhaite pas intégrer la team. Je veux pouvoir continuer à accompagner les gens avec les autres outils que j'ai, car le post hypnose est des fois compliqué, les gens qui font leur hypnose n'ont pas tous l'intention de devenir thérapeute, juste envie de vivre une vie simple et paisible. Et je les accompagne en ce sens. Il faut bien comprendre que plus vous jouerez aux apprenti sorciers, plus vous risquez de vous faire reprendre. Personne n'est à l'abri je dis bien personne. Nous devons surtout apprendre à nous connaitre à savoir ce qui nous déstabilise et faire en sorte que cela dure le moins longtemps possible. Les accidents de la vie et ce qu'on nous oblige à vivre au quotidien, stress, angoisses, peurs, pénuries, chômage… sont des situations qu'il faut vivre pleinement sans qu'elles nous déstabilisent de trop. La vie sur terre est une parcourts d'obstacle. Alors certains vont dire il en est un parce que tu le penses, non il y a aussi ces êtres contrôlants qui n'attendent que cela, pouvoir vous réinfester, et plus vous allez vous connaitre et plus vous allez être aligné sur votre propre fréquence d'âme, moins ils auront d'emprise sur vous. Ce sont souvent nos attentes vis-à-vis des autres pour venir combler une faille chez nous qui sont notre pire ennemis. Apprenez à vivre avec « vous m'aime », à accepter que tout n'est pas toujours idyllique sur cette terre, qu'il y a des hauts et des bas et que c'est à nous et à personne d'autre de gérer notre espace personnel.

Que toutes les réponses à nos questions sont en nous et que c'est également à nous de choisir quoi, ou quand faire les choses. Ne se déresponsabiliser sur personne et partager les plus de belles choses.

Fais aux autres ce que tu aimerais qu'on te face, et surtout ne rien en attendre que le plaisir de le faire et du partage. Hier soir j'ai mangé au restaurant avec 2 amis, on n'est pas toujours d'accord sur tout, on échange nos points de vue et on partage notre propre expérience des choses, et après chacun fait bien ce qu'il veut de sa vie et moi pareil. J'avais une décision à prendre qui me stressait un peu, pas facile de fermer la boutique et de partir sur une autre route, cela a généré en moi un peu de stress, mais d'avoir échangé avec des personnes qui sont dans le respect, j'ai pu exprimer le pour et le contre et prendre ma propre décision et aujourd'hui je suis de nouveau alignée. Tout va bien. Et c'est ça le plus important et même si je venais à changer d'avis pas bien grave tant que je suis en accord avec moi et que les autres ne font pas le choix à ma place. Je suis thérapeute et je vais même si je prend un risque rester thérapeute.

Décider, changer d'avis, recommencer, arrêter, continuer mais toujours prendre du plaisir à faire ce que l'on fait. J'ai lutté toute ma vie et quel bonheur de ne plus avoir à le faire, mais certaines fois cela me laisse un peu dans le flou pas l'habitude de cette liberté, mais je l'apprécie chaque jour et j'aime la personne que je suis devenu, et même si à 54 ans une nouvelle vie s'ouvre devant moi encore une fois, je vais en apprécier la moindre seconde et la vivre pleinement, la savourer et l'éclairer de cette joie qui brille de l'intérieure.

Il se peut très bien que les gens qui ont quitté ma vie reviennent toquer à ma porte, je les accueillerais avec un large sourire, car dans cette nouvelle temporalité je suis une autre personne que celle qu'ils ont quitté et eux surement aussi et nous referons connaissance avec beaucoup de plaisir. Je comprends que certaines personnes ai trouvé trop dure de me côtoyer dans les pires moment de ma vie, je ne leur en veux pas, moi j'ai pas eu le choix mais eux oui, ils l'ont pris et si maintenant que les tornades ont cessé ils veulent bien partager cette joie avec moi ce sera avec le plus grand des plaisirs. Ici et maintenant, je suis en pleine harmonie intérieure. Je vis, je ris, je pleure, je partage de belles choses avec des inconnus et je partagerais cela avec tous ceux qui on envie d'aller de l'avant. Car s'il y a bien une chose que j'ai appris dans cette vie, dans la matière terrestre c'est que dès que le mouvement cesse la vie cesse. Et je compte bien vivre chaque seconde pleinement jusqu'à l'obsolescence de mon véhicule humanoïde terrestre et profiter de chaque petit plaisir de la vie qui sera sur mon chemin.

Je vis ma félicité. JIVA SAT ANANDA SO HAM.

Accès à mon propre subliminal

Pendant 6 ans, suite à ma 1ère hypnose, j'ai continué à subir des attaques, sans comprendre comment ils pouvaient encore et toujours passer et accéder à mon espace énergétique. Nous découvrons sans cesse des accès et des façons de les dégager, mais ils cherchent également en permanence à nous stopper. Et des nouvelles portes d'entrée.

J'avais encore et toujours des pensées qui ne m'appartenaient pas, malgré de nombreuses vérifications et je ne faisais plus aucunes invocations. Je travaille mon alignement énergétique ainsi que mon taux vibratoire et mes fréquences quotidiennement. Depuis des mois avec Patrice, nous sommes tous les deux formés à la méthode, j'essayais d'accéder à ma conscience pour lui dire qu'il y avait quelque chose qui n'allait pas. Elle ne voulait rien entendre, cela finissait systématiquement en conflit. J'avais l'intuition d'un défaut de programmation, comme s'il lui manquait quelque chose, qu'elle n'avait pas toutes les informations pour ne pas les laisser passer. Je cherchais comment le lui faire comprendre et pour elle tout allait bien.

Déjà elle n'a jamais été très coopérante, mais lors de ces sessions-là, cela virait au cauchemar. Je finis par publier une session sur mon YouTube, une où j'avais plus ou moins réussit à garder mon self contrôle, et que j'ai fait avec un autre opérateur de support elle aussi formée à la méthode. Suite à cette publication Nathalie et Barbara ont pris contact avec moi, et me disent : « Il y a un problème ma bichette, ce n'est pas normal que ta conscience te parle comme cela ». Je leur dis qui que je sais, que je n'arrive pas à trouver le passage pour résoudre le problème. Elles me proposent une session le jour même go, nous avons eu un coup de bol monumental d'avoir toutes les deux un créneau commun de libre. Elles avaient depuis que nous ne nous étions pas vus trouvé le chemin du subliminal.

Vous trouverez la session sur mon YouTube, je vais aussi la transcrire en annexe. Avec mes propres commentaires en sus de la session, car pendant la session il est hors de question de blablater outre mesure et de créer des parasitages.

Nous avons atteint par cette session le défaut de programmation que je ressentais depuis des années. Il a été compliqué de faire prendre conscience à ma partie subliminale de ce défaut de programmation, car elle n'en était pas à l'origine mais avait été créée comme cela, pour attirer les entités. Pour elle, tout était normal c'était « son job ». Et comme Nathalie et Barbara sont neutres vis-à-vis de ce qui se passe, c'est beaucoup plus efficace car cela ne part pas en pugila. Quand Nathalie a attrapé le covid et s'en est trouvée très affectée énergétiquement, elle est passée par Calogero et Aurore. Nous manquons d'objectivité sur nous-même quel que soit notre niveau d'évolution, ce n'est pas bien grave, il suffit de le reconnaitre et de l'accepter comme un fait de la matière cela évite beaucoup d'erreurs. Reconnaitre qu'à certain moment nous ne pouvons pas tout faire fait aussi parti de l'évolution, sinon on se retrouve avec un syndrome du sauveur XXL, et notre évolution s'en trouve fortement ralentie.

Dans mon cas il arrive donc que les expériences faites par les consciences elles-mêmes ne nous avantagent pas. Je suis déjà tombée sur une expérience où, la conscience de la cliente avait été scindée en 2 à l'origine, le pôle positif et le pôle négatif. Et ces deux pôles s'attiraient de vie en vie, le pôle négatif persécutait le pôle positif, les deux parties cherchant à retrouver une certaine unité. Nous avons également fait en sorte qu'à l'origine de cette âme la programmation soit rétablie pour éviter les interférences qui en découlait, et faire que chacune retrouve son entièreté pour faire leurs expériences en tout équilibre. C'est d'ailleurs suite à cette session que j'ai compris mon problème, sans pour autant arriver à remonter à l'origine.

Nous avons des fois des intuitions tellement à l'opposé du scénario qu'on nous vend dans la matrice qu'on se dit : « Et la marmotte, elle met le chocolat dans le papier d'alu ! » alors que nous avons raison, quelque part.

Nous captons une intuition d'une autre possibilité d'incarnation, ou d'une autre potentialité de notre propre ligne de vie actuelle : « Le déjà vu ! » et on se demande d'où peut bien venir cette idée farfelue. Et on croise sur notre chemin quelqu'un qui a capté la même chose, et ça fait : « ho copain d'idée, youpi, je ne suis pas folle », ou sinon « on est deux, ça veut dire qu'il y en a surement d'autres, à être aussi fou que moi. Yes !!! »

En post session de cette mise à jour dans ma partie subliminale de ma conscience, j'ai fait une mini dépression. Qui a duré jusqu'à un stage lithothérapie, que j'ai fait 2 mois plus tard, qui m'a restimulé l'envie de faire quelque chose. Je me trouvais dans un vide. D'abord j'ai ressenti une quantité de flux énergétiques, tout du long de ma branche, au-dessus comme en dessous de moi. J'ai ressenti les multiples consciences qui intégraient cette mise à jour, car toutes les consciences en dessous de celle qui m'avaient créé comme cela, ont reçu la mise à jour. Ça a fait un flux d'information très intense. Vous savez dans les films de voyage dans le temps quand les personnes intègrent leur nouvelle temporalité. Un peu perturbant quand même de capter celle de la branche toute entière.

C'est comme si j'avais enfin atteint le but que je m'étais fixée dans cette vie. Comme dans le film « Le jour de la marmotte » avec Bill Murray. Vivre, revivre indéfiniment la même potentialité de vie jusqu'à trouver la faille. Et du coup maintenant que j'ai trouvé la faille et que je l'ai résolue, c'est quoi la suite, je fais quoi maintenant comme si c'était la 1ère fois que j'y arrivais et que du coup je n'avais plus d'autre objectif. J'ai compris dans l'automne que malgré que je n'avais pas trouvé la faille dans les autres potentialités, j'avais quand même vécu plus vieille et qu'il me restait encore du travail dans cette vie sur cette terre. En l'occurrence ce livre, GO ! Faire connaitre aux personnes ce qui existe en dehors du spectre visuel de leur œil humain terrestre.

Cela fait maintenant un an que j'ai fait cette session (juin 2022), deux ans que j'écris ce livre, et 53 ans 8/12 que je suis dans cette potentialité d'incarnation. Et le travail ne fait que commencer. Calogero a continué le travail de Dolores Canon, et quelqu'un continuera son travail, comme le mien d'ailleurs. Dès que j'ai pu comprendre que tout ce que je faisais en énergétique ne m'appartenait pas, mais appartenait au collectif, j'ai donné un nom à mon activité, une enseigne qui existera bien après moi. Qui sera transmis, transformé qui évoluera au gré des personnes qui l'auront dans les mains et j'espère que son intégrité énergétique restera et que personne, comme qui dirait fera pipi dessus en disant cela m'appartient vous me devez obligeance. Février 2023, je suis en train de changer de cap pour me consacrer uniquement aux séances et le nom est en train de changer, c'est perturbant mais à la fois le chemin que j'ai fait avec lui était en totalité sous emprise. J'ai regardé aujourd'hui le 18-02-23 un autre nom que « les BamBous Bleus » mais je garderais toujours un lien avec eux car ils font partie de mon chemin depuis le 1-04-2000. J'ai choisi ce nom de façon tout à fait intuitive, et j'ai appris bien des années plus tard que quand le bambou sortait de terre il avait tout en lui et il ne lui restait plus qu'à grandir et j'ai grandi donc maintenant je vais partager ce que j'ai compris de cette vie.

Je vous rappelle qu'on n'apprend rien, qu'on n'invente rien juste qu'on se souvient. Et que des fois la réalité des choses nous saute au visage dès notre plus tendre enfance, comme une évidence que nous mettons des années à comprendre et encore plus de temps à pouvoir l'expliquer. Et nous n'avons pas toujours la chance de pourvoir aider les autres à en faire de même. Se sauver soi-même prend des fois toute une vie.

Pour ma part il me reste encore beaucoup d'années devant moi pour partager et transmettre cet enseignement infini de l'âme incarnée en pleine conscience de l'être. Ou pas, mis cela ne changera rien à ma façon d'être.

La métabolisation d'un travail énergétique

Donc une fois qu'on a pris conscience de la présence d'entités négatives contrôlantes dans notre espace énergétique et qu'on a fait le nécessaire pour qu'ils ne soient plus là. Que se passe-t-il ? Quelle attitude avoir en post-session, et en post séance en général.

Je ne voudrais pas vous déprimer mais vous êtes toujours dans la matrice 3D de la terre. Donc c'est comme faire un gâteau au chocolat habillé en blanc en espérant rester propre. Je m'explique, nous sommes incarnés dans un véhicule humain dans la 3D terrestre de Gaïa et c'est le gros bordel. Il y a donc sur cette terre des êtres qui se nourrissent de tous les effets négatifs secondaires ou primaires de ce qui s'y passe. Quand on voit l'ambiance actuelle, il ne faut pas espérer que tout soit entièrement résolu après une malheureuse séance, quelle que soit son efficacité.

Maintenant, c'est à vous de jouer. C'est à vous déjà de métaboliser la séance. Pour cette technique, pendant la session même si ce n'est pas vous qui êtes partis en hypnose, c'est votre conscience qui a travaillé, et donc c'est à vous de faire la suite du travail également. Cette métabolisation peut prendre plusieurs mois, il peut y avoir des améliorations instantanées, mais cela peut aussi prendre plusieurs semaines, voire mois pour d'autres choses. Moi la métabolisation de la mise à jour de ma conscience c'est fini fin Aout 2022, alors que la séance c'est fait fin juin 2021, soit 14 mois.

En gros, vous avez pris un auto-stoppeur, il y a 10, 15 ou 20 vies. Il a fini par prendre le volant du véhicule, alors que vous vouliez aller vous faire une petite balade en bord de mer, lui il est allé faire du gymkhana dans la boue et il en a mis partout. Et au fur et à mesure des vies, vous aves fini dans le coffre ligoté bâillonné. Et pendant la session on vous remet au volant. Et il faut réapprendre à gérer votre véhicule et votre espace énergétique. Et avec le chao qu'ils mettent avec le new âge, c'est pire que d'essayer de monter un meuble suédois. On est un peu comme un enfant de 5 ans devant une table de mixage. Ça part en cacahouète toutes les 2 minutes nous faisant croire qu'ils sont encore là.

Je vous rappelle que cela fait des fois des dizaines de vies que vous êtes sous emprise et souvent des dizaines d'années dans cette vie que vous subissez les traumatismes de ces êtres. Donc hop, hop, hop, tout ne va pas disparaitre en 3 heures.

Vous avez mis des protocoles physiques de résistance en place, qu'il faut modifier ou mettre à jour. Vous aviez aussi surement des protocoles de demande d'aide extérieur qu'il faut aussi mettre à jour. Ainsi que des mémoires cellulaires des traumatismes physiques, émotionnels, psychiques qu'il faut éliminer et effacer. Et tout ce que vous avez fait jusque-là a été plus ou moins saboté par eux.

En plus ils sont allés faire du gymkhana dans la boue puante et nauséabonde de toutes les pires et dangereuses jungles de la planète. Ils en ont mis partout, vous donnant également en pâture aux pires humains croisant votre route. En vous disant, en plus, que c'est de votre faute, que vous souffrez pour comprendre le mal que vous avez fait et qu'il faut que vous vous repentiez de votre manque d'humilité. Alors que vous à la base vous avez demandé un petit coup de main pour ne pas mourir dans des conditions affreuses et avoir une vie un peu meilleure que celle que vous veniez de vivre.

Maintenant qu'ils ne sont plus là on fait quoi ?

Si vous avez déjà commencé un travail sur vous-même depuis quelques années et que vous vous connaissez un peu cela sera plus facile. Par contre si vous commencez votre cheminement cela sera un peu plus rude, mais pas impossible. Et heureusement, après chaque cas est différent.

Il nous arrive régulièrement de revoir un petit pourcentage de personnes qui ont du mal en post hypnose, qui nous disent ne sentir aucun changement. Et même un très petit nombre pour qui c'est des fois pires qu'avant. Des fois c'est normal, comme dans tout travail énergétique, il peut y avoir détoxification du corps physique, ce qui peut créer une crise. Nous avions eu en consultation une personne avec un purpura au pied, 8 jours après la session elle nous a appelé en nous disant c'est l'horreur, ma réponse a été très simple, difficile à entendre mais très simple, attendre que ça passe. Nous faisons le maximum pour que soit éliminé le plus de stock possible de l'énergie en l'occurrence là : de colère et de peur, qui ressortait par le point R1 et l'emplacement du foie en réflexologie sous le pied. Il fallait que ce qui était trop intriqué dans la matière sorte et soit évacué par le corps. 2 mois plus tard, elle m'a rappelé pour me dire que, ça y est, c'était fini presque plus rien, après 10 ans de souffrances. Je comprends que cette personne voulait que cela disparaisse instantanément mais des fois, le corps a besoin de temps. Nous sommes dans une matière dense et parfois lente.

Il vous faut donc reprendre en main votre véhicule, que vous n'avez pas géré depuis toutes ces vies, et qui subit leur présence depuis plusieurs décennies dans cette existence. Et imaginez, déjà moi, j'ai eu du mal à reconduire une voiture manuelle après avoir conduit un camping-car automatique pendant 3 semaines. C'est un peu la même chose à part qu'en plus on ne connaît pas toujours assez bien son corps et ces énergies pour y parvenir. Donc se faire aider pour déjà mettre à jour les mémoires cellulaires, moi je le fait avec la « Méthode JMV® », peut grandement faciliter le travail. Je suis thérapeute avant tout, j'ai fini par trouver avec toutes les formations que j'ai fait des techniques qui vont vous accompagner sur ce chemin.

Nous demandons, toutefois, aux personnes de patienter déjà 3 mois minimum, avant de dire que rien ne va et faire une éventuelle vérification. Car systématiquement dans plus de 90% des cas quand nous vérifions avant les 3 mois la réponse est : « C'est dû au temps de métabolisation ». Après je ne prétends pas être parfaite, donc il peut y avoir quelque chose qui nous a échappé. Je vous rappelle que j'ai mis 4 ans à trouver le problème et encore 2 ans à pouvoir y accéder. Les mondes ésotériques sont complexes et nous sommes face à des cas particuliers à chaque session. Et en plus nous ne pouvons pas garantir de votre attitude en post session.

Nous travaillons dans l'énergétique et nous ne pouvons pas garantir le résultat d'une séance, car quelle que soit la technique utilisée, c'est à vous d'intégrer le travail. Une fois nous avons en vérification trouvé dans son espace énergétique des miroirs, posés par sa propre énergie pour le protéger des attaques extérieures, mais qui avait totalement stoppé la métabolisation.

Dernièrement, une conscience pensait qu'une fois nettoyée, elle n'avait plus rien à faire et négligeait de maintenir des fréquences hautes, et donc son véhicule se trouvant dans les affres de la 3D, en pleine période de métabolisation et subissait petits et gros tracas successifs et rapprochés.

Dans la période post session, c'est comme quand le crabe mue, nous sommes dans une période de fragilité énergétique le temps de retrouver le mode d'emploi de notre espace énergétique. Du point de vue matière mais aussi du point de vue de l'âme, l'un ne va plus sans l'autre.

Je me suis rendue compte au cours de mes nombreuse années de travail dans l'énergétique que certaines séances marchaient très bien et que d'autres pas du tout. En 30 ans de pratique, j'ai pu remarquer quelque chose, c'est que personnellement je fais toujours mon travail pareil, mais que celui-ci n'est pas toujours reçu pareil. Chaque personne en fonction de son vécu et de ses croyances va intégrer ou pas le travail fait. Que ce soit dans une séance purement physique ou dans l'ésotérique.

Vous pouvez aussi très bien avoir des sous-programmes, dans votre inconscient, des fichiers erronés qui vous empêche de métaboliser la séance. J'ai fait une séance de la « Méthode JMV® » à une dame de 72 ans avec des pathologies multiples et j'ai vérifié en cours de route si elle avait envie de guérir, réponse : « Non ! » du coup je lui ai demandé : « Ce serait quoi le pire si elle était en bonne santé ? », réponse : « De vivre vieille » … !? Je connais très bien cette personne, qui m'est proche : « Bin c'est un peu le but du jeu, de vivre veille et de mourir le plus tard possible ! » ; elle : « Oui mais je ne veux pas finir seule et dépendante. » sa maman est décédée de la maladie l'Alzheimer, 18 ans ont séparés les 1ers symptômes de la maladie et son décès, avec une longue période de dépendance et sa maman avait aussi vécu seule pendant 30 ans après le décès de son mari. Elle s'était mis des fichiers de protection dans l'inconscient pour ne pas vivre ça. Mais se rend malade pour ne pas le vive et du coup se le programme quand même. On n'est pas toujours cohérant énergétiquement. Nous avons donc nettoyé cette information. Cette personne ne pouvait, quoi qu'il en soit, pas aller mieux, car elle avait mis en place un protocole énergétique à l'intérieur d'elle qui sabotait le travail.

Moi, comme je me suis faite attrapée par des entités contrôlantes qui m'ont imposé mon karma de pauvreté, dans une vie où je suis morte riche, je me suis mis comme mémoire de protection de cette interférence : « Ne pas mourir riche ! ». J'ai donc été doublement punie, toute cette vie, par eux sur l'argent et par moi-même. Quand j'ai travaillé le sujet de l'argent en mémoire cellulaire impossible de prononcer les mots, « Faire des économie », « Placer de l'argent ». Nous avons trouvé que le mot réserve était accepté, par le truchement du fait que je veux un étang avec des carpes koï et donc c'est une réserve d'eau alimentée par une source et qui lui-même continue sur un écoulement pour que le bassin soit en mouvement, c'est mieux une eau vivante qu'une eau stagnante. Si pas de réserve, pas de bassin ! Nous avons donc travaillé sur le sujet, réserve d'argent : je peux, j'ai le droit.... Et pendant que je fais ça, je capte cette l'information de « Ne pas mourir riche », nous enlevons ce stress à l'origine de mon propre auto sabotage.

Quand comme moi on considère qu'on peut partir (mourir) à tout moment, nous ne sommes que locataire de notre véhicule terrestre, et en plus d'être périssable nous pouvons à tout moment être victime d'un accident quelconque, sans aucun fatalisme mais en pleine conscience de ce côté éphémère. Cela fait que comme je peux mourir demain, avec un tel programme dans l'inconscient, il m'était tout à fait impossible de faire des économies, chaque sou gagné devant être dépensé. Donc même après avoir annulé les accords avec les entités contrôlante qui me l'avait imposé, il me restait une mémoire cellulaire faisant perdurer le calvaire.

Ma situation n'est pas mirobolante mais elle s'améliore tout doucement pour quelqu'un qui a été pauvre financièrement toute sa vie, je peux vous dire que je me contente de peu mais que cela a été un fardeau très lourd à porter.

Ensuite il y a un autre cas de figure qui bloque la métabolisation d'un travail énergétique, le mental. Si vous avez suffisamment de doutes suite à une séance vous empêcherez le travail de se mettre en place.

J'avais compris depuis bien longtemps le problème des mémoires cellulaires, mais il devient encore plus visible à ce niveau de travail. C'est pour cela que je propose les trois techniques de soin, une pour nettoyer votre espace énergétique et une pour éliminer les programmes erronés provoqués par leur présence dans le physique. Fichiers erronés mis en place des fois par vous-même en fonction de ce qu'ils vous ont fait vivre, pour éviter de vous refaire chopper. Et il y a aussi des informations héritées de nos parents, et autres générations nous précédant.

Et en plus on n'est pas toujours très pertinent et objectifs, dans la solution mise en place pour se prémunir d'un pacte. Surtout que là, le programme de ne pas mourir riche, leur facilitait en plus la tâche. Et cela à fait perdurer leur influence néfaste encore plusieurs années. Cela améliore grandement la métabolisation de faire sauter ces mémoires cellulaires qui nous font aussi tourner en boucle.

C'était aussi un autre programme de protection, quand je me suis mariée avec un homo refoulé (mon 1er mari), pour ne pas être avec quelqu'un qui soit trop agressif au niveau sexuel, que j'avais mis en conscience bien plus tôt. Je savais ce qu'il était en me mettant avec lui, et cela m'arrangeait. Nous avons tous ce genre de programme et nous ne le savons pas toujours. J'ai fini par comprendre pourquoi je l'avais choisi. J'avais aussi besoin d'un homme yin pour vivre faut yang. La machinerie humaine est complexe. Et plus j'en apprend plus je comprend mes choix, qui sont généralement des conséquences de ses fichiers erronés et de l'exploitation qu'en font les entités.

Il est donc primordial de faire un travail sur soi et de bien se connaitre pour pouvoir bien agir par la suite. Quand on se connait bien, on sait si une énergie ou une pensée nous appartient ou pas. Partant du principe que nous sommes tous télépathes, que nous entendons nos propres pensées, ainsi que les saloperies que les entités, nous assènent tous les jours. Nous devons apprendre à faire la différence entre les deux. Puis à maitriser notre propre production d'auto sabotage dans l'inconscient, relégué par le striatum.

Vos intuitions ou pensées suggérées par la conscience sont généralement positives et ensuite arrive les pensées destructrices. Principalement produites par ces êtres qui ne veulent pas que vous alliez mieux, mais aussi par mimétisme et habitudes certaines sont produites par le mental. Et celles imprimées dans l'inconscient continuent ensuite à vous mettre des bâtons dans les roues.

Quand j'ai commencé à faire un travail personnel et énergétique à 30 ans suite à ma syncope, j'ai fait de l'EMDR, du reiki, de l'acupuncture, du magnétisme, j'utilisais beaucoup les minéraux également. Je faisais beaucoup le yoyo, j'allais bien pendant un certain temps et ensuite badaboum rechute. J'ai pu constater le mode de fonctionnement de mon ex, qui me faisait systématiquement partir en vrille. Cela m'empêchait de trouver et de maintenir cette sérénité que je voulais aussi mettre en place dans notre couple, comme dans ma vie de tous les jours.

Il y a encore maintenant des moments de stress et la colère qui passent par-là, mais quelques minutes ou quelques heures, plus h24, 7j/7. Je continue encore ce travail. La maitrise de notre corps émotionnel n'est pas chose facile, surtout quand on est empathique et que tout est fait dans notre environnement pour nous déstabiliser. Et s'il y a raisonnance avec une situation ancienne non résolue, alors là, ça peut partir en cacahouète en 3 secondes. Et pas toujours facile de voir la raisonnance. Maintenant que je suis rentrée dans l'être cœur l'empathie est encore plus forte et ce sont les émotions des autres qui sont difficile à vivre. Je me les prends de plein fouet et il me faut des fois plusieurs heures pour arriver à me restabiliser. Je peux pleurer pendant 2 à 3 h avant de trouver à qui appartient cette émotion, car la distance n'est pas un critère, donc cela peut tout à fait être la personne que je vais avoir en soin le lendemain ou le jour même ou un de mes proches qui vit quelque chose de particulier et ce n'est pas les 900km qui me sépare d'eux qui va changer quoi que ce soit.

Tout cela pour vous dire que l'hypnose ne va pas tout résoudre, miraculeusement. Que cela demande un travail au quotidien pour garder la maitrise de notre espace énergétique. Quelle que soit la technique, si on attend du thérapeute ou des autres notre rédemption, ça ne va pas le faire du tout. Si nous attendons que la personne avec qui nous avons une dissonance qu'elle arrête cela ne marchera jamais surtout si elle n'a pas conscience du problème et même si elle en a conscience, si elle attend de vous que vous fassiez l'effort on tourne en rond.

Et tant que nous ne sommes pas dans la matrice de notre propre espace personnel, nous subirons les effets secondaires du système contrôlant en place. Cela peut prend plusieurs mois, voire des années pour arriver à mettre en place une nouvelle vie et ce avec toute notre bonne volonté du monde. Ou pas si nous rechignons à comprendre que tout vient de notre intérieur et de notre façon de le gérer. Nous sommes dans un monde matériel, ou les fréquences de la terre montent mais où les entités négatives contrôlantes cherchent en permanence à les faire baisser.

Ce que nous avons vécus avec la crise sanitaire covid fait partie de leur plan de contrôle massif. Cela fait baisser les énergies terrestres dans leur globalité. Ils nous montent les uns contre les autres, encouragent le racisme, ainsi que la ségrégation sociale. Nous obligeant à nous faire picouser pour conserver un job qui ne nous convient pas, et qui paie à peine les factures qui elles augmentent de façon exponentielle. Justement pour nous saturer en émotions négatives et en temps, pour nous empêcher de trouver cette quiétude intérieure indispensable.

Car plus la vie est dure, plus cela nous oblige à accepter des conditions de travail abominables, par peur du chômage et de tout perdre. Et en plus ils se permettent de nous dire qu'on devrait être content d'avoir ce travail de merde car il y a tant de personnes qui aimeraient l'avoir. Nous vivons là-dedans tous les jours. Une soupe de merde de laquelle on ne peut pas sortir en sentant la lavande.

Il devient très difficile de rester zen et propre dans ces conditions, cela demande d'être pleinement conscient que le stress, la peur, les angoisses, la rancœur, la culpabilité, la douleur les nourrit et nous affaiblir en même temps. Cela ne veut pas dire qu'il faut être lobotomisé pour vivre bien dans ce monde. Car les gens qui se coupent des émotions pour éviter de souffrir, souffre toujours intérieurement même s'ils ne l'écoutent plus et leurs énergies sont quand même basses. Mais cela veut dire que nous devons arrêter de subir leur dictature du toujours pire, aucun pays n'est actuellement libre, nous sommes tous sous leur emprise. C'est à nous de décider, si nous voulons alimenter leur système, ou si nous voulons reprendre en main notre ligne temporelle et échapper à la broyeuse.

Quand vous allez voir un thérapeute quel qu'il soit, lui ne va faire que vous montrez la porte, mais il ne pourra jamais faire en sorte que vous la franchissiez. Il arrive des fois qu'un soin soit miraculeux par rapport à d'autre, pourquoi ? Cela ne vient pas du thérapeute, j'aurais bien aimé personnellement faire des miracles en permanence, cela vient de vous. Vous étiez prêts à franchir la porte, vous étiez peut-être devant le seuil depuis des années et dans l'énergie du thérapeute, vous avez entendu ou reçu la réponse que vous cherchiez depuis si longtemps, et cela sonne comme une révélation. Et vous passez un seuil, celui qui se trouvait déjà devant vous, pas celui que le thérapeute voulait vous faire franchir.

Bon je rigole quand je dis que le thérapeute n'y est pour rien, car son énergie est empreinte de son travail et de sa compréhension des choses, qu'il vous transmet pendant le soin, pour recharger vos batteries ou pour vous coacher. La meilleure chose qu'un thérapeute peut faire c'est de ne pas vous imposer sa vision des choses, c'est de voir ou vous en êtes et de vous apporter l'énergie qu'il vous manque pour passer le cran que vous être en train de travailler.

Chacun en est où il en est, personne n'est en retard ou en avance, tant que vous êtes en recherche de votre équilibre personnel, et que vous savez qu'il est à l'intérieur de vous, c'est le plus important. Et vous n'êtes aucunement redevable à la personne qui vous a apporté l'information que vous cherchiez. C'est parce que vous cherchiez cette information que vous êtes arrivés à elle, pas le contraire. Quand je rayonne mon énergie pour me faire connaitre des personnes, je leur montre qui je suis, et si la réponse qu'elles cherchent est chez moi, ils viendront me voir. Pas besoin de proxénétisme pour appâter le client juste de vibrer ce que l'on est. Et je sais très bien que ce que je propose est entendable par peu de gens. Souvent on me dit vous dites l'inverse des autres c'est perturbant. Mais cela veut il dire que pour autant j'ai tort, non, j'ai juste un autre point de vue.

D'un rendez-vous à l'autre je peux dire exactement le contraire.
À une personne un peu trop mère Thérèsa, je peux lui dire de renforcer son moi, car sans respect de soi les autres continueront à exploiter son empathie. Et le client suivant lui dire, tu n'en as pas marre de ne penser qu'à toi, l'autre existe et tu ne peux pas continuer à le négliger et à l'exploiter.
Que ce soit en couple, en amitié, au travail, la vie n'est qu'exploitation réciproque des problématiques communes. Personne n'y fait exception. Ce n'est pas plus compliqué, mais cela demande de savoir qui on est. Afin de pouvoir calibrer les choses et notre attitude en fonction de ce qui se passe dans notre vie. Accepter ou refuser certaines propositions, mais faire ces propres choix. Avancer sur notre chemin en étant le moins impacter possible par notre environnement et surtout par les propres comportements erronés des autres en face, en donnant le meilleur de soi-même dans chaque chose que l'on fait. Ne jamais rechigner à réparer nos erreurs quand c'est possible sans culpabiliser pour autant. Un peu comme une improvisation permanente en fonction de la musique qui est jouée et savoir des fois sortir de scène au bon moment en laissant le moins possible de casseroles derrière nous, car elles remonteront toujours et inexorablement à la surface.

Rester un électron libre dans le gros bordel ambiant. Nous pouvons alors être, temporairement, dans des lieux qui ne nous plaisent pas, sans pour autant en subir des conséquences négatives à long therme. Et ensuite nous en remettre en quelques heures.

Nous n'avons pas besoin de subir la neurasthénie collective, nous pouvons naviguer dedans mais c'est à nous de refuser que cela nous impact plus que nécessaire à notre évolution, en nous écoutant intérieurement. Un mal de tête, une nausée, une fatigue injustifiée sont les signes d'une fréquence basse, en réponse il suffit parfois de remonter les nôtres, cela l'éloignera automatiquement. Si cela ne suffit pas, il faut trouver soit une autre manière de le faire ou éradiquer la source négative.

Essayer autant que possible de maitriser nos émotions et notre mental pour que ce ne soient pas eux qui décident. En post session dans les trois premiers mois, vous allez un peu galérer, nettoyer, changer de réaction, de travail, des fois même de conjoint, développer ou découvrir des problèmes de santé subjacents ou les améliorer… et des fois continuer ce que vous étiez en train de faire mais avec moins de résistances et de contraintes.

Un bon praticien est une personne qui va vous permettre de faire vos propres choix en toute connaissance de causes. Nous ne faisons rien à votre place, nous ne suggérons rien pendant la session hypnose régressive ésotérique méthode Calogero Grifasi, nous observons et donnons une information à la conscience pour qu'elle reprenne sa pleine autonomie. Car si on vous dit de ne pas penser à un éléphant rose, vous y pensez obligatoirement.

Quand on tombe sur un métamorphe, ce que j'aime faire c'est dire à la conscience de le figer en petit lapin blanc. Les métamorphes sont souvent très arrogant et la conscience est impressionnable, ils choisissent, bien souvent, une forme qui va la dégouter, ou lui faire peur pour la dominer. Le coup du petit lapin blanc marche au quart de tour et fait rire tout le monde, ce qui fait monter les fréquences, mais surtout et avant tout la conscience se rend compte qu'elle en est capable et cela facilite grandement le travail. Tout ceci n'est que virtuel, mais ça marche. Un peu comme le sort de « ridiculus » dans Harry Potter.

Et vous aussi, vous serez capable de créer votre vie une fois propre et complet. Nous sommes tous pourvu d'une Mercédès toutes options et nous roulons dans une deudeuche, par méconnaissance de notre réel « pote-en-ciel ». Ça ne vous dirait pas de rouler en Mercédès dernier modèle décapotable et tout, et tout…

*****

Depuis que je suis devenue thérapeute énergéticienne en 1999, dans des techniques dites paranormales, décriées et fustigées par la masse. Les personnes arrivent jusqu'à nous, alors que cela fait des décennies qu'ils consultent des fois, des dizaines d'autres spécialistes en tous genres avant nous. Pourquoi alors qu'ils ont fait tout un parcours médical, remboursé ou pas par la sécurité sociale, mais qui au final n'a donné aucun résultat probant par rapport à leur problématique, qu'attendent-ils de nous ? Nous qui arrivons en bout de parcours, des fois trop tard d'ailleurs, pourtant beaucoup exigent de nous de trouver la solution miracle et instantanée à leur problématique, en nous demandant de baisser notre prix.

Ils n'ont aucune patience, aucune tolérance et veulent un résultat probant en quelques jours. Il faut bien comprendre que la métabolisation d'un travail fait dans l'énergétique, peut prendre plusieurs mois, voire plusieurs années. Cela fait des fois des dizaines de vies que vous êtes sous contrôle et donc il va falloir également du temps pour évacuer les schémas de compensation, que vous avez mis en place. Et surtout tout ce que vous avez fait et mis en place avant le grand nettoyage a été fait sous leur influence néfaste, donc oui cela demande un travail personnel d'aller à la découverte du nouveau soi et de sa mise en application au quotidien. Mais ce n'est nullement notre responsabilité et si vous le pensez et continuez d'attendre du thérapeute qu'il vous « guérisse » cela ne marchera pas à longue terme, vous allez faire perdurer l'effet yoyo.

Par rapport aux techniques que nous proposons aux personnes pour le faire, nous préconisons :

- Une hypnose régressive ésotérique méthode Calogero Grifasi.

- Un 1ᵉʳ soin « Méthode JMV® » pour effacer les stress les plus évidents
- Un bilan énergétique, lithothérapie : rééquilibrage des vibrations des chakras. Plus coutures auriques des corps : physique, émotionnel et mental.
- Puis en JMV continuer à évacuer les stress dû aux émotions du quotidien et les intolérances dues à la dégradation de notre mode de vie quotidien et à la qualité déplorable des aliments. À votre rythme, et en fonction également de votre budget. À titre personnel je fais l'équivalent d'une dizaine de soins par ans, car bien que thérapeute je suis incarnée dans la matière et je baigne dans le même jus que vous.

Je viens de me former au décodage biologique et c'est extraordinaire comme information qu'on touche j'en parlerais plus avant dans le deuxième livre, car on va toucher à des programmes inconscient encore plus efficacement qu'avec JMV.

J'ai conscience que tout cela à un coût, mais rappelez-vous mon parcours, malgré leur insistance à me faire vivre dans la misère, j'ai toujours trouvé les moyens de financer ma volonté d'avancer, les soins et les formations. Et vu l'amélioration vécu ces 10 dernières année aucun regret, le jeu en vaut la chandelle. À vous de jouer.

L'hypnose régressive ésotérique méthode Calogero Grifasi n'est pas une technique que nous pouvons faire trop souvent voire même il n'est pas conseillé de réitérer les interférences provoquées par notre simple présence, afin de ne pas trop perturber la métabolisation en cours. Il y a bien évidemment des exceptions à la règle si des blocages persistent, j'en suis l'exemple même, il serait mal venu de ma part de vous dire que tout est définitif.

La « Méthode JMV® » par contre est une technique que nous pouvons répéter à l'infini, car nous avons de multiples altérations de notre physiologie par rapport à notre mode de vie. Et prétendre pouvoir tout résoudre en une séance serait un mensonge éhonté. Il est déjà indispensable de vérifier si votre organisme a accepté la mise à jour précédente. Si vous êtes intolérant à 10%, il ne faudra évidemment pas le même nombre de séances que si vous êtes intolérants à 99% à une substance. Surtout si vous restez en contact avec cette substance. Des fois on n'a pas le choix, comme pour mon intolérance à l'eau, il a fallu qu'on travaille souvent dessus.

Cela fait 3 ans maintenant, que j'ai commencé à pratiquer ces séances, et je continue. Bon faut dire qu'il y a du boulot, j'ai déjà eu une amélioration d'à peu près 50% de mes symptologies et ce n'est pas parce que je ne fais beaucoup moins de grosses crises que je ne cherche pas à encore améliorer les choses. Ballonnement, fatigue et stress… tout ce qui peut freiner mon évolution spirituelle, pour moi est à nettoyer.

Je ne garderais aucune symptologie même dite bénigne, qui pourrait avec le temps devenir une autre crise. Et l'entretien de mon système immunitaire pour résister à la mutation des virus ambiants n'est pas une option mais bien devenu une nécessité absolue, de nos jours. Et avec cette technique tout cela est possible sans ingérer la moindre substance, ce qui me convient totalement, vu les effets secondaires de tous les traitements allopathiques et autre.

Le bilan énergétique, peut être également fait régulièrement, pour vérifier l'état de nos chakras et s'ils ont bien accepté le rééquilibrage. En ce qui concerne la partie couture aurique, il est possible non seulement de fermer toute brèche énergétique dans vos 3 principaux corps. Physique, émotionnel et mental, de tout altération, comme des chocs, stress, accident, opérations, tatouages, piercing… Il y a des choses qu'il faut faire régulièrement comme les niveaux d'une voiture, huile, liquide refroidissement, plaquettes de frein, c'est pareil pour notre véhicule si nous ne voulons pas qu'il aille à la casse trop tôt. Je vous rappelle, deux sodas par jour, même perte d'espérance de vie que deux paquets de cigarettes.

Il est tout à fait illusoire, d'imaginer que le véhicule humain puisse aller de la naissance à la mort sans entretien, physique et énergétique. Faire attention à la qualité du carburant, nourriture solide et liquides, que l'on met dedans ; de la qualité de son environnement de vie, lieu d'habitation ou de travail, transports et repos ; de la qualité des actes que l'on commet, agir sans conséquence ou en pleine conscience ; de la qualité de nos pensées et de nos paroles, que l'on s'accorde ou que l'on accorde aux autres.

Tout n'est pas réparable malheureusement, les personnes arrivent vers nous des fois trop tard comme je l'ai dit plus avant, le corps physique dense n'est pas toujours réparable. Mais pour la majorité, il n'est pas trop tard pour bien faire et pour prendre en main sa vie et bien que nous ne soyons là que temporairement, il est quand même dommage de limiter, souvent de moitié, notre temps à profiter équitablement des bienfaits de cette terre.

Et quand je dis de moitié ce n'est pas de fin de vie prématurée dont je parle. Mais bien de notre espérance de vie globale, car quand on est dans notre cocréation, nous créons moins de résistance et de stress et le véhicule humain a à la base une date de péremption bien au-delà de ce que l'on peut imaginer. Jeanne Calment n'a pas été jusqu'au bout de ce que nous pourrions tous atteindre. Et pas en maison de retraite en profitant des plaisirs de la vie, en pleine et entière activité physique et morale.

La précarité du corps physique et son vieillissement est également gérée par le striatum, du point de vue régénération cellulaire qui ne devrait jamais s'arrêter. De nos jours avant intervention énergétique la dégénérescence cellulaire commence à 25 ans, l'obsolescence programmée du corps physique.

Ce sous-programme mis à jour, les altérations provoquées par les entités en moins et des conditions de vie harmonieuses pour tout à chacun, pourrait nous valoir de côtoyer bien plus que nos petits enfants sur cette belle terre. Sans négliger d'être en auto-suffisance de production et non dans une perpétuelle quête du toujours plus, imposé par le striatum.

En résumé

Pour échapper aux diverses interférences des entités négatives, afin de mieux résister au plan, faites-vous nettoyer, débarrassez-vous des pactes et des accords que vous avez passé avec les entités négatives contrôlantes. Par des personnes formées par la team Grifasi, pour ma part je ne publie pas mes sessions car j'estime qu'il y en a déjà assez qui trainent sur la toile pour que vous puissiez vous faire une idée de ce que c'est. Ensuite il ne faut pas non plus devenir addicte de ces vidéos. Le but ultime de ce travail étant de vous permettre de vivre la réalité que vous allez vous créer, et si vous êtes obnubilés par cela je pense que au final ça peut être un frein à votre propre réalisation personnelle. L'humain est fondamentalement voyeur donc cela devient un spectacle, rho lala tu as vu celle où, et puis celle qui, et puis, et puis et puis…. Le plus important est pour moi de réparer toutes vos failles, souffrances et vos traumatismes physiques et émotionnels et psychiques, en post session, pour ne pas être repris. N'attendez de personne d'autre que de vous-même votre libération. Reprenez en main les reines de votre vie.

Actuellement les relations humaines sont de l'exploitation réciproque des problématiques communes. Une quête du toujours plus et de la performance égotique.

Faisons en sorte que cela devienne du partage des qualités communes.

Votre vie est ce que vous choisissez d'en faire.

Si je pouvais remonter à la source de la mise à jour des consciences et lui faire quelques suggestions :

Article 1

Aucune conscience ne peut être soumise à la volonté d'une autre, ni à celle d'une entité incarnée.
Toute entité incarnée ne peut être en accord qu'avec sa propre volonté et celle de sa propre conscience.

Article 2

La conscience ne peut faire souffrir l'entité qu'elle incarne dans la matière, volontairement ou involontairement.
La conscience doit pourvoir aux besoins spécifiques de son incarnation, et tenir compte du contexte matériel, pour évoluer en ne faisant qu'un, ou à faire tout travail en ce sens.

Article 3

Aucune entité ne peut être limitée ou exploitée par une autre, tout échange doit être équitable.
Tout accord est rendu caduque par le décès du véhicule d'une ou des deux parties.

Article 4

Toute mémoire et connaissance devra être accessible par l'entité incarnée, à la nécessité de son action.
Tous les moyens nécessaires, à la mise en œuvre de l'action demandée par la conscience, devront lui être accordé (au véhicule) : énergie, matière, moyens financiers nécessaire et mode d'emploi spécifique à ces potentialités, en fonction du lieu d'incarnation.

Article 5

Toute conscience est tenue de récupérer toute partie d'elle après le décès de l'entité incarnée, ne laisser aucun esprit errant dans les limbes...

Ceci n'est pas exhaustif et ne me concerne que moi et j'ai toute conscience que certaines choses sont complètement empreintes de la matrice terrestre dans laquelle nous gravitons et que ces propositions ne peuvent de toute façon pas être objectives.

À vous de créer la réalité dans laquelle vous voulez vivre !

Le but de l'incarnation terrestre ou pas d'ailleurs étant tout de même de faire l'expérience de la matière, donc si la conscience qui s'y incarne ne tient pas compte des spécificités de cette dite matière à quoi bon ? Et comment cette expérience pourrait être concluante si elle ne s'y intéresse pas jusqu'au bout ? En ce sens je parle du financier, ma conscience s'en tape le coquillard comme de l'an 40 avant JC. Alors que les entités négatives contrôlantes en connaissent-elles très bien l'utilité, sinon ils ne mettraient pas autant d'acharnement à nous couper les vivres. Donc si les consciences continuent à négliger ce paramètre ne vivons nous pas au final une expérience tronquée, se désintéresser de ce paramètre n'est-il pas au final un moyen de saboter la mise en œuvre et le but même de l'incarnation terrestre. Ma conscience n'a de cesse de dire que l'énergétique peut tout et passe avant tout, mais l'argent est une expression de cette même énergie sur terre et elle donne les moyens de la réalisation et bien évidemment ce n'en est pas le but. Si l'argent devenait un but, ne serions-nous pas nous même corrompus.

Je suppute qu'il est tout de même plus aisé de méditer en pleine conscience dans un ashram ou un kutir ou nous pouvons manger et dormir même dans un concept minimaliste que sous un carton dans la rue. Mais certaine conscience comme la mienne ne voient pas l'intérêt de se pencher sur la question, et aux vues des divers évènements de ma vie moi j'en vois l'intérêt car tout cela a été fait et choisi pour me ralentir donc c'est bien pour moi un paramètre primordial. Avoir les moyens de réaliser cette pleine conscience en tout sérénité, de le transmettre et d'en profiter soi-même en toute simplicité, sans que cela ne devienne le but en lui-même.

Conclusion

Nous y voilà presque 3 ans de travail s'achèvent sur cette conclusion, nous pouvons tout à fait être maître de notre destinée. Nous pouvons reprendre tout pouvoir sur notre espace énergétique et nos actions ici-bas dans la matrice terrestre quel que soit le contexte.

Comment faire ? Déjà en se débarrassant des charognards qui se nourrissent sur nous, et ce en faisant nettoyer notre espace ésotérique. Et en comprenant que nous sommes les seuls à pouvoir décider. À un certain niveau de commandement tout est connu et su, tout est fait pour nous maintenir dans un état précaire en conflit permanent, non seulement avec les autres mais plus particulièrement avec nous-même.

Notre véhicule est terrestre et extraterrestre. Car nous sommes faits de notre nature animal terrestre, mammifère homo machin bidule (la liste est tellement longue pour nous perdre que rien n'est réellement cohérant) et du chainon manquant des gènes reptiliens principalement, une mutation génétique de laboratoire. Mais pas reptiles terrestres, car nous sommes issus d'un clonage, et nos créateurs sont des êtres venus s'établir sur terre pour échapper à des conflits galactiques. D'où notre insistance à vouloir voyager dans l'espace, cela n'est qu'un appel intérieur de notre génome extérieur pour rentrer à la maison. Il n'y a pas eu qu'une fournée.

Je sais que je pousse le bouchon, mais je le pousse dans le sens où il veut bien aller de toute façon. Nous avons des programmes internes nous permettant d'avoir certains automatismes dont nous ne nous occupons plus maintenant. Et nous avons d'autres programmes nous obligeant à certains comportements que nous ne maîtrisons pas, appelons cela de l'inconscient.

Je vais parler là de la partie évolution terrestre mammifère, celle-ci porte dans son codage dans son énergie une certaine programmation, ce qui implique que nous n'avons pas le choix que de lui obéir. Et tant mieux car dans ces programmes il y a les battements de cœur, la respiration, et tout un tas d'autres choses vitales, donc nous n'avons plus besoin de nous occuper, car s'il fallait comme le peuple lémurien penser à respirer cela deviendrait très difficile de nous concentrer ou même méditer.

Ces automatismes sont très pertinents, et certains le sont moins. Nous héritons via le striatum de l'histoire de nos parents, de l'énergie qui était la leur lors de notre conception. Et ensuite le striatum va gérer ses attributions en fonction du programme initial de base. Si vous en avez encore la possibilité, demandez à vos parents dans quelle dynamique ils vous ont conçus. C'est des fois très pertinent, et tous ceux qui se demandent quel est leur chemin de vie, il est là dans cette information.

Je me reprends à nouveau comme exemple : lors de ma conception :

Père : en permission de convalescence de l'armée car il venait de survivre à une intoxication alimentaire, grave, vu que certains en sont morts. J'ai un système digestif HS je l'explique dans le livre. Ça je le sais depuis des années, mais je n'avais jamais fait le rapprochement avant de savoir qu'on est le fruit des projets et de ce que sont nos parents au moment de notre conception.

Mon père a lui-même résisté à cette intoxication alimentaire grâce à son père, qui a survécu à la guerre et à son incarcération en tant que STO en Allemagne. Mon grand-père ayant fait ce qu'il fallait pour survivre en Allemagne, mon père a lui-même survécu. Et ils me transmettent un fichier bien malgré eux qui m'oblige à la survie, mais comme il n'y a plus la guerre et que l'alimentation "s'améliore" surtout les conditions de conservation, je n'ai pas de mise en danger de ma vie assez probante pour la réalisation de ce programme. C'est sans compter sur le programme du second parent.

En dehors de cela mon père depuis son enfance n'avait de cesse de comprendre ce qu'était le truc qui s'appuyait sur sa poitrine le soir dans son lit.

Mère : ma maman se retrouvait seule avec une enfant en bas âge, 6 mois lors de la permission de mon père, donc moins quand elle s'est fait le film, je ne vais jamais y arriver toute seule, et dans une peur de la précarité financière. Donc quand mon père est rentré ils avaient tous deux 21 ans la joie de se retrouver en sus, ils m'ont fait.

Le résultat c'est que je suis une éternelle optimiste, avec un système digestif en vrac, avec une peur de ne pas y arriver toute seule, et ma mise en danger est donc l'argent et une frénétique envie de comprendre les mondes invisibles.

Et j'ai toujours entendu mon père dire comme on était en 1968 qu'on leur demandait d'aller taper sur les étudiants en manif, qu'il avait refusé de le faire. Je suis donc du coup réfractaire à l'autorité.

Et comme en 2012, Patrice m'a apporté une certaine sécurité financière, mon conflit a migré sur le système digestif. Avec toujours un fond financier entretenu par les entités, et comme ne 2019 je me forme à la méthode JMV, et j'améliore ma digestion, le financier replonge dramatiquement jusqu'à perdre notre entreprise un an et 3 mois plus tard.

J'ai en plus un programme de lutte et de combat dans ma partie subliminale, un joyeux cocktail qui va nourrir à merveille les entités que j'ai sur moi. Après quand je dis que c'est eux qui choisissent notre incarnation, vous voyez bien que tous les ingrédients sont réunis dans la génétique de mes parents actuels pour continuer à exploiter leur faux karma qu'ils m'avaient imposé entre deux vies 5 incarnations plus tôt. Et j'ai en plus, cerise sur le gâteau, un programme de mémoire d'âme qui me met en garde de ne pas mourir riche, mdr. La total costume 3 pièces habillée pour tout une vie de misère préprogrammée.

Donc une fois que nous avons fait le ménage dans notre espace énergétique, faut-il encore aller dégommer ces fichiers imprimés dans notre inconscient car sinon nous sommes incapables de sortir de la boucle induite par notre génétique de procréation. L'hypnose régressive ésotérique méthode Calogero Grifasi n'est en rien une solution miracle si l'on ne va pas effacer dans le striatum les dit programmes, ou dans d'autres parties du corps. Les mises à jour du striatum ne tenaient pas je sais pourquoi maintenant.

J'apprends également avec le décodage biologique que les Avc hémorragiques sont une demande d'afflux de sang dans une zone du cerveau qui demande une solution rapide à une problème généralement lié à la résolution d'un conflit lié à être dans l'exécution ce que nous sommes du point de vue de l'âme. Et quand le cerveau n'arrive pas à trouver une solution qui pourrait se mettre en action jusque dans la matière, il y a gros bug de l'ordinateur central, il envoie un gros afflux de sang. Car dans notre sang, par notre groupe sanguin, nous avons aussi une capacité à réaliser un certain schéma type de notre région et époque d'origine génétique. Je suis B donc une barbare nomade mongole. Et mes capacités de chaman se sont réveillé d'avoir vu le film « Un monde plus grand ». Cela m'a complètement projetée dans ma nature chaman, je l'ai complètement acceptée. Si j'y avait résisté j'aurais fait une hémorragie cérébrale. Et d'ailleurs mes deux grands-pères sont morts de cela, dont celui qui m'a dit « Tu fais les choses pour toi avant tout » savait ce qu'il me disait car de ne pas l'avoir fait lui-même allait le tuer quelques mois plus tard, le conflit était déjà en phase terminal chez lui et il a vu dans ma détresse la mise en place du mien. Car faire ce que les autres voulaient que je fasse m'éloignait de ma vraie nature profonde. Et c'est pour cela que sa phrase a eu un tel impact sur moi.

Nous avons en nous les réponses à toutes nos questions et nous savons ce qui ne va pas, il faut mettre ces informations en corrélation. Et la cohérence de la mise en juxtapositions de toutes les informations, donne une validation de ladite information. Tout devient d'une logique implacable.

Mais, le monde d'aujourd'hui a oublier tout cela, ou ne l'a même peut être jamais su ! Comment faire et remettre en place tout cela alors que je ne sais pas qui je suis et ce que je suis et que les entités négatives contrôlantes font tout pour m'en empêcher. Cela ne les arrange pas que l'on sache tout ça et que l'on fasse le lien entre toutes ces informations. C'est parfois même un cadeau empoisonné. mais comme ils sont dans notre espace et que nous avons accès aux mêmes informations qu'eux leur simple présence nous permet dès lors de capter aussi ce genre d'information et d'en comprendre les tenant et les aboutissants. Mais il faut oser aller jusqu'au bout de soit dans culpabilité.

Du coup j'ai développé un conflit au niveau du système lymphatique et donc du système immunitaire, j'ai eu longtemps peur de tout ce qui est étrange car je ne sais pas qui je suis ! Si je veux savoir quoi faire, je dois savoir qui je suis. Et comme mon père me pousse dans des études yang, comme si j'étais réellement un garçon, vu que j'ai viré ma cuti à 9 ans, en virant yang, quand il a eu une 3ème fille. Alors que je suis une créative yin. C'est aussi pour cela que j'ai quitté le travail à la sécurité sociale, car aucune créativité, aucune communication. Le yin est créativité et communication. Le yang est taiseux, et doit prendre ses responsabilités, donc tous les yangs vont trouver que je parle trop, les yin vont papoter toute la journée avec moi.

D'ailleurs aucun homme au salon de thé, les hommes sont au fumoir avec leur gros cigares. Les barreaux de chaises pour asseoir leur autorité. Donc personne n'a complètement raison et personne n'a complètement tort, c'est juste que nous ne regardons pas les choses du même point de vue.

Et comme j'ai un cerveau double je peux voir intégrer et m'adapter à plusieurs points de vue et en déduire une stratégie mixte, pour moi un objet fonctionnel peut aussi être élégant. Il y a des fleurs sur mon tourne visse, au grand dam de mon père, mon dérouleur de scotch est une grenouille, mes pots à eau sont en forme de coq ou de perroquet, ma pendule est une montre fondue à la Dali. Je porte robe et pantalon en même temps. Je peux faire le doublage placo, l'électricité et la plomberie dans ma maison, changer une roue en moins de 10mn, et faire des bijoux, du point de croix et de la couture….

Pas simple au final de se définir et de comprendre qui je suis, je peux aller chercher une information en pleine intuition émotionnelle et le mettre en application dans la matière la plus dense. Rien d'anormal pour moi, le portail de ma maison sera avec des arabesques et des fleurs. Je construirais la pergola pour y planter mes glycines. Pour moi tout cela est normal un cerveau unilatéral yang va construire la pergola et il laissera un cerveau unilatéral yin planter les glycines, et je déstabilise les deux en faisant tout moi-même.

Maintenant que je sais que je suis tout cela à la fois je vais pouvoir exister ici et maintenant et faire les choses à ma manière. Je ne vais plus essayer de monter un meuble Ikea avec la notice d'un four.

Je sais depuis des années que cette information existe, mais sans pouvoir autant l'appréhender, car lorsque ma mère me disait que j'allais mourir d'un cancer des poumons si je fumais, cette information ne raisonnait pas du tout en moi, vous savez le fameux « logique » ou pas. Je lui répondais alors : « pourquoi la voisine est morte d'un cancer des poumons alors qu'elle n'a jamais fumé de sa vie ». Les problèmes de poumons sont liés à la peur de mourir, je ne peux pas l'attraper j'ai l'information de faire ce qu'il faut pour survivre. Et j'ai toujours dit s'il y a une catastrophe mondiale je serais assez bête pour y survivre et faire partie des pauvres péquins qui devrons lutter pour leur survie en post apocalypse… à Koh-Lanta je me fais virer en moins de 2, car je vais faire la cuisine et construire la cabane en même temps ils vont me considérer comme dangereuse car hyper adaptable.

Je n'ai jamais eu peur de mourir, mais alors au grand jamais, peur d'être enterrée vivante mais pas de mourir. Il y a actuellement une récidive en post covid des cas de tuberculoses, à cause de la peur de mourir que les gens ont eu pendant la pandémie, pareil que pour les HIV positifs, tout ceci est lié. Mes arrières grand parents paternelle des deux côtés ont eu la tuberculose en post seconde guerre mondiale mais comme mon grand-père a survécu il a annulé l'information pour lui. Il est rentré très affaibli, n'a jamais voulu en parler mais il a survécu.

Et ils ont fait leur tuberculose alors que mon grand-père était déjà adulte donc beaucoup moins de conséquences. Et ma grand-mère paternelle elle aussi ne l'a pas eu pourtant elle les a tous soignés. C'est pour cela que certain n'attrape pas la lèpre, c'est parce qu'ils ne développent pas le conflit intérieur qui correspond à cette pathologie.

Et cela me fait dire quand même que les entités négatives contrôlantes ont une lecture de ces conflits potentiels et qu'ils savent exactement où nous mettre pour être nourrit. Beaucoup font de l'expérimentation sur nous, ils veulent encore aller plus loin pour arriver à nous maitriser pleinement. Ils abductent les gens pour cela, ils nous étudient dans des laboratoires, sur le plan physique et sur le plan énergétique.

Et le conflit qui se joue à l'intérieur de nous va des fois jusqu'à la mort instantanée directe, si le temps de maladie nécessaire à la résolution du conflit va être trop long par rapport à l'espérance de vie de la personne. Allez bim game over, next level. L'organe en charge de décompenser le conflit flanche. Heureusement pour nous au final la maladie est une bonne nouvelle, notre cerveau nous donne le temps de résoudre notre conflit.

Donc cela plus ceci, nous avons autant besoin de nous préoccuper du véhicule que de l'énergie qui l'habite, l'un ne va pas sans l'autre. Je suis déjà en train d'écrire le deuxième livre pour vous donner des protocoles énergétiques propres sans invocations extérieurs pour éviter de faire rentrer les abomifreux qui vont vous exploiter énergétiquement de vies en vies. Je pratique donc des séances énergétiques de l'ésotérique à la matière pour vous aider à résoudre vos conflits intérieurs.

Totale rénovation de l'être en incarnation dans la matière humanoïde terrestre. Et tout ceci à distance par Skype car nul besoin de devoir avoir pignon sur rue pour le faire, je pourrais profiter de mon cadre bucolique entre chaque intervention, me promener au bord de mon étang avec mes carpes koï et de temps en temps faire un petit séminaire global pour vous accueillir dans cet endroit fabuleux pour partager avec vous cette compréhension, et nous occuper tout autant du corps que de l'esprit, car certain ont besoin de le vivre, quand d'autres on juste besoin de le ressentir, à chacun son mode d'emploi.

Vivre l'expérience en pleine conscience de ce que nous sommes du point de vue humain comme du point de vue ésotérique, et rendre les deux compatible est que nous fusionnons ensemble. Pas besoin de rester enfermés indéfiniment dans la boucle temporelle qu'ils nous ont concoctés.

Une fois que nous sommes réalignés à nous même, nous récupérons tout un tas d'informations, de mémoires d'âme et pouvons alors agir et créer ce que bon nous semble, hors du caquant imposé par nos esclavagistes.

Et même si tout cela vous parait délirant, prenez le temps de vérifier, surtout si vous êtres thérapeutes, juste par acquit de conscience. Belle expression n'est-il pas : acquit de conscience ? tout est dit en deux mots.

Félicité à tous
Frédérique

Chapitre 6 : Transcriptions

Je ne vais mettre que la transcription qui me concerne, bien qu'ayant des informations très intéressantes dans mes sessions, je préfère ne pas les mettre ici. Et il est très dur de choisir dans toutes celles que nous avons déjà fait, plusieurs centaines voire même plus d'un millier, depuis février 2018.

Lorsque j'ai fait ma 1ère hypnose, oui parce qu'il est des fois nécessaire d'en faire plusieurs, surtout à notre époque d'émergence de tout un tas de connaissance. L'humain terrestre n'a encore pas tous les éléments, ni l'accès à tous les espaces de la conscience. Pour toutes personnes travaillant dans les soins énergétiques et autres, il n'est pas facile de rester intègres et d'être sûre à 100% de notre pratique et de la personne que nous l'a transmise. La technique peut tout à fait être safe mais la personne peut rajouter tout un tas de trucmuche, machin bidule dedans sans pour autant nous le dire.

Déjà pour les opérateurs principaux, ainsi que pour les opérateurs de support télépathes il est même indispensable de se vérifier régulièrement étant donné que nous positionnons dans un travail de nettoyage qui ne leur plait pas. Ma 1ère hypnose n'a pas été enregistrée, je vais vous la résumer.

Il y avait alors dans mon espace énergétique une trentaine de sbires, qui se dédoublaient et ralentissaient le temps, me rappelant ce qui se passait depuis des années à chaque fois que je voulais me débarrasser de ceux qui me mettaient des bâtons dans les roues et qui me parlaient mal. Bien que cela faisait plus de 15 ans que j'avais détecté leur présence, je n'avais pour autant pas trouvé la technique qui me permettrait de me débarrasser d'eux définitivement. J'y étais enfin, quelle joie. Ce qu'il y a de bien c'est que dans l'ésotérique nous avons accès à des temporalités autres nous facilitant ainsi le travail, ce qui est beaucoup plus compliqué seul depuis le plan matière, voir même impossible. Et nous ne dégageons de toute façon depuis le plan matière que des sbires, ne résolvant du coup aucunement le problème.

Gros, trapus, la peau vert-brune, pas vraiment écaillée plutôt granuleuse, type trole grincheux grognon désagréable quoi, lourdaud pas beau. Pas très causant, par contre leur chef avait été un peu plus loquace. Ils se nourrissaient sur moi de la colère, j'avais des cercles en métal collés les uns aux autres, de sous la poitrine jusqu'au genou, comme des arceaux d'un tonneau même hauteur et épaisseur avec une barre transversale, qui me traversait et qui se rejoignait au centre, ils étaient soudés aux points de jonction. J'en avait une vingtaine qui me bloquaient jusqu'au genou. Ensuite je portais une armure, type armure médiévale. À chaque fois que je voyais des personnes en porter lorsque nous allions dans ces fêtes-là, cela me suffoquait et je me demandais comment les personnes pouvaient bien faire pour porter cela. J'en avais là l'explication, cela m'en aurait fait 2 au final, information tout à fait inconservable. Je ne supporte même pas de porter une ceinture, tout vêtement non élastane, me semble une camisole je ne les supporte pas.

Pendant la session, Nathalie demanda si je voulais bien laisser la parole au chef. OK, mais comme pour l'écriture automatique je me refusais qu'ils se servent de mon corps en entier, je lui laissais donc l'accès uniquement à mon visage. Je me retrouvais comme à l'arrière de ma tête, en observation. Il se mis donc à parler par ma bouche mais pas avec ma voix et il insulta Nathalie copieusement, cela m'amusa beaucoup de l'entendre lui parler ainsi. Je pensais alors : « Mais il ne sait pas à qui il parle », il se sentait tellement supérieur à elle, la considérant comme une petite chose insignifiante, qu'il pouvait traiter comme une moins que rien. C'est cela qui me faisait le plus rire, car je savais, que malgré toute son arrogance, il ne pourrait pas rester et serait obligé de faire ce que je lui ordonnerai.

Une fois débarrassée de lui et de ses 30 sbires gros lourdauds dédoublés. Elle me demanda de regarder autour de moi dans la pièce. De voir si je trouvais les personnes qui étaient là, je me rappelle principalement de l'énergie de Patrice, une belle lumière qui me mis en joie immédiatement. Et juste après j'ai vu un gros insecte derrière lui, cela ressemblait à une mante religieuse, dès que je l'ai vu, elle s'est avancée vers moi. Elle faisait plus de 2m de haut. Je donne l'information à Nathalie, elle me demande ce que c'est et là je sors un mot que je ne connaissais pas, mais que je venais de recevoir en télépathie : « Une mantide » ! C'est elle-même qui me donna sa race, un peu fâchée que je ne sache pas ce qu'elle était.

Mais elle ne put pas approcher de moi, car elle était à l'extérieur de mon espace énergétique et n'y avait donc pas accès. Un peu comme dans les dessins animés ou les films quand les personnages sont arrêtés par un champ de force. De nouveau très rigolo et rassurant, ils ne peuvent faire que ce qu'on les autorise, j'en avait la preuve ici même.

Je ne pars pas très facilement en hypnose, uniquement avec des personnes en qui j'ai entière confiance, je suis une maniaque du contrôle. Une autre fois, je suis restée coincée a mis chemin entre la table et le plafond, mais je n'arrivais pas à bouger pour avoir un autre point de vue, j'étais persuadée d'avoir les yeux ouverts, alors que pas du tout, il m'a fallu regarder la vidéo après pour que mon mental lâche prise.

Pendant une autre session en présence de Calogero Grifasi, je l'ai vu à côté de moi dans la pièce alors que je me trouvais dans mon cabinet à Annecy et lui en Espagne, nous étions dans le même temps mais pas au même endroit, ce qui n'avait dans l'ésotérique aucune importance, nous étions dans le même espace. J'adore ce phénomène, car pour moi il est tellement plus réel que ce que je vis dans ma routine quotidienne dans la matrice. J'adore pour cela les Marvel avec « Docteur Strange », son univers et tellement près du notre. Avancer, reculer dans le temps, les dimensions et l'espace, voir les différentes possibilités les différents plans d'existence, celui qui a écrit ces histoires doit avoir les capacités de se mouvoir dans ces espaces, pour arriver à les retranscrire aussi bien dans ces scénarios.

Quand nous nous déplaçons dans les différents espaces et dimensions du temps et de l'espace en session, je suis tellement dans mon élément. J'adore les voyages que nous faisons à l'autre bout du temps est de l'espace tout en restant ici. Depuis 2004, et mes 1ères méditations, j'ai envie de faire découvrir cela aux personnes en fauteuil, leur redonner cette mobilité qui nous avons oublié. Cela donne une sensation de liberté intense, que j'aimerais tellement leur offrir. Sur terre même sur nos deux pieds, nous sommes tellement limités par notre esprit, il est étroit et rabougrit par tant de croyances limitantes. J'aimerais tellement que chacun puisse y goûter pour s'en rappeler et ne plus jamais oublier la multi dimensionnalité de l'être. Même pendant les confinements je ne me suis jamais sentie enfermée, il y a tellement d'espace à visiter à l'intérieur de moi que cela peut m'occuper encore pendant des années. Mon esprit n'accepte aucune limite de matière, j'ai toujours eu cette sensation d'être tellement plus que ce qu'on m'expliquait ici dans la matière de la matrice terrestre.

Avec cette technique, j'ai enfin eu un réel accès à ma multi dimensionnalité et j'ai enfin trouvé ce que je cherchais depuis toujours. Que du bonheur, tout à un goût différent, et je ne suis plus en quête de l'avoir mais de l'être intérieur en alignement avec moi-même, je n'ai plus cette dichotomie qui me créait une dualité permanente.

Et pendant 6 ans ils n'ont eu de cesse de continuer à entrer, et à me pourrir la vie jusqu'à ce que...

Transcription de mon propre subliminale

Cela fait maintenant un an que nous avons procédé à l'hypnose de contrôle, de juin 2021. Pendant laquelle nous avons eu accès à ma partie subliminale. Je viens d'en faire la transcription. Et il s'est passé quelque chose d'étonnant. Comme vous pourrez le lire pendant la transcription, ma conscience à dit qu'elle voulait vivre et créer, en fin de cession. Mais cela n'a pas vraiment été le cas.

Ma vie ne s'est pas améliorée autant qu'elle aurait dû. Voir même empirée avec le Burn out de Patrice car comme ils n'avaient plus accès à moi ils s'en sont pris à lui. On ne peut pas dire que cela soit motivant, par rapport au travail que je produis et aux soins que je fais. Physiquement j'ai lutté, encore et toujours, contre des problèmes de santés important, fatigues, douleurs, cheville qui ne guérit pas au bout de 8 mois. Ils ont tout ralenti par l'intermédiaire de Patrice, cette fois-ci, cela en est devenu épuisant d'essayer sans résultats probant. C'est ce qui a fait que Patrice a renoncé. Moi je ne renoncerais jamais.

Ma conscience incarnée a donc regardé et écouté la session avec beaucoup d'intérêt, et elle a constaté que son attitude était très hautaine. Déjà, elle a constaté que malgré que j'essaie depuis des années de lui faire part du problème que je vis au quotidien, et que je lui demande à de multiples reprises ce qui se passe, elle n'avait jamais voulu reconnaitre les faits. Avec le recul, et après avoir en partie intégré que c'était un problème dû à une mauvaise programmation, elle ne trouve pas cela normale du coup de m'avoir botté en touche aussi souvent. De n'avoir pas pris en compte mes demandes et ne pas avoir regardé d'elle-même ce qui n'allait pas, et même devant l'évidence pendant la session de contrôle qu'elle restait toujours aussi persuadée que tout était normal.

Elle reconnait qu'elle me demandait au final d'être plus adaptable qu'elle et de faire avec malgré tout. En fin de session elle reconnait ma grande connaissance et ma grande autonomie, acquise à force de volonté. En effet ne recevant de soutien de personne même pas d'elle au final, il me fallait bien de toute façon agir, contre vents et marées pour ne pas sombrer, physiquement et psychologiquement. Ces derniers mois ont été assez durs au niveau psychologique, dû à un épuisement physique. Épuisement ressentit par rapport à cette lutte perpétuelle, quotidienne, pour arriver à faire les choses dans ce contexte post crise sanitaire, réélection présidentielle, qui ne facilite en rien la vie des personnes comme nous, et avec toujours les effets secondaires de l'intoxication au nickel. Cela a malgré tout continué encore pendant 3 mois jusqu'à la fin de la métabolisation. Mais le Burn out de Patrice m'a encore déstabilisé pendant plus de 6 mois. Je suis encore dans le remaniement de ma société pour pouvoir continuer à l'exploiter seule, dans un contexte économique déplorable. Maintenant c'est une autre temporalité qui se met en place avec une harmonie intérieure retrouvée, la dichotomie provoquée par les entités contrôlantes est en train de s'estomper, cela me fait vraiment du bien.

Il me faudrait maintenant trouver un autre logement, car celui que j'ai a tout ce que j'ai refusé dans tous les autres logements que j'ai refusé de prendre dans toute ma vie. Comme si on me faisait un cadeau empoisonné. Mais je ne vais pas perdre d'énergie à cela en ce moment. La haute saison approchante, je vais me concentrer sur ma propre réhabilitation intérieure et je verrais ensuite.

Au final à se demander pourquoi on a fait tout cela si c'est pour continuer à subir les affres de la matrice à ce point. Mais aujourd'hui quelque chose a changé dans mon moi, je suis plus sereine plus apaisée et je rayonne à nouveau la joie qui m'avait quitté depuis si longtemps. J'avais en revisionnant la session en question ressenti de la compassion de sa part, ce qui ne m'était jamais arrivé avant dans toute ma vie. L'impression était plutôt marche ou crève, et bouge-toi le cul si tu veux quelque chose, tu ne crois pas que je vais moi me rabaisser à le faire à ta place. Il n'a jamais été question pour moi de demander à ma conscience de faire le boulot à ma place, mais plutôt d'avoir un coup de main énergétique, pour faire ensemble, ce que je ressentais de faire intérieurement de par mon intuition, donc elle. Ou éventuellement dans le plus extrême des cas, d'avoir au moins un peu de soutien moral. Que nenni, rien, nada, que dalle. Elle était alors d'une rudesse insoutenable.

À chaque fois en début session, à chaque fois que j'ai cherché à me connecter à elle, la seule réponse que j'avais, c'était « Quoi encore. », une fois avant que nous n'annulions la dispersion, qui faisait qu'elle avait 4 incarnations à gérer en même temps, j'ai eu droit à : « Oui mais les autres ils ne me font pas chier ». Très compliqué et surtout très démoralisant au final. J'ai malgré tout continué sur le chemin de l'énergétique, qu'à cela ne tienne de toute façon j'ai toujours été seule, ça ne change pas grand-chose. Mais avec un petit pincement au cœur, quand pendant les sessions, nous tombions sur des consciences très à l'écoute de leur véhicule et leur envoyant de l'amour. Comme une fissure dans le mien, qui était si seul et sec, jamais un mot d'encouragement, ou une once de soutien. À postériori elle ne comprenait pas que les entités qu'elle avait l'impression de maitriser était un réel frein dans la matière pour moi.

Une fois, je lui ai demandé, qu'est-ce que je suis censé faire sur cette terre ? Réponse par Barbara qui était alors télépathe : « Monter le chi de la Terre ». Ok, pas de soucis, dans le principe, je sais ce que cela veut dire. Quelques mois plus tard, comme je n'ai jamais reçu aucun soutien par rapport à mon choix de travailler en lithothérapie et de vendre des minéraux pour vivre. Tout ce que je recevais c'était : c'est de la matière ; moi je veux de l'énergétique. Je lui demande : « Comment je fais pour monter le chi de la Terre ? » vu que la façon dont je m'y prenais ne lui convenait apparemment pas. La réponse : « Tu fais ! ». Je lui redemande comment, toujours même réponse : « Tu fais ! », sec, froid, très distant. Même la conscience de la personne qui était venue faire sa session, qui est, elle, une vraie boule d'amour, lui a dit tu ne peux pas parler comme cela à ton véhicule, il faut lui donner plus de détails, de l'amour si tu veux que cela se passe bien. J'ai eu un peu d'espoir à ce moment-là car cette conscience, c'est celle de Nicolas, un cœur. Quand il rentrait dans ma boutique il égaillait ma journée. Et l'amour qu'il y a dans sa conscience déborde de lui et m'a apporté tellement de lumière. Mais non, toujours rien.

Tous les opérateurs de supports télépathes qui ont discuté avec elle, ont tous eu cette sensation qu'on la faisait royalement chier. Même courant de cette dernière année, post vérification. Je ne me suis jamais reconnectée à mon subliminal, je restais au niveau matière et même physique, cherchant à résoudre mes problèmes de santé qui sont un calvaire au quotidien. Même depuis cette vérification rien. Bon certes je ne me fais plus insulter, ça fait du bien, mais ça ne répare pas pour autant. Nous sommes en février 2023, soit 20 mois après et ma fréquence intérieure est apaisée. Je gère de mieux en mieux mes émotions, et ma vie est franchement clairement en train de s'améliorer même si les tracas de fermer les structures commerciales est rude, je gère. Le commerce est devenu une source de stress qui ne me convient plus, l'aggravation programmée des conditions économiques n'est plus dans mon spectre fréquentiel.

Elle a même admis pendant cette transcription ne rien avoir fait depuis lors, pour réparer mon physique et m'apporter l'énergie nécessaire à la création commune. Ayant développé, contrainte et forcée, une certaine autonomie vis-à-vis d'elle, elle est partie du principe que je pouvais continuer à me démerder encore une fois toute seule. Et du coup elle ne m'a pas plus alimenté énergétiquement au niveau physique et réalisation, qu'avant la session de contrôle, ou elle se faisait tout voler. Elle a depuis peu intégré la réalité de la matière et la dichotomie c'est plus qu'estompée à ma grande joie.

C'était temps car son discours du genre t'a l'air de t'en sortir sans moi, continue finalement. Alors que ma santé se dégradait dangereusement et inexorablement.

Elle a donc, enfin, constaté sa mauvaise foi. Et là force est de constater, qu'elle a fini par comprendre un truc, c'est son impertinence et sa mauvaise foi. Elle a elle-même admis que son attitude, interférée ou non était inadmissible. Qu'elle continuait malgré tout à avoir l'impression que je lui en demander trop. Alors que ce que je demande c'est juste qu'elle fasse ce qu'elle est sensée faire, créer jusque dans la matière. Ok l'énergétique est important mais nous venons pour faire descendre cette énergie dans la moindre de nos cellules et la rayonner.

Il faut savoir que quand on fait une session d'hypnose régressive ésotérique méthode Calogero Grifasi, nous poursuivons sur une nouvelle temporalité, et que la conscience a fait un reset. Et avant n'existe plus, elle se trouve à nouveau ici et maintenant. Donc aucune possibilité de revenir en arrière à de faire le bilan de ce qu'il s'est passé pour nous, pour elle tout va bien, on avance et tant pis si le passé a été dur, maintenant on part sur une nouvelle possibilité d'existence. C'est bien évidement sans compter sur les dommages collatéraux subis, présents dans nos mémoires cellulaires, émotionnelle et psychique, et qui demande un certain temps de réparation, de métabolisation. Temps que la mienne n'a jamais voulu prendre en compte. C'est à nous de dématérialiser notre concept de temps et d'espace, car nous ne vivons pas du tout la même réalité, et en plus on a changé de temporalité, à la fois tout est comme avant pour nous mais rien ne l'ai vraiment.

Ha bin merci du cadeau. Un peu pourrit le truc. Allez, go, on y va et en plus vu que tu es relativement autonome, je te laisse te démerder toute seule. J'ai personnellement conscience de cela, voilà pourquoi nous proposons aussi les 2 autres techniques, réparatrices, qui vont aider à faire les mises à jour nécessaires, en un minimum de temps.

Fini, le « Allez, sèche tes larmes et retourne au turbin », il n'y a pas de temps à perdre. Donc maintenant je la sens présente et investie énergétiquement dans la réparation de mon physique et dans l'alimentation énergétique. Maintenant, il va falloir que ça dure dans le temps. La conscience de Patrice avait, également, ce jour-là passé un petit bout de tête dans l'après-midi pour me faire savoir qu'elle aussi avait compris et qu'elle allait se mettre au travail, malheureusement trop tard son véhicule n'a pas supporté la pression et il a tout arrêté 2 mois plus tard. Vraiment au travail, pas la pseudo présence contrainte et forcé que je ressens aussi chez elle depuis des années. Mais Patrice ne veut plus rien entendre la rudesse du travail et les contraintes économiques ont eu raison de sa patience. Ce métier est rude et il demande beaucoup, et les télépathes sont mis à rudes épreuves car ils vivent des écarts énergétiques important ce qui n'ai pas toujours facile à intégrer dans la matière. J'en connais beaucoup qui ont eu besoin de prendre du recul pendant plusieurs mois, c'est pourquoi j'en ai plusieurs et que je ne les fais pas travailler tous les jours sur les hypnoses régressives ésotériques, sans quoi c'est déstabilisant, l'écart entre la réalité terrestre et ésotérique.

Ma conscience n'était pas tendre avec la sienne la considérant plus comme une intruse et ne lui laissait pas de place, les interférences à répétition ont été un vrai chemin tortueux. Bien loin du mirage des âmes sœurs, du concept complètement erroné de ce qu'on veut nous faire croire sur terre. Combien sont à la recherche de leur âme sœur pour former le couple idéal. Ça aussi faut arrêter avec toutes ses croyances absurdes de la matrice, qui nous font croire à la vie parfaite, idéale, elle n'existera jamais si vous en bas vous attendez que cela tombe tout cuit. L'harmonie ne se passe pas parce que nos consciences sont love, love. Nous vivrons un couple harmonieux quand nous seront conscients de nous-même, de l'autre, de nos défauts respectifs, comme de nos qualités, que nous n'imposerons pas à l'autre nos neurasthénies. Et que nous ne demandons surtout pas à l'autre de réparer ce que nos ex, ou nos parents, ou même les entités, ont créés comme altération émotionnelle chez nous.

Nous soutenir pour arriver à nous réparer en faisant en sorte que cela ait le moins d'impact possible sur notre quotidien et notre vie de couple devrait être une règle d'or. Et c'est également une règle que nous suivons dans notre vie de tous les jours au travail, entre amis et en famille. L'autre n'est pas notre punching-ball, il est dans la même merde que nous et contribuer à maintenir c'est état de fait en le rendant responsable de notre propre neurasthénie ne résoudra rien. Le Burn out de Patrice m'a réveillé aussi et m'a permis de sortir de cette torpeur, tant mieux et pourtant fallait il en arriver là pour autant ? Je ne sais pas.

Prendre nos responsabilités, par rapport à nos propres choix ou non choix, sont primordiales en ce monde infesté. Ne jamais laisser personne nous imposer une existence de merde, sous prétexte que ça le nourrit bien. Et même sans le soutien énergétique de l'âme, on peut y arriver, la volonté prime sur tout. C'est ma seule et unique volonté de vouloir comprendre et de m'en sortir qui m'a mené jusqu'à eux et qui m'a offert cette victoire sur moi-même, et même ma conscience n'en serait pas là, si je n'avais pas persisté à trouver une solution pérenne à tout ce marasme ambiant.

Merci à tous ceux qui ont cru en moi, ils m'ont apporté des petits ilots de paix, même éphémères, ils m'ont permis de ne jamais abandonner. Même si leurs conseils n'étaient pas toujours judicieux par rapport à ma quête, peu importe ils ont été présent, et c'est le plus important. Je n'en veux pas à ceux qui m'ont rejeté et tourné le dos avec le temps. Ils n'avaient de toute façon pas à porter mon fardeau.

Mais aussi, merci à tous ceux qui m'ont mis des bâtons dans les roues, qui m'ont jugé et que m'ont condamné et laissé seule, épuisée, aracée, agonisante des fois. Merci à tous ceux qui m'ont ostracisée de cette société malade, ils m'ont donné la rage de m'en sortir et de leur donner tort. Et pétard quelle motivation !!!

Mon plus grand tort dans cette vie et de toujours avoir eu raison trop tôt !

Hypnose Frède avec Nathalie et Barbara - Vérification

Nathalie : On a regardé la session avec ta conscience, on a regardé très surprise par la session, pour moi il n'y a pas eu vérification de la conscience, il y a eu agressivité (c'est très récurant depuis le début, cette agressivité était latente et systématique) parce qu'elle n'arrivait pas à s'identifier dans son espace subliminal elle était confondue dans la matière, y a des trucs qui allait pas du tout.

Dans le doute on préfère vérifier, les opérateurs sont extrêmement ciblés, tout est ciblé on est d'accord, les personnes qui ont des capacités médiumniques. Les personnes qui ont déjà des capacités sont encore plus concernées, on est des phares. On a une fréquence qui attire tous les papillons et les merdes, les moustiques et tout ça. Et en même temps quand on fait le travail de Calogero Grifasi on est des bêtes à abattre. Donc s'ils peuvent passer, à la moindre erreur, en fait on le sait l'hypnose régressive ésotérique, méthode Calogero Grifasi, est une des méthodes les plus efficace mais aussi les plus dangereuses. Car la moindre virgule, la moindre majuscule oubliée, ou passée à côté ou pas précisé, peut avoir des conséquences fâcheuses. Donc autant vérifier.

Pourquoi est-ce que les entités utilisent, par exemple, des fantômes pour passer dans la matière à travers les corps sans que la conscience en soi conscience, c'est bien parce qu'elles ne sont pas sur le même plan. La partie physique et la partie subliminale et encore tu rajoute la partie de l'esprit le subconscient du corps qui est encore autre chose, ce ne sont pas du tout les mêmes espaces temps en fait.

Déjà la facilité avec laquelle elle a répondu aux questions sans déplacement de fréquence prouve qu'il y a un problème déjà. La façon dont elle se comportait aussi, y a un problème…

Barbara : le rire. À un moment donné quand elle rigole, elle se fiche de la conscience, je pense celle de l'opérateur de supporte, elle se fiche de lui ; elle dit

2, 3 trucs ; elle dit aussi qu'elle s'ennuis. Et qui elle te fait une menace, jamais des consciences agissent en menaçant. Pourtant celle de Nathalie elle très … elle n'est pas non plus très sociable, ce n'est pas celle qui aime bien avoir du monde. Elle peut avoir une apparence froide, ou pas très chaleureuse, mais en aucun cas elle ne va se moquer de son hôte, qui est quand même son véhicule, qu'elle a choisi. Parce que si tu as enlevé les causes ésotériques pour lesquelles elle est dans cette vie, mais non choisit, il ne reste que le fait qu'elle soit incarnée. Elle le vit et elle a des objectifs. Et là on a toujours l'impression qu'elle est toujours, dans le discours qu'elle tient en opposition complète avec son véhicule.

Moi :   je n'ai que ça depuis le début en fait.

Nathalie : elle est désagréable mais elle n'est pas en opposition. En fait quand tu entends une conscience qui te dit : « Je m'ennuie, c'est qu'il y a une interférence. »

Barbara : moi je me rappelle ta conscience ma Frède, quand elle avait voulu sortir une boule d'énergie, pour détruire une entité purement et simplement, ta conscience rose, je m'en rappelle encore de la couleur, ce n'était pas une conscience qui allait contre toi. C'était une conscience qui n'était pas forcément dans ses basquettes, mais qui n'était pas du tout dans l'opposition, elle s'en foutait. Voilà… je crois que c'était ça plutôt.

Nathalie : si la conscience dit je m'ennuie elle a une interférence quelque part, il y a un problème. Elle ne doit pas s'ennuyer. Toi tu dois vivre les créations de la conscience. Bien sûr on doit harmoniser un tout, le corps, l'esprit et la conscience, mais je rappelle qu'on n'est pas sur les mêmes espaces temps. Donc il y a un décalage, sachant qu'on a un âge certain, qu'on a des programmes sur le corps, qu'on est là depuis 50 ans, et donc du coup on a automatiquement des vieux programmes des vieux schémas, et c'est à nous d'essayer de travailler là-dessus, sur le physique. Mais normalement la conscience, si on est remonté à l'origine et qu'on a défait des liens soi avec des vies, soit avec des interférences et tout, progressivement l'information elle est dans le parapluie. Je te rappel que toutes les vies sont simultanées, toutes les expériences sont simultanées, donc

automatiquement les informations sont se poser au fil des mois, des années. Moi j'ai encore des métabolisations 7 ans après ma 1ère, (j'en suis à 6 ans après ma 1ère, à ce moment-là) ça continue tout le temps c'est en permanence c'est va changer de réalité. Donc elle est dans la création, elle est dans l'instant présent elle, si tu veux avoir des informations sur toi, elle doit se déplacer, elle doit changer de vision elle. Si tu dois lui faire observer des lignes temporelles d'autres phases de toi il faut la déplacer. C'est une façon de parler elle ne se déplace pas, en fait elle change de fréquence pour observer différemment, après tu peux lui faire observer. Tu peux la faire regarder à l'intérieur c'est-à-dire rentrer complètement dans la ligne temporelle. Ça c'est encore deux méthodes différentes, ça va dépendre de tes objectifs. Moi je pense qu'il y a un problème au fait qu'elle s'ennuie. (Et moi donc)
Si t'es d'accord on va aller revérifier :

Moi : Oui, il n'y a pas de soucis, j'ai confiance en toi et Barbara.

Barbara : juste une chose, dans la séance, je suppose que tu vas la voir parce qu'il y a une interférence. Je pense que c'est pour cela ? Parce que tu parles d'amitié à un moment donné et qu'elle te reproche, elle te met une culpabilité, qui n'a pas lieu d'être parce que ça la bloque elle aussi normalement la culpabilité. Elle te met une culpabilité sur le fait, qu'en fait tu es responsable du fait que puisque tu as fait entrer cet outil-là, on te l'a donné, tu as fait rentrer une interférence dans ton espace.

Moi : je ne suis pas d'accord avec ce qu'elle m'a dit.

Barbara : non moi non plus, ça n'est pas une logique de conscience, c'est-à-dire que c'est comme si elle-même elle se sciait ses pieds. Tiens je vais me scier les pieds » ; « bin tu vas voir, que tu avanceras moins vite » ; « Bin oui je suis en train de me scier les pieds » on a vraiment cette impression-là.

Moi : c'est rigolo parce que c'est une scie l'outil en question.

Nathalie : ha les médiums (fou rire général). Par exemple, tu as dit à Barbara la dernière fois, que tu avais eu un poulpe ! Un poulpe, ce sont des entités qui ne sont pas dans la matière, comment il peut venir sur ton magasin ? Ils sont à des millions... en général ils contrôlent, on appelle ça des poulpes ou pieuvre parce que c'est l'apparence de tout le monde qui ressort, ça reste une entité qui travaillent sur des sphères très, très hautes en fait. Ils peuvent impacter des êtres de lumière. Ils n'interviennent pas dans la matière. Ils vont utiliser des entités de la matière. Ils vont utiliser des entités de basse extraction, de basses fréquences qui ont des facultés génétiques de circuler dans la matière.

C'est ça que ne comprennent pas les gens qui font de l'ésotérisme, c'est qu'il y a les entités qui circulent dans la matière, dans notre dimension et qui n'ont pas de facultés d'aller sur les plans subliminaux. Et il y a ceux qui sont sur les plans subliminaux et qui n'ont pas la capacité d'aller sur les plans de matière. Et après tu as ceux qu'on les 2. En fait c'est extrêmement compliqué. (Je sais très bien que mon livre n'est pas fait pour augmenter les connaissances de ceux qui pratique cette technique, mais pour ouvrir les yeux de ceux qui n'ont pas encore conscience de tout cela. Nous ne sommes encore que des pionniers dans l'exploration des sphères ésotérique, depuis la 3D terrestre)

On sait très bien que ceux qui veulent passer sur des plans de matière, ils vont passer par des fantômes comme des portails, ou ils vont utiliser des entités de basse extraction, pour posséder un corps et là il faut un contrat.

Il y a un truc qui ne va pas en fait, soit comme toute information est corrompue, on a les filtres du télépathe qui sont ses propres connaissances, ces propres filtres, ces croyances à lui, qui peuvent interférer dans l'analyse. Ça je crois vraiment et comme le dit Calogero que toute information est corrompue et c'est pour cela qu'on a dépiauté, et dépiauté, c'est vraiment rentré dans le détail, parce qu'à un moment donné on sait que le télépathe peut déformer ou reconstruire une information, en fait. Mais ça c'est logique. Où c'est que vraiment vous êtes dans un hologramme pendant la session, vous êtes sous un projecteur, qui crée des fréquences et qui projette un hologramme, c'est possible.

Maintenant on va aller voir. Et on va faire de la chirurgie, parce qu'il faut remonter à l'origine, ma belle, on va remonter à l'origine.de toute façon je te le dis on sait quand il y a une interférence, c'est quand ta vie n'évolue pas dans le bon sens. Qu'il y ait des changements brutaux désagréables, changement de travail, de lieu de vie, des divorces, c'est difficile parce que la vie qu'on avait sous la domination d'interférences, ce n'était pas celle que la conscience avait choisi. Donc effectivement quand l'information arrive il y a tout qui pète, ça, ça peut arriver. Les gens ils disent en 6 mois j'ai tout perdu, j'ai tout qu'a volé, mais après ça va, ça ne doit pas durer des années. À un moment donné tu te retrouves les pompes dans tes chaussures, la vie évolue, tu sens que tes créations les créations de ta conscience, les nouvelles informations s'intègrent dans ta vie, et tu commences à atteindre tes objectifs de bien être, de situations qui se mettent en place.

Si tu vois que t'es dans un cycle de galère et que tu es toujours en train de te battre avec des entités, x ou y, c'est qu'il y a un miroir aux alouettes quelque part. C'est qu'il y a quelque chose qui ne va pas en fait. Sinon c'est bon quoi, la guéguerre ça va bien 5mn, au niveau de notre vie on doit avoir des créations conséquentes, même après des changements difficiles. Moi j'ai l'impression que tu galère encore pas mal. Je ne sais pas tout bien sûr, je me dis merdouille. Il y a quelque chose qui ne va pas*, donc là on va y aller, on va l'aider. T'es open ?

*(oui c'est clair, cela fait longtemps que je sais qu'il y a quelque chose qui ne va pas. Mais que je n'arrive pas à l'atteindre. C'est pour cela que j'avais changé d'opérateur et que je suis passé par Anne-J. espérant trouver la faille. Car je suis, bien que très déterminée, moralement et physiquement épuisée que tout aille toujours de travers. Je mets donc beaucoup d'espoirs dans cette session. Je sais tout ce que Nathalie explique, j'en ai conscience mais je ne trouve pas pour autant le chemin d'accès)

Moi : Oui.

Nathalie : si tu veux intervenir tu interviens bien sûr. Tu me préviens avec un petit coucou.
Interférence d'une mouche. Barbara fait prendre un level (niveau) à la mouche.
Nathalie me donne l'autorisation de publier la session.

Début de la session

Nath :   Tu sors du corps.

Babz : j'y suis.
Nath. : Sur la partie physique tu me dis où tu es.
Babz : à coté de Frède.
Nath : tu vas regarder d'un point de vue ésotérique dans cette dimension, dis-moi ce que tu vois, ce que tu perçois.
Babz : il y a des émotions sur elle que trouve déjà très belles, de l'amour, la plus grosse partie c'est de l'amour. Sur son corps actuellement et vraiment qui est en expansion.
Nath : ce que j'aimerais moi c'est que tu les touches.
Babz : s'en ai celle que je viens de toucher, s'en est.
Nath : elle est où ?
Babz : ça entoure le plexus solaire, c'est la première chose qu'on voit chez Frède. Après il y a toujours de la colère, la colère elle est jaune, elle est plutôt au niveau de sa tête. Sur les côtés, sur le dessus. Après en émotions sur le corps physique c'est tout ce que je vois. Là où je suis c'est très haut en fréquences, on y est bien c'est harmonieux. C'est le mot qui me vient quand je suis là, je suis, je me sens bien, je ne vois pas d'interférence particulière, là je ne vois pas.
Nath : tu vas changer de fréquences, à combien sont ses fréquences.
Babz : à 45
Nath : à combien tu dois les monter pour percevoir différemment au plus juste.
Babz : 57
Nath : allez on y va ! Claquement de doigt
Babz : j'ai un projecteur.
Nath : qu'est-ce que tu veux dire ?
Babz : quand je suis face à Frède, dans le coin en bas à gauche là, y a un projecteur.
Nath : qu'est-ce que tu vois ?
Babz : je vois un projecteur, c'est un rond avec une partie noire, c'est un rond comme ça qui éclaire comme ça comme si elle était dans la lumière Frède. Je m'exprime bien, dans le halo lumineux.
Nath : touche-le.
Babz : oui
Nath : c'est quoi ?

Babz : c'est une fréquence une énergie. Ça reste un projecteur dans l'idée, dans l'image que j'en ai.
Nath : si c'est un projecteur, je veux savoir si c'est une création de Frède.
Babz : non, ce n'est pas sa fréquence.
Nath : ok remonte la fréquence, va à l'origine du projecteur, maintenant !
Babz : on dirait une patate avec des yeux.
Nath : Mr patate ou Mme patate ?
Babz : non en fait c'est différent de ça, c'est comme si c'était une grosse tête sur une grosse tête, un rond sur un rond, avec des yeux.
Nath : touche-le
Babz : il ne bouge pas, il reste comme il est, c'est un joufflu.
Nath : tu vas le réduire à un simple programme, dont tu vas faire la lecture.
Babz : c'est juste un programme un programme d'illusion, n'y a pas autre chose.
Nath : tu as le programme, tu as le créateur, tu remontes à lui, t'arraches sa signature, maintenant.
Babz : oui j'ai une mantide
Nath : Touche là
Babz : c'est une mantide
Nath : comment elle s'appelle à l'origine
Babz : bastide, c'est ce qui m'est venu en premier
Nath : ok laisse-moi parler avec elle s'il te plait.
    Bastide tu m'entends ?
Babz : mmmm
Nath : bien, qu'est-ce que tu fais là ?
Babz : j'expérimente
Nath : qu'est-ce que tu expérimentes ?
Babz : des programmes d'illusion, des programmes de programmation.
Nath : pourquoi t'es là ? le but.
Babz : Comment ça le but
Nath : Oui
Babz : Pourquoi il faut un but ?
Nath : Parce que je te le demande.
Babz : Je n'ai pas de but

Nath :   Donc tu ne sers à rien
Babz :   Bin je ne sais pas
Nath :   Si tu ne réponds pas correctement je t'efface en fait tu me gênes pendant ma session. Je ne te veux pas là. Faut que tu m'explique clairement ce que tu fais là, clairement, et qui t'envoie ?
Babz :   Je ne suis pas trop à t'expliquer, c'est juste que voilà je fais de l'expérience.
Nath :   Ok tu ne sers à rien laisse nous. Barbara (clac) déconnecte toi. Réduis-le à un simple programme et fais-en la lecture. Réduis sa fréquence.
Babz :   paravent et alibi.
Nath :   tu remontes, on est dans l'espace de la matière je ne veux pas de ces choses-là. Toujours toi tu remontes. Tu vois ?
Babz :   je vois un poulpe.
Nath :   demande-lui son nom.
Babz :   Icare
Nath :   touches le prend sa fréquence. C'est toujours un poulpe ?
Babz :   oui
Nath :   Laisse-moi avec lui
         Icare, qu'est-ce que tu fais là ?
Babz :   je m'amuse.
Nath :   ok comment tu t'amuses ?
Babz :   je joue en plaçant des leurres. Des fakes, des branques…voilà
Nath :   tu parles djeuns là, tu parles bien là, c'est moderne, t'aime bien ?
Babz :   Oui. Bon c'est je trouve que c'est la définition exacte de ce que je pratique.
Nath :   pourquoi tu fais ça ?
Babz :   Je m'ennuie.
Nath :   bin tu vas t'ennuyer ailleurs parce que pendant ma session je ne te veux pas dans l'espace de Frède en fait. C'est ma session et je ne te veux pas. Tu vas enlever ton projecteur tes parasites, ton Mr patate, la mantide et tu dégages.
Babz :   oui d'accord
Nath :   c'est parfait, je ne te veux pas du tout
Babz :   à bientôt

Nath : à bientôt c'est ça « clac ». Barbara ? Observe tout et dis-moi ce qui se passe.
Babz : oui. La lumière s'est éteinte, le projecteur patate a disparu.
Nath : observe l'énergie de Frède, maintenant, et dis-moi ce que tu vois.
Babz : la même énergie que tout à leur, l'énergie de Frède, une bonne fréquence, je n'ai pas d'émotion à mettre dessus, juste une bonne fréquence que je sens.
Nath : Au niveau du corps physique tu observes, tu vois les mêmes émotions ou d'autres choses ?
Babz : non je vois toujours cette émotion rouge rosé là (plexus) et l'émotion jaune au niveau de la tête.
Nath : ok très bien. On va faire le tour de l'espace de vie, toujours d'un point de vu ésotérique.
Babz : Là où est Frède là j'y suis bien. (Locaux du cabinet)
Nath : tu vas te déplacer au magasin, dans l'espace de vie de travail là où se trouve actuellement Patrice.
Babz : en fait, je sens toujours des très bonnes vibrations, les pierres elles irradient, elles sont harmonieuses, c'est toujours ça que je sens de l'harmonie que je sens au niveau du magasin.
Nath : tu es toujours dans la fréquence que tu as augmentée.
Babz : 56 je suis.
Nath : toujours à 56 ok ça te convient ?
Babz : je monte à 95 là
Nath est-ce que ton corps peu le supporter ?
Babz oui, oui. Bon effectivement là on a quelques, on a des bribes d'angoisses. Et je vois très bien l'atmosphère, mais c'est que des bribes. Le mot angoisse c'est peut-être trop fort, je n'ai peut-être pas la bonne… c'est de l'appréhension. C'est une appréhension, de l'inquiétude, c'est comme des petites bulles, des petites volutes qui sont là d'appréhension. Elles sont créées par ceux qui sont dans le magasin. Après elles ne gênent pas, c'est parce que je les vois, parce que j'ai monté mes fréquences. Mais je ne les vois pas affecter d'une façon quelconque le magasin.
Nath : donc c'est des égrégores.
Babz : oui, j'avais déjà vu ça dans la rue, je ne sais pas si tu te rappelles.

Nath : est ce qu'il y a des interférences dans le magasin.
Babz : non
Nath : tu vas quitter cet espace. Et tu vas dans ton espace, en fait.
Babz : oui
Nath : tu vérifies, tu te vérifies, tu vérifies que tout va bien. Est-ce qu'il y a quelque chose qui te gène dans ton espace ?
Babz : non, il n'y a rien qui me dérange le corps il est haut.
Nath : ok parfait de là est ce que tu sens de faire la connexion à la partie subliminale de Frédérique ou pas.
Babz : oui. Je le peux
Nath : connecte-toi à la partie subliminale de Frédérique maintenant. (Clac)
Babz : oui
Nath : qu'est-ce que tu vois ?
Babz : je vois Frède, physiquement elle est comme Frède.
Nath : demande-lui si elle est d'accord de parler avec nous.
Babz : ce n'est pas son truc de parler, mais elle veut bien.
Nath : tu vas la toucher pour prendre sa fréquence à la hauteur où tu es.
Babz : oui c'est Frède.
Nath : est-ce que tu captes autre chose ?
Babz : oui un crocodile, sur le chakra de la gorge. Et le 3ème œil.
Nath : il y en a 2
Babz : non la même sensation, mais je le capte sur les 2 chakras.
Nath : ok bon allez laisse-moi parler avec Frède. Je parle avec Frède maintenant.
Frédérique ? Tu m'entends ?
Babz vs Frède : oui
Nath : Bonjour
Babz vs Frède : bonjour
Nath : est-ce que tu te souviens de moi ?
Babz vs Frède : oui
Nath : je suis qui pour toi ?
Babz vs Frède : je ne sais pas. (Nous n'avons jamais été à ce niveau-là de ma conscience avec Nathalie, je la connais très bien du point de vue de la matière mais ici c'est la 1ère fois.)

Nath :   comment est-ce que tu te sens Frédérique là maintenant ?
Babz vs Frède :   écrasée, oui je ne suis pas libre de mes mouvements. J'ai l'impression d'être maitrisée voilà, c'est le mot maitrisé.
Nath :   Comment ça se fait Frède ? Comment ça se fait ?
Babz vs Frède :   Je ne sais pas !
Nath :   C'est ton corps tu devrais savoir !
Babz vs Frède :   Bin non, ça ne m'intéresse pas
Nath :   Tu préfères rester écraser
Babz vs Frède :   bin ce n'est pas que je préfère mais bon je l'ignore et je passe à autre chose.
Nath :   bien où est ce que tu sens cet écrasement ?
Babz vs Frède :   au niveau du front, une partie du haut de la tête, au niveau de la gorge, et au niveau des avant-bras.
Nath :   tu vas regarder la partie qui te semble la plus écrasée.
Babz vs Frède :   en fait je n'ai pas trop envie. (Sur un ton pff bof)
Nath :   d'accord t'as pas envie
Babz vs Frède :   pfffff non c'est une perte de temps tout ça je n'ai pas envie de rester sur des …
Nath :   tu t'en fiches t'as pas de temps.
Babz vs Frède :   mais non… mais c'est… une image, mais c'est… je ne vois pas pourquoi je m'en préoccupe…je veux avancer moi, je n'ai pas de…, je ne veux pas rester là
Nath :   non, non, non, ho, comment tu peux avancer si t'es écrasée. Explique-moi va y, montre-moi ! Allez montre-moi !
Babz vs Frède :   en fait c'est comme si… il me manquait une jambe, hé bien tant pis j'avance sur un pied.
Nath :   pourquoi tu ne pourrais pas avancer sur 2 pieds ? Je ne comprends pas ton concept là !
Babz vs Frède : en fait je leur abandonne cette partie de moi. Comme ça je peux avancer.
Nath :   ok tu vas abandonner toutes les parties de toi-même jusqu'à ce que tu sois quoi ? Quand tu auras plus de jambes tu feras comment avec tes bras ? Et quand tu auras plus de bras tu feras avec quoi ? Je te pose la question !

Babz vs Frède :   en fait je me suis dit qu'ils se contenteraient de ça. Une fois qu'ils ont ça je peux passer.

Nath :   mais pourquoi tu tolères ça ?

Babz vs Frède :   bin pour qu'ils me laissent tranquille.

Nath :   mais ils ne te laissent pas tranquilles, ils te bouffent ! À quel moment t'es tranquille ?

Babz vs Frède : bin c'était quand même assez cerné, c'est très localisé ce n'est pas sur tout le corps, ce n'est pas sur mes envies mes émotions elles sont toujours intactes. Mes objectifs aussi. Je pense qu'ils se contentent de ce qu'ils grignotent, parce que je leur ai bien laissé qu'un tout petit espace, ils sont tout petit réduit. Ils ne peuvent pas avancer plus, tu vois. Ils ont un petit peu de mon énergie mais je consacre tout le reste à avancer.

Nath :   à rien, non, non à rien. En fait ce que tu ne comprends pas c'est que ton corps c'est tout l'espace que tu occupes. Même si il est à 3 mètres de toi, même si c'est une petite tache là-bas que tu vois au loin, en fait ça a pris tout l'espace, en fait.

Babz vs Frède :   mais ce n'est pas possible je le sentirais. (Voilà c'est là que moi je n'ai jamais réussi à aller plus loin, car elle niait qu'il y ait un problème et se cantonnait dans un mutisme total. Refusant tout dialogue pour aller voir ce qui n'allait pas. Étant moi-même trop impliquée, et les entités me connaissant comme leur poche, tout partait systématiquement en cacahouète)

Nath :   bien ! Hé bien on va voir si tu ressens. Puisque ta vie va si bien, en marchant à cloche pied. On va voir si ta vie va si bien.

Babz vs Frède : bin je rame un peu, je sais, je le sais, j'ai déjà vu ma partie physique, je sais que c'est difficile. Enfin je rame un peu. (Un peu, non mais elle est sérieuse là ! ce genre de discours me fait partir en vrille, vous avez vu ma vie, ça rame un peu, haaaaaaaa !!!!!! Nathalie étant au courant de ce que je vis elle sait que c'est n'importe quoi mais elle est neutre, contrairement à moi) J'avais quand même l'impression parfois de faire un peu de surface. Où même d'être d'un bateau sur la terre, c'est vrai que mes rames elles ne s'enfoncent pas trop dans l'eau.

Nath :   bravo, bravo, moi je t'applaudis, c'est magnifique, magnifique !

Babz vs Frède : mais quand on est échoué on peut que retourner que dans l'eau derrière. C'est vrai que j'ai l'impression d'être échouée pour l'instant, mais je vais retourner dans l'eau, je vais… je sais je vais y aller.

Nath :   en fait il y a un problème, en fait, je ne vais même pas, m'occuper des entités qu'il y a sur toi qui te grignotent, enfin qui ont tout mangé. Mais tu ne t'en rends même pas compte, tu es dans une forme d'illusion. Tu es dans le déni, en fait. Moi le problème il ne vient pas de ces entités, le problème il vient de toi, là.

Babz vs Frède : ha !

Nath :   ah oui ! C'est toi qui as un problème là, tu as une image de toi, une image de ta réalité qui est programmée par quelque chose qui ne va pas en fait. Alors ce qu'on va faire si tu es d'accord, c'est d'aller à l'origine de ça. Pas de ces entités et de ces interférences, d'aller à l'origine, à l'origine que tu es prête, et ça je suis admirative par ta volonté. Mais tu es prête à sacrifier des parties de toi, pour avancer. Alors que tu pourrais avancer sans sacrifier quoi que ce soit. C'est ça que moi je veux comprendre. Pourquoi tu ne peux pas reprendre pleinement ton plein pouvoir, ta volonté que pour toi-même. Pourquoi tu veux partager avec ces parasites en fait ?

Babz vs Frède : bin ça ne m'appartient pas tout hein.

Nath :   qu'est ce qui ne t'appartient pas ?

Babz vs Frède :   heu… tout mon espace, il n'est pas complètement à moi.

Nath :   depuis quand ?

Babz vs Frède : depuis toujours

Nath :   ha non. Moi je t'ai connu avec des parties de toi-même entièrement, en fait. C'est quoi cette idée encore, depuis quand ta maison ne t'appartient pas ? Tu sous loues ? (Nous avons déjà fait beaucoup de travail avec Nathalie et barbare, à chacune de leur venue chez nous)

Babz vs Frède : si on peut dire c'est comme un… bin un genre de contrat. Je ne sais pas comment expliquer.

Nath :   bin explique moi. Explique-moi avec tes mots. Quelle est la partie que tu, avec laquelle tu as un contrat.

Babz vs Frède : le 6ème chakra

Nath :   Normal, (sarcastique), il ne te sert pas tu en n'as pas besoin, le 3ème œil t'en n'as pas besoin.

Babz vs Frède : non j'ai mon plexus solaire
Nath :   c'est sûr, c'est la même fonction.
Babz vs Frède : oui (il est vrai qu'il y a du jaune dans le 3ème œil, mais bon)
Nath :   alors pourquoi tu as un 3ème œil, si ça ne sert à rien.
Babz vs Frède : pour occuper les entités. Et après au niveau de ma gorge, le seul problème c'est que ça me crée un disfonctionnement thyroïdien énergétique, c'est mon seul problème. Sinon ça m'est égal. (Rien que ça ! les médecins ne trouvent rien dans le physique aux analyses et donc me mettent à des régimes 1800 calories, sans aucun résultat, et ensuite m'accusent de ne pas suivre le régime correctement, mais c'est un détail)

        Quant à mes bras régulièrement je les brule. Alors comment expliquer ça ? S'ils serrent trop je les brule, c'est comme un jet d'eau sur un chien qui aboie, pour qu'ils se calment. Et après il peut reprendre sa place doucement.
Nath :   ça ne te viendrait pas à l'idée de te débarrasser de tout cela pour être tranquille.
Babz vs Frède : humm… ils vont revenir.
Nath : ha non si tu ne veux pas ils ne reviennent pas ! Il est là le problème en fait. Bon, on va chercher à comprendre pourquoi tu en es là en fait. Comment tu peux penser une seconde qu'ils vont repasser en fait.
Babz vs Frède : bin parce que pour moi c'est normal.
Nath :   qu'est ce qui est normal ?
Babz vs Frède : combattre.
Nath :   non mais là c'est plus combattre là, tu défends aucun territoire, tu es déjà envahie.
Babz vs Frède : non je les ai circonscrits, dans une zone. J'ai isolé la cellule virus. J'ai isolé le virus là. Je le maintiens là, il y a un couvercle dessus, je le maintiens, je le maintiens. Il ne peut pas aller autre part.
Nath :   en fait tu me parles d'une pomme pourrit qui est dans un même panier mais qui n'est pas capable de contaminer les autres, c'est ce que tu es en train de me dire.
Babz vs Frède : c'est exactement ça. Je combats, je le combats…
Nath :   tu en es sure ?
Babz vs Frède : mais si c'est possible.

Nath :   bien tu as déjà 2 chakras qui ne servent plus à rien. (3ème œil siège de la pinéal qui est le chef d'orchestre des glande hormonales du corps. Et celui de la gorge qui est l'expression de la créativité). Pour toi en tout cas.

Babz vs Frède :   mais je compense avec les autres. (Même moi pauvre petit véhicule terrestre je sais que ce n'est pas possible)

Nath :   ok Frède il n'y a pas de problèmes. Ta partie physique, elle n'est pas d'accord. Écoute là, vas-y Frède explique, comment toi tu vis maintenant cette contamination.

Moi :   moi, je ne suis pas d'accord, moi je veux toutes mes capacités. Je veux être libre.

Babz vs Frède : mais tu t'en sors bien avec ce que tu as. Je trouve que tu fais…

Moi :   non, non, non. Non, non moi je ne veux pas ramer. Je ne veux pas être échouée sur le banc de sable et ramer pour essayer de récupérer l'eau. (Je reprends son analogie de tout à l'heure)

Babz vs Frède : ha ! Ha, t'es pas d'accord. (Comme si elle ne le savait pas, ça fait des années, depuis ma 1ère session, 6 ans, que je tente de lui faire remonter l'information.)

Nath :   est-ce que c'est facile pour toi Frédérique ?

Moi :   non !

Nath :   est-ce que tu as l'impression de vivre en pleine harmonie ?

Moi :   non, physiquement c'est très dur en ce moment (douleurs, fatigue, mauvais sommeil, prise de 10kg en 1 an)

Nath :   voilà ! Est-ce que tu as l'impression que c'est facile d'atteindre tes objectifs ? Je ne dis pas que c'est facile pour tout le monde, mais est-ce que tu devrais déjà être autre part, par exemple.

Moi :   bin ça devrait mieux tourner oui. (Au bout de 8 ans d'exploitation de notre commerce de minéraux, toujours pas la possibilité de se sortir un salaire, alors que nous sommes appréciés dans nos conseils, sur la qualité de nos pierres. Mais nous sommes toujours obligés de déménager pour échapper aux harcèlements des propriétaires, ou aux conditions de travail déplorables.) (Juste pour l'année qui vient de passer. Nous avons pris une boutique dans un village très réputé en Bretagne, un camion a détruit l'angle d'une maison, et à empêcher l'accès à notre rue pendant juillet et août. En plus des conditions sanitaires et des confinements, nous avons tout perdu, nous avons fait moins de chiffre d'affaires avec 4 boutiques, qu'avec une, avec des charges supplémentaires. Nous nous sommes fait agresser par notre voisin, dépôts de plainte. Nous vivions alors dans une chambre de 12m2, pendant 9 mois, que nous payions 400 euros par mois. Avec un gros sentiment d'échec personnel, voir déprime de quand même perdre notre entreprise, que l'on porte à bout de bras depuis 2013.) (Nous venons de repartir à zéro, en début d'année, après 23 déménagements emménagements en 3 ans. Et nous ne trouvons pas de logement)

Nath :   donc Frédérique elle se sent, sa partie physique ralentie, écrasée, en souffrance, tout est lent. Évidemment il y a une partie d'elle-même qui est reliée, parce que la conscience elle est locataire, ils sont en train de fracasser l'immeuble, étage par étage. T'es une pomme pourrie dans un panier. Le problème il vient de toi en fait là. Ce n'est pas les entités, les entités elles profitent de ce que tu leur donne. Comment est-ce que tu peux croire une seconde qu'ils vont revenir. Peut-être parce que tu crois que tu n'as pas de pouvoir là.

Babz vs Frède : ha si, si !

Nath :   non ! Ils sont plus puissants que toi c'est ça ? (Elle m'a souvent dit cela, je suis impatiente de la réponse qu'elle va faire) (en tapant cette transcription, 1 an après la session, je ressens beaucoup de compassion de la part de ma conscience, c'est bien la 1ère fois que j'éprouve cela venant de sa part, pour elle ça a toujours été moi le problème, et là de s'entendre à nouveau elle est elle-même choquée de ce qu'elle m'a fait vivre. Je dirais : « enfin ! »)

Babz vs Frède : non, ils ne sont pas plus puissants que moi, heu… mais penser qu'ils ne reviendront pas c'est comme si je niais leur existence. Alors que je sais qu'ils existent et que je combattrais toujours contre eux. C'est vraiment mon leitmotiv, l'objectif de ma venue et de mon existence : le combat. Ça restera ça ! Le combat c'st vraiment chez moi, c'est… ce qui m'anime, ce qui me motive et ce qui est… d'ailleurs tout est combat dans la vie. Tout le temps. (Waouh je comprends mieux, tout n'a été que lutte permanente pour exister dans cette vie)

Nath :   ok, on va parler de guerre et de stratégie. En fait tu me fais penser à un amiral, avec dans son état-major, avec son plan de bataille, il veut attaquer ou empêcher des ennemis d'arriver sur son territoire. On est d'accord (Babz vs

Frède : hum). Ton combat c'est d'empêcher ces entités, tes ennemis, de rentrer dans ton espace vital. (Babz vs Frède : hum, hum). Tu veux vraiment leur faire comprendre qui est le chef. Alors que pendant que tu fais tes plans de bataille, ils sont déjà dans ton QG en fait. Ils ont déjà envahi entièrement, non seulement l'espace que tu veux protéger, donc ta terre promise. Mais en plus ton QG de stratégie. En fait tes ennemis sont sur toi, sur tes cartes de combat, sur tes stratégies, sur ta communication, ils sont rentrés dans ton pays, dans ta maison, ils sont rentrés dans ton espace. Et tu es en train de faire des projets sur une hypothétique attaque, ou sur un combat quelque part ailleurs, alors que tu es déjà au cœur du combat sans t'en rendre compte. L'ennemi est dans la place.

Babz vs Frède : bon, (Nath : moi je te dis ça comme ça) j'écoute parce que je respecte ton point de vue. Je ne le vois pas de cet œil là (Nath : je suis d'accord) mais à priori je pense que je suis…, c'est sure que s'ils sont là et qu'ils me cachent les yeux, par exemple, je ne le vois pas évidemment, et je pense sincèrement qu'ils sont toujours circonscrit. Donc je peux accepter ce point de vue-là.

Nath : tu ne peux pas les circonscrire à l'extérieur de chez toi ? Parce que c'est la base. (Babz vs Frède : si) pourquoi tu les laisse rentrer ? C'est trop tard, ils ont ce qu'ils veulent.

Babz vs Frède : d'accord. Alors, est-ce que le fait de les faire entrer ne va pas les aider ? Peut-être de leur faire apprendre à prendre plus d'autonomie par la suite, de se rendre compte que c'est inerte de rester circonscrit et de ne pas avoir plus que ce que je donne. Non ?

Nath : bien ok on va aller voir s'ils sont inertes. Ok on va aller voir s'ils sont circonscrits. T'es d'accord ? On peut voir, bien c'est le mieux.

Babz vs Frède : oui

Nath : Bien tu vas les chercher. Cherchent les sur toi, autour de toi.

Babz vs Frède : bin je les ai.

Nath : tu les as, tu en as combien ?

Babz vs Frède : j'ai un crocodile surtout et là un soufifre, on va dire, qui est soit sur la gorge soti sur les bras plutôt sur les bras.

Nath : lequel, des deux, est le chef ?

Babz vs Frède : c'est le crocodile qui commande c'est qui commande ça c'est sûr, l'autre c'est un soufifre.

Nath : comment est-ce qu'il s'appelle ?
Babz vs Frède : Benjamin
Nath :   Je vais lui parler tu es d'accord ?   Babz vs Frède : oui
            Allé je parle avec benjamin maintenant. Clac
            Benjamin ?
Babz vs Benjamin : Je mange des miettes
Nath : comment ?
Babz vs Benjamin : Je mange des miettes. Je fais tout ce que Frède elle dit que je dois faire, je mange des miettes, je ne fais rien. (Petite voix toute chétive)
Nath :   bin t'es bien gros pour quelqu'un qui mange des miettes
Babz vs Benjamin : des grosses miettes
Nath :   des grosses miettes, houai. Tu te fiches de moi ?
Barbara opine du chef : oui
Nath :   Oui ?
Babz vs Benjamin : oui
Nath : là on est en guerre en fait. (Babz vs Benjamin : « pfffff » moqueur) je viens de te faire prisonnier
Babz vs Benjamin : t'as pas ce pouvoir, ce n'est pas toi qui commandes ici c'est Frède. (La voix est redevenue normale)
Nath :   si, si je l'ai. Frède ? Frédérique j'ai le pouvoir ou pas ?
Moi :   oui
Nath :   voilà je l'ai. En fait tu parles à Frédérique là. Je parle en son nom j'ai un contrat je parle pour elle là.
Babz vs Benjamin : pfffff ça ne m'étonne pas toi tu es faible tu ne sers à rien. Pfffff
Moi :   c'est à moi que tu parles ?
Babz vs Benjamin : oui, oui.
Nath :   ah oui elle est faible, comment ça elle est faible ? Vas-y dis-moi qu'est ce qui est faible chez elle.
Babz vs Benjamin : bin elle écoute le dernier qu'a parlé, elle est bouche bée devant l'énergétique, elle est concentrée sur ses pierres donc elle pense que rien ne peut lui arriver. Pfffff. (Alors ceux qui me connaissent que pensez-vous de ce discours ? moi je suis admirative de tant d'impertinence)
Nath :   hé bien regarde c'est arrivé, qu'est-ce qu'elle fait là ?

Babz vs Benjamin : ouai...ouai... mais bon ce n'est pas elle qui a le pouvoir de me déloger.

Nath :   ah bon !

Babz vs Benjamin : non c'est l'autre. Celle dont je mange les petites miettes. (Il dit ça en se frottant les mains) les petites miettes, que les petites miettes (de nouveau la petite voix)

Nath :   alors dis-moi, c'est quoi les miettes que tu manges, vas-y. les petites miettes, vas-y explique nous.

Babz vs Benjamin : hooo.... L'énergie, la force vitale je mange. Waouh tout ! Bin tous ces problèmes physiques, psychiques, tout ça, tout ce qui est dans son combat, c'est waouh, pfffff c'est que des grosses miettes, ça lutte. Et alors elle lutte hein.

Nath :   et pourquoi est-ce qu'elle lutte ?

Babz vs Benjamin : Ha bin parce qu'elle a que des punshing ball autour d'elle. Qu'elle prend évidemment dans sa tête.

Nath :   et d'où ils viennent ?

Babz vs Benjamin : ha bin je les ai mis.

Nath :   et vous êtes combien à faire cela ?

Babz vs Benjamin : bin on est deux.

Nath :   t'es sure ?

Babz vs Benjamin : je suis l'unique (lol), j'ai du personnel.

Nath : combien de personnel sur Frédérique ?

Babz vs Benjamin : ho j'en ai qu'un, il est bien, il est joufflu, il est bien. C'est une patate.

Nath :   bin pourquoi tu as besoin de personnel ?

Babz vs Benjamin : je ne dirais pas pourquoi

Nath : bin si t'es obligé, pourquoi ?

Babz vs Benjamin : parce qu'elle a du caractère et de la volonté, et que ça elle ne m'en laisse pas. (Ça c'est bien vrai ça !) Des fois je la grignote, donc je peux sinon j'ai que des miettes.

Nath :   ça ne répond pas à ma question, pourquoi il est là ?

Babz vs Benjamin : parce qu'elle est puissante. Personne ne nie sa puissance, hein. Même pas moi.

Nath :   bien, bien, bien, bon ok, en fait tu ne nous intéresse pas. Ni Toi l'unique, ni ta patate. Parce que tu es sous contrôle en fait. (Babz nie de la tête) si tu es sous contrôle, en fait on va t'éliminer tout de suite, tu vas être éjecté tout de suite. Là en fait, on va aller chercher par là où vous passez surtout. Parce que vous, toi ou les autres vous êtes pareil.

Babz vs Benjamin : non moi je suis mieux.

Nath :   non, non pas du tout t'es pareil, t'es pareil. Pourquoi vous voulez absolument d'elle ?

Babz vs Benjamin : parce qu'elle est gentille.

Nath :   t'aime la gentillesse toi.

Babz vs Benjamin : alors celle-là oui.

Nath :   laquelle ?

Babz vs Benjamin : cette gentillesse qui s'apparente à la naïveté et à l'incrédulité, j'en mange tous les jours.

Nath :   oui elle est très gentille, elle va te donner beaucoup d'amour, tu en veux ?

Babz vs Benjamin : non, je n'aime pas ça.

Nath :   ha ! Bin c'est dommage, elle est très gentille, je vais lui dire de t'en donner un peu alors. Moi je pense, elle a dit en fait qu'elle t'avait isolé et que tu ne pouvais pas faire grand-chose.

Babz vs Benjamin : oui, oui, je suis isolé je ne peux rien faire.

Nath :   non, non explique lui exactement ce que tu lui fais.

Babz vs Benjamin : Je bouffe tout.

Nath :   Est-ce que tu es isolé ?

Babz vs Benjamin : po, (rire) à quel moment ? Pas du tout.

Nath : bon Frède elle m'entend là, ce n'est pas compliqué Frède, donne lui tout ton amour. Déloge-le. Enlève-le lui et sa patate. (Spasmes et suffoquement chez Benjamin). Bin benjamin ça ne va pas respire. Benjamin tu veux que je lui dise d'arrêter ? Je n'entends rien... elle est très gentille, elle donne beaucoup d'amour, t'en veux encore ? (Il secoue la tête « non » incapable de parler tellement il suffoque.) Allez Frède je crois qu'il a compris. Il n'a pas envie d'amour en fait. Allez qu'est-ce qu'on dit à Frédérique ? Tu veux qu'elle arrête ou pas.

Babz vs Benjamin : oui

Nath :   hé bien tu vas lui demander poliment. Formule de politesse. Allez, allez je n'entends pas. T'en reveux un peu ?
Babz vs Benjamin : « Non ! »   Allé !
Babz vs Benjamin : s'il te plait.
Nath :   allez c'est bien on continue. Tu lui demande pardon. Allez.
Babz vs Benjamin : excuse-moi
Nath :   c'est bien avec beaucoup plus de force, allez
Babz vs Benjamin : ExCuSes MOI !
Nath :   allez, explique-lui maintenant. Tout ce que tu lui fais.
Babz vs Benjamin : je suis en train de te bouffer complètement, et de récupérer tout ce que tu ne veux pas que je touche. Tout ce que tu me caches. Tout ce que tu gardes pour toi c'est moi qu'il l'ait déjà.
Nath :   allez dis-moi, qu'est ce qui s'est passé la dernière session ?
Babz vs Benjamin : bin chakra de la gorge c'est moi qui parle.
Nath :   Pourquoi ils n'ont pas vu ?
Babz vs Benjamin : parce que je suis chez Frède.
Nath :   bien, tu vas te déloger immédiatement d'elle toi et tout ce que tu as mis dessus. Est-ce que tu as mis des choses sur elle ?
Babz vs Benjamin : uniquement la patate.
Nath :   je ne te crois pas ? Ok tu vas écouter tout ce qu'elle dit. La moindre petite rébellion, si tu ne fais pas ce qu'on te dit, on va te … immédiatement en fait. (Il réagit à ce que dit Nathalie et fait du bruit couvrant le mot, mais on sent bien qu'il n'aime pas cette information.) Frédérique (clac) ?
Babz vs Frède : oui
Nath :   bon bin voilà.
Babz vs Frède : bon.
Nath :   tu décides quoi Frède ? Moi je ne peux rien faire pour t'aider de plus.
Babz vs Frède :   bin là je sévis. Ha bin, Je ne peux pas faire autrement. Je suis obligée de détruire, là je peux ne pas rester comme ça. (54 mn pour en arriver là, enfin)
Nath :   oui. Tu fais ce que tu veux, c'est ton espace, mais Frède est ce que tu as compris où était le problème en fait ?
Babz vs Frède : oui, je les ai laissé rentrer.

Nath : oui on s'en fout d'eux, on va aller à l'origine de ce problème. T'as cherché en toi, tu vas aller complètement en toi. À 3 tu vas aller à l'origine de cette faille. (Oui, oui, oui, enfin)

  1, 2, 3 clac. Tu m'entends.

Babz vs Frède : oui

Nath : tu fais quoi ?

Babz vs Frède : heu je découvre l'étendue de mon espace.

Nath : et c'est bien ?

Babz vs Frède : c'est magnifique, en fait il n'y a pas de limites.

Nath : qui es-tu ?

Babz vs Frède : je ne sais pas comment je pourrais me définir, en fait, je suis un prolongement.

Nath : et moi je suis qui ?

Babz vs Frède : tu es un prolongement aussi.

Nath : pourquoi je suis avec toi ?

Babz vs Frède : je ne sais pas pourquoi tu es avec moi.

Nath : pourquoi tu me laisses rentrer ?

Babz vs Frède : parce que je trouve cela normal de te laisser rentrer.

Nath : pourquoi ?

Babz vs Frède : parce que si tu es bien intentionnée tu repartiras. Si tu es belliqueuse je te combattrais, ça ne me pose pas de problème.

Nath : et... comment tu peux savoir si je suis belliqueuse ou bien intentionnée ?

Babz vs Frède : j'attends de voir, ce sont tes actions qui vont le déterminer.

Nath : ha non. Ha non n'attends pas, imagine que je sois belliqueuse et que j'ai déjà planté des mines sous tes pieds. Tu fais quoi ?

Babz vs Frède : eh bien je te combattrais. Je réduirais le problème tout petit. Je resterais sur mes pieds et puis j'attendrais que tu te lasses. (Quand mon patron, le frère d'Etienne, me demandait d'attendre que les gens comprennent leurs comportements erronés, cela ne me convenait pas du tout, j'ai démissionné. Et ma conscience, elle a se comportement, alors là je suis abasourdie.)

Nath : pourquoi tu t'embarques dans ce genre de problème, alors que tu pourrais éviter que cela arrive, en disant : non tu ne rentres pas.

Babz vs Frède : bin parce que cela ne me dérange pas que tu rentres.

Nath : est-ce qu'il y en a d'autres qui sont rentrés ? À part moi.
Babz vs Frède : humm… oui, j'en ai déjà vu. Mais ils ne sont plus là.
Nath : t'es sure ?
Babz vs Frède : oui mais il n'y avait pas d'intention de saisie.
Nath : donc en fait les ennemis tu les écrases sous tes pieds mais tu les gardes avec toi.
Babz vs Frède : oui. (Bon c'est pas encore gagné, ;( )
Nath : pourquoi ?
Babz vs Frède : pour savoir où ils sont, déjà. Et pour être sure qu'ils n'iront pas plus loin.
Nath : est-ce que tu es d'accord pour aller à l'origine de ce concept ? Pour vérifier.
Babz vs Frède : heu, oui.
Nath : d'accord on va y aller complètement. Allez ensemble à 3 on va à l'origine de ce concept de laisser rentrer les ennemis. 1, 2, 3 clac. Tu m'entends.
Babz vs Frède : oui c'est toujours moi, l'origine est inscrite en moi.
Nath : oui elle est où inscrite ?
Babz vs Frède : dans le plexus solaire.
Nath : tu peux regarder ton plexus solaire et me faire la lecture de cette chose
Babz vs Frède : oui bien sûr. En fait je suis née pour le combat. J'ai l'intention d'en faire ma vie. (Ha pour le coup c'est réussi) donc je les laisse rentrer pour combattre.
Nath : d'où vient ce programme ?
Babz vs Frède : bin du concepteur. Du créateur, de celui dont je suis le prolongement.
Nath : et toi tu n'es pas un créateur ?
Babz vs Frède : j'en suis un mais je suis un créateur programmé. (Enfin le mot programmé)
Nath : tu es d'accord pour qu'on discute avec le créateur ?
Babz vs Frède : oui
Nath : est-ce que j'aimerais comprendre le concept, je suis curieuse ?
Babz vs Frède : oui il est au bout du programme. Tu peux le sentir.
Nath : alors on y va. Clac. Créateur ?
Babz vs créa : oui, qu'est-ce que tu fais là ?

Nath : Bonjour

Babz vs créa : bonjour

Nath : je fais une enquête.

Babz vs créa : ha !

Nath : t'es qui ?

Babz vs créa : une âme.

Nath : bien, est ce que c'est toi qui es à l'origine du programme de combat de cette conscience ?

Babz vs créa : oui

Nath : pourquoi ?

Babz vs créa : c'est la partie qui va vivre ça.

Nath : quoi ?

Babz vs créa : elle va vivre tout ce qui est combat, c'est exactement comme lorsque tu envoies des éclaireurs ou des leurres pour attirer l'attention, et toi du va de l'autre côté. Hé bien tu vois le prolongement avec cette conscience là c'est ça. C'est juste mon prolongement de leurres. Si je peux m'exprimer ainsi.

Nath : pourquoi est-ce que ce n'est pas toi qui vas le faire ?

Babz vs créa : c'est moi qui vais le faire, puis que c'est un prolongement de moi-même.

Nath : non

Babz vs créa : pourquoi tu dis ça ?

Nath : en fait tu es en train de spolier le pouvoir créateur d'une conscience.

Babz vs créa : mais ça ne lui manque pas. (Bin voyons !)

Nath : à partir du moment qu'elle n'est que le prolongement d'un programme et qu'elle ne peut pas avoir l'autonomie de création, comme elle le souhaite, l'expérience est corrompue. En fait elle est infinie, et ne dépend que de toi.

Babz vs créa : et c'est ce que je voulais. (Super en plus c'est volontaire de sa part, on parle à une conscience là pas à une entité)

Nath : alors pourquoi est-ce que tu t'es fait un prolongement.

Babz vs créa : parce que justement, c'est un prolongement de moi, sans être réellement moi, moi je le vis autrement. Je suis complètement rattachée à elle parce que son programme est le mien. Et je vis le leurre et en même temps l'autre branche différemment.

Nath : donc en fait il y a une branche morte.

Babz vs créa : tu penses qu'elle est morte. (Avec un petit trémolo dans la voix)
Nath : bin elle ne crée plus.
Babz vs créa : elle crée ce que je lui ai programmé de faire.
Nath : elle ne crée pas pour elle.
Babz vs créa : non
Nath : donc elle est morte. Ou tu tournes en rond sur cette branche.
Babz vs créa : et ça pose un problème ?
Nath : bin en fait tu enlèves, le pouvoir créateur et le libre arbitre à une conscience qui devrait être autonome, et vivre des expériences qui sont utiles pour toi, puisqu'elles sont libres. Hors toi tu tournes en boucle sur un programme. Et tu l'empêche de le faire, oui je n'aime pas.
Babz vs créa : hum, hum.
Nath : je comprends ton concept de vouloir expérimenter, à partir du moment que tu laisses chaque partie de toi-même créer, elle-même, afin que l'expérience soit infinie, riche et variée. Alors que si tu fais des programmes dès le départ tu deviens un parasite, un contrôlant, en fait.
Babz vs créa : bien, je comprends. Il suffit juste que j'annule le programme, dans ce cas-là elle va reprendre son pouvoir créateur.
Nath : oui, est ce que tu l'as fait sur d'autres parties d'elle-même ?
Babz vs créa : oui
Nath : dans ce cas-là ça ne sert à rien il faut que tu enlèves le programme de base. Pour toutes les parties de toi-même. Sinon elle va se retrouver avec le même problème à un moment donné de son histoire.
Babz vs créa : c'est un clin d'œil, tu sais, c'est juste à claqué des doigts d'enlever ça.
Nath : il faut que tu le fasses sur tous tes prolongements.
Babz vs créa : oui, oui, c'est fait.
Nath : maintenant toi, pourquoi tu as eu une idée pareille en fait ? D'où vient cette idée ? Être un contrôlant.
Babz vs créa : ce n'est pas l'idée d'être un contrôlant qui est intéressant, c'est vraiment de vivre cette expérience de leurre, telle que je l'ai conçue. Je trouve que c'est intéressant au niveau expérimental. Y a pas de…, je ne vois pas en fait, d'embarras là-dedans.

Nath : une fois encore, tant que tu ne comprends pas le concept, tu vas le répéter en fait. Regarde en toi. Regarde-toi, ressens-toi, explore-toi.

Babz vs créa : hum, hum, je suis comme toi.

Nath : est-ce que tu es libre entièrement. Est-ce que tu n'as aucun programme extérieur à toi ?

Babz vs créa : non je n'en ai pas

Nath : bien. Pourquoi dans ces cas-là tu vas mettre des programmes sur tes prolongements.

Babz vs créa : c'est une façon de faire.

Nath : réfléchit, c'est plus simple, tu vas regarder la branche morte, celle où il y a un programme.

Babz vs créa : oui j'y vais.

Nath : tu te projettes dessus. Comme une toile d'araignée, tu observes exactement l'évolution.

Babz vs créa : en fait c'est plutôt une involution, il n'y a pas d'évolution. C'est un schéma qui est répété en boucle. C'est vrai que ce n'est pas très intéressant.

Nath : maintenant tu vas regarder ta branche vivante.

Babz vs créa : la branche vivante est beaucoup plus riche et variée, elle a beaucoup plus d'extension et donc d'expérimentation.

Nath : donc Frédérique, qui est une partie de tes expérience un prolongement, la partie subliminale à un certain niveau refuse d'être dans un programme.

Babz vs créa : tu es sure ? (Rire jaune) je respecte cette volonté-là.

Nath : elle veut donc quitter cette branche morte définitivement. Ainsi que tous les programmes.

Babz vs créa : elle les quitte

Nath : mais elle ne veut pas que ça se reproduise.

Babz vs créa : j'ai compris ça.

Nath : donc intègre l'information.

Babz vs créa : de son autonomie.

Nath : l'autonomie, le libre arbitre, à tous les prolongements de moi-même.

Babz vs créa : c'est fait.

Nath : à partir de là on est tranquille. Y a-t-il quelque chose qui te gène dans ton espace ou qui t'interpelle ?

Babz vs créa : non

Nath : ok très bien, on va retourner sur la partie du prolongement. On retourne avec ce prolongement maintenant. Clac. Tu m'entends ?
Babz vs Frède :   oui
Nath : bonjour
Babz vs Frède : bonjour, c'est pourquoi, c'est pourquoi que tu me parles ?
Nath :   je voulais savoir comment tu allais ?
Babz vs Frède : je vais bien
Nath :   je veux rentrer chez toi. J'y suis déjà.
Babz vs Frède : non, non, non, non, non.
Nath :   si j'y suis déjà là regarde
Babz vs Frède : non, non, non, tu ne peux pas rentrer. Pardon, je n'ai aucune animosité, contre toi mais tu ne peux pas rentrer. Non, déso… c'est non, même pas désolé, tu n'as pas à empiété sur mon espace. Respecte ton espace, je respecte le mien. Tu sais tu ne te respecte pas quand tu fais ça.
Nath :   très bien ok je ne rentre pas.
Babz vs Frède : voilà il vaut mieux garder notre intégrité chacun, tu vas voir que c'est beaucoup mieux pour toi et que c'est beaucoup mieux pour moi.
Nath :   ok très bien bon, bin parfait alors je ne rentre pas.
Babz vs Frède : c'est bien
Nath :   bonne continuation à toi.
Babz vs Frède : merci
Nath :   au revoir.
Babz vs Frède : au revoir
Nath : **on revient ici et maintenant** (partie matière de la conscience). Frédérique tu m'entends.
Babz vs Frède : oui je t'entends.
Nath :   est-ce que tu me reconnais ?
Babz vs Frède : oui
Nath :   je suis qui ?
Babz vs Frède : l'intrus.
Nath :   je reste à la porte.
Babz vs Frède : oui c'est mieux
Nath :   je voulais savoir si tu allais bien ?

Babz vs Frède : oui je vais bien, mais bon tu ne vas pas venir à chaque fois pour me demander.

Nath :   non, non, non, non, non, non, non, non, non... en fait je viens de la part de ta partie physique.

Babz vs Frède : à bon ! Pourquoi ?

Nath :   oui, elle a besoin d'un contrôle.

Babz vs Frède : bin je suis là pour ça.

Nath :   bien, mais sur la partie physique en fait.

Babz vs Frède : pff, moi j'aime beaucoup ma partie physique, (1ère nouvelle) parce qu'elle est exactement le prolongement de moi.

Nath :   c'est parfait. On voudrait juste vérifier qu'il n'y ait pas d'interférence sur la partie physique.

Babz vs Frède : mais non il n'y en a pas, pourquoi il y en aurait.

Nath :   comment tu peux le savoir de là-haut. De là où tu te places.

Babz vs Frède : c'est moi qui fixe la vie. De mon véhicule.

Nath : de là où tu es ?

Babz vs Frède : je vais aller voir.

Nath :   voilà moi je veux que tu ailles voire sur la partie physique c'est important pour rassurer.

Babz vs Frède : d'accord

Nath :   je ne doute pas de tes compétences, mais c'est juste qu'on a besoin de vérifier de ton point de vue.

Babz vs Frède : voilà je suis avec la partie physique.

Nath :   bien

Babz vs Frède : ha il y a une petite émotion de colère, sur la partie physique.

Nath :   tu ne l'avais pas vu.

Babz vs Frède : non parce qu'en fait il y a beaucoup d'autonomie, aussi chez cette partie physique. Elle s'est aussi ce qui est bon, ou pas pour elle. J'ai juste à être d'accord avec elle. Voilà on va apaiser la colère. Parce que partout il y a de l'harmonie autour d'elle. On va rester sur l'harmonie c'est bien ça. Voilà. C'est bon.

Nath :   bien on profite que tu es sur la partie physique pour regarder l'espace physique. Est-ce qu'il y a quelque chose qui attire ton attention d'un point de vue ésotérique.

Babz vs Frède : non

Nath :   parfait, parfait, parfait. Tu as quelque chose à dire à ta partie physique.

Babz vs Frède : non

Nath :   tu peux quitter ta partie physique et retourner dans ton espace.

Babz vs Frède : oui.

Nath :   bien est-ce que tu as besoin d'augmenter tes fréquences.

Babz vs Frède : non

Nath :   il y a quelque chose qui attire ton attention.

Babz vs Frède : non

Nath :   c'est quoi tes objectifs actuels ?

Babz vs Frède : alors je vais vivre pleinement déjà. En fait, moi ma vie c'est une vie accomplie. Remplie d'amour et de réussite. (Bin pas vraiment la mienne)

Nath :   hé bien on y va.

Moi :   si seulement. (Rire jaune)

Nath :   à ça y est c'est bon maintenant elle attend que ça. (La métabolisation peut prendre du temps)

Ok bin merci beaucoup. Bonne continuation a toi Frédérique.

Babz vs Frède : d'accord

Nath :   Barbara déconnecte toi de tout et de tous maintenant, allez. Clac

Babz :   oui

Nath :   voilà allez reviens

Bon voilà Frède tu étais dans une illusion. 3 entités voir 4, peu importe qui était passé ils étaient bien planqués. En fait ça venait d'un programme à l'origine.

Moi :   j'ai essayé d'aller à l'origine, car j'ai senti que c'était un disfonctionnement qui venait d'elle, je n'ai pas réussi en fait.

Nath :   c'est des protocoles un peu difficiles en fait.

Moi :   je savais que c'était de l'origine, j'ai essayé de contacter sa source d'origine pour la contacter, mais je ne l'ai pas trouvé.

Nath :   en fait tant que ta partie subliminale du départ ne veut pas, tu ne peux pas.

Moi :   oui mais de toute façon j'avais toujours un refus de sa part en fait.

Babz :   oui mais là regarde pour la convaincre il a fallu mouliner quand même.

Moi :   oui moi je me heurtais en permanence à ce refus, refus, refus. Et qu'elle n'en avait strictement rien à foutre de moi.
Nath :   elle n'en a pas rien à foutre elle avait un programme de combat...
Moi :   ça j'avais bien compris. (Fou rire, on connait toute mon histoire), je l'ai bien vécu celui-là !
Nath :   en fait garder ses ennemis sous son aile pour elle c'était plus important. Mais c'est quand même du travail, parce que ce n'est pas sûre qu'à la 1ère session qu'on va faire on va trouver ça. Faut bien comprendre qu'on enlève des interférences sur une ligne temporelle, mais les parties subliminales c'est comme des poupées russes. (Je ne me rappelais pas qu'on avait dit ça, on est raccord.) Avec les programmes qu'on a sur le corps, avec la réalité dans laquelle on vit. Au fur et à mesure que t'enlève les pelures d'oignons tu finis par te rendre compte qu'il y a d'autres trucs en fait. C'est pour cela qu'on dit que la 1ère session d'hypnose qu'on va faire par exemple c'est le service des urgences. T'arrive en catastrophe, on te recoud, on te fait une opération, on te remet, tu pars en rééducation. Mais après des fois il faut réopérer, plusieurs fois, il faut faire de la micro chirurgie. La rééducation peut être chiante et longue. Voilà il y a des cas, qui sont plus lourds que d'autres. Certains justes au service des urgences, ils ne sont pas réopérés derrière et d'autres on est obligé de faire de la réparation, plusieurs opérations, pour aller de plus en plus dans la minutie en fait.

Et il faut savoir qu'on a les problèmes à la hauteur de la puissance qu'on procède. Et quand on est dans certains milieux comme les nôtres, il faut avoir beaucoup, beaucoup de compréhension sur les mondes ésotériques. Et bien différencier, je le répète et je le dis, les dimensions, les espaces temps, pour faire circuler la conscience sur les lignes de temps. Je ne claque pas des doigts, pour qu'elle entende un bruit, c'est pour que vraiment elle change de perception de fréquence. Tu as vu au début on ne voyait rien, quand ton télépathe il ne voit pas, n'hésite pas, de toute façon ton intuition te dis qu'il y a un truc qui ne va pas. N'hésite pas à changer de fréquence pour voir autrement en fait, c'est important. Et bien vérifier toutes les fréquences même quand on revient, tout ça s'est compliqué. (Depuis ce n'est plus compliqué, j'ai mis en application directe) mais tu étais dans une illusion, donc on appelle ça un hologramme. Ça aussi faut les vérifier surtout quand tu trouves que la conscience elle a un comportement bizarre. La conscience elle est qu'amour en fait, elle est dans la compassion, même si elle a un foutu caractère. (Oui bin je confirme que la mienne à un sacré foutu caractère) même si par exemple tu as des consciences qui sont... (Rire de ma part) oui mais c'est vrai. Moi je vois la mienne j'en parle, elle a un foutu caractère, c'est une façon de parler, elle est très déterminée, très froide, elle va directement, elle utilise très peu de mots. J'en ai d'autres c'est des pipelettes, y en d'autres elles sont guillerettes, elles sont froides, ou sont vif ou pas... je veux dire chaque conscience à sa particularité.

N'empêche que le trait commun de toutes les consciences c'est la compassion, (1ère fois en 53 ans que je la ressens, d'elle à moi) et même si elles n'ont pas choisi ni leur vie, ni leur corps, parce qu'il y a des interférences, on a changé de ligne temporelle. À un moment donné la ligne sue tu n'as pas choisi elle n'existe plus, t'es plus dessus. Ça existe plus pour toi, même si elle existe encore quelque part.

Mais cette nouvelle ligne que tu as créée, qui va toucher toutes celles qui sont impactées, normalement c'est fait dans la compassion, dans l'amour, c'est un désir profond maintenant. Donc si on va voir ta conscience maintenant, elle doit dire : « ok je suis là, j'y reste et tu vas voir que mes créations ça va être génial. Parce que je l'ai voulu » on a changé la donne où elle n'a pas voulu, donc l'entendre parler comme ça (vidéo qui a motivé cette vérification), c'est qu'il y a quelque chose. Et puis une conscience qui te dit « Je m'ennuie », « Je ne comprends pas », ça peut être n'importe quoi, « Je ne vois pas claire », « Je fais rien, je ne sais pas pourquoi », il y a un problème. Déjà elle doit être hyper méfiante. En plus il ne faut pas déranger les consciences en permanence, parce que tu as vu on est des interférences (quand une conscience est revenue à elle-même, on la dérange) nous aussi, tout le monde. Même moi quand je vais voir ma propre conscience, je suis une interférence et je ne veux absolument pas l'habituer, ou habituer les consciences à ce qu'on soit des interférences, parce qu'après n'importe qui se présente. Elle se dit puisque qu'on vient me voir régulièrement pourquoi pas d'autres.

On ne sait jamais dans le doute...

Moi : je cherchais pourquoi, je cherchais...

Babz : bin bien sure

Nath :   c'est normal de chercher.
Moi :   bin du coup ça ne passait pas entre elle est moi, (parce que je sais tout cela, mais il y avait un truc qui n'allait pas) et je cherchais pourquoi en fait.
Babz :   c'est bien parce que tu avais l'intuition que c'était l'origine. Tu l'as dit que c'était à l'origine, tu avais l'intuition que c'était là, donc tu avais capté déjà.
Moi :   oui mais impossible de trouver, d'arriver à trouver ce que c'était. (Le chemin d'accès)
Nath :   en fait, tu ne pouvais pas trouver, la partie subliminale c'est un système de poupées russes. C'est à dire que tu vas aller dans des parties de toi-même qui existent à des niveaux différents, et à des moments de temps différents. Mais il faut que le point de départ, y soit d'accord. Sinon tu vas te retrouver sur …
Moi :   oui j'y suis allée depuis le point d'ici, en fait, je ne suis pas remonté c'est ça le truc. J'y suis allé… c'est ça c'est le…
Babz :   et comme elle n'était pas d'accord en plus ce n'était pas évident.
Nath :   en plus si elle n'est pas d'accord. Il faut arriver…
Babz :   elle ne voyait pas l'intérêt.
Moi :   oui c'est ça, j'en connais quelque chose…
Babz :   oui c'est ça elle n'en voyait pas l'intérêt. (Rire collectif, car depuis 2015, 6 ans, on a eu le temps de la connaitre. Certain opérateur ayant renoncé à discuter avec elle)
Nath :   bon après dans ces cas-là, parce que cela peut arriver dans ta clientèle, dans ces cas-là, surtout pas la 1ère fois, mais quand tu te trouves avec des cas récurant, puisqu'il y en a, c'est un combat, on avance. Mais de toute façon on n'est pas tous égaux là-dessus. Quand tu vois ça, il faut vraiment écouter son intuition. (J'y arrive plus facilement avec mes clients, qu'avec moi-même) il faut toujours arriver à convaincre, à utiliser plusieurs protocoles, en fait.

Il y a plusieurs protocoles, tu ne peux pas faire les mêmes, avec une conscience. Tu ne peux pas faire les mêmes à chaque fois (c'est ce que j'explique dans le livre, chaque session est différente, il faut une grande adaptabilité et concentration, et surtout faire confiance à son intuition), tu en refais une, tu changes de protocole, si tu trouves que ça recolle avec ce que tu as déjà défait, c'est que c'est souvent des liens de vie antérieure. C'est que quelque chose est repassé par des points émotionnels. Il faut bien, bien, bien regarder. Par contre, la conscience je le répète elle n'est pas sur le même plan, cette partie subliminale n'a pas la perception de notre réalité, ce qu'elle crée nous le vivons. Elle ne peut pas venir dans la matière comme ça, comme un Merlin ou Harry Potter et faire avec un coup de baguette des portails, des machins et des trucs comme ça. C'est extrêmement compliqué. Elle doit se déplacer d'un autre point de vue.

Ce qui est intéressant c'est qu'une partie de toi-même, une partie subliminale de toi-même, quelque part qui est complètement libre, a mis l'information, qu'il y a quelque chose à un moment donné qui ne va pas. Et cette information tu la perçois, ton intuition te dit que ça ne va pas et tu vas chercher les clés. Ça veut dire que, et c'est ça qui est important à entendre, quelque part en dehors de ce problème que tu as, tu es libre quelque part ailleurs. Sinon tu n'aurais pas l'information.

Si la conscience ne veut pas, la faire résonner sur ce qu'elle est profondément. Et toutes les consciences ont profondément de l'empathie, de la compassion.

Moi :   ha mais ça je le capte, je le captais chez les autres, pas chez la mienne.

Nath : tu vois qu'elle en a, mais bon après elle a un caractère. Le combat, c'est comme ça que tu n'entendras jamais une âme libre, pleinement consciente de ce qu'elle est, dire que c'est une guerrière de la lumière, c'est un non-sens. Non elle est un être de lumière en autonomie qui crée. Et qui est dans son espace, elle n'est pas en guerre. Être en combat la lutte ce n'est pas une réalisation.

Moi :   tu perds du temps et de l'énergie à faire ça.

Babz : tout à fait.

Tu essaies de les repousser par la fenêtre, mais en fait ils sont déjà dans ta cage et dans le grenier. C'est épouvantable, en fait. On sait ce que sait, et toutes les personnes qui ont des compétences et des capacités, qui ont de l'énergie, des perceptions, de l'intuition, ou qui sont effectivement, dans la matière, là on mène une guerre d'énergie, à tous les niveaux. Mais il faut que la partie subliminale ne soit pas en guerre. Sinon on ne décide rien.

Moi :   oui, non mais depuis qu'on est réinstallés en Bretagne, depuis le début de l'année (2021), physiquement j'enfle, en fait.

Nath   bin ça faut que tu regardes, parce qu'elle a parlé d'un problème hormonal.

Moi :   non mais là je vais regarder, parce qu'ils étaient sur le chakra de la gorge, et la thyroïde. Moi la thyroïde physiquement elle va bien. L'enflement du corps physique n'était pas justifié, par rapport à ce que je vis ou ce que je mange. (J'ai également un problème avec le radon, qui fait micro-onde sur ma rétention d'eau.)

Babz :   elle t'a dit d'ailleurs que c'était un problème de thyroïde énergétique, avec des conséquences physiques, mais que c'était un problème énergétique. (Va expliquer cela à un médecin. Tu t'y connais vachement toi en plus.

Moi :   oui mais c'est ça je dis en permanence à Patrice il y a quelque chose qui ne va pas et je ne trouve pas quoi en fait. (On a également trouvé le problème du striatum depuis.) Et j'avais beau travailler sur le physique, il n'y avait rien qui fonctionnait. (C'est l'énergétique qui est la base de notre fonctionnement, tout disfonctionnement dans la matière est une conséquence des disfonctionnements dans l'énergétique)

Alors l'énergie du magasin est sympa.

Babz :   ah oui franchement c'est très agréable. (Après on fait ce qu'il faut, malheureusement avec l'augmentation de 50% à 200% des prix d'achat, cause covid, nous ne savons pas si nous allons continuer, nous nous donnons jusqu'à début 2024, pour décider)

Nath :   en fait il y avait quand même un hologramme, donc je me suis dit ça se trouve ils sont en train de nous projeter de la lumièrde. Voilà c'est fait, moi je te donne l'autorisation de la publier si tu veux, en coupant des trucs si t'as envie, parce que voilà. (Genre la pause mouche pipi de Barbara) je trouve aussi que c'est bien pour tous les opérateurs, qu'ils soient opérateurs de support ou pas de comprendre les protocoles de chirurgie.

Moi :   le niveau 2 de la formation Calogero Grifasi°, m'a déjà amené beaucoup de choses. Les portails organiques, on en avait un à proximité, donc ce qui amenait des choses. (Quand j'apprends quelque chose je le mets directement en application et je vérifie direct). Du coup celui-ci quand on l'a fermé ça a fait du bien.

Nath :   un portail organique, souvent c'est des fantômes, les corps humains sont des portails organiques. Par où est ce que passe la conscience elle passe pour rentrer dans une dimension ? Bin par un portail organique, et le plus beau qu'on puisse avoir, c'est le véhicule humain. Sinon la conscience elle ne peut pas circuler dans la matière. Après il y a portail organique et portail organique on est bien d'accord. Merci les filles on passe en privé.

Les prestations que je propose

En distanciel
- Hypnose régressive ésotérique, méthode Calogero Grifasi.
- Décodage biologique
- « Méthode JMV® », mise au point par Jean-Marc Vergnolle
- Bilan énergétique en lithothérapie.

Les stages :

- Lithothérapie 1 théorie : médiation, nettoyage, alignement, ouverture du 3ème œil.
- Lithothérapie 2 soins : comment pratiquer une séance en lithothérapie.
- Le Lemniscus incandescent : reliement intérieur sur notre pot en ciel, mode d'emploi.
- Magnétisme niveau 1 : ne pas se faire polluer, usage de certains outils : pendule, tenseur, plumes…
- Magnétisme niveau 2 : pratiquer des séances plus poussées.
- Montée de fréquences : réalignement énergétique et connexion à la conscience. Sur base de méditations et lithothérapie.

Séminaire : 1 semaine :
Reprendre en main son pouvoir créatif : je peux créer la vie qui me convient !

- Mélange de soins et de stages, une semaine en immersion totale avec soi-m'aime.

Si vous voulez participer à mon projet d'Ashram en bretagne voici mon adresse PayPal en envoie à un proche, j'ai fait une petite bafouille sur le sujet sur mon blog : lesbambousbleus.net
Mon PayPal : frederiquelongere.3bbb@gmail.com

Jivasat Ananda

Si vous voyez une grosse boulette d'orthographe ou grammaticale, merci de me le signaler par mail :

feerique.edition@gmail.com

Post-scriptum :

Nicolas dont je parle dans ma session de contrôle du subliminal, quand je lui ai dit qu'il avait énormément de capacités et que ce serait un honneur pour moi de l'aider à s'en servir. Il m'a alors informé que plusieurs magnétiseurs le lui avaient déjà refusé et que certains lui avaient même dit soit qu'ils ne s'en sentaient pas capable de l'accompagner, soit que lui Nicolas, n'était pas prêt. Un lui disant même qu'il ne voulait pas former un futur concurrent.

C'est malheureusement encore trop souvent le cas, ces personnes sont soit très influencées par leurs propres faux guides, entités négatives contrôlantes, ou tout simplement pas du tout dans la lumière. Car quand une personne comme Nicolas vient à nous pour être accompagnée, c'est un réel cadeau. Je l'ai pris comme cela, et je lui ai transmis tout ce que je pouvais sans limite, que du bonheur. La 1ère fois que je l'ai croisé, c'était sur un salon, j'avais fait un petit pitch à mon stand, il était avec sa maman, j'avais été vers lui tellement sa lumière était rayonnante. Sa maman avait pleuré de voir que je le voyais, tel qu'il est. Vous savez le « je te vois », dans Avatar, c'était ça. Organisatrice du salon je n'avais pas pu passer beaucoup de temps avec lui. Mais j'ai formulé d'avoir à nouveau la chance de croiser ça route, ce qui a été le cas 2 ans plus tard. Je lui ai littéralement sauté au cou de joie, quand je l'ai reconnu. Et à chaque fois que je le vois cela m'empli toujours autant de bonheur.

Merci Nicolas, d'être venu à ma rencontre sur ce salon puis dans ma boutique. J'ai enfin trouvé cette lumière en moi, merci de me l'avoir apportée et de m'avoir permis de ressentir cette fréquence chez toi bien avant de pouvoir exprimer la mienne.

La vie nous fait des cadeaux extraordinaires quand on sait les recevoir de cœur à cœur.
Douce et chaleureuse pensées à tous.

« Changes en toi, ce que tu veux voir changer dans le monde »

Mohandas Karamchand Ghandi

Printed in France by Amazon
Brétigny-sur-Orge, FR